ISBN 978-0-484-16362-0
PIBN 10658980

JOURNAL

DES AVOUÉS,

OU

RECUEIL GÉNÉRAL DES LOIS , ORDONNANCES ROYALES ,
DÉCISIONS DU CONSEIL D'ÉTAT ET DES MINISTRES, ARRÊTS
DE LA COUR DE CASSATION ET DES COURS ROYALES SUR
LES MATIÈRES DE PROCÉDURE CIVILE, CRIMINELLE OU
COMMERCIALE ;

RÉDIGÉ

PAR M. A. CHAUVEAU, AVOCAT.

TOME VINGT-TROIS.

A POITIERS,

DE L'IMPRIMERIE D'É.-P.-J. CATINEAU.

1821.

AVERTISSEMENT.

Ce volume et les deux qui suivent, formant les 23.ᵉ, 24.ᵉ et 25.ᵉ de la collection, sont destinés à remplir la lacune qu'avait laissée la cessation du travail de M. Coffinières. Ils contiennent tous les arrêts sur la procédure, rendus tant par la Cour de cassation que par les Cours royales, pendant les trois années 1821, 1822 et 1823.

Nous disons tous les arrêts sur la procédure : il sera facile de se convaincre que nous n'avançons rien qui ne soit vrai, et il suffira de la plus légère comparaison entre les autres recueils et le nôtre, pour s'assurer, 1.ᵉ qu'un grand nombre d'arrêts importans sur la procédure, qui ne se trouvent ni dans le Journal du Palais, ni dans celui de M. Sirey ou de M. Dalloz, ont été insérés dans le Journal des Avoués ; 2.ᵉ que beaucoup d'autres arrêts qui se trouvaient dans l'un de ces journaux et qui n'étaient pas dans l'autre, ont été rassemblés dans celui-ci. Nous avons puisé dans plusieurs journaux particuliers des diverses Cours royales ; nous devons aussi beaucoup d'arrêts intéressans au zèle de nos correspondans, et nous saisissons cette occasion de leur en témoigner toute notre gratitude. Enfin (nous pouvons assurer que ces trois volumes sont un recueil complet de tous les arrêts de procédure rendus pendant les trois années 1821, 1822 et 1823.

Pour faire ranger dans un seul volume les arrêts de toute une année, nous avons été obligés de recourir à quelques moyens d'abréviation. Nous en avons adopté deux qui, sans nuire à la clarté ou à l'utilité du recueil, nous ont permis de faire l'insertion de tous les matériaux que nous avions recueillis. Le premier a consisté à retrancher les faits de tous les arrêts à l'intelligence desquels ces faits n'étaient pas nécessaires ; le second a été de ne pas donner aux observations qu'il est quelquefois utile de joindre aux arrêts une étendue à laquelle les lumières de nos lecteurs pourront facilement suppléer, et de nous attacher seulement à renvoyer avec précision aux passages des auteurs qui se sont occupés de la question proposée. Nous répétons que ces deux modes d'abréviation ne nuiront ni à la clarté ni à l'utilité de ce recueil.

L'ordre chronologique a été suivi dans la classification des arrêts ; cette méthode offre l'avantage de trouver toujours à sa date l'arrêt que l'on cherche. Cependant, comme l'ordre des idées exige avant tout que les divers arrêts rendus sur la même question soient réunis sous une même notice, et qu'il peut d'ailleurs arriver que quelques arrêts soient oubliés dans la classification générale, une table chronologique qui se trouvera à la fin du volume contiendra à cet égard toutes les rectifications nécessaires. Les arrêts qui auraient été omis dans le courant des volumes seront réunis à la fin du tome sous le titre d'additions.

Ce Journal, ainsi qu'on peut s'en convaincre, n'est pas seulement un recueil d'arrêts; il contient aussi les lois, ordonnances royales, etc., rendues sur les matières qui peuvent intéresser les hommes de palais, et qui sont insérées au Bulletin des Lois. Ces lois et ordonnances se trouveront également à leur date dans ces volumes.

Nous osons espérer que nos efforts seront appréciés, et que l'attention que nous avons apportée à la composition de ces années nous méritera les suffrages de nos abonnés.

SIGNES ET ABRÉVIATIONS.

J. A. Journal des Avoués.

J. P. Journal du Palais.

D. Dalloz.

S. Sirey.

C. C. Code civil.

C. P. C. Code de procédure civile.

Cod. com. Code de commerce.

C. I. C. Code d'instruction criminelle.

C. P. Code pénal.

JOURNAL
DES AVOUÉS.

COUR DE CASSATION.

COMPROMIS. — PREUVE. — EXISTENCE. — ENREGISTREMENT.

Un jugement arbitral est valable, quoique le compromis ne soit pas représenté, si la preuve de cet acte résulte tant de l'enregistrement du compromis que de sa transcription au jugement même et des conclusions prises par les parties devant les arbitres. (Art. 1005 et 1028 C. P. C.)

(Helley C. Lemarié.)

Arrêt.

LA COUR , — attendu que ni l'article 1005 C. P. C., ni aucune autre disposition dudit Code n'exigent la représentation matérielle du compromis , lors de l'ordonnance d'*exequatur ;* que dans l'espèce l'existence du compromis résulte, tant de sa transcription au jugement arbitral que de la présence des parties et des conclusions par elles prises devant les arbitres ; que cette dernière circonstance et celle de l'enregistrement dudit compromis à Pont-Audemer le 9 mai 1818, justifient suffisamment que le compromis était signé des parties et l'observation des dispositions du Code de Procédure ;

Rejette, etc.

Du 3 janvier 1821. — Sect. des requêtes. — *Prés.* M. Henrion de Pansey. — *Plaid.* M. Loiseau, av.

XXIII. — 1821.

COUR DE CASSATION.

CONSEIL. — ACCUSÉ. — TÉMOIN.

Lorsque le conseil de l'accusé est appelé comme témoin aux débats, l'accusé doit, à peine de nullité, pendant l'audition de ce témoin, être assisté d'un autre conseil, soit choisi par lui, soit nommé par le président. (Art. 294 et 319 C. I. C.)

(Follaci C. le ministère public.)

ARRÊT.

LA COUR, — vu les articles 294 et 319 C. I. C. , Considérant que l'avocat *Gaffori*, conseil choisi par l'ac‑ cusé, aux termes dudit article 294, a été appelé comme témoin par le ministère public, et entendu en cette qualité aux débats ; que pendant l'audition de ce témoin il n'a ‑ pas été fait choix par l'accusé d'un autre conseil , et qu'à défaut de ce choix il ne lui en a pas été nommé un d'office par le président; que pour une partie des débats il n'y a donc eu pour l'accusé ni choix d'un conseil de sa part, ni nomination pour lui par le président; qu'ainsi l'accusé a été privé, pendant cette époque des débats, sans son fait et sans le fait du conseil par lui antérieurement choisi, de l'assistance d'un conseil; que conséquemment il n'a pu jouir des moyens de défense que l'article 319 précité l'autorisait à faire valoir par son conseil, comme par lui-même, contre la déposition de chaque témoin; qu'il y a donc eu infraction à la disposition dudit article 294, prescrite à peine de nullité ; — casse et annulle les débats et par suite l'arrêt de condamnation rendu contre Paul Follaci.

Du 4 janvier 1821. — Sect. crim. — *Plaid.* M. Nicod, av.

COUR DE CASSATION.

REVENDICATION. — ACTION. — AGENS DE LA FAILLITE. — SYNDICS.

Les syndics d'une faillite ont seuls qualité pour admettre avec l'autorisation du juge-commissaire les demandes en revendication, et l'adhésion des agens de la faillite à une pareille demande est sans effet, quoiqu'elle soit donnée avant la nomination des syndics. (Art. 585 Cod. Com.) (1)

(De Mesgrigny C. les syndics de la faillite Gentil.)

Le sieur de Mesgrigny vend une coupe de bois au sieur Gentil. — Celui-ci tombe en faillite.

M. de Mesgrigny veut exercer la revendication autorisée par les articles 576 et suivans du Code de Commerce, et les agens de la faillite admettent sa demande. — Plus tard les syndics sont nommés et refusent d'adhérer aux conventions conclues entre le sieur de Mesgrigny et les agens de la faillite Gentil.

25 mai 1818, jugement du tribunal de commerce de Troyes qui accueille l'exception des syndics.

Appel. — Arrêt confirmatif.

Pourvoi en cassation. — Mais sur les conclusions conformes de M. Lebeau, avocat général, le pourvoi est rejeté.

ARRÊT.

LA COUR, attendu qu'aux termes de l'article 585 Cod. Com., il n'appartient qu'aux syndics d'admettre les de-

---

(1) Une autre question a été soulevée dans cette affaire; mais nous n'en parlons pas, parce qu'elle ne regarde point la procédure commerciale.

mandes èn revendication, et sauf l'approbation du commissaire ; — *rejette.*

Du 10 janvier 1821. — Sect. des requêtes.

COUR DE CASSATION.

ARRÊT. — NULLITÉ. — MAGISTRATS HONORAIRES. — VOIX DÉLIBÉRATIVE. — AUTORISATION.

Un arrêt est nul s'il a été rendu, même en audience solennelle, avec le concours de magistrats honoraires qui n'auraient pas reçu du Roi des lettres leur accordant expressément le droit de remplir dans certains cas les fonctions de juges. (Art. 3 du décret du 2 octobre 1807, et 77 du 6 juillet 1810.)

(Jégu C. de Cryel.)

Il est entièrement inutile de rapporter les faits.

ARRÊT.

LA COUR, — vu les articles 3 du décret du 2 octobre 1807, et 77 du décret du 6 juillet 1810 ;

Attendu que de la combinaison de ces deux articles il résulte qu'il y a deux classes de magistrats honoraires, les uns qui conservent simplement leur titre, leur rang et leurs prérogatives honorifiques, et n'exercent aucune fonction ; les autres qui, outre ces prérogatives, ont droit d'assister avec voix délibérative aux assemblées des chambres et aux audiences solennelles ;

Qu'aucune condition n'est exigée pour obtenir d'être placé dans la première de ces deux classes ; mais qu'il n'en est pas ainsi pour l'être dans la seconde ; que l'article cité du décret du 6 juillet 1810 veut que les droits qu'il énonce soient conférés aux magistrats par des lettres qui les expriment;

Attendu que les magistrats honoraires qui ont concouru à l'arrêt attaqué n'avaient point obtenu ces lettres et n'avaient droit qu'aux prérogatives honorifiques dont parle l'article 3 du décret du 2 octobre 1807; d'où il suit qu'ils étaient sans caractère pour concourir au susdit arrêt;

Par ces motifs, casse, etc.

· Du 10 janvier 1821. — Sect. civ. — *Prés.* M. Brisson. — *Plaid.* MM. Loiseau et Nicod, av.

COUR ROYALE DE METZ.

APPEL. — OBLIGATION DIVISIBLE.

L'appel interjeté par une partie, dans une affaire commune à plusieurs, mais divisible de sa nature, ne profite pas aux autres obligés.

(Ducroix C. Foulon et Lecoin.)

Un jugement du tribunal de Sedan, du 1.er juillet 1819, condamna les dames Foulon et Lecoin à consentir un titre nouvel d'une rente due par elles aux héritiers Ducroix.

La dame Foulon appela de ce jugement; quant à la dame Lecoin, elle n'interjeta appel qu'après l'échéance du délai, mais elle prétendit que son appel était recevable en ce qu'il était relevé par celui de la dame Foulon, d'après les principes enseignés par les lois romaines, et notamment par la loi 10, § 4 *ff. de appellat.*.

ARRÊT.

LA COUR, — sur l'appel de la veuve Lecoin;

Attendu que si, lorsqu'il s'agit d'une obligation indivisible, l'appel d'un des coobligés condamnés profite aux autres cooligés qui n'auraient pas appelé, il n'en est pas de même, lorsque, comme au cas particulier, il s'agit seulement d'une obligation , commune à la vérité , mais néanmoins divisible.; de telle manière que chacun des coobligés n'en soit respecti- vement tenu que pour sa part et portion virile ; dans ee cas il est incontestable que l'appel ne profite qu'à ceux des coobli- gés condamnés qui l'ont interjeté, sauf cependant la réduction proportionnelle de l'obligation, si les appelans parviennent à s'en faire décharger pour leurs parts et portions ;

Ainsi l'appel de la veuve Lecoin, n'ayant point été déclaré dans le délai, est absolument irrecevable , et elle ne peut aucunement se prévaloir de celui interjeté par la veuve Foulon ;

Sans s'arrêter à l'appel de la veuve Lecoin, dans lequel elle l'a déclarée non-recevable, etc.

Du 12 janvier 1821. — Ch. civ. — *Prés.* M. Gérard d'Hannoncelles. p. p. — *Concl.* M. Pyrot, av. gén. — *Plaid.* MM. Parant, Oulif et Crousse , av.

COUR DE CASSATION.

1.° AMENDE. — POURVOI EN CASSATION. — INTÉRÊT.
2.° JUGEMENT PAR DÉFAUT. — DÉFAUT-JOINT. — NULLITÉ. — MATIÈRE
SOMMAIRE.

1.° *La consignation d'une seule amende suffit, lorsque deux parties se pourvoient en cassation contre un arrêt ou un jugement qu'elles ont le même intérêt à faire annuler , quoique le pourvoi de chacune d'elles soit fondé sur des moyens différens.* (Art. 5, tit. 4 du régle- ment du 28 juin 1738.)

2.° *Lorsque, dans une cause sommaire, l'une des parties*

fait défaut, le juge doit, comme en matière ordinaire, prononcer défaut-joint, à peine de nullité de son jugement. (Art. 153 et 1030 C. P. C.) (1)

(Rondel C. Godard et Desmarets.)

Les sieurs Godard et Desmarets saisissent les biens de leur débiteur Rondel. Une partie des immeubles saisis avait été précédemment vendue par celui-ci. Les tiers acquéreurs forment opposition à la saisie et la font déclarer nulle.

Appel de la part des poursuivans. Ils intiment toutes parties devant la Cour d'Amiens. Les tiers acquéreurs ne comparaissent point, et la Cour, donnant défaut contre toutes les parties assignées, en adjuge de suite le profit et infirme le jugement du 10 janvier 1810.

Pourvoi en cassation de la part du saisi et des tiers acquéreurs. — Le même avocat présente leur pourvoi et ne consigne qu'une seule amende.

ARRÊT.

LA COUR, — *sur la fin de non-recevoir* contre le pourvoi, fondée sur un prétendu défaut de consignation d'amende ;

Attendu que Rondel et ses acquéreurs avaient le même intérêt à demander l'annullation de l'arrêt qui a déclaré valables les saisies immobilières dont il s'agit, et qu'ainsi, quels qu'aient été les moyens présentés par chacun d'eux à l'appui de leur demande, il leur a suffi de consigner une seule amende, rejette la fin de non-recevoir, etc. ;

Au principal, vu les articles 153 et 470 C. P. C. ;

Considérant que l'article 1030 de ce Code, applicable aux exploits et actes de procédure dont l'exécution est confiée

_____

(1) *V.* le J. A., tom. 28, pag. 31.

aux officiers ministériels, ne l'est pas aux jugemens et à ce
qui est prescrit aux juges par la loi ;

Considérant que l'article 153 du C. P. C., conçu en termes
généraux et absolus, sans distinction entre les affaires ordinaires et les causes sommaires ou qui doivent être jugées
sommairement, fixe les limites du pouvoir des juges et
dicte le jugement qu'ils sont tenus de rendre dans le cas
où de deux ou plusieurs parties assignées les unes font défaut
et les autres comparaissent ; que l'obligation qu'il leur impose dans ce cas particulier qui n'avait pas été prévu par l'ordonnance de 1667, est générale et devait l'être, parce que
les abus résultans de la négligence ou de la prévarication
de quelques huissiers, le danger des fréquentes contrariétés
de jugemens, les lenteurs, les frais multipliés occasionnés
par les oppositions successives des défaillans (abus et dan-
gers signalés au Corps législatif par les orateurs du Gouvernement et du Tribunat) n'étaient pas moins préjudiciables aux
parties et à l'administration de la justice dans les matières
sommaires que dans les affaires ordinaires ;

Considérant que les juges n'ont pas été affranchis de cette
obligation, en matière sommaire, par l'article 405 du Code,
puisqu'il ne dit pas que, dans les causes qui devront être
portées à l'audience sur un simple acte sans procédures ou
formalités, les juges pourront admettre d'autres règles de
leurs jugemens que celles de l'article 153 ;

Considérant qu'on ne peut pas, dans l'espèce, exciper du
décret du 2 février 1811, qui, comme toute loi d'exception,
doit être strictement restreint au cas qu'il a littéralement
prévu; que, ne s'agissant pas dans la cause d'affaires de
la compétence des juges de paix ou des tribunaux de commerce, il n'y a pas lieu d'examiner en ce moment si l'article
153 est applicable aux causes sur lesquelles ils ont à statuer ;

Considérant enfin que de tout ce qui précède il résulte
qu'en adjugeant le profit du défaut donné contre les tiers
détenteurs, lorsqu'elle n'avait pouvoir que de le joindre à

la cause, et en statuant au fond par un arrêt contre lequel
l'opposition était recevable, lorsqu'elle devait renvoyer la
cause entière à une autre audience, pour y être statué,
avec toutes les parties, par un seul et même jugement non-
susceptible d'opposition, la Cour royale d'Amiens a commis
un excès de pouvoir et expressément violé les articles 153 et
470 C. P. C. ;

Par ces motifs, casse, etc.

Du 15 janvier 1821. — Sect. civ. — *Prés.* M. Brisson. —
Plaid. MM. Guibout, Sirey et Jacquemin, av.

COUR DE CASSATION.

1.° ACTION POSSESSOIRE. — TITRES. — POSSESSION ANNALE.

2.° JUGEMENT. — JUGE-SUPPLÉANT. — AVOCAT.

1.° *Le juge de paix, en statuant sur une action pos-*
sessoire, peut consulter les titres comme simples in-
dicateurs pour éclairer le possessoire ; il le doit même
lorsque, de deux acquéreurs du même bien, aucun
n'a de son chef la possession annale. (Art. 23 C. P.
C.)

2.° *En matière civile, un jugement rendu par un juge,*
un juge-suppléant et un avocat est régulier. (Art 16 de
la loi du 30 germinal an 5, 16 de la loi du 27 ventôse an 8,
et 40 de la loi du 20 avril 1810.) (1)

La jurisprudence de la Cour de cassation est maintenant
.bien fixée sur la solution de la première question. V. deux
arrêts, l'un du 6 juillet 1812, et l'autre du 18 mai 1813.
(*J. A.*, tome 7, *pages* 134 *et* 341.)

---

(1) Cette question n'a été décidée que par le premier arrêt.

PREMIÈRE ESPÈCE.

(Perez C. Burgan.)

ARRÊT.

LA COUR, sur les conclusions de M. Joubert, avocat
général ; — *sur le premier moyen,* attendu en droit que ,
si dans l'action en complainte il n'est pas permis aux
juges de faire dépendre leur décision des titres de propriété et juger par là le pétitoire, ou du moins le cumuler
avec le possessoire, ils peuvent, en se décidant toujours
d'après la possession telle qu'elle est exigée par la loi, consulter les mêmes titres comme simples indicateurs pour
éclairer seulement le possessoire; — et attendu en fait que
c'est uniquement d'après leur possession ancienne, paisible
et à titre non précaire que les mariés *Burgan* ont demandé et les juges leur ont accordé le maintien ou la réin-
tégration dans la jouissance du bien dont il s'agit ; que,
si à la requête du demandeur en cassation lui-même les
juges ont consulté les titres de propriété, ils les ont con-
sultés non pas pour juger le pétitoire, sur lequel ils n'ont
rien prononcé, mais seulement comme simples *indicateurs*
pour éclairer le possessoire ; qu'ainsi le jugement attaqué
a fait une très-juste application des lois de la matière... ;

Sur le dernier moyen, attendu que, lorsque dans les
cas prévus par la loi un juge-suppléant concourt à rendre
un jugement, il y concourt comme juge et nullement comme
simple homme de loi ; que dans l'espèce un seul homme
de loi a été adjoint aux juges ; qu'ainsi le vœu de la loi,
qui défend l'adjonction des hommes de loi en plus grand
nombre que celui des juges, a été régulièrement rempli ;
— rejette, etc.

Du 21 décembre 1820. — Sect. des req. — *Plaid.* M.
Loiseau , avocat.

DEUXIÈME ESPÈCE.

(Vionnet C. Rochaix.)

ARRÊT.

LA COUR, vu l'article 23 C. P. C., considérant que le juge de paix dont le tribunal civil a confirmé le jugement n'a pas apprécié comme il aurait dû le faire les titres respéctivement produits, sous le rapport de la possession, pour déterminer quel était celui des deux acquéreurs qui lui paraissait être en droit de réunir la possession du vendeur à la sienne;

Qu'il s'est uniquement fondé, ainsi qu'il l'a déclaré, sur les enquêtes, desquelles il résulte que le demandeur n'avait pas possédé la vigne dont il s'agit au moins une année avant sa demande;

Et qu'en le maintenant dans sa possession, quoiqu'elle ne remontât pas à l'époque fixée par la loi, le juge de paix et le tribunal civil ont commis une contravention expresse à l'article 23 du Code de procédure civile; casse et annulle ledit jugement du tribunal civil de Gex du 2 août 1820, dans l'intérêt de la loi seulement; ordonne, etc.

Du 16 janvier 1821 — Sect. civ. — *Prés.* M. Brisson.

——————

COUR ROYALE DE BOURGES.

SAISIE IMMOBILIÈRE. — FRUITS.

Le saisi, constitué séquestre judiciaire de l'immeuble saisi, ne peut vendre à l'amiable les fruits échus depuis la dénonciation qui lui a été faite de la saisie, encore que cette vente n'ait lieu qu'après l'adjudication définitive dans laquelle ces fruits n'ont pas été

compris. — Du jour de cette dénonciation, ces fruits
sont immobilisés et ne peuvent être aliénés au préju-
dice des créanciers, sans que ceux-ci aient besoin de
les comprendre dans l'adjudication, ou de les frapper
d'une saisie particulière. (Art. 688, 689 et 692 C.
P. C.)

(Chaix C. Archambault.)

24 décembre 1817, dénonciation au sieur Thévenet d'une
saisie immobilière établie sur son domaine du Pavillon. En
qualité de séquestre judiciaire et pendant les poursuites, il
fait la récolte des foins et grains de ce domaine.

7 juillet 1818, l'adjudication définitive du domaine est
prononcée au profit du sieur Deschamps.

25 août suivant, Thévenet vend à Archambault les récoltes de foins et grains qu'il avait faites pendant la saisie,
et qui n'avaient pas été comprises dans l'adjudication sur
expropriation forcée.

Mais le sieur Chaix, créancier inscrit, s'oppose à la délivrance de ces récoltes en faveur du sieur Archambault ;
il prétend qu'aux termes de l'article 689 C. P. C., les fruits
échus depuis la dénonciation au saisi sont immobilisés, et
ne peuvent plus être aliénés au préjudice des créanciers;
qu'aucune loi n'oblige les créanciers, soit à faire saisir particulièrement les fruits provenans d'un immeuble saisi, soit
à les comprendre dans l'adjudication, quand il peut être
plus avantageux de les vendre séparément; qu'en conséquence la vente faite à Archambault par Thévenet, quoique postérieure à l'adjudication, est nulle.

Archambault répond que l'adjudication a fait cesser tous
les effets de la saisie, et qu'alors les récoltes n'ayant pas
été vendues lors de l'adjudication, sont restées la propriété
du sieur Thévenet qui a pu en disposer.

15 février 1819, jugement qui déclare le sieur Chaix non-
recevable dans sa demande. — Appel.

ARRÊT.

LA COUR, — considérant que les foins et grains sont
les fruits du domaine vendu sur Thévenet par expropriation forcée ; que les fruits sont immobilisés dès le jour de
la dénonciation de la saisie ; que, d'un autre côté, à
partir de ce jour, le saisi ne peut plus vendre ;

Qu'en vain on oppose que Thévenet avait la qualité de
séquestre judiciaire établi par la saisie ; que le gardien
judiciaire ne peut pas vendre à sa volonté et à l'amiable
les objets qui lui sont confiés ; qu'ainsi, sous quelque point
de vue qu'on considère la vente de ces objets à Archambault, elle est nulle ;

A mis et met le jugement dont est appel au néant ; émendant, ordonne que les grains et foins réclamés par Archambault, et dont le sieur Deschamps est encore dépositaire,
seront, à la requête de Chaix, vendus, pour le prix qui en
proviendra être réuni à celui de la vente du domaine du Pavillon, et le tout être distribué par ordre d'hypothèque aux
créanciers inscrits sur ledit domaine ; condamne Archambault aux dépens.

Du 17 janvier 1821. — 1.re ch. civ. — *Prés.* M. Sallé,
p. p. — *Concl.* M. Pascaud, av. gén. — *Plaid.* MM. Chénon
et Mayet-Genetry, av.

COUR ROYALE DE ROUEN.

1.° ACTE RESPECTUEUX. — COMPARUTION. — JUGEMENT. — OPPOSI-
TION A MARIAGE.

2.° JUGEMENT. — PRÉPARATOIRE. — INTERLOCUTOIRE. — ACTES RÉ-
SPECTUEUX.

1.° *Un tribunal, avant de statuer sur l'opposition formée par une mère au mariage de sa fille, n'a pas*

le droit d'ordonner leur comparution dans une au-
dience à huis clos pour les entendre sur la proposition
de l'acte respectueux de l'une et sur les conseils de
l'autre, sur-tout lorsque, par cet avant *faire droit,*
le jugement du fond se trouve reculé au-delà du délai
dans lequel le tribunal est tenu de prononcer défini-
tivement. (Art. 177 et 178 C. C.)

2.° *Le jugement qui sur l'opposition à un mariage*
ordonne la comparution des parties est susceptible
d'appel avant le jugement définitif, parce qu'il est
plutôt interlocutoire ou définitif que préparatoire. (Art.
451 C. P. C.)

(S..... (Fulgence) C. S.....)

La demoiselle Fulgence S..... ne pouvant obtenir le consentement de sa mère lui fait des actes respectueux ; cependant celle-ci forme opposition au mariage de sa fille, et, le
9 décembre 1820, le tribunal civil de Neuchâtel rend un
jugement qui, *avant faire droit* au principal, ordonne que
les dames S..... mère et fille, comparaîtront en personne
à l'audience de huitaine, qui, pour cet effet, sera tenue
à huis clos, pour entendre les propositions et conseils de
la dame S..... mère, et par le tribunal s'assurer si la
demoiselle sa fille a agi librement et sans suggestion dans
les actes respectueux qu'elle a fait notifier ; pour, après les
déclarations des parties, être statué ce qu'il appartiendra.

Appel de la part de la demoiselle Fulgence S..... L'intimée a proposé une fin de non-recevoir contre cet appel,
résultant de ce que le jugement n'était qu'un simple préparatoire.

ARRÊT.

LA COUR, — *sur les conclusions conformes de M. Brière,*
avocat général, — statuant d'abord sur la fin de non-recevoir ;

Considérant que le jugement dont est appel ne peut être envisagé comme préparatoire ; qu'au contraire il est interlocutoire et même définitif ;

Interlocutoire, en ce qu'il préjuge que le mérite de l'opposition dont on demande la main-levée est subordonné à l'épreuve de la comparution personnelle des dame et demoiselle S..... à l'audience du tribunal à huis clos; que cette épreuve n'est ordonnée par aucun article de loi ;

Définitif, en ce que la demoiselle S..... avait opposé une fin de non-recevoir à la demande formée par sa mère aux fins qu'elle comparût en personne ; que cette fin de non-recevoir ayant été rejetée par le tribunal, la demoiselle S..... n'avait que la voie d'appel pour faire statuer s'il avait été bien ou mal jugé en ordonnant l'errement précité, errement irréparable en définitif ;

Vu d'ailleurs les articles 177 et 178 C. C., desquels il résulte que la procédure doit être rapide, afin de ne pas prolonger l'incertitude dans laquelle un enfant se trouve par à son mariage, et que, si un juge pouvait arbitrairement ordonner des avant faire droit qui seraient plus ou moins éloignés, ce serait contrarier le vœu et l'esprit desdits articles ;

Au fond, considérant que la demoiselle S..... est âgée de 25 ans accomplis ; qu'elle doit jouir de tous les droits d'une personne libre et majeure, sauf à se conformer à la loi pour parvenir au mariage qu'elle désire contracter ; que, conformément à l'article 151 du Code civil, la demoiselle S..... a fait notifier à la dame sa mère un acte respéctueux et formel pour lui demander conseil ; que le tribunal a statué sur la régularité de cet acte, et que la dame S..... n'est point appelante du jugement ; que les premiers juges ont excédé leurs pouvoirs, en ordonnant qu'avant faire droit sur la main-levée les parties comparaîtraient en personne à l'audience *à huis clos*, puisque cette mesure n'est point ordonnée ni même indiquée par la loi, et qu'ils ne pouvaient ordonner au-delà de ce qui est prescrit par l'article 151 C. C. auquel la demoiselle S..... s'est conformée ; qu'enfin , la dame S..... ne présente aucun motif pour valider l'opposition par elle formée à la célébration du mariage de sa fille ;

Sans avoir égard à la fin de non-recevoir proposée par l'intimée, dans laquelle elle est déclarée mal fondée ; — met l'appellation et ce dont est appel au néant; corrigeant et réformant au chef qui ordonne la comparution en personne de la demoiselle S...., dit qu'il a été mal jugé ; — statuant au principal, accorde main-levée à la demoiselle S..... des oppositions conduites par sa mère à la célébration de son mariage ; ordonne que , nonobstant icelles , il sera passé outre à la célébration dudit mariage par l'officier de l'état civil compétent , les formalités prescrites par la loi préablement observées , etc.

Du 17 janvier 1821. — 1.re ch. — *Prés.* M. Carel. — *Plaid.* MM: Thil et de Malherbes, avocats.

Nota. Cet arrêt a adopté la jurisprudence de la Cour suprême et nous croyons qu'il a fait triompher les véritables principes. Dans la loi rien n'est laissé à l'arbitraire du juge, et on y lit la marche qu'il doit suivre en matière d'actes respectueux et d'opposition à un mariage. (V. J. A. , tom. 28 , pag. 205 et 207.)

COUR ROYALE DE GRENOBLE.

DEMANDE RECONVENTIONNELLE. — DÉFENSE. — ESSAI DE CONCILIA-
TION.

Toute demande reconventionnelle qui est une défense à l'action principale est dispensée du préliminaire de la conciliation. (Art. 48 , 49 et 464 C. P. C.) (1)

---

(1) *V.* un arrêt du 31 mars 1824, rapporté au J. A. , tom. 27, pag. 124, et les observations qui y sont jointes.

(Bonnet C. Dorey.)

Dans une instance pendante devant le tribunal de Valence, relativement à une saisie immobilière faite par Dorey contre Bonnet, ce dernier conclut, 1.° au maintien et à l'exécution de la vente à lui passée de la vigne en litige; 2.° et subsidiairement il offrit le délaissement de la vigne au moyen du rémboursement de son prix d'acquisition et de ses dommages; 3.° et à toutes fins, trouvant en cause Dorey, et le reconvenant, il conclut à être mis hors d'instance et maintenu en sa possession à compte de droits légitimaires à lui dus par Dorey; — jugement qui le déboute de sa demande en reconvention, attendu qu'il n'y avait point eu à cet égard de demande introduite, ni même de préliminaire de conciliation. — Appel. — Fin de non-recevoir par Dorey.

Arrêt.

LA COUR, considérant, sur la troisième question, que la demande reconventionnelle formée en première instance par Joseph Bonnet, et renouvelée devant la Cour, étant une défense à la demande principale formée par Dorey, et tendant à faire rejeter cette demande par voie de compensation, les premiers juges, saisis de la demande principale, étaient compétens pour prononcer sur la demande en reconvention de Bonnet, quoique l'épreuve de la conciliation n'eût point été tentée au sujet de cette demande reconventionnelle et que le tribunal de première instance ne fût pas le juge naturel de Dorey;

Considérant qu'il peut d'autant moins s'élever des doutes à cet égard, qu'aux termes de l'article 464 du Code de procédure civile une demande en reconvention, qui n'a pas été formée devant les premiers juges, peut être formée devant la Cour, s'il s'agit de compensation ou que la demande en reconvention soit la défense de l'action principale;

Considérant qu'il n'en serait pas de même si la demande
en reconvention n'était pas un accessoire de la demande
principale, si l'admission de la demande en reconvention
ne devait opérer la rejection en tout ou en partie de la
demande principale, si enfin les deux demandes n'avaient
aucun trait, aucun rapport entre elles; dans ce cas, l'épreuve
de la conciliation serait nécessaire pour la nouvelle demande
comme pour la première; dans ce cas aussi, une demande
en reconvention ne pourrait être formée devant les juges
saisis de la demande principale, qu'autant qu'ils seraient les
juges naturels de toutes les parties; — rejette la fin de
non-recevoir.

Du 17 janvier 1821. — 1.ʳᵉ ch. — *Prés.* M. Paganon. —
Plaid. MM. Gautier et Bonnard, avocats.

COUR DE CASSATION.

MOTIFS. — ARRÊT. — PRESCRIPTION. — EXCEPTION.

*Lorsqu'une partie soutient que la prescription qu'on lui
oppose a été suspendue par des causes qu'elle développe
dans des conclusions formelles, l'arrêt qui admet la
prescription doit être cassé pour défaut de motifs, s'il
n'en renferme aucun propre à montrer qu'elle n'a
point été suspendue. (Art. 141 C. P. C. et 7 de la loi
du 20 avril 1810.)*

(De Lavillemeneust (les héritiers) C. les héritiers de
Crény.)

Dans une contestation existante entre les héritiers de madame de *Lavillemeneust* et ceux de M. de Crény, ceux-
ci ont opposé à leurs adversaires que leur instance était

prescrite par le laps de trente ans écoulés depuis les dernières poursuites.

Les héritiers de madame de Lavillemeneust ont répondu,
par leurs conclusions motivées, que la prescription n'avait
pu courir pendant le mariage de leur parente, soit parce
que son mari l'avait constamment réduite à l'impuissance
d'agir, en refusant de l'autoriser, soit parce que l'action etait
de nature à réfléchir contre lui ; qu'ainsi la prescription
n'avait commencé son cours utile qu'à dater du 6 novembre 1786, jour du décès du marquis de Lavillemeneust ;
mais que de cette époque jusqu'au moment de la reprise
d'instance il ne s'était écoulé que 27 ans, en sorte que la
prescription trentenaire n'était point acquise.

Le 1.er décembre 1817, la Cour de Paris déclare prescrite
la demande des hérit ers de Lavillemeneust,

« Considérant que depuis le dernier acte de la procé-
» dure, en 1783, il s'est écoulé plus de 30 ans jusqu'au
» jour de la reprise d'instance, et qu'il n'est justifié d'au-
» cune procédure intermédiaire ; qu'ainsi l'action en nullité
» de la vente dont il s'agit est prescrite. »

Pourvoi en cassation pour violation de l'article 141 C. P.
C. et de l'article 7 de la loi du 20 avril 1810.

Arrêt.

LA COUR, sur les conclusions conformes de M. Jourde,
avocat général, et après qu'il en a été délibéré dans la
chambre du conseil ; — vu l'article 7 de la loi du 20 avril
1810 ; — attendu que tout l'intérêt de la cause portait sur
le point de savoir si l'action en reprise de l'instance restée
pendante et indécise au Parlement de Paris, sur l'appel de
la sentence d'adjudication de la terre de Marquais, faite au
Châtelet de Paris le 29 juillet 1775, devait ou non être
écartée par la prescription de 30 ans ; — attendu que pour
établir que cette fin de non-recevoir n'était pas admissible,

2.

les demandeurs avançaient que la prescription trentenaire
n'était pas acquise au moment où la demande en reprise
avait été formée; que cette prescription avait été suspendue
jusqu'en 1786, époque du décès de M. de Lavillemeneust,
à raison de l'impuissance où était la dame son épouse d'a-
gir, parce que la suite qu'elle aurait voulu donner à sa
demande aurait réfléchi contre lui; attendu que cette exception prise de la suspension de la prescription ayant été
proposée par des conclusions précises, visées dans l'arrêt
attaqué, si la Cour royale de Paris pensait qu'elle devait être
repoussée, elle devait en donner les motifs; et qu'en s'ab-
stenant de le faire et même de prononcer sur cette excé-
ption, cette Cour a manifestement violé l'article 7 de la
loi du 20 avril 1810; par ces motifs, casse, etc.

Du 22 janvier 1821. — Sect. civ. — *Prés.* M. Brisson.
— *Plaid.* MM. Gueny et Loiseau, avocats.

COURS ROYALES DE TOULOUSE ET D'AMIENS.

1.° ACQUIESCEMENT — JUGEMENT. — REPROCHES. — TÉMOINS.

2.° TÉMOINS. — REPROCHES. — PARENS. — SÉPARATION DE CORPS.

1.° *La partie qui, après avoir proposé des reproches contre
certains témoins invoqués contre elle, a plaidé sur le
fond sans faire aucunes protestations ni réserves contre
le jugement qui a rejeté ces reproches, n'est pas censée
avoir acquiescé à ce jugement.*

2.° *Les parens peuvent être entendus comme témoins dans
les procès en séparation de corps, comme en matière
de divorce.* (Art. 231, 251, 306 et 307 C. C.; 283, 879
et 881 C. P. C.)

1.re ESPÈCE.

(R..... C. R.....)

La dame R....., demanderesse en séparation de corps,

fait entendre en témoignage sa sœur et son beau-frère ; — mais sur les conclusions du sieur R...., défendeur, les dépositions de ces deux témoins sont rejetées de la cause, et le tribunal enjoint aux parties de plaider au fond sur-le-champ. — En exécution de ce jugement, la dame R..... plaide au fond, et la séparation est admise.

Appel de la part du sieur R..... — La femme attaque aussi par la même voie le jugement qui avait statué sur les reproches élevés contre ses témoins. — L'appelant oppose à cet appel de la dame R..... une fin de non-recevoir résultant, dit-il, de ce qu'elle a spontanément exécuté le jugement qu'elle voulait maintenant faire réformer, en plaidant à l'instant même sur le fond sans faire aucunes protestations ni réserves.

Arrêt.

LA COUR, — attendu qu'en plaidant au fond, et ce postérieurement au jugement qui avait ordonné qu'il serait sur-le-champ plaidé, la dame R..... n'a fait qu'un acte de nécessité, et nullement de pure volonté ; qu'elle ne pouvait, sans compromettre ses intérêts, et sans se laisser juger par défaut, refuser de plaider immédiatement après que ledit jugement fut rendu ;

Attendu que la dame R..... n'a fait que continuer le 9 février une cause commencée le 24 janvier ; que déjà les conclusions avaient été contradictoirement prises ; que les parties ne furent entendues que dans leurs répliques, sans prendre de nouvelles conclusions ; que dès-lors, pas plus le 10 février que le 24 janvier, il n'y a eu de la part de la dame R..... aucune sorte d'acquiescement ; qu'il est d'ailleurs de principe reconnu que l'on n'est pas obligé d'appeler à la face du juge, et que les plaidoiries faites en exécution d'un jugement qui vient d'être rendu, ne peuvent être considérées comme des acquiescemens ; que sous le premier rapport, la fin de non-recevoir proposée ne saurait soutenir les regards de la justice;

Attendu que le sieur R....: n'est pas mieux fondé sous le second rapport, puisque la signification du jugement du 10 février a été faite avec cette précision, que l'on n'entendait signifier que ce seul jugement; que dès-lors on ne peut en induire aucun acquiescement aux dispositions du jugement rendu le 24 janvier, puisque celui-ci n'a jamais été notifié; que les acquiescemens ne se présument pas; que la loi accorde à toutes les parties trois mois pour appeler d'un jugement dont les dispositions pourraient les grever à compter du jour de la notification de ce même jugement; que cette notification seule fait par conséquent courir le délai dans lequel une partie est tenue d'appeler du jugement qui préjudicie à ses droits;

Au fond et sur la deuxième question,

Attendu que de la combinaison des articles 231, 251, 306 et 307 C. C., il résulte que si les procédures en séparation de corps doivent être intentées, instruites et jugées de la même manière que toute autre action civile, néanmoins il y a lieu à la demande en séparation de corps pour les mêmes causes pour lesquelles il y avait lieu à la demande en divorce; que l'on voit que la loi a établi une grande différence entre ce qui ne serait que forme de procéder et ce qui est fond du droit; que dès-lors, et quant aux reproches, qui tiennent plus au fond du droit qu'à la forme de procéder, on doit consulter plutôt les dispositions de l'article 251 C. C. que celles C. P. C.; que la question est ainsi décidée par les divers auteurs et même par plusieurs arrêts, l'un qui aurait été rendu par la Cour royale de Paris, les chambres réunies, et l'autre par la Cour de cassation : ce dernier sous la date du 8 mai 1810; qu'en effet il est sensible en matière de séparation de corps, comme en matière de divorce, que les parens, les personnes habituées dans la maison des époux, et les domesti-

ques, doivent être considérés comme des témoins nécessaires, parce que ce n'est guère que dans l'intérieur du
ménage que le mari se porte à des excès injurieux envers
sa femme, et qu'il est rare que ces scènes scandaleuses se
renouvellent hors de la maison maritale, principalement
lorsque le mari et la femme sont d'un état honorable qui
les met dans le cas de sauver les apparences à l'égard du
public , etc. , etc. — Par ces motifs, sans s'arrêter à la
fin de non-recevoir dont R..... est par le présent démis ,
statuant au fond , disant droit sur l'appel, réformant le jugement rendu le 24 janvier 1820 , ordonne que les dépositions, tant de F.... que de son épouse, resteront au procès, pour que chacune des parties en tire les inductions
qu'elle jugera convenable ; ordonne en conséquence que
lesdites dépositions seront lues ; ordonne la restitution de
l'amende , et réserve les dépens , etc.

Du 25 janvier 1821. — Cour royale de Toulouse. — *Plaid.*
MM. Romiguières et Amilhau , av.

Nota. La deuxième question n'est pas neuve; elle a été
formellement décidée dans le même sens par un arrêt de
la Cour de Paris, du 12 décembre 1809, et par un arrêt
de la Cour de cassation, du 8 mai 1810. (V. J. A., tom.
1.", pages 89 et 317.)

2.ᵉ ESPÈCE.

(J.... C. J..)

La Cour d'Amiens a décidé la seconde question par les
mêmes motifs que ceux adoptés par la Cour de Toulouse
le 5 juillet 1821. (Audience solennelle.) — *Prés.* M. De-
malleville, p. p.

COUR ROYALE DE METZ.

DERNIER RESSORT. — COMPTE. — RELIQUAT.

Lorsque sur une créance excédant 1,000 fr. il a été payé une certaine somme, et que le créancier ne poursuit plus son débiteur que pour être payé du reliquat de sa dette inférieur à 1,000 fr., le jugement du tribunal de première instance qui statue sur cette contestation est rendu en dernier ressort. (Art. 453 C. P. C.)

(Bataille C. Duretête.)

A R R Ê T.

LA COUR, — attendu que la loi confère aux tribunaux de première instance le droit de juger en dernier ressort les affaires personnelles et mobilières jusqu'à la valeur de 1,000 fr. ;

Attendu que la demande qui a été formée par Broyé, comme cessionnaire de Duretête, contre Bataille devant le tribunal de Rethel, n'a eu pour objet qu'une somme de 407 fr. 24 c. ; qu'elle n'excédait donc pas le taux de la compétence en dernier ressort de ce tribunal ;

Attendu que, quoique ladite somme fasse partie du capital de 1320 fr. porté dans le billet à ordre souscrit par Bataille le 24 mars 1811, cependant, comme l'excédant se trouvait acquitté, il ne pouvait plus être question dans la demande que de cette même somme de 407 fr. 24 c. ;

Attendu qu'à la vérité il est énoncé dans le jugement par défaut du 12 octobre 1819, qu'il est rendu en premier ressort, et que celui contradictoire du 22 juin 1820 ne se trouve qualifié ni en premier ni en dernier ressort ; mais que la deuxième partie de l'article 453 C. P. C. ne le répute pas moins rendu en dernier ressort, et déclare en conséquence non-recevables les appels qui en seraient interjetés ;

Attendu que si Bataillé doit être déclaré non-recevable dans le sien, il devient superflu d'examiner les moyens du fond ;

Par ces motifs, déclare Bataille non-recevable dans son appel, ordonne que les jugemens dont est appel seront exécutés selon leur forme et teneur, etc.

Du 27 janvier 1821. — *Prés.* M. Colchen. — *Plaid.* MM. Crousse et Collignon, avocats.

COUR DE CASSATION.

CHOSE JUGÉE. — MOYENS. — ARBITRES. — ORDONNANCE D'EXEQUA-
TUR. — NULLITÉ.

L'identité des moyens n'est pas nécessaire pour constituer l'exception de chose jugée. — Ainsi il y a violation de la chose jugée lorsqu'après avoir rejeté par un premier arrêt l'opposition à l'ordonnance d'exequatur d'un jugement arbitral, fondée sur ce que les arbitres n'auraient pas prononcé dans le délai légal, les mêmes juges décident, par un nouvel arrêt, que cette ordonnance d'exequatur doit être annulée comme ayant été délivrée par un membre de la Cour d'appel, au lieu de l'avoir été par le président du tribunal de première instance. (Art. 1351 C. C. et 480 C. P. C.)

(Bouquin C. Prat et Gérard.)

L'arrêt de la Cour de Grenoble et celui de la Cour de cassation, suffisent pour donner une idée exacte des faits de la cause.

« La Cour, considérant que la décision du 4 janvier

1814, rendue par les arbitres, est un véritable jugement arbitral dans le sens de l'article 51 du Code de commerce, remplissant seulement le premier degré de juridiction, un jugement susceptible d'appel, de l'avcu même du sieur Bouquin, dans ses conclusions motivées du 3 mai 1817, et que c'est ainsi que la Cour l'a déjà jugé par son arrêt du 28 juillet même année 1817 ;

» Considérant qu'aux termes de l'article 61 du Code de commerce, ce jugement arbitral ne pouvait être rendu exécutoire que par une ordonnance du président du tribunal civil de l'arrondissement de Briançon, fesant fonction de tribunal de commerce, après avoir été déposé au greffe de ce tribunal ;

» Considérant que le magistrat de la Cour qui a rendu l'ordonnance d'*exequatur* du 15 janvier 1816, ne pouvait dans aucun cas remplacer ou suppléer le président du tribunal de Briançon, seul délégué par la loi ; qu'ainsi ce magistrat était sans pouvoir et sans caractère pour rendre exécutoire le jugement arbitral dont il s'agit, et que ce jugement n'a jamais été revêtu d'aucun mandement légal ;

» Considérant que l'arrêt du 12 août 1816, par lequel Prat et Gérard furent déclarés non-recevables en l'opposition qu'ils avaient formée envers l'ordonnance d'*exequatur* du 15 janvier précédent, n'est point un obstacle à ce que la Cour prononce la nullité de cette ordonnance sur la nouvelle réclamation des sieurs Prat et Gérard ; dès que, d'une part, lors de l'arrêt précité, la question de nullité par défaut de pouvoir dans la personne de l'auteur de l'ordonnance ne fut ni agitée ni soumise à la décision de la Cour, et que, d'autre part, il résulte de la combinaison des articles 480 C. P. C. et 1351 C. C. que l'autorité de la chose jugée n'a lieu qu'à l'égard de celui qui a fait l'objet du jugement entre mêmes parties, sur mêmes moyens et sur même cause, ce qui ne se rencontre pas dans l'espèce ;

» Considérant que, lors de l'arrêt de 1816, les sieurs Prat

et Gérard attaquaient l'ordonnance d'*exequatur*, uniquement sur le défaut de pouvoir de la part des arbitres, en s'étayant de la circonstance que le jugement arbitral avait été rendu plus de trois mois après la nomination des arbitres, et en se fondant sur l'article 1012 C. P. C...., etc.

Pourvoi en cassation pour violation de la chose jugée.

M. Jourde, avocat général, a conclu à la cassation.

Arrêt.

LA COUR, — vu les articles 1350, 1351 et 1352 C. C.;

Considérant que Prat et Gérard ont, en 1816 et 1818, attaqué l'ordonnance d'*exequatur* dont il s'agit; que l'arrêt intervenu en 1816 a déclaré cette demande non-recevable, et que celui de 1818 l'a accueillie; qu'ainsi il y a contrariété entre ces deux arrêts;

Considérant qu'ils ont été rendus entre les mêmes parties agissant dans les mêmes qualités;

Que la chose demandée a été la même dans les deux instances, puisque dans l'une et l'autre l'action et les conclusions ont été également dirigées contre l'ordonnance d'*exequatur*;

Enfin que ces deux demandes ont été fondées sur la même cause, sur la nullité de l'ordonnance;

Que, si dans l'une de ces instances l'on a fait valoir une nullité dont on n'a pas excipé dans l'autre; que si, par suite les deux arrêts jugent des questions différentes, tout ce qui en résulte, c'est qu'à ces deux époques les parties n'ont pas présenté les mêmes moyens;

Mais qu'il est constant en droit que l'identité de moyens n'est pas nécessaire pour constituer l'exception de chose jugée; qu'elle se compose de trois élémens qui se rencontrent dans l'espèce; d'où il suit que l'arrêt attaqué a violé les lois ci-dessus citées;

Considérant sur le moyen de défense que Prat et Gérard

.tirent de l'arrêt du 28 juillet 1817, que ce moyen, fondé sur un des motifs de l'arrêt et non sur son dispositif, ne peut être pris en considération ; — donne défaut contre Gérard, et pour le profit casse et annulle l'arrêt de la Cour royale de Grenoble du 18 février 1818, etc.

Du 29 janvier 1821. — Sect. civ. — *Prés.* M. Brisson.

Nota. Nous avons rapporté, au tome 26 de ce Journal, page 170, un arrêt de la Cour de Toulouse qui paraît avoir adopté les principes consacrés par la Cour de cassation dans cette affaire *Bouquin*, puisqu'elle a décidé que *le débiteur poursuivi par voie de saisie immobilière n'est pas recevable à demander, pour vices de forme, la nullité du commandement et de la saisie, lorsque déjà il a été démis d'une demande semblable,* mais fondée sur des moyens au fond.

COUR ROYALE DE TOULOUSE.

ACTES RESPECTUEUX. — CONSEIL JUDICIAIRE. — ASSISTANCE.

L'appel d'un jugement portant nomination d'un conseil judiciaire a un effet suspensif, tel que l'individu placé sous l'assistance de ce conseil peut, sans son assistance, faire des sommations respectueuses à son père pour obtenir son consentement à son mariage. (Art. 513 C. C. et 457 C. P. C.)

(Roquelaine C. Roquelaine.)

ARRÊT.

LA COUR, — attendu, sur la *première question*, que le moyen de nullité est pris de ce que *Roquelaine* fils ne pouvait pas plaider sans l'assistance de son conseil judiciaire ;

Mais que, s'il est vrai que le jugement qui donne un conseil judiciaire à *Roquelaine* fils est antérieur à l'introduction de l'instance actuelle, il est vrai aussi que ledit jugement était attaqué par la voie de l'appel lors de ladite introduction d'instance, comme il est vrai aussi que ledit appel n'est pas évacué ;

Que dès-lors l'appel ayant un effet suspensif, ledit *Roquelaine* fils, loin de se soumettre au jugement attaqué, a pu agir comme s'il n'existait pas ; qu'ainsi les poursuites sont régulières ;

Que, quant à la demande en sursis, elle est mal fondée : d'une part, parce que le sursis contrarierait trop ouvertement les dispositions de l'article 178 C. C., et d'autre part, parce qu'il ne produirait rien, puisqu'il serait toujours vrai que l'instance actuelle a dû être engagée et que le jugement du 6 décembre 1820 a dû être rendu comme il l'a été ; que la demande en jonction est également mal fondée, puisqu'il n'existe aucune connexité entre les instances dont il s'agit ;

Qu'au surplus tous ces principes et la régularité des poursuites ont été reconnus pas *Roquelaine* père, qui en première instance n'avait contesté que sur l'âge de *Roquelaine* fils ;

Attendu, *sur la deuxième question*, que dès-lors l'opposition est mal fondée ; a démis et démet la partie de *Carles* fils (*Roquelaine* père) de son opposition envers l'arrêt du 3 janvier courant ; a ordonné et ordonne que ledit arrêt, ainsi que le jugement du 6 décembre 1820, sortiront leur plein et entier effet, etc.

Du 29 janvier 1821.

Observations.

La Cour de Toulouse aurait pu se dispenser d'examiner si l'appel du sieur *Roquelaine* fils était ou non suspensif ; la loi énumère, dans l'article 513 du Code civil, les actes que l'individu pourvu d'un conseil judiciaire ne peut faire sans être assisté de ce dernier ; elle ne dit nulle part qu'il soit tenu de prendre son avis pour contracter mariage ; d'où l'on peut conclure qu'il a le droit de se marier sans l'assistance de ce conseil., et qu'il n'en a besoin que pour le réglement de ses conventions matrimoniales. (*Telle est la doctrine professée par l'orateur du Gouvernement dans l'exposé des motifs du titre de l'interdiction ; de M. Proudhon dans son Cours de Droit français , 2.ᵉ volume, p. 340, et de M. Toullier, Droit civil français, tome 2, n.ᵉ 1379.*) On ne peut alors lui contester le droit de faire, sans l'assistance de son conseil, des sommations respectueuses à ses père et mère.

COUR DE CASSATION.

AUDIENCE SOLENNELLE. — NOMBRE DE JUGES. — ERREUR. — NATURE DE LA CAUSE.

Lorsque dans une affaire qui par sa nature n'était pas assujettie à être jugée en audience solennelle , l'arrêt constate qu'il a été rendu en audience solennelle, et par sept juges seulement, il n'est pas nul pour insuffisance de nombre de juges, parce qu'alors il est présumé, 1.ᵒ que les deux chambres n'ont pas été réunies; 2.ᵒ que seulement des membres de la chambre correctionnelle ont été appelés pour compléter la chambre civile ; 3.ᵒ que c'est par erreur que le greffier a énoncé que l'arrêt a été rendu en audience solennelle. (Art. 7 du décret du 6 juillet 1810.)

(Sartorius C. Kitzinger.)

17 mars 1818, arrêt de la Cour de Metz rendu au profit des sieurs Kitzinger contre le sieur Sartorius dans une

cause qui n'était pas de nature à être jugée en audience solennelle ; cependant l'arrêt énonce, 1.° qu'il a été rendu
en audience solennelle ; 2.° qu'il a été rendu par *sept
juges.*

Pourvoi en cassation pour violation des articles 27 de la
loi du 27 ventôse an 8, 7 de la loi du 20 avril 1810 et 7 du
décret du 6 juillet même année.

Le demandeur en cassation s'étayait de l'autorité bien
imposante d'un arrêt du 21 juin 1820. (J. A., tom. 22,
p. 103.)

M. Cahier, avocat général, a conclu au rejet.

Arrêt.

LA COUR, — attendu que rien n'exigeait que la cause
fût jugée en audience solennelle ; qu'elle devait être jugée
par la chambre civile seule, composée de sept juges au moins,
et que dans le fait sept juges seulement ont concouru à
l'arrêt ; d'où l'on peut inférer, 1.° que les membres de la
chambre d'appel de police correctionnelle, qui ont fait partie
de ces sept juges, n'avaient été appelés que pour remplacer
des juges de la chambre civile absens ou qui s'étaient abste-
nus ; 2.° que c'est uniquement par erreur qu'à la fin de cet
arrêt le greffier a énoncé qu'il avait été rendu en audience
solennelle, erreur qui ne peut pas en motiver l'annullation ;
— rejette, etc.

Du 30 janvier 1821. — Section civile. — *Prés.* M. Brisson,
— *Plaid.* MM. Delagrange et Lassis , av.

COUR DE CASSATION.

INSCRIPTION HYPOTHÉCAIRE. — RENOUVELLEMENT. — SAISIE IMMOBI-
LIÈRE.

La saisie immobilière de l'immeuble hypothéqué ne dis-
pense pas le créancier qui la poursuit du renouvel-
lement décennal de son inscription ; et si ce renouvel-
lement n'a pas eu lieu , l'inscription est périmée ,
nonobstant la dénonciation de la saisie au saisi, la
transcription et l'enregistrement au greffe et au bureau
- des hypothèques. (Art. 2154 C. C. et 677 , 680 , 681 ,
et 692 C. P. C.)

(Beuzeville C. Deschamps et consorts)

Le 23 avril 1818 , arrêt de la Cour de Paris qui maintient
l'inscription : « Attendu que la saisie immobilière , faite par
» Deschamps et consorts en vertu de leur inscription, de
» l'immeuble à eux hypothéqué, sa dénonciation aux parties
» saisies dûment enregistrée au greffe, et la transcription
» de ces saisies et enregistrement sur le livre du conservateur
» des hypothèques qui les avait comprises chacune à leur
» date dans l'état des inscriptions par lui délivré , avaient
» constamment plus de force et remplissaient beaucoup
» mieux les vues du législateur qu'un simple renouvellement
» d'inscription qui , d'ailleurs , dans la circonstance d'une
» poursuite d'expropriation en pleine activité, avait dû pa-
» raître à Deschamps et consorts complétement inutile. »
Pourvoi en cassation de la part du sieur Beuzeville.

ARRÊT.

LA COUR , — *sur les conclusions conformes de M.*
Cahier , avocat général ; — vu l'article 2154 C. C. ;
Attendu, 1.° que la disposition de cet article est absolue et
tient essentiellement à l'ordre public; qu'il en résulte que ,
jusqu'à ce que les inscriptions aient produit leur effet , elles
doivent être renouvelées dans le délai prescrit , faute de

quoi les parties-qui contracteraient sous la foi de la péremption ne pouvant et ne devant consulter que le registre des
inscriptions et des renouvellemens pour connaître celles existantes, pourraient être induites en erreur et devenir victimes de leur confiance; — attendu, 2.° que la saisie immobilière, la dénonciation qui en est faite au saisi, ni la
transcription et l'enregistrement de ces actes au greffe et
au bureau des hypothèques, ne donnent aux inscriptions
ni une publicité ni un effet capables de remplir le but du
renouvellement; — attendu enfin qu'en décidant le contraire et en jugeant sous ce prétexte que l'inscription de
Deschamps et consorts n'est pas périmée faute d'avoir été
renouvelée dans les dix ans de sa date, l'arrêt viole l'article
2154 ci-dessus cité;

Par ces motifs, casse, etc.

Du 31 janvier 1821. — Sect. civ. — *Prés.* M. Brisson. —
Plaid. MM. Gueny et Loiseau, av.

Nota. On peut consulter un arrêt du 3 février 1824 (J.
A., tom. 26, pag. 92), par lequel la Cour de cassation
a décidé que le renouvellement de l'inscription était nécessaire, dans une espèce encore plus favorable que celle-ci.
C'est appliquer rigoureusement le texte de la loi!...

COUR DE CASSATION.

1.° JUGEMENT. — MOYENS DE FORME. — MOYENS SUR LE FOND. —
NULLITÉ.

2.° MOTIFS. — MOYENS DE NULLITÉ. — JUGEMENT.

3.° COMMANDEMENT. — DATE. — ERREUR. — JUGEMENT. — NULLITÉ.

1.° *Un tribunal peut prononcer sur la forme et sur le
fond par un seul jugement, si les parties ont respéctivement conclu sur l'une et sur l'autre.* (Art. 473
C. P. C.)

2.° *La Cour de cassation ne peut casser pour défaut*
de motifs un jugement qui a rejeté, sans en donner
aucun, des moyens de nullité qui n'avaient reçu
aucun développement dans les actes de la procédure.
(Art. 141 C. P. C. et 7 de la loi du 20 avril 1810.)

3.° *La signification d'un jugement et le commandement*
de payer en vertu de ce jugement ne sont pas nuls,
quoique l'huissier se soit trompé dans l'énonciation de
la date de ce même jugement. (Art. 583 C. P. C.)

(Tourailles C. Foucher.)

Le sieur Foucher obtient, le 19 décembre 1817, contre
le sieur Tourailles, un jugement qu'il lui fait signifier en
lui donnant par erreur la date du 19 janvier, et par le
même acte il fait commandement à son débiteur de payer
en vertu de ce jugement, auquel dans cette partie de l'exploit sa véritable date est rendue.

Le sieur Tourailles forme opposition et prend les conclusions suivantes : « Il plaise au tribunal, fesant droit sur
» l'opposition du sieur Tourailles, déclarer nul et de nul
» effet le jugement dont copie a été rapportée sous la date
» du 19 janvier 1817, et par suite déclarer également nuls
» le commandement et la saisie faite en vertu d'un autre
» jugement énoncé sous la date du 19 *décembre* 1817.... »

Le sieur Tourailles conclut également au fond. Dans la
requête qu'il fait signifier plus tard, il ne donne aucuns
développemens aux moyens de forme sur lesquels il fondait
son opposition.

Le 5 septembre 1818, jugement par lequel le tribunal
de Bayeux, statuant à la fois et en dernier ressort sur les
moyens de forme et sur le fond, sans donner aucuns motifs
sur le rejet des nullités proposées par le sieur Tourailles,
déclare le recevoir opposant pour la forme, et le déboute
de son opposition.

Pourvoi en cassation pour violation des articles 141 ,
473 et 583 C. P. C.

Arrêt.

LA COUR, attendu, sur le *premier moyen*, que, les
parties ayant conclu respectivement au fond en même temps
que le sieur Tourailles demandait la nullité des citations
à lui données au bureau de conciliation et de l'exploit de
signification d'un jugement par défaut, le jugement attaqué
a pu statuer conjointement et sur l'un et sur l'autre, d'a-
près l'article 473 C. P C., lequel autorise les cours à statuer sur le fond en même temps que sur les moyens de
forme ;

Attendu, sur le *second moyen*, fondé sur ce que le jugement attaqué ne contient aucun motif relatif au rejet
des nullités proposées par le sieur Tourailles, que, par
la requête contenant l'opposition de Tourailles à l'exécution du jugement par défaut, il n'a été donné aucun développement aux moyens de nullité qui sont proposés comme
moyens de cassation devant la Cour ; qu'ainsi il n'y avait
pas lieu d'en fonder le rejet sur des motifs particuliers ;
— attendu, sur le *troisième moyen*, qu'en ce qui concerne
la *première partie....*, qu'en ce qui concerne la *deuxième*, elle ne porte que sur une simple erreur de date
suffisamment rectifiée par les actes mêmes où elles se rencontre, et qu'elle n'a d'ailleurs porté aucun préjudice au
sieur Tourailles, etc., etc. ; rejette.

Du 31 janvier 1821. — Section des requêtes. — *Plaid.*
M. Gueny, avocat.

COUR ROYALE DE BOURGES.

CONCORDAT. — COMPROMIS. — DÉLAI.

3.

Un concordat qui nomme des arbitres pour juger lès difficultés qui pourraient naître à son occasion, vérifier les créances, etc., n'est pas un compromis en ce sens que, s'il ne fixe pas un délai pendant lequel durera le pouvoir des arbitres, ce pouvoir doive expirer au bout de trois mois : l'intention contraire des parties est présumée d'après la longueur des opérations confiées aux arbitres. (Art. 1007 et 1012 C. P. C., et 519 Cod. com.)

(Plassat-Gaillard C. Renaud et autres.)

14 mars, 1812, concordat notarié entre les créanciers du sieur de Chassy qui nomme le sieur de Culon syndic des créanciers unis, M. Plassat-Gaillard pour conseil de la direction, et des arbitres pour, porte l'acte, *juger les difficultés qui pourraient naître à raison du concordat, circonstances et dépendances; vérifier les créances, faire la distribution des deniers, délivrer des bordereaux de collocation, et généralement faire tout ce qui sera nécessaire pour parvenir à l'entière distribution des deniers.*

Le 8 janvier 1820, les sieurs Renaud et autres créanciers du sieur de Chassy, assignent, devant le tribunal civil de Bourges, le sieur de Culon en sa qualité de syndic., pour le faire condamner à rendre compte des sommes qu'il a dû recevoir pour les créanciers unis.

11 février, dénonciation de cette demande par le sieur de Culon à M. Plassat-Caillard en sa qualité d'agent de la direction, avec assignation en garantie comme ayant géré les affaires de ladite direction.

M. Plassat soutient le tribunal civil incompétent, et que la contestation doit être renvoyée devant les arbitres nommés par le concordat.

Ce déclinatoire est rejeté par jugement du 28 avril 1820.

31 octobre, appel par M. Plassat-Caillard. Entre autres. moyens à l'appui du jugement de première instance, on a dit que la mission des arbitres était expirée, aux termes de l'article 1012 C. P. C., trois mois s'étant écoulés depuis leur nomination, et aucun délai plus long n'ayant été fixé dans le concordat.

Arrêt.

LA COUR, considérant qu'à la vérité le concordat ne fixe aucun délai, et qu'aux termes de droit la mission des arbitres ne dure en ce cas que trois mois; mais que c'est ici moins un compromis dans le sens de la loi entre deux personnes qui ont des droits à régler qu'une véritable liquidation dont on nomme les agens pour en diriger la marche, en plaçant au-dessus d'eux des juges pour les éclairer; qu'ainsi les principes sur la durée des compromis ne sont guère applicables à l'espèce ;

Qu'au surplus il faut dans les actes s'attacher moins aux termes dans lesquels ils sont conçus qu'à la commune intention des parties ;

Que, par suite de l'abandon des biens du sieur de Chassy, il y avait à vendre des fonds considérables et disséminés en divers lieux, beaucoup de recouvremens à faire, des débiteurs à discuter, et que, cette opération devant nécessairement durer plusieurs années, il est impossible que les parties aient eu l'idée de borner à trois mois le pouvoir des arbitres, mais qu'elles ont bien plutôt voulu attendre jusqu'à la fin de l'opération ; qu'ainsi, sous quelque point de vue qu'on envisage cette affaire, il est évident que le pouvoir des arbitres n'est pas fini, qu'il s'étend au compte demandé, et que tout autre tribunal est incompétent pour en connaître ;

A mis le jugement dont est appel au néant; émendant, dit qu'il a été incompétemment jugé ; renvoie la contestation

et les parties devant les arbitres choisis par le concordat
du 14 mars 1812, etc.

Du 1.er février 1821. — 1.re ch. civ. — *Prés.* M. Sallé. —
Concl. M. Pascaud, avocat général. — *Plaid.* MM. Fra-
vaton et Lescot, avocats.

COUR ROYALE DE BOURGES.

TRIBUNAL. — SUPPLÉANS. — AVOCATS. — COMPOSITION.

Un tribunal ne peut d'office se déclarer incompétent,
parce que les juges qui le composent auraient essayé
de concilier les parties : il doit chercher à se complé-
ter, en appelant les suppléans et des membres du bar-
reau. (Art. 49 du décret du 30 mars 1808.)

(Trémignon et Rosély C. M.....)

ARRÊT.

LA COUR, — considérant que le motif de l'incompétence alléguée d'office par les premiers juges est tiré de ce
qu'ils avaient essayé de concilier les parties et tenu des
conférences avec elles ;

Mais que les juges qui croient pouvoir se récuser doivent le faire dans les formes établies par la loi ; qu'après
eux sont les juges-suppléans, qui à leur tour peuvent
s'aider du secours des avocats, en telle sorte que la justice
ne cesse que dans le cas d'épuisement ;

Qu'on ne trouve ici ni récusation proposée par les juges,
ni appel de suppléans ; que la demande étant mobilière,
et le défendeur domicilié dans l'arrondissement, le mot d'*in-*
compétence, allégué par les juges eux-mêmes, n'a aucun

rapport avec l'état de l'affaire et n'est en effet qu'un déni de justice ;

Dit qu'il a été mal jugé par le jugement dont est appel ; émendant , etc.

Du 1.er février 1821. — 1.re ch. civ. — *Prés.* M. Sallé , premier président. — *Concl.* M. Pascaud , avocat général. — *Plaid.* MM. Mayet-Génétry et Deséglises , avocats.

COUR ROYALE D'AIX.

SURENCHÈRE. — NOTIFICATION. — ÉVALUATION. — RENTE.

Lorsqu'un immeuble est vendu moyennant une somme fixe et une rente viagère , l'acquéreur qui veut purger n'est tenu , dans la notification du contrat aux créanciers inscrits, qu'à indiquer le prix tel qu'il est porté dans le contrat , sans qu'il soit nécessaire d'évaluer le capital de la rente ; et on ne peut pas dire que cette notification n'indiquant pas suffisamment le prix, n'a pu faire courir les délais de surenchère.(Art. 2183 C. C.)

(Mandine (les créanciers) C. Fabrége et Gay.)

ARRÊT.

LA COUR , — attendu que l'article 2183 C. C. annonce précisément ce que doit contenir la notification que l'acquéreur qui veut purger son acquisition fait aux créanciers inscrits ;

Que , parmi les déclarations qu'il exige , on n'en trouve aucune , d'où l'on puisse induire qu'il doive annoncer le prix ou les charges qui en font partie , autrement qu'ils sont stipulés dans son contrat , et le dénature lui-même ;

que, puisque sa notification ne doit être que l'analyse ou extrait de son acte, elle doit lui être conforme, et ne présenter le prix que tel qu'il a été stipulé, sauf aux créanciers à surenchérir dans le délai déterminé, si par sa qualité ou par sa quotité, le prix ne satisfait pas leurs intérêts ;

Attendu que les appelans ont ainsi rempli toutes leurs obligations, en annonçant en rente viagère la partie du prix qui n'avait pas été stipulée différemment ; qu'il n'est dans le Code ni texte ni analogie qui les oblige à énoncer leur contrat autrement qu'il n'avait été formé, et à capitaliser une rente qui ne l'avait pas été dans l'acte ; que les créanciers pouvaient dans le délai de l'article 2183, pourvoir à leurs intérêts, soit en augmentant la rente d'un dixième, soit en lui donnant un sort principal qu'ils auraient augmenté d'un dixième, et qu'ils doivent s'imputer d'avoir laissé expirer le délai de la loi sans profiter des facultés qu'elle leur donnait ; que leur silence prouve qu'ils ont préféré s'en tenir au prix du contrat ; que dès-lors les acquéreurs, en mettant en distribution le prix tel qu'il a été stipulé dans l'acte, se sont rigoureusement conformés au vœu de loi ;

Par ces motifs, met l'appellation et ce dont est appel au néant ; émendant, sans s'arrêter aux fins principales et subsidiaires des intimés, dont les a démis et déboutés, met sur icelle Fabrége et Gay hors de cour et de procès, sous l'offre par eux faite de mettre en distribution la somme de 7,451 fr. 67 cent., savoir : 7,000 fr. stipulés en numéraire par l'acte de vente, et 451 fr. 69 cent. montant des arrérages de la rente viagère de 600 fr., stipulée dans le même acte, courus depuis la vente jusqu'au 19 mars 1819, jour du décès de Magdelaine Denis ; ordonne la restitution de l'amende, condamne les intimés en tous les dépens.

Du 2 février 1821. — *Prés.* M. Cappeau. — *Plaid.* MM. Semérie et Dubreuil, avocats.

Nota. On peut consulter un arrêt du 3 avril 1815 (J. A. , tom. 11, pag. 265), qui a décidé que c'était au créancier surenchérisseur à faire lui-même l'évaluation des choses vendues pour déterminer la somme précise qui doit être offerte pour le dixième en sus du prix de la vente, etc.

Quant à l'espèce jugée par l'arrêt du 2 février 1821 , on peut voir MM. Persil, tom. 2 , pag. 278, et Delvincourt, tom. 2 , pag. 243, et 684 qui pensent que l'acquéreur doit *évaluer la chose, si le prix est indéterminé, comme lorsqu'il consiste dans une rente viagère.*

―――

COUR ROYALE DE COLMAR.

1.° CAUTION *JUDICATUM SOLVI.* — ÉTRANGER. — FRAIS. — PRINCIPAL.

2.° CAUTION *JUDICATUM SOLVI.* — DÉPENS.

1.° *La caution judicatum solvi, doit être limitée aux frais et dommages-intérêts.* (Art. 166 C. P. C.)

2.° *Le jugement qui ordonne la caution judicatum solvi n'étant qu'un préparatoire, ne peut prononcer de condamnation définitive aux dépens.* (Art. 167 C. P. C.) (1)

(Bunger (les syndics de la faillite) C. Kole et compagnie.)

ARRÊT.

LA COUR, — considérant que les dispositions de l'article 165 C. P. C. sont limitatives aux frais et dommages-intérêts, pour la fixation du cautionnement à fournir par les étrangers; que les premiers juges ne pouvaient donc com-

―――

(1) *V.* Carré, traité et questions, n.° 985 sur l'article 166, tom. 1.er, pag. 273.

prendre le principal de la demande dans le cautionnement
à fournir par les syndics des frères Bunger, qui sont intervenus dans la cause pour contester la saisie-arrêt; — Quant
aux dépens de première instance, que les jugemens qui
ordonnent une garantie pour les frais et dommages-intérêts
ne sont que préparatoires, et ne doivent par conséquent
pas renfermer de disposition définitive pour les dépens, etc.

Du 3 février 1821. — 3.ᵉ ch. — *Plaid.* MM. Blétry et
Raspiéler, avocats.

COUR ROYALE DE METZ.

1.º SURENCHÈRE. — CRÉANCIERS. — INTERVENTION.
2.º SURENCHÈRE. — DÉLAI.

1.º *Les créanciers d'un individu exproprié ont le droit
d'intervenir dans une contestation élevée entre l'adjudicataire et le surenchérisseur, relativement à la validité de la surenchère.* (Art. 339 C. P. C.)
2.º *Le jour de l'adjudication ne doit pas être compris dans
le délai de huitaine accordé par l'article 710 C. P. C.
pour la surenchère.*

(Ronct C. Legardeur.)

Arrêt.

LA COUR, — sur la première question, attendu que
l'augmentation de prix résultant de la surenchère devant
profiter aux créanciers de Chardron, exproprié et failli,
ceux-ci ont évidemment intérêt et par conséquent droit à
intervenir dans la contestation actuelle pour y faire valoir
tous les moyens à l'appui de la validité de la surenchère,
dans le cas où le surenchérisseur, par connivence avec

l'adjudicataire, ou pour tout autre motif, le négligerait ;
que c'est donc avec raison que le tribunal de Sedan a reçu
Geoffrigny et Ternaux dans leur intervention ;

Sur la deuxième question, attendu qu'il est de principe
fixé par la jurisprudence et par l'opinion des auteurs, que,
lorsque le Code de procédure, en établissant un délai dans
lequel doivent être faits certains actes, autres que ceux dont
il est parlé dans l'article 1033 de ce Code, a désigné un jour
comme point de départ pour faire courir le délai, ce jour
ne doit pas être compté ;

Qu'ainsi, dans le cas de vente par expropriation forcée,
l'article 710 du Code de procédure civile, permettant à toute
personne de faire une surenchère dans le délai de huitaine
du jour où l'adjudication aura été prononcée, ce jour n'est
point compris dans le délai, de telle sorte que, dans l'espèce,
l'adjudication ayant eu lieu le 13 décembre, les premiers
juges ont, avec juste motif, décidé qu'une surenchère avait
pu être faite le 21 du même mois, etc., etc.

Du 10 février 1821. — Ch. civ. — *Prés.* M. Gérard d'Hannoncelles, p. p. — *Plaid.* MM. Crousse, Dommanget et
Charpentier, av.

COUR ROYALE DE LIMOGES.

**TRIBUNAL DE COMMERCE. — PROMESSE. — LIVRAISON. — COM-
PÉTENCE.**

*Pour que l'on puisse, en matière de commerce, assigner
devant le tribunal dans l'arrondissement duquel la
promesse a été faite, il faut encore que ce tribunal
soit celui de l'arrondissement où la marchandise a été
livrée : la particule* et, *employée dans l'article* 420 *C.
P. C. n'est pas disjonctive, au contraire.*

(Lapeyre C. Vitet.)

Vitet, marchand à Limoges, était en relation d'affaires
avec Lapeyre, marchand à Thiviers. Une contestation s'élève
entre eux au sujet d'une vente de marchandises : la livraison
de ces marchandises avait eu lieu à Thiviers, mais il paraît que la promesse de vente s'était faite à Limoges.

Lapeyre, traduit par Vitet devant le tribunal de commerce
de Limoges, propose l'incompétence. Le tribunal, sans
avoir égard à son exception, le condamne. — Appel.

Arrêt.

LA COUR, considérant qu'il est de principe établi par
les dispositions de l'article 420 du Code de procédure civile,
que le demandeur peut assigner à son choix, devant le tribunal du domicile du défendeur, devant celui dans l'arrondissement duquel la promesse a été faite et la marchandise livrée, et devant celui dans l'arrondissement duquel la
promesse devait être effectuée ;

Que l'assignation donnée devant le tribunal dans l'arrondissement duquel la promesse a été faite doit aussi être
le même que celui où la marchandise a été livrée, parce
que la conjontion *et*, qu'on trouve dans cet article 420,
n'est aucunement employée pour la disjonctive, ainsi qu'on
le voit dans un arrêt rapporté au 14.ᵉ volume de Sirey, page
199, qui décide qu'il faut le concours des deux circonstances ;

Considérant, en fait, que rien n'établit un pareil concours
dans la demande formée par la partie de M.ᵉ Barny ; qu'il a
au contraire été mis en fait par la partie de M.ᵉ Albin qu'à
l'époque où elle avait été traduite devant le tribunal de commerce, elle avait cessé de faire toute espèce de commerce
avec Vitet, et qu'elle l'avait entièrement soldé ;

Que pendant leur négoce Vitet lui avait toujours fait ces
livraisons à Thiviers ; qu'ainsi, sous tous les rapports, Vitet
n'avait pu ni dû le citer au tribunal de commerce de Limoges,
mais bien devant celui de Nontron ;

Fesant droit de l'appel interjeté par la partie de M.ᵉ Albin, dit avoir été nullement et incompétemment jugé; émendant, renvoie la cause et les parties devant les juges qui devront en connaître.

Du 10 février 1821. — Ch. civ. — *Prés.* M. Grivel. — *Concl.* M. Talandier, substitut. — *Plaid.* MM. Albin et Barny, av.

COUR ROYALE D'AMIENS.

ACQUIESCEMENT. — SCELLÉS. — RÉSERVES.

Lorsqu'un héritier qui avait d'abord requis, contre le légataire à titre universel du mobilier, l'apposition des scellés sur les meubles, titres et papiers de la succession, restreint ensuite sa réquisition aux titres et papiers, et exécute le jugement qui a statué en conséquence de cette restriction, il est non-recevable à demander ultérieurement l'apposition des scellés sur les meubles, sous le prétexte que ce jugement contient réserve de tous les droits, moyens et actions des parties.

(La dame veuve de la Vacquerie C. le sieur de la Vacquerie.)

29 octobre 1820, ordonnance de M. le président du tribunal civil de Clermont-Oise, jugeant en référé, qui, « attendu que le défunt, par son testament, a instiué sa veuve légataire universelle en toute propriété de son mobilier, et que ce titre n'est pas contesté; — attendu que, lors de son réquisitoire du 24 mars dernier, à fin d'apposition des scellés sur tous les biens mobiliers, titres et papiers de la succession du défunt, le sieur de la Vacquerie a déclaré, sur la représentation qui lui a été faite du testament ci-dessus, restreindre sa réquisition aux titres, papiers et renseignemeus; — qu'il a été satisfait à ce jugement; — que dès-lors, et dans cet état

de choses, le sieur de la Vacquerie est aujourd'hui non-rece=
vable à demander l'apposition des scellés sur le mobilier
dont il s'agit ; — dit qu'il n'y a pas lieu d'apposer le scellé
sur les effets mobiliers de la succession. »

Appel de cette ordonnance, par le sieur de la Vacquerie,
héritier. Il prétend qu'il ne pourrait y avoir fin de non-
recevoir contre sa demande ; qu'autant que la restriction
donnée à sa première demande et le jugement qui avait statué
en conséquence n'auraient contenu aucunes réserves ; mais
que le tribunal avait au contraire réservé tous ses droits, et
par conséquent celui qu'il avait de faire mettre sous le scellé
tout ce qui dépendait de la succession.

ARRÊT.

LA COUR, — adoptant les motifs du premier juge, met
l'appellation au néant, avec amende et dépens.

Du 13 février 1821. — Ch. sommaire. — *Prés.* M. Cauvel
de Beauvillé.

COUR DE CASSATION.

CITATION. — MATIÈRE CORRECTIONNELLE. — DÉLAI. — JUGEMENT. —
NULLITÉ.

*Lorsqu'en matière correctionnelle la citation est donnée
à un trop court délai, elle n'est pas nulle ; mais le
jugement obtenu par défaut avant l'expiration du délai
voulu par la loi est nul, et si avant le jugement le
prévenu comparaît, il peut obtenir un délai convenable pour préparer sa défense. (Art. 146 et 184 C.
I. C.)*

(L'administration des eaux et forêts C. Lemper.)

Arrêt.

LA COUR, — vu les articles 146 et 184 C. I. C., attendu que, si d'après le premier de ces articles et en matière de simple police la citation doit porter le délai prescrit à peine de nullité, tant de la citation que du jugement qui serait rendu par défaut, il n'en est pas de même de l'article 184, portant « qu'en matière de police correctionnelle il » y aura au moins un délai de trois jours, outre un jour » par trois myriamètres, entre la citation et le jugement, » à peine de la nullité de la condamnation qui serait pro-
» noncée par défaut contre la personne citée ; »

Que de cette disposition il résulte seulement que le pré-venu cité devant un tribunal correctionnel à un délai plus court que celui prescrit par cet article 184, pourrait faire annuler la condamnation par défaut qui serait prononcée contre lui, sans qu'il eût comparu sur une citation donnée à trop bref délai, et que dans le cas de cette condamna-tion il n'en devrait pas supporter les frais, mais que la citation ne perdrait pas son effet ; que la loi ne permet-tait pas d'en prononcer l'annullation ; que le prévenu qui aurait comparu ne serait pas autorisé à en demander la nullité ; qu'il pourrait seulement réclamer le renvoi de la cause, s'il ne lui avait pas été possible, dans le trop bref délai qui lui aurait été fixé, de préparer ses moyens de défense, et qu'il appartiendrait au tribunal d'accorder ou de refuser ce renvoi d'après les circonstances ;

Que dans l'espèce le prévenu cité devant le tribunal de Colmar a comparu au jour fixé par la citation ; qu'il n'a pas demandé un nouveau délai et la remise de la cause pour préparer sa défense ; qu'il a requis la nullité de la citation et le renvoi des poursuites dirigées contre lui par l'administration forestière ; que, si la Cour royale de Col-mar, saisie de l'appel du jugement qui avait accueilli ces demandes, trouvait que le prévenu n'avait point joui du délai suffisant pour préparer sa défense, elle pouvait surseoir à statuer sur les poursuites et fixer au prévenu le délai qui aurait pu lui paraître convenable pour proposer et faire valoir ses moyens; mais qu'en confirmant ce jugement elle s'en est approprié les vices; qu'elle a donc créé une nullité qui n'est pas établie par la loi ; qu'en cela elle a violé les règles de sa compétence ainsi que l'article 184 C. I. C. ; casse, etc.

Du 15 février 1821. — Sect. crim. — *Concl.* M. Hua, av. gén.

_____

COUR ROYALE DE METZ.

1.° ABSENT. — DÉBITEUR. — INTERVENTION.

2.° ABSENCE. — DÉCLARATION. — CRÉANCIER. — QUALITÉ.

1.° *Le débiteur d'une personne présumée absente, dont la dette est subordonnée pour son échéance à l'envoi en possession, a le droit d'intervenir sur la demande en déclaration d'absence et de la contredire, s'il croit le poursuivant mal fondé à se faire envoyer en possession.*

2.° *Le créancier de l'héritier d'un absent présumé n'a pas qualité pour demander, du chef de cet héritier, la déclaration d'absence et l'envoi en possession des biens. Ce droit n'appartient qu'aux héritiers présomptifs.* (Art. 115, 120 et suiv. C. C.)

(Les héritiers Thibaux C. François.)

20 janvier 1782, vente par les époux Lhuillier au sieur Petit, moyennant 2672 livres, d'une maison dont moitié appartenait à la dame Lhuillier, et l'autre moitié à Edme-

Hubert Forêt, son frère, qui était absent depuis plus de
20 ans. Il fut convenu que les 1336 livres revenant à ce
dernier dans le prix resteraient entre les mains de l'acquéreur jusqu'après la production de l'acte de décès ou l'envoi
en possession de ses biens.

Le 28 mai 1810, Petit revendit la maison au sieur Thibaux, moyennant 5025 fr. , dont 1336 fr. payables aux
ayans-droit de Forêt, aux conditions de l'acte de 1782.

Les époux Lhuillier décédèrent, laissant pour unique héritière leur fille, la dame Gilson. Celle-ci mourut à son
tour, et sa succession fut dévolue à la demoiselle Gilson,
sa fille unique. Gilson, comme tuteur de sa fille, qui, étant
aux droits de sa mère et de sa grand'mère, se trouvait
l'héritière présomptive de Forêt, céda au sieur François la
créance de 1336 fr. réservée à cet absent, pour s'acquitter
envers lui de pareille somme.

Alors le sieur François provoqua, contradictoirement avec
le ministère public, la déclaration d'absence de Forêt, et
demanda d'être envoyé en possession de la créance de 1336
fr. Les héritiers Thibaux, débiteurs de cette créance, se
rendirent parties intervenantes, et soutinrent que la cession
faite à François était véritablement la vente de la chose
d'autrui, la demoiselle Gilson ne pouvant être propriétaire
de la créance que par l'effet de l'envoi en possession ; qu'ainsi
elle était nulle. Le tribunal de Charleville accueillit cette
exception, reçut les héritiers Thibaux intervenans, et débouta
François de sa demande.

Appel de la part de François. Il soutient que les héritiers
Thibaux sont non-recevables dans leur intervention ; que,
devant payer après l'envoi en possession, il leur importe
peu de savoir si tel ou tel a le droit d'obtenir cet envoi ;
qu'ils auront toujours, pour justifier la validité du paiement
qu'ils feront, le jugement d'envoi en possession.

Les héritiers Thibaux, de leur côté, prétendent que l'appelant est non-recevable, comme créancier, à provoquer la

déclaration d'absence et à demander l'envoi en possession,
parce qu'il résulte de l'ensemble des dispositions de la loi
sur l'absence, que ce droit est personnel à l'héritier pre-
somptif.

ARRÊT.

LA COUR, attendu que l'intimé, touché d'un commandement à lui fait le 3i août 1818 par l'appelant, en sa qualité de cessionnaire de Gilson aux droits de sa fille mineure, se disant seule et unique héritière d'Edme-Hubert
Forêt, absent, à la représentation de la femme Lhuillier,
son aïeule, de payer le principal et les intérêts de son adjudication comme s'ils eussent été exigibles; tandis qu'aux
termes de son adjudication, il devait en conserver le prix
jusqu'à ce que Lhuillier et sa femme représentassent l'extrait
mortuaire de l'absent ou une sentence par laquelle ils se
soient fait envoyer en possession de ses biens, a pu former
opposition à ce commandement et intervenir sur la demande
en déclaration d'absence formée par l'appelant et y contredire, ayant un intérêt direct à ce que la procédure relative
à la déclaration d'absence fût régulière, et que l'envoi en
possession qui devait en être la suite, ne fût accordé qu'à
celui qui avait le droit de le demander et de l'obtenir, pour,
par suite, se libérer valablement en ses mains ;

Attendu, au fond, que les règles prescrites en matière
d'absence par le Code civil s'appliquent même alors qu'il
s'agit d'une absence antérieure au Code, si on en a poursuivi les effets après sa publication;

Attendu que l'article 112, qui appelle toute personne intéressée à provoquer des mesures pour l'administration de
tout ou partie des biens d'une personne présumée absente,
n'est pas applicable à l'espèce ;

Attendu que l'article 115. qui appelle les personnes intéressées à provoquer la déclaration de l'absence, s'explique
par les articles 120 et suivans, qui n'autorisent que les hé-

ritiers présomptifs de l'absent à demander d'abord l'envoi provisoire, et, après 30 ans, l'envoi en possession définitive des biens de l'absent ;

Attendu qu'on peut d'autant moins en douter, qu'aux termes de l'article 125, l'envoi en possession provisoire ne sera qu'un dépôt entre les mains de l'héritier présomptif, qui ne pourra aliéner ni hypothéquer les immeubles, et devra faire emploi du prix des meubles qu'on aurait été dans le cas de vendre ;

: Attendu que cette mesure conservatoire paraît n'être que dans l'intérêt de l'absent; que si, après un certain temps d'absence, une partie des revenus est abandonnée à l'héritier présomptif envoyé en possession provisoire, c'est une indemnité que la loi lui accorde pour ses soins et pour l'engager d'autant plus à une bonne administration et conservation du dépôt qui lui est confié; que si on accordait ce même droit à un créancier de l'héritier, il faudrait l'accorder à tous ceux qu'il pourrait avoir, et ainsi morceler le dépôt en autant de portions qu'il y aurait de créanciers; ce qui, en cas de retour de l'absent, lui rendrait extrêmement pénible la recherche de ses propriétés ;

Attendu enfin que la loi de janvier 1817, qui a été invoquée, n'est nullement applicable et ne peut s'entendre que du créancier du militaire absent, qui est autorisé à provoquer la déclaration d'absence un mois après l'interpellation faite à l'héritier ;

Par ces motifs, a mis l'appellation au néant, avec amende et dépens.

Du 15 février 1821. — Aud. solenn. — *Prés.* M. Gérard d'Hannoncelles, p. p. — *Concl.* M. Pyrot, av. gén. — *Plaid.* MM. Dommanget et Crousse, avocats.

4.

COUR DE CASSATION.

Lorsqu'il est reconnu que le mobilier d'une succession acceptée sous bénéfice d'inventaire doit être vendu, cette vente ne peut être faite que par le ministère d'un officier public et aux enchères ; les juges ne peuvent donner à l'héritier l'option de faire vendre le mobilier ou de le conserver en nature pour le prix de l'estimation. (Art. 805 C. C.)

.(Layton C. le comte de Vauban.)

En 1816, décès de M. de Vauban. — Le comte son frère accepte sa succession sous bénéfice d'inventaire.

La dame Layton, anglaise et légataire du sieur de Vauban, est envoyée en possession de son legs, seulement sur les *facultés mobilières de la succession*, parce qu'en qualité d'étrangère elle ne pouvait prétendre aucun droit sur les immeubles.

La dame Layton veut faire vendre les meubles du sieur de Vauban; mais, le 1.er juillet 1819, le tribunal civil de Charolles accorde au comte de Vauban l'option de conserver le mobilier de son frère pour un certain prix déterminé, ou de le faire vendre aux enchères.

Appel de la part de la légataire. — 29 juillet 1819, arrêt de la Cour royale de Dijon qui confirme par les motifs suivans : « Considérant que le tribunal, en augmentant d'une
» moitié l'estimation donnée par les experts du mobilier,
» a fait reste de droit à la dame Layton; qu'aller au-delà
» serait commettre une vexation envers le comte de Vau-
» ban, pour qui ce mobilier peut avoir une valeur d'af-
» fection, attendu qu'il vient de son frère; que d'ailleurs

» la dame Layton ne peut avoir aucun intérêt à la de-
» mande, attendu que les frais de vente et droits d'enre-
» gistrement qui se percevraient sur le prix de la vente
» seraient une perte pour elle, etc., etc....

Pourvoi en cassation de la part de la dame Layton pour
violation de l'article 805 C. C.

ARRÊT.

LA COUR, vu l'article 805 C. C. ;

Attendu qu'aux termes dudit article 805, lorsque la vente
du mobilier doit avoir lieu, elle ne peut être faite que par le
ministère d'un officier public, aux enchères et d'après les
publications et affiches accoutumées ; que cependant la Cour
royale de Dijon, en même temps qu'elle reconnaissait la
nécessité de vendre le mobilier dont il s'agit, a introduit
un nouveau mode de vente, en laissant l'option au défendeur de se le conserver pour le prix de l'estimation ou de
le faire vendre, ce qu'elle n'a pu faire sans violer ouvertement les dispositions dudit article ; — par ces motifs,
casse, etc.

Du 19 février 1821. — Sect. civ. — *Rapp.* M. Carnot.
— *Plaid.* MM. Loiseau et Champion, avocats.

COUR DE CASSATION.

INSCRIPTION DE FAUX. — ACTE AUTHENTIQUE. — ANNULLATION. —
FAUX. — ÉVIDENCE.

L'inscription de faux n'est pas toujours nécessaire pour
détruire, dans une instance civile, une pièce maté-
riellement fausse, lorsqu'à l'aspect seul de la pièce
prétendue fausse les altérations, additions ou surcharges

sont tellement évidentes qu'il ne reste aucun doute sur le faux. (Art. 1319 C. C.)

(Bernard C. Patissier.)

Les sieur Bernard et consorts réclament la succession du sieur Busseuil, en vertu d'un testament en date du 13 septembre 1791. — Les héritiers légitimes prétendent que ce testament a été révoqué par un autre testament du 11 thermidor an 11.

Demande en nullité par les sieurs Bernard de ce dernier testament, fondée sur ce que la mention que le testament a été écrit par le notaire a été évidemment ajoutée après coup ; qu'ainsi la formalité de la mention de l'écriture par le notaire n'a pas été remplie, et qu'en conséquence le testament est nul.

28 avril 1819, arrêt de la Cour royale de Dijon qui déclare nul le testament du 11 thermidor an 11, et ordonne que celui du 13 septembre 1791 sortira son plein et entier effet : « Attendu que, si à la fin de l'acte on trouve ces » mots : *Le présent écrit par moi notaire soussigné,* » ces mot, immédiatement suivis des signatures, sont évi- » demment une surcharge à la fin de l'acte ; qu'il est de » toute évidence qu'ils sont d'une encre beaucoup plus » blanche, d'une écriture plus fine, que les mots sont plus » serrés que dans le corps de l'acte, ce qui prouve d'une » manière incontestable qu'ils ont été écrits postérieure- » ment à la signature du notaire et aux signatures des té- » moins, uniquement dans le but de vivifier un acte qui se » trouvait radicalement nul par le défaut de la mention qu'il » avait été écrit de la main du notaire. »

Pourvoi en cassation de la part des sieur Patissier et consorts pour contravention à l'article 1319 C. C.

A R R Ê T.

LA COUR, attendu que les surcharges dans un acte et

autres vices peuvent être tellement manifestes que les yeux
des juges suffisent pour les apercevoir et les apprécier ;
que, dans l'espèce, c'est d'après les surcharges et autres
vices pareils que les juges ont déclaré la nullité du testament en question ; que dès-lors l'arrêt n'est en contraventions ni aux lois invoquées, ni à aucune autre loi, etc. ;
— rejette, etc.

Du 20 février 1821. — Sect. des requêtes. — *Plaid.* M.
Sirey, avocat.

COUR DE CASSATION.

AVOUÉ. — HUISSIER. — NULLITÉS. — RESPONSABILITÉ. — SAISIE
IMMOBILIÈRE.

*L'avoué chargé d'une poursuite en saisie immobilière
n'est pas responsable de la nullité des actes faits par
l'huissier qu'il a choisi, quoiqu'il soit constant en fait
que l'exploit déclaré nul a été rédigé dans l'étude de
l'avoué, et que la nullité provienne d'une rédaction
vicieuse.* (Art. 1031 C. P. C.)

(Misset C. M. . . . .)

12 février 1817, arrêt qui déclare nulles des poursuites confiées à M.ᵉ R. . ., avoué à Rethel, par le motif qu'en tête
du commandement il n'avait pas été donné copie du titre
en vertu duquel la saisie était poursuivie.

Le sieur Misset, créancier poursuivant, intente action
en dommages-intérêts contre cet avoué et contre l'huissier
qui avait signé le commandement déclaré nul.

Le 19 janvier 1819, jugement du tribunal civil de Rethel
qui renvoie l'huissier et condamne M.ᵉ R. . . à tous les frais
de la procédure annulée et à 988 fr. de dommages-intérêts ;

« attendu que c'est à M.ᵉ R... que le sieur Misset s'est adressé
et a remis tous ses titres afin d'obtenir, par la voie de la saisie
immobilière, le recouvrement de la somme qui lui était due ;
que c'est dans l'étude de cet avoué que tous les actes de la
procédure ont été faits , puisque de son aveu ils sont écrits
en entier de la main de son maître clerc, et que l'huissier
L..... n'a fait que les dater , les signer et en remettre les
copies, ainsi que cela est d'ailleurs constaté par l'exploit même
de commandement à la fin duquel il est fait mention de son
coût , *non compris*, y est-il dit, *les copies de pièces qui
appartiennent à l'avoué ;* que l'exploit-commandement
est régulier en sa forme et n'a pas été déclaré nul , parce que
l'huissier aurait omis quelques-unes des formalités voulues
par la loi , mais par une omission qui est l'ouvrage de l'avoué ,
puisque la copie dont il s'était réservé les émolumens a été
faite dans son étude ; que , quand on supposerait même, contre
toute vérité, que la nullité du commandement soit provenue
du fait de l'huissier , M.ᵉ R... n'aurait pas moins à se reprocher de n'avoir pas examiné le commandement avant de faire
procéder à la saisie et d'y donner suite ; qu'autrement ce
serait bien gratuitement que le législateur aurait accordé à
l'avoué , par l'article 28 du tarif, un droit de consultation;
qu'ainsi M.ᵉ R... est seul responsable de la nullité du commandement , puisqu'il a été écrit par son premier clerc ;
qu'il est son fait, de même que toute la procédure qui l'a suivi;
et que c'est le cas d'appliquer la disposition de l'article 1031
du Code de procédure civile , qui veut non-seulement que
les actes et procédures nuls et frustratoires restent à la
charge des officiers ministériels qui les ont faits , mais
encore qu'ils soient passibles des dommages-intérêts de leurs
parties. »

Appel de la part de M.ᵉ R...

Le 2 juillet 1819, arrêt de la Cour royale de Metz qui
infirme le jugement de première instance par les motifs
suivans: « Attendu qu'aux termes de l'article 1031 C. P.

C. les procédures et les actes nuls et frustratoires doivent
être à la charge des officiers ministériels qui les ont faits;
qu'il n'y a donc que les actes nuls qui sont de leur ministère
et les procédures qui en ont été la suite qui doivent rester
à leur charge; attendu que la procédure en expropriation
forcée dont il s'agit, qui a été déclarée nulle par l'arrêt du
12 février 1817, n'a pas été déclarée telle en raison de nullités
commises dans les actes du ministère de M.ᵉ R..., mais
parce qu'on n'avait pas donné, en tête du commandement
qui a précédé la saisie immobilière, copie de toutes les
pièces qui, réunies, formaient le titre de Misset; attendu
que le commandement dont il s'agit est le fait de l'huissier;
qu'on n'est pas même astreint, pour sa validité, à faire
élection de domicile chez un avoué; qu'il en est de même
pour le procès-verbal de saisie immobilière, quoiqu'il doive
contenir élection de domicile; que l'article 556 C. P. C.
exige que l'huissier qui est chargé de faire la saisie soit porteur d'un pouvoir spécial à cet effet; qu'ainsi c'est l'huissier
seul qui est garant des nullités qui pourraient vicier ces
actes, etc. »

Pourvoi en cassation du sieur Misset, pour violation de
l'article 1031 C. P. C.

ARRÊT.

LA COUR, — attendu qu'il est vrai que l'article 1031 C.
P. C. ordonne que la procédure et les actes nuls soient à la
charge des officiers ministériels qui les ont faits; mais que
l'arrêt dénoncé a bien saisi le véritable esprit de cette loi
pénale en décidant qu'elle n'a entendu parler que des actes
qui sont dans les attributions de l'officier auteur de l'acte, et
dans lequel son ministère est nécessaire; ce qui, à l'égard
de l'avoué, n'a pas lieu dans l'exploit de commandement
qui précède la saisie immobilière, cet acte devant être réputé le fait de l'huissier qui l'a signé; — attendu que les
faits reprochés à l'avoué R..., dans l'espèce, en les suppo-

sant vrais , ne prouveraient autre chose sinon qu'il aurait , à l'égard de l'exploit en question , agi comme conseil , et que sous ce rapport l'article 1031 lui est étranger ; — rejette , etc.

Du 21 février 1821. — Sect. des requêtes. — *Prés.* M. Henrion de Pansey. — *Plaid.* M. Chauveau-Lagarde , av.

COUR ROYALE D'AMIENS.

PRIVILÉGE. — USUFRUITIER. — RÉPARATIONS. — AUTORISATION. — FRAIS DE JUSTICE.

L'usufruitier qui est obligé d'obtenir l'autorisation de la justice pour faire de grosses réparations *à l'immeuble dont il a l'usufruit, a un* privilége *pour les frais que lui a occasionnés cette action.* (Art. 2101 C. C. et 662 C. P. C.)

(Delunel C. les créanciers Sarry-Mancy.)

La Cour n'a donné de motifs que sur une question de *droit civil*, et elle s'est bornée à ordonner *que le sieur Delunel serait colloqué par privilége et préférence pour le montant de l'exécutoire par lui obtenu pour les frais qu'il avait été obligé de faire,* etc. , etc. (1)

Du 23 février 1821. — *Plaid.* MM. *Girardin, Despréaux; Machart* et *Varlet,* avocats.

COUR ROYALE DE METZ.

TÉMOIN. — REPROCHE. — CERTIFICAT.

---

(1) *V.* Répertoire, v.° privilége; Persil, t. 1.er, p. 7, et tom. 2, pag. 191.

Est reprochable, comme ayant donné un certificat sur les faits à prouver, le témoin qui, ne sachant écrire, a simplement apposé sa marque au bas du certificat, lorsqu'il reconnait cette marque pour être la sienne. (Art. 283 C. P. C.)

ARRÊT.

LA COUR, — attendu qu'aux termes de l'article 283 C. P. C., les témoins qui ont délivré des certificats sur des faits relatifs au procès peuvent être reprochés ;

Attendu que les deux témoins ont réellement délivré des certificats à la partie de Charpentier, au bas desquels ils ont apposé leurs marques ne sachant écrire ;

Attendu qu'ils reconnaissent cette marque pour être la leur, et que par là ils ont contracté une espèce d'engagement moral envers la même partie de Charpentier, ce qui suffit, d'après l'article précité, pour fonder les reproches proposés en première instance, etc., etc.

Du 23 février 1821. — Ch. civ. — *Prés.* M. Faber, cons. — *Plaid.* MM. Charpentier et Dommanget, avocats.

———

COUR ROYALE DE TOULOUSE.

ACQUIESCEMENT. — INSCRIPTION HYPOTHÉCAIRE. — JUGE DE PAIX. — JUGEMENT. — INCOMPÉTENCE.

Le jugement rendu par un juge de paix sur un intérêt qui excède les limites de sa compétence et sans une prorogation formelle de juridiction, peut être validé par l'acquiescement de la partie condamnée, et l'inscription prise en vertu de ce jugement est valable. (Art. 1351 C. C. et 7 C. P. C.)

(Andreau C. Avignon.)

L'appelante se prévalait d'un arrêt rendu le 1.er mai 1812
par la Cour de Nancy (D. *tot. de 1812, pag.* 102), et
du passage suivant consigné dans un réquisitoire de M.
Merlin. « *Mais prétendre que la ratification (ou l'ac-*
» *quiescement) ait seule et de plein droit effacé la nul-*
» *lité primitive de l'inscription, c'est un véritable pa-*
» *radoxe : autant vaudrait soutenir que l'inscription*
» *prisc en vertu d'un simple acte sous seing privé peut*
» *être validée par la ratification subséquente de cet acte*
» *devant notaire ; doctrine qu'aucun jurisconsulte n'o-*
» *serait professer, qu'aucun magistrat n'oserait consacrer*
» *par un jugement.* (1)

Arrêt.

LA COUR, — attendu que les parties se sont divisées sur
le point de savoir si Jeanne Mathieu, veuve Andreau, fille,
codonataire et cohéritière de droit de feu Mathieu, son
père, et d'ailleurs détentrice d'une partie des immeubles
ayant appartenu à ce dernier, est tenue hypothécairement
pour le tout de la créance du sieur Avignon ; mais que la
solution de ce point dépend de cet autre point, si le titre
de créance invoqué par le sieur Avignon a les caractères
d'un jugement ayant conféré le droit d'une hypothèque judiciaire sur les biens du débiteur ;

. Attendu que la compétence des juges de paix, quant au
montant des condamnations que la loi les autorise de prononcer, peut-être prorogée indéfiniment par la volonté
libre et simultanée des parties intéressées ; qu'à la vérité
l'article 14 du titre 1.er de la loi du 14 octobre 1790, et
récemment l'article 7 C. P. C., ont établi les formes dans

_____

(1) *V.* le Répertoire, v.° hypothèque, sect. 2, § 2, art. 10, p. 874.

lesquelles cette volonté devra être exprimée ; mais qu'en cette matière, qui ne présente plus que des intérêts privés, les difficultés qui pourraient survenir sur le point de savoir si les formalités prescrites par la loi ont été remplies, et s'il y a eu définitivement prorogation de compétence, doivent être levées par l'acquiescement postérieur donné par les parties à la décision du juge ; qu'il n'est pas douteux qu'en cette matière l'acquiescement peut produire cet effet ; et cela résulte même des dispositions de l'article 88 de la loi du 27 ventôse an 8, qui, disposant dans le seul intérêt de la loi, veut que, « si le commissaire du Gouvernement » apprend qu'il ait été rendu en dernier ressort un juge-» ment contraire aux lois et aux formes de procéder, *ou* » *dans lequel le juge ait excédé ses pouvoirs*, et contre » lequel cependant aucune partie n'ait réclamé dans le délai » fixé, après le délai expiré, il en donnera connaissance au » tribunal de cassation ; et, si les formes ou les lois ont été » violées, le jugement sera cassé ; »

Attendu de plus qu'un tel acquiescement produit aussi cet effet, que le jugement, quoiqu'incompétemment rendu, confère l'hypothèque judiciaire, ainsi que l'enseignait dans l'ancien droit d'Héricourt, Traité de la vente des Immeubles, chap. 11, sect. 2, et ainsi que M. Persil l'enseigne pour le droit nouveau dans son Commentaire sur l'article 2123 du C. C. ;

Attendu, dans l'espèce et en fait, que le jugement du 29 nivôse an 8, rendu par le juge de paix du canton rural de Villefranche, porte avec lui tous les caractères constitutifs d'un jugement ; que les parties l'ont constamment considéré comme tel, savoir : le sieur Avignon dans ses commande-mens, ainsi que dans ses inscriptions hypothécaires, et les enfans Mathieu dans l'acte de partage du 23 ventôse an 10, où il est expressément dit que la créance du sieur Avignon est établie sur un jugement de la justice de paix du canton rural de Villefranche, enregistré et signifié ;

Attendu que, si cette énonciation de la signification du jugement pouvait n'être pas exacte à cette époque, circonstance qui n'a pas été suffisamment éclaircie devant la Cour ; il résulterait toujours dudit article de partage, que les enfans Mathieu avaient connaissance du jugement du 29 nivôse an 8, qu'ils ne le considéraient pas comme un simple accord privé, ou comme un acte nul, qu'ils l'exécutaient conformément à la qualification qu'ils lui donnaient ;

Attendu d'ailleurs que, depuis l'acte de partage, ce même jugement a été notifié à certains des enfans Mathieu et notamment le 5o décembre 1814, ainsi que le 4 janvier 1819 à Jeanne Mathieu, veuve Andreau ; qu'à ces deux époques, elle a laissé expirer le délai donné par la loi pour attaquer les actes qui ont au moins l'apparence d'une décision judiciaire, sans attaquer celle du 29 nivôse an 8 ; que les acquiescemens géminés démontrent dès-lors la justice des prétentions du sieur Avignon ; l'insuffisance de l'offre faite par Jeanne Mathieu, veuve Andreau, et la nécessité de confirmer le jugement du 26 avril 1820 et l'arrêt de défaut du 11 août suivant.

Par ces motifs, disant définitivement droit aux parties, démet la partie de Marion (la veuve Andreau) de son opposition, ordonne que l'arrêt du 11 août 1820, sortira son plein et entier effet et condamne la partie de Marion aux dépens.

Du 24 février 1821. — 3.me chambre. — *Prés.* M de Cambon. — *Plaid.* MM. Romiguères et Tournamille, av.

COUR DE CASSATION.

SURENCHÈRE. — DÉLAI. — JOUR FÉRIÉ.

La surenchère du quart ne peut pas valablement être

formée le neuvième jour, quoique le huitième soit un jour de fête légale. (Art. 710 C. P. C.)

(Falconet C. Fontaine.)

Les faits se comprennent sans qu'il soit besoin de les énoncer. L'arrêt de la Cour de Grenoble contient l'exposé des moyens des parties. Le voici : « La Cour, considérant
» qu'aux termes de l'article 710 C. P. C. , toute personne
» peut, dans la huitaine du jour de l'adjudication sur saisie
» immobilière, faire au greffe du tribunal une surenchère,
» pourvu qu'elle soit du quart du prix principal; que c'est
» entrer dans l'esprit du législateur d'admettre que , si
» comme dans l'espèce le huitième jour après l'adjudica-
» tion est un *dimanche*, il ne peut être compté, et que
» le délai de huitaine ne peut s'accomplir ce jour là; qu'ainsi
» la surenchère peut être faite le lendemain lundi ;
  » Que, s'il est disposé par l'article 1037 C. P. C. que
» les significations et exécutions, qui sont du ministère des
» huissiers, peuvent être faites les jours de fêtes légales
» en vertu de permission du juge, cette disposition ne peut
» s'appliquer au cas d'une surenchère qui doit être faite
» au greffe du tribunal, et donner lieu à une procédure
» qui n'a aucun rapport avec les significations et exécu-
» tions; qu'il peut d'autant moins s'élever de doutes à cet
» égard qu'aucun acte de la juridiction civile ne peut avoir
» lieu au palais le *dimanche*; que les greffes des tribunaux
» comme ceux des cours, doivent être fermés le dimanche,
» et que c'est en effet ce qui donne au greffier le droit de
» s'absenter ce jour là; qu'ainsi ce serait vainement que
» l'individu qui voudrait faire une surenchère tenterait de
» faire ouvrir les portes du greffe le *dimanche*, et d'y faire
» consigner la surenchère ;
  » Qu'il est si vrai que ce serait rendre illusoire l'article
» 710 C. P. C. si on n'admettait pas que la surenchère faite

» le *lundi* est valable lorsque le dernier jour du délai tombe
» le *dimanche*, que souvent celui qui veut surenchérir a
» besoin pour se déterminer de prendre des renseignemens
» et de faire des courses ; que cet individu peut habiter
» la campagne et être éloigné du tribunal civil de huit,
» dix ou douze lieues ; en sorte que, malgré la plus grande
» diligence, son arrivée en la ville où siège le tribunal peut
» n'avoir lieu que le dernier jour du délai ;

» Que, dans la supposition qu'une surenchère pût être
» reçue le dimanche sur le fondement de l'article 1037
» C. P. C., il serait toujours impossible de faire prendre
» service au tribunal pour enjoindre au greffier d'ouvrir le
» greffe et de recevoir la surenchère ; met l'appellation et
» ce dont est appel au néant, etc., infirme le jugement
» du tribunal de Saint-Marcellin, et admet la surenchère. »

Pourvoi en cassation pour violation de l'article 710 C.
P. C.

A R R Ê T.

LA COUR, *sur les conclusions conformes de M. Cahier, avocat général ;* — vu l'article 710 C. P. C. — attendu
qu'en ajoutant un neuvième jour au délai de huitaine accordé par l'article 710 C. P. C. pour former une surenchère, sous le prétexte qu'il serait juste d'établir une distinction que la loi n'a pas faite entre le cas où le dimanche
est l'un des sept premiers jours de la huitaine et celui où
il se trouve le dernier jour de la huitaine, la Cour royale
a commis un excès de pouvoir et une contravention expresse
à l'article 710 C. P. C....; casse, etc.

Du 27 février 1821. — Sect. civ. — *Rapp.* M. Poriquet.
— *Plaid.* MM. Nicod et Buchot, avocats.

Nota. Voir le J. A., tom. 29, pages 38 et 39, et les
observations qui sont jointes aux arrêts qu'on y a rapportés.

COUR DE CASSATION.

GARANTIE (DEMANDE EN). — APPEL. — FIN DE NON-RECEVOIR.
— DEGRÉS DE JURIDICTION.

*La demande en garantie ne peut pas être formée pour
la première fois sur l'appel, lorsque d'ailleurs le recours aux premiers juges est encore possible. (Loi du
1.er mai 1790, art. 464 C. P. C.)*

(Gestas C. Sallefranque.)

La jurisprudence est maintenant invariablement fixée sur
cette question. Il suffit d'indiquer les arrêts des 20 germinal et 7 messidor an 12 (Jurisp. des Cours souv., tom.
1, p. 239), 22 et 17 janvier 1810 (J. A., t. 1.er, pages
33 et 216).

M. Joubert, avocat général, a conclu au rejet.

ARRÊT.

LA COUR, sur le moyen fondé sur une prétendue fausse
application de l'article 464 du Code de procédure civile et
de la loi du 1.er mai 1790;

Attendu que c'est un principe constant et spécialement
reconnu par l'arrêt de la Cour de cassation du 7 messidor
an 12, rendu sur le réquisitoire du procureur général, qu'à
l'égard du garant la demande en garantie est une action
principale, et qu'elle doit subir les deux degrés de juridiction lorsqu'ils sont réclamés, et que, comme dans l'espèce,
le recours aux premiers juges n'est pas devenu impossible;
d'où il suit qu'il y a eu légitime application de la loi du
1.er mai 1790 et de l'article 464 du Code de procédure
civile; rejette, etc.

Du 27 février 1821. — Sect. des req. — *Prés.* M. Lasaudade. — *Plaid.* M. Loiseau, avocat.

COUR DE CASSATION.

1.º JUGEMENT. — AUDIENCE. — PLAIDOIRIES. — JUGES. — CON-
CLUSIONS.

2.º MINISTÈRE PUBLIC. — DÉLIBÉRATION. — NULLITÉ. — JUGE-
MENT.

1.º *Un jugement ne peut pas être annulé par le motif
que l'un des juges qui y ont concouru n'aurait pas
assisté à la première audience de la cause, lorsque, d'une
part, l'affaire n'a point été plaidée à cette audience, où
les avoués se sont bornés à prendre des conclusions et à
remettre les pièces sur le bureau pour en être délibéré,
et que, d'autre part, après le rapport du délibéré, les
conclusions ont été prises de nouveau et les moyens des
parties plaidés dans des audiences subséquentes auxquelles le magistrat absent à la première a assisté.* (Art.
7 de la loi du 20 avril 1810.) (1)

2.º *Un jugement est-il nul par le motif que le magistrat
exerçant le ministère public a été présent à la délibération des juges dans la chambre du conseil ?* (Art. 88 du
décret du 30 mars 1808.)

(Picquet-Delamarre C. Ridel-Dufournay.)

La seconde question est entièrement neuve; mais la Cour
suprême ne l'a pas décidée, parce que le fait dans lequel elle
prenait naissance n'était pas légalement prouvé; cependant
elle l'a préjugée par les motifs de son arrêt.

(1) *V.* un arrêt du 2 février 1825 (J. A., t. 28, p. 230), en tout
point conforme à celui-ci.

M. Joubert a donné des conclusions conformes.

Arrêt.

LA COUR, — attendu, *sur le premier moyen*, que, s'il résulte de l'extrait produit du registre d'audience de la Cour royale de Caen, du 26 juin 1819, que l'un des magistrats qui a concouru à l'arrêt définitif n'était pas présent à cette audience, il est établi par le même extrait que l'affaire n'y fut pas plaidée, mais que les avoués des parties prirent seulement dés conclusions et remirent les pièces sur le bureau pour en être délibéré ; que le jour pour le rapport du délibéré fixé d'abord au 27 juillet, a été fixé une seconde fois par un arrêt rendu puis ; que les conclusions ont été prises de nouveau aux audiences subséquentes, et les moyens des parties proposés à ces audiences où le magistrat absent à la première s'est trouvé présent ; qu'ainsi tout ce qui avait été fait à l'audience du 26 juin a été recommencé, ce qui écarte le premier moyen ;

Attendu, *sur le second moyen*, que, quoi qu'il en soit de l'article 88 du décret de 1808, et lors même qu'on ne considérerait pas ce décret comme un simple réglement de police intérieure entre le ministère public et les juges, la contravention alléguée n'est pas justifiée en fait ; qu'ainsi le moyen n'est pas admissible ; — rejette, etc.

Du 27 février 1821. — Sect. des requêtes. — *Rapp.* M. Baron. — *Plaid.* M. Jarre, av.

COUR ROYALE DE BOURGES.

DERNIER RESSORT. — RATIFICATION. — VENTE. — CHOIX.

Est de dernier ressort le jugement qui statue sur une demande en ratification d'une vente consentie en minorité, lorsque le choix est laissé au vendeur, ou de ratifier la vente, ou de rentrer dans sa propriété en restituant le prix qui était inférieur à 1,000 fr. ('Art. 5, tit. 4 de la loi du 24 août 1790.);

(Bourdot C. Chaventon.)

ARRÊT.

'LA COUR, considérant que la demande formée par les sieur et dame Bourdot ne s'élevait pas à 1,000 francs ; qu'étant conséquemment inférieure à la somme jusqu'à laquelle les tribunaux de première instance prononcent en dernier ressort, le sieur Chaventon n'est pas recevable à attaquer le jugement rendu par le tribunal de Château-Chinon le 25 juin 1819;

Qu'à la vérité le sieur Chaventon objecte que les sieur et dame Bourdot demandaient qu'il fût tenu de ratifier la vente d'une maison qu'il leur avait consentie en minorité, d'où il conclut qu'il s'agissait entre les parties d'une propriété foncière ;

Considérant qu'en demandant la ratification de la vente qu'il avait faite environ trois mois avant sa majorité, ils lui laissaient le choix de rentrer dans sa propriété, en leur rendant 500 francs qu'ils lui avaient payés et quelques frais ;

Que le sieur Chaventon était ainsi maître de reprendre sa maison ; qu'il ne s'agissait plus que d'une somme déterminée inférieure à 1,000 fr. ; et qu'effectivement le jugement dont est appel le condamne uniquement à remettre les 500 fr. ;

Déclare l'appel non-recevable, etc.

Du 28 février 1821. — 1.ᵉ ch. civ. — *Prés.* M. de la Méthérie. — *Concl.* M. Pascaud, av. gén. — *Plaid.* MM. Thiot-Varenne et Deséglise, av.

COUR DE CASSATION.

1.° DERNIER RESSORT. — DEMANDE RECONVENTIONNELLE. — DOM-
MAGES–INTÉRÊTS.

2.° JUGEMENT CORRECTIONNEL. — EXÉCUTION. — SUSPENSION. —
POURVOI EN CASSATION.

3.° AUTORISATION. — COMMUNES. — MATIÈRES CORRECTIONNELLES.
— JUGEMENT. — EXÉCUTION.

1.° *Lorsque, sur une demande au-dessous de 1,000 fr., le
défendeur forme une demande reconventionnelle en
dommages-intérêts excédant 1,000 fr., la compétence
reste la même pour le dernier ressort. (Art. 5 du tit.
4 de la loi du 24 août 1790 et 453 C. P. C.) (1)*

2.° *Celui qui ayant formé un pourvoi en cassation ne l'a
pas régularisé et n'y a pas donné suite, est non-recevable à quereller de nullité l'exécution provisoire du
jugement correctionnel contre lequel il y avait eu un
pourvoi suspensif de sa nature. (Art. 373 C. I. C.)*

3.° *Les communes n'ont besoin d'autorisation ni pour
plaider en matière de justice répressive, ni pour faire
exécuter les jugemens qu'elles ont obtenus, soit au civil, soit au criminel. (Loi du 28 pluviôse an 8, art.
1032 C. P. C.)*

On peut voir sur la première question un arrêt de la
Cour d'Agen du 10 juin 1824 (J. A., t. 28, p. 68), et les
observations qui y sont jointes. La jurisprudence parait être
fixée sur ce point.

Quant à la troisième question, la Cour de Grenoble a
fait l'application des principes consacrés par l'arrêt de la
Cour suprême le 3 avril 1824 (J. A, t. 28, p. 273).

(1) Cette question seulement a été jugée par les deux arrêts que nous
allons rapporter.

PREMIÈRE ESPÈCE.

(Garbe et consorts C. la commune de Brimeux.)

ARRÊT.

LA COUR, — attendu, *sur le premier moyen*, que ne s'agissant que du recouvrement d'une somme de 159 fr. 59 c., le tribunal de Montreuil a dû nécessairement prononcer en dernier ressort aux termes même de l'article 5 du titre 4 de la loi du 24 août 1790, sur lequel ce moyen est fondé, et que l'état de la question n'est pas changé par la demande en dommages-intérêts formée par Garbe et consorts par l'exploit contenant opposition au commandement à eux fait en vertu du jugement du 6 avril et de l'exécutoire de dépens du 6 juin 1818, quoique la somme demandée à titre de dommages-intérêts excédât la valeur de 1,000 fr., cette demande en dommages-intérêts, incidente à l'action principale, en étant nécessairement un accessoire à l'égard duquel la juridiction du tribunal était prorogée et se trouvait la même que pour la somme de 159 fr. qui fesait l'objet du recouvrement poursuivi par le maire de la commune de Brimeux ;

Attendu, *sur le deuxième moyen*, pris de l'effet suspensif attribué par la loi aux recours des condamnés en matières criminelle et correctionnelle, 1.º que Garbe et consorts n'ont donné aucune suite à leur recours en cassation, pour la régularité duquel il y avait lieu à la consignation d'amende et à la présentation de la requête en pourvoi dans les dix jours ; 2.º que ce moyen, fût-il fondé, n'aurait été applicable qu'au jugement du tribunal de Montreuil du 1.ᵉʳ juillet 1818, lequel, étant rendu en dernier ressort, n'a pas été attaqué par la voie de la cassation et ne peut être proposé contre l'arrêt de la Cour royale de Douai qui n'a pas eu à s'en occuper ;

Attendu , *sur le troisième moyen ,* fondé sur la défense
d'autorisation de la commune de Brimeux, 1.° que cette
autorisation n'est prescrite par la loi ni en matière criminelle, ni en matière de police correctionnelle, et qu'il s'a-
gissait dans l'espèce de l'exécution d'un jugement rendu
par des tribunaux correctionnels; 2.° que, même en matière
civile, l'article 1032 du Code de procédure civile emploie
les expressions *pour former une demande en justice ,* et
que la loi du 28 pluviôse an 8 n'imposait aux communes
l'obligation de se faire autoriser par les conseils de préfecture
que pour être autorisées à plaider , ce qui ne peut pas
s'entendre de simples actes d'exécution en vertu d'un jugement en dernier ressort qui a mis fin au litige ; — rejette,
etc.

Du 3 août 1820. — Sect. des req. — *Prés.* M. Lasaudade. — *Plaid.* M. Loiseau, avocat.

DEUXIÈME ESPÈCE.

(Bosq C. Blanc.)

M. Joubert, avocat général, a conclu au rejet.

ARRÊT.

LA COUR, — attendu qu'il est constaté que la saisie-
brandon était causée pour une somme moindre de 1,000 fr. ;
qu'en cet état l'opposition du demandeur à ladite saisie et
la demande incidente en nullité suivent le sort et l'importance de l'exploit de saisie qui forme l'objet principal ; que
la demande en dommages-intérêts réclamés par l'opposant
à la saisie n'étant formée qu'accessoirement à ladite saisie
et incidemment, ne peut déterminer la compétence ; attendu que ces principes consacrés par une jurisprudence
constante sont la conséquence de l'article 5, titre 4 de la

loi du 24 août 1790 qui attribue la connaissance aux premiers juges, en premier et dernier ressort, de toutes demandes inférieures à 1,000 fr. en principal, loi dont l'arrêt attaqué a fait une juste application ;

Rejette, etc.

Du 28 février 1821. — Sect. des req. — *Prés.* M. Henrion de Pansey. — *Plaid.* M. Dufour d'Astafort, avocat.

COUR DE CASSATION.

MINISTÉRE PUBLIC. — EXCÈS DE POUVOIR. — ACTION. — APPEL. — MARIAGE. — VALIDITÉ.

Le ministère public n'est pas recevable de son chef, à interjeter appel d'un jugement qui a déclaré un mariage nul, soit pour défaut de consentement des père et mère, soit par le motif que le mariage aurait été célébré clandestinement et hors la maison commune. (Art. 2 du titre 8 de la loi du 24 août 1790 et 46 de la loi du 20 avril 1810.)

Le ministère public ne peut pas, hors les cas spécifiés par la loi, se constituer partie principale dans une instance civile, sur le motif qu'elle intéresse l'ordre public. (V. J. A. , tom. 27, pag. 148.)

Ce principe est maintenant si généralement reconnu que nous nous contenterons de donner les motifs de l'arrêt de cassation du 5 février 1821.

1.re ESPÈCE. — 2.e ESPÈCE.

(Margnole C. le minist. publ.) (Laborie C. le minist. publ.)

ARRÊT.

LA COUR, — sur les conclusions de M. Cahler, avocat

général, et après qu'il en a. été délibéré en la chambre du
conseil ; — vu l'article 2 du titre 8 de la loi des 16 et 24
août 1790, et les articles 184 et 191 C. C. ;

Attendu qu'aux termes de l'article 2 du titre 8 de la loi
des 16 et 24 août 1790, le ministère public ne peut agir
au civil que par voie de réquisition dans les procès dont
les juges sont saisis ;

Que de cet article découle le principe consacré par la
jurisprudence, et d'ailleurs formellement exprimé dans l'article 46 de la loi du 20 avril 1810, que le ministère public, pour pouvoir agir d'office en matière civile, a besoin
d'y être spécialement autorisé par une loi précise ;

Attendu que le ministère-public peut demander la nullité
d'un mariage pour contravention à certains articles du Code
civil, parce qu'il y est spécialement autorisé, ainsi qu'on
le voit aux articles 184 et 191 ;

Attendu qu'il né peut pas agir d'office pour faire confirmer un mariage, lorsque les parties ont demandé et
obtenu en justice la nullité de ce même mariage pour contravention à quelques dispositions du Code civil ;

1.º Parce que la loi ne lui en donne pas le droit ;

2.º Parce qu'en matière d'attribution exceptionnelle et
spéciale on ne peut conclure d'un cas à un autre ;

3.º Parce que l'extension de semblables attributions est un
droit qui n'appartient qu'au législateur et qui n'est pas au
pouvoir des tribunaux ;

4.º Enfin parce qu'il n'y a aucune analogie entre le cas
où il s'agit de faire annuler un mariage scandaleusement
formé au mépris de la loi, et celui où il s'agit de soutenir valide un mariage que les tribunaux ont annulé en
connaissance de cause sur la réclamation des parties, après
avoir entendu le ministère public ; que dans le premier
cas l'action du ministère public est nécessaire pour donner
connaissance aux tribunaux d'un mariage que les parties
ont intérêt à ne pas dénoncer, et que dans le second les

tribunaux ont été saisis par les parties , et qu'ils ont prononcé ;

De tout quoi, il résulte , etc.

· Du 1.er août 1820. — Sect. civ. — Cass. — *Rapp.* M. Ver-
gès. — *Plaid.* M. Teysserre , avocat.

Du 5 mars 1821. — Sect. civ. — Cass. — *Rapp.* M. Ru-
perou. — *Plaid.* M. Petit-Degatines , av.

COUR DE CASSATION.

COMMERÇANT. — QUALIFICATION. — CONTRAINTE PAR CORPS. —
CASSATION.

*Lorsqu'un individu non négociant est qualifié commer-
çant dans tous les actes de la procédure , sans réclamation de sa part, et sur-tout dans les qualités d'un
arrêt, sans qu'il y ait formé opposition, il ne peut pas
proposer comme moyen de cassation l'incompétence
de la juridiction commerciale fondée sur sa qualité de
non négociant.* (Art. 424 C. P. C.)

(Perret C Moreau.)

Assignation donnée par le sieur Moreau au sieur Perret
de Maison-Neuve devant le tribunal de commerce de Pithiviers, pour se voir condamner à payer le prix d'une coupe
de bois achetée par ledit Perret.

Il faut remarquer que dans l'exploit le sieur Perret est
qualifié *marchand de bois et commerçant.*

Perret propose un déclinatoire fondé , non sur ce qu'il
n'est pas commerçant, mais seulement sur ce qu'il ne s'agit
pas d'une affaire commerciale.

28 mai 1819, jugement du tribunal de Pithiviers, qui re-

jette le déclinatoire, et statuant au fond, condamne Perret à payer le prix de la coupe, sans toutefois prononcer la contrainte par corps.

Appel de la part du sieur Moreau, en ce que le jugement a refusé de prononcer la contrainte par corps pour l'exécution d'une condamnation prononcée contre un commerçant et à raison d'une opération commerciale.

27 août 1819, arrêt de la Cour royale d'Orléans, qui réforme le jugement de première instance, en ce qu'il n'a point prononcé la contrainte par corps,

« Considérant qu'aux termes de l'article 637 C. com., la contrainte par corps doit toujours être prononcée en matière commerciale; qu'il s'agit ici d'une affaire de commerce, et que d'ailleurs le sieur Perret s'est lui-même qualifié de négociant; d'où il suit que les juges devaient prononcer la contrainte dans l'espèce dont il s'agit. »

Pourvoi en cassation de la part du sieur Perret.

M. Lebeau, avocat général, a conclu au rejet.

ARRÊT.

LA COUR, — sur le moyen tiré de la violation de l'article 424 C. P. C.; attendu qu'aux termes de l'arrêt le demandeur s'est dit négociant, et que dans les qualités auxquelles il n'a pas formé opposition, il est qualifié marchand de bois; qu'ainsi, en jugeant que le tribunal de commerce a été compétent, l'arrêt n'a violé ni ledit article 424, ni aucun autre;

Sur le moyen tiré de la violation de l'article 2063 du C. civ. et de l'article 637 C. com., en ce que la contrainte par corps aurait été prononcée contre le demandeur; — attendu que ce moyen trouve une suffisante réponse dans le motif donné sur le premier moyen ci-dessus; — rejette.

Du 7 mars 1821. — Sect. des req. — *Prés.* M. Henrion de Pansey. — *Plaid.* M. Loiseau, avocat.

COUR DE CASSATION.

QUESTION PRÉJUDICIELLE. — COMMUNES. — USAGE.

Lorsque l'habitant d'une commune est traduit devant le tribunal de police pour avoir fait paître ses troupeaux sur un terrain que l'on prétend appartenir à une autre Commune, il est recevable à exciper du droit de sa propre commune au pâturage sur ce terrain, s'il est appuyé par le maire muni d'une autorisation du conseil municipal. — La question de propriété est alors une question préjudicielle.

(Laporte et consorts, C. la commune de Sombrun.)

ARRÊT.

LA COUR, attendu que le système de la défense au fond des prévenus a été de soutenir qu'ils avaient, comme habitans de la commune de Villefranque, la possession immémoriale d'envoyer leurs troupeaux pâturer dans les landes de la commune de Sombrun ; que, par délibération du conseil municipal de ladite commune de Villefranque du 23 décembre 1820, le maire de cette commune a été autorisé à intervenir dans l'instance introduite contre eux par le ministère public ; que le tribunal ne devait pas se permettre, dès le 16 janvier suivant, de rejeter l'intervention du maire, sous le prétexte que la délibération du conseil municipal qui l'autorisait n'avait pas reçu l'approbation du préfet ; que ce n'eût été qu'après avoir donné au maire un temps suffisant pour obtenir cette approbation qu'il eût pu, si elle n'avait pas été représentée, déclarer l'intervention non-recevable ; que la défense des prévenus, ainsi appuyée sur le maire de leur commune, et qu'ils fondaient sur une possession immémoriale, présentait une question évidem-

ment préjudicielle ; qu'il fallait nécessairement que le jugé-
ment de cette question précédât celui de l'action du ministère public, puisque, tant qu'il était incertain si les habitans de Sombrun avaient sur les landes de cette commune
un droit exclusif de pâturage pour leurs troupeaux ou si ce
droit était partagé par les habitans de la commune de Villefranque, il était impossible de savoir si le fait qui était l'objet
du procès constituait une contravention punissable, ou s'il
n'était que l'exercice d'un droit légitime ; mais que la question
de savoir si une commune a le droit exclusif d'envoyer ses
troupeaux paître dans des landes, ou si une commune voisine jouit du même droit sur les mêmes landes concurremment avec elle, forme une question purement civile, hors des
attributions des tribunaux de police, soit simple, soit correctionnelle, et dont l'examen et le jugement ne sauraient
appartenir qu'à la juridiction civile ; que peu importait que
dans une délibération du 4 août 1820 le conseil municipal
de Sombrun eût dit que cette commune avait seule des
droits sur les landes qui y sont situées, qu'il eût en conséquence défendu l'entrée des troupeaux des communes voi-
sines dans ces landes, et que cette délibération eût reçu
l'approbation du préfet ; qu'on ne se fait pas de titre à soi-
même, et qu'il ne suffit pas qu'une commune se déclare
seule propriétaire d'un terrain pour qu'elle en ait réellement la propriété exclusive ; que l'approbation donnée par
le préfet à la délibération du conseil municipal de Sombrun,
sans communication préalable à celui de Villefranque et
sans l'avoir entendu, n'a pu conférer à la première de ces
communes aucuns droits au préjudice de la seconde ; qu'elle
l'a pu d'autant moins que ces droits sont des droits de propriété ou d'usage dont il n'est pas dans les attributions de
l'autorité administrative de connaître ; que d'ailleurs le conseil municipal de Villefranque s'est pourvu devant le préfet
pour obtenir le rapport de l'arrêté approbatif de la délibération du conseil municipal de Sombrun ; que dans ces cir-

constances le devoir du tribunal était de surseoir au jugement de l'action formée par le ministère public , jusqu'à
ce qu'il eût été statué par la juridiction civile sur les prétentions respectives des communes de Villefranque et de
Sombrun , et que la condamnation des prévenus dans l'état
a été encore une violation formelle des règles de compétence; — d'après ces motifs, casse et annulle le jugement
rendu le 16 janvier dernier par le tribunal de simple police
du canton de Maubourguet, dans la cause d'entre le ministère public et Jean Laporte, les veuves Verges, Trape et
Lafourcataire, habitans de la commune de Villefranque ;
— ordonne , etc.

Du 9 mars 1821. — Sect. crim. — *Prés.* M. le baron
Barris. — *Rapp.* M. Aumont.

Nota. Le même jour, la Cour a cassé par les mêmes motifs
un autre jugement rendu par le tribunal de police du canton
de Maubourguet, le 23 janvier 1821 , au profit du sieur
Touzia.

COUR DE CASSATION.

CONFLIT. — AUTORITÉ ADMINISTRATIVE. — POURVOI EN CASSATION. —
AMENDE.

Lorsqu'un conflit a été élevé dans une contestation jugée
par un arrêt de Cour royale contre lequel il y avait
recours en cassation , et que l'arrêt est annulé par le
Roi en confirmation du conflit , la Cour de cassation
décide alors qu'il n'y a plus lieu de statuer sur le
pourvoi en cassation , et elle ordonne la restitution de
l'amende, pourvu toutefois que le pourvoi soit régu-
lier dans la forme.

1.re ESPÈCE.   2.e ESPÈCE.

(La princesse de Wagram C. Casin.) (Ratisbonne C. Thomas.)

Arrêt.

LA COUR, — considérant que l'arrêt rendu par la Cour royale le 4 mai 1818 n'a été signifié à la princesse de. Wagram que le 21 dudit mois;

Que dès le 27 du même mois le préfet du département de la Seine avait élevé le conflit;

Que le 14 août suivant la princesse de Wagram s'était pourvue en cassation pour cause d'incompétence *rationœ materiœ;* que ce recours lui était ouvert par la loi, et qu'en l'absence du conflit la Cour aurait été tenue d'y statuer;

Mais que sur l'instance en conflit, instruite contradictoirement au conseil d'état, une ordonnance royale du 19 août 1819, rendue sur le rapport du comité du contentieux, a approuvé le conflit, et a statué que l'arrêt du 4 mai 1818, ainsi que le jugement du tribunal de la Seine du 5 août 1817 seraient regardés comme non-avenus, sauf au sieur Casin à se pourvoir, si bon lui semble., vers le ministre de la guerre pour l'indemnité qu'il réclame;

Considérant que l'arrêt du 4 mai 1818 n'existant plus et ne pouvant désormais avoir aucun effet, la Cour n'a rien à prononcer sur cet arrêt;

En conséquence donne défaut contre Casin, et en jugeant le profit, dit qu'il n'y a lieu de statuer sur la demande en cassation; et néanmoins, attendu que le pourvoi a été régulièrement formé, et que l'arrêt du 4 mai 1818 a été déclaré comme non-avenu par l'ordonnance royale du 19 août 1819, ordonne la restitution de l'amende consignée, etc.

Du 13 mars 1821. — Sect. civ. — *Prés.* M. Brisson. — *Plaid.* M. Raoul, av.

Nota. Les deux espèces ont été décidées le même jour et par les mêmes motifs.

COUR DE CASSATION.

COMPÉTENCE. — AUTORITÉ ADMINISTRATIVE. — BIENS NATIONAUX. — APPLICATION. — INTERPRÉTATION.

Les difficultés qui s'élèvent sur l'application des procès-verbaux de ventes nationales ne sont de la compétence de l'autorité administrative que dans le cas où leur solution résulterait nécessairement de l'acte d'adjudication lui-même, et non quand il est nécessaire de recourir pour cet effet à d'autres actes. (Lois des 16 fructidor an 3 et 28 pluviôse an 8 , et article 13 du titre 2 de la loi du 24 août 1790.). (1)

(Duc C. Malherbe et consorts.)

Aʀʀᴇ̂ᴛ.

LA COUR, — attendu qu'il est de principe que les difficultés qui s'élèvent sur l'application des procès-verbaux de ventes nationales ne doivent être soumises aux corps administratifs que dans le cas où la solution du problème sort de l'acte administratif, et qu'il n'est pas nécessaire de recourir à des actes étrangers à l'administration ;

Attendu que, dans l'espèce, le domaine litigieux n'est pas nominativement désigné dans l'acte de vente, et que les demandeurs en cassation ne le réclament que comme compris sous la dénomination vague de *circonstances et dépendances,* et que les défendeurs repoussent cette réclamation par des titres anciens et géminés, et qu'ainsi l'application de l'acte administratif était subordonnée à des actes étrangers à l'administration ; '

_____

(1) *V.* J. A., tom. 27, pages 29, 52 et 56.

' Attendu qu'en conformité de ces principes et sur le vu
des titres produits par le sieur Malherbe et consorts, le
conseil de préfecture du département de Saône-et-Loire,
d'abord saisi de l'affaire, l'a renvoyée devant les tribu-
'naux ; que ce sont les défendeurs en cassation qui ont traduit le sieur Malherbe et consorts devant le tribunal civil
de Charolles, et qu'ainsi la compétence de l'autorité ju-
'diciaire a été reconnue par l'administration elle-même et
par les parties qui seules avaient intérêt à la contester...;
par ces motifs, rejette, etc.

Du 13 mars 1821. — Sect. des req. — *Prés.* M. Henrion
de Pansey. — *Plaid.* M. Loiseau, av.

COUR ROYALE D'AMIENS.

ACQUIESCEMENT. — FIN DE NON-RECEVOIR. — PLAIDOIRIE AU
FOND.

*Lorsqu'une partie, après avoir succombé dans une fin
de non-recevoir, reste en cause et plaide sur le fond de
la contestation, sa conduite équivaut à un acquiescement formel donné par elle au jugement qui a rejeté sa
fin de non-recevoir, et la rend non-recevable à en interjeter appel. (Art.* 443 *C. P. C.)*

(Burdin C. Paillet et Demusson.)

Dans un ordre ouvert devant le tribunal civil de Soissons,
la collocation des sieurs Paillet et Demusson fut contestée par
le sieur Burdin; mais cette contestation fut soutenue non-
recevable, parce qu'elle n'avait pas été élevée dans le mois
de la sommation faite conformément à l'article 756 C. P. C.
Un jugement du 23 août 1819 rejeta cette fin de non-

recevoir, et ordonna aux parties de plaider au fond. Alors les
sieurs Paillet et Demusson conclurent à ce qu'il leur fût
donné acte de ce qu'ils déclaraient persister dans leur dire
énoncé au procès-verbal d'ordre, et tendant à collocation.

22 décembre 1819, autre jugement qui donne gain de cause
aux sieurs Paillet et Demusson.

Appel de ce jugement de la part du sieur Burdin. — Appel,
par les sieurs Paillet et Demusson, du jugement du 23
août 1819.

Le sieur Burdin soutint que l'appel de ses adversaires était
non-recevable, parce qu'ils avaient acquiescé au jugement
en l'exécutant, c'est-à-dire en plaidant au fond, ainsi que
le jugement l'ordonnait.

Arrêt.

LA COUR, en ce qui touche l'appel incident du jugement
du 23 août 1819, interjeté par Paillet et Demusson; et en ce
qui touche la fin de non-recevoir opposée contre ledit appel;

Attendu que, par ce jugement du 23 août, il a été statué
sur une forclusion tirée des articles 754, 755 et 756 du Code
de procédure civile, et sur une question, qui, de sa nature,
était à juger par une décision définitive et non interlocutoire;

Attendu que, contre un jugement définitif, l'appel n'est
recevable que dans la supposition qu'il aurait été interjeté en
temps utile, et qu'autant qu'il n'aurait pas été acquiescé audit
jugement;

Que la nouvelle jurisprudence a consacré, comme l'avait
fait l'ancienne, le principe que l'acquiescement peut être
exprès ou tacite;

Que, dans l'espèce, Paillet et Demusson, qui ont succombé
en la fin de non-recevoir qu'ils avaient opposée à leurs
parties adverses, étant restés en cause et ayant concouru
au jugement du 22 décembre suivant, intervenu dans la

même instance d'ordre , ont tenu une conduite qui équivaut
à un acquiescement formel;

Déclare Paillet et Demusson non-recevables en leur appel
incident du jugement du 25 août 1819 , etc.

Du 14 mars 1821. — Ch. somm. — *Prés.* M. Cauvel de
Beauvillé , p. — *Concl.* M. de Lagrené , av gén.

COUR DE CASSATION.

1.° EXPLOIT. — COPIE. — VACATION. — ENREGISTREMENT. — PREUVE.
— VALIDITÉ.

2.° COUR ROYALE. — EXPLOIT. — VALIDITÉ. — CASSATION.

3.° COPIES. — EXPLOIT. — HÉRITIER. — APPEL.

1.° *Dans le cas où un exploit doit être signifié à plu-*
sieurs parties et que la remise d'une copie séparée n'est
pas constatée dans l'original , le coût de la vacation
de l'huissier et le coût de l'enregistrement ne peuvent
pas suffire pour la prouver. (Art. 61 et 456 C. P. C.)

2.° *Les cours royales jugent souverainement la question*
de savoir s'il résulte ou non des termes d'un exploit
qu'il en a été donné une ou plusieurs copies.

3.° *Un acte d'appel interjeté contre plusieurs cohéritiers*
ayant un intérêt distinct et séparé est nul à l'égard
de tous , s'il n'en a été laissé qu'une seule copie , sans
désigner aucun d'eux individuellement , quoiqu'ils
aient tous constitué le même avoué, élu le même domi-
cile et déclaré faire cause commune. (Art. 61 , 456
et 584 C. P. C.)

(Rebattu C. Garcin et autres.)

La dernière question est la seule qui puisse présenter un
intérêt véritable , et cependant elle a été tant de fois décidée

6.

dans le même sens, qu'elle semble ne devoir plus souffrir aucune difficulté.

(Voir trois arrêts de la Cour de cassation, des 12 mars 1811, 14 août 1813, et 15 février 1815; J. A., tomes 1.er, pag. 75; 8, pag. 266; 11, pag. 205.

Après la mort de Martin Rebattu, le sieur Jean-Joseph Rebattu, l'un des héritiers du défunt, achète les droits successifs de ses cohéritiers.

Ceux-ci ayant reconnu plus tard qu'ils avaient cédé à vil prix leurs droits successifs, attaquent par les moyens de dol et fraude, les actes de cession par eux consentis.

Il importe de remarquer que, dans leur demande en conciliation, ainsi que dans l'assignation qu'ils ont fait donner au sieur Rebattu devant le tribunal de Barcelonnette, les quatre cohéritiers sont distinctement qualifiés; que la quotité de leurs intérêts individuels y est exprimé, et que chacun d'eux prend des conclusions tendantes à la condamnation à son profit de la somme revenant à son intérêt particulier. Mais on lit ensuite dans ces actes que tous les demandeurs agissent unanimement et font cause commune.

Le 9 juillet 1817, jugement par défaut du tribunal civil de Barcelonnette, qui annulle pour cause de dol et de fraude les différens actes de cession.

Le sieur Rebattu laissa passer le délai de l'opposition. Sur le commandement en saisie-exécution fait à la requête des demandeurs, le sieur Rebattu déclara se rendre appelant du jugement par défaut rendu contre lui; il chargea l'huissier qui lui fesait le commandement de signifier lui-même l'acte d'appel. On lit dans le procès-verbal de l'huissier : « Le sieur Rebattu m'a déclaré requis, et de » suite remis un exploit interjetant appel à sa requête » pour être signifiée, au domicile élu par les requérans, » la saisie mobilière ; vu l'exploit à moi présenté par ledit » Rebattu pour en faire de suite la signification, je me » suis retiré sous toutes réserves. »

L'huissier notifia l'acte d'appel. Il est dit dans son exploit que la déclaration d'appel est adressée aux quatre
personnes qui ont obtenu le jugement, et qu'elles sont
assignées à comparaître devant la Cour royale d'Aix. L'exploit se termine ainsi : « Et aux fins que les assignés ne
l'ignorent, je leur ai signifié et laissé copie du présent exploit, au domicile par eux élu par l'acte de commandement
et celui de saisie, chez M. Guiraud, propriétaire, parlant
à la personne de mon dit sieur Guiraud.

Demande en nullité de l'appel, formé par les cohéritiers,
et fondée sur ce qu'il n'a pas été notifié à chacun d'eux
une copie séparée de l'acte d'appel.

24 juin 1818, arrêt de la Cour royale d'Aix, qui déclare
nul l'acte d'appel. Les motifs sont ainsi conçus :

« Considérant que, des expressions qui terminent l'acte
» d'appel dont s'agit, il résulte *évidemment* qu'il n'a été
» laissé qu'une seule copie au domicile élu quoique cet
» appel fût dirigé contre plusieurs individus; que, si l'ar-
» ticle 584 C. P. C. permet la notification de l'appel au domi-
» cile élu par le commandement à fin de saisie, il ne déroge
» pas aux dispositions de l'article 456 du même Code; que
» cet article 456 prescrivant, sous peine de nullité, la si-
» gnification de l'acte d'appel à personne ou domicile, il
» en résulte nécessairement que copie d'icelui doit être
» laissée à personne ou domicile, puisque sans copie il n'y
» a pas de signification; qu'une seule copie laissée pour
» plusieurs co-intéressés, ne remplit pas le vœu de la loi;
» car chacun devant avoir une connaissance individuelle
» de l'appel, ce n'est que par une copie laissée à chacun
» que ce but peut être atteint; qu'une seule copie laissée
» pour tous, ne pouvant s'appliquer individuellement à l'un
» plutôt qu'à l'autre, ne peut être utile pour aucun d'eux;
» que l'unité d'action et d'intérêt existant entre les individus
» auxquels la notification est à faire ne change rien à cet
» état de choses, la loi n'admettant d'exception que lorsqu'il

» s'agit de notifications à faire à un corps moral ; que ces
» principes ont été consacrés par deux arrêts de la Cour
» de cassation , rendus l'un en sections réunies le 14 août
» 1813 , et l'autre le 15 février 1815. » -- ' . '

Pourvoi en cassation de la part du sieur Rebattu pour violation des articles 456 et 584 C. P. C.

M. Cahier , avocat général , a conclu au rejet.

Arrêt.

LA COUR , '— considérant que l'argument pris du coût
de la vacation de l'huissier est d'autant moins important ,
que le demandeur n'a pas même présenté de calcul propre
à le justifier ; que celui tiré du coût de l'enregistrement ne
mérite pas plus de considération. L'exploit d'appel annon-
çait quatre intimés , un droit était dû pour chaque intimé ;
la direction a dû percevoir quatre droits ; mais cela ne
prouve nullement qu'il ait été délivré quatre copies ;

Considérant qu'il est d'autant moins vraisemblable que
l'acte d'appel soit l'ouvrage de l'huissier , que son procès-
verbal du même jour 22 août 1817 , antérieur à la notification de cet acte, constate que l'exploit d'appel lui fut remis par le demandeur , qui le requit d'en faire sur-le-champ
la notification ;

Considérant enfin que la Cour d'Aix a décidé (en interprétant les termes dans lesquels est conçu l'acte d'appel du
22 août 1817) qu'il n'a été laissé qu'une copie de cet acte
d'appel , et que , dans cette interprétation rendue nécessaire
par ces maintiens et les inductions contraires des parties ,
elle n'a pu violer aucune loi ;

Considérant encore que , quoique dans leur assignation
en conciliation et dans celle au tribunal de Barcelonnette ,
les défendeurs eussent déclaré qu'ils agissaient unanimement
et fesant cause commune , il ne s'ensuit nullement qu'ils
s'identifiassent de manière à ne devoir être considérés que

comme un seul et même individu ; que chacun conservait et avait même soin d'énoncer son intérêt distinct et séparé, et que, de même que le demandeur n'eût pu faire à l'un d'eux des offres réelles pour tous, la Cour d'Aix a eu raison de décider qu'une seule copie n'avait pu suffire pour tous, et que n'étant point énoncé pour qui cette copie était destinée, elle ne pouvait être appliquée à aucun ; par ces motifs, — rejette.

Du 14 mars 1821. — Sect. civ. — Rejet. — *Plaid.* M. Duprat, avocat.

COUR DE CASSATION.

MINISTÈRE PUBLIC. — CONCLUSIONS. — MENTION. — ENREGISTREMENT.

En matière d'enregistrement, comme en toute autre matière où le ministère public doit être entendu, le jugement doit, à peine de nullité, faire mention qu'il a été entendu verbalement à l'audience. — Il ne suffirait pas qu'il eût déposé de conclusions écrites. (Art. 14 du tit. 2 et 3 du tit. 8 de la loi du 24 août 1790, 65 de la loi du 22 frimaire an 7 et 112 C. P. C.)

(Godin C. la direction de l'enregistrement et des domaines.)

La question ayant toujours été résolue dans le même sens, il suffit de transcrire le texte de cet arrêt qui vient encore consolider la jurisprudence. Voyez les arrêts des 13 thermidor an 2, 7 ventôse et 30 thermidor an 11, 26 pluviôse an 12 et 16 juillet 1806. (Jurisprudence des Cours souveraines, vol. 4, pag. 329 et suiv.)

ARRÊT.

LA COUR, — vu les articles 14 du titre 2 et 3 du titre

8 de la loi du 24 août 1790 , 65 de la loi du 22 frimaire an 7 et 112 du Code de procédure civile ;

Attendu que la publicité de l'instruction en matières civile et criminelle, voulue par le premier des articles précités de la loi du 24 août 1790, embrasse nécessairement celle des conclusions du ministère public ; que l'article 3 du titre 8 de la même loi porte expressément que les officiers du ministère public seront *entendus* dans toutes les causes où leur intervention est requise, expression qui s'applique naturellement à une audition verbale et publique, plutôt qu'à de simples conclusions écrites laissées sur le bureau ou déposées au greffe du tribunal ;

Attendu que les lois spéciales sur l'enregistrement, loin de déroger à cet égard au principe général, le confirment au contraire au moins indirectement, puisque l'article 65 de celle du 22 frimaire an 7 porte que les jugemens seront rendus *sur le rapport d'un juge fait en audience publique et sur les conclusions du ministère public ;*

Attendu enfin que le Code de procédure civile, en statuant (art. 112) que, dans toute cause susceptible de communication, *le procureur du Roi sera entendu en ses conclusions à l'audience*, n'a fait aucune exception pour les causes relatives aux droits d'enregistrement ;

Attendu que néanmoins le jugement attaqué ne constate aucunement que, dans la cause dont il s'agit, le procureur du Roi ait été entendu dans ses conclusions verbales, ni même qu'il ait été présent à l'audience dans laquelle ce jugement a été rendu ; d'où il suit que ce jugement a violé les articles précités des lois des 24 août 1790, 22 frimaire an 7 et du Code de procédure civile ; — casse, etc.

Du 14 mars 1821. — Sect. civ. — *Prés.* M. Brisson. — *Plaid.* MM. Lecouturier et *H*uart du Parc , avocats.

COUR ROYALE DE BOURGES.

ASSIGNATION. — DÉLAI.

Est valable l'assignation donnée pour comparaître dans le délai de la loi. (Art. 72 et 1033 C. P. C.)

(Pelle-Demont C. Trottel.)

ARRÊT.

LA COUR, — considérant que l'assignation a été donnée pour comparaître dans *le délai de la loi ;* que la loi exprime un délai de huitaine pour les assignations ordinaires, quand les parties demeurent dans la distance de trois myriamètres; qu'elle a pareillement ordonné que le délai serait augmenté d'un jour, à raison de trois myriamètres de distance; qu'ainsi l'assignation dans *le délai de la loi* indique tout ce qu'elle exige, etc. , etc.

Du 20 mars 1821. — 1.re cham. civ — *Prés.* M. Sallé, p. p. — *Concl.* M. Pascaud, av. gén. — *Plaid.* MM. Mater et Deséglise, av.

COUR DE CASSATION.

1.° SUSPICION LÉGITIME. — RENVOI. — MATIÈRE CIVILE.

2.° OPPOSITION. — ARRÊT PAR DÉFAUT. — SECTION DES REQUÊTES.

3.° OPPOSITION. — SECTION. — COMPOSITION. — MAGISTRATS.

1.° *En matière civile, comme en matière criminelle, la suspicion légitime est un motif de renvoi d'un tribunal à un autre, par la Cour de cassation, qui peut l'ordonner sur la seule demande de l'une des parties, et sans que l'autre ait été appelée.* (Art. 368 C. P. C.)

2.° *L'opposition à un arrêt rendu par défaut par la section des requêtes en matière de suspicion légitime doit être portée devant la même section.*

3.° *Lorsqu'un arrêt a été rendu par défaut après un partage d'opinions, il n'est pas nécessaire que la section qui l'a rendu soit constituée pour statuer sur l'opposition comme elle l'était lors de l'arrêt par défaut.*

(Guy C. le maire d'Agde.)

Nous allons rapporter les faits qui ont donné lieu aux deux arrêts que nous transcrivons à la suite l'un de l'autre.

Le sieur Guy, demandeur en indemnité contre la commune d'Agde devant le tribunal de Beziers, s'adresse à la Cour de cassation pour obtenir le renvoi de la cause à un tribunal d'un autre ressort ; — il est bon de remarquer que déjà l'instance était engagée devant le tribunal de Beziers, juge naturel du différend.

La section civile de la Cour de cassation, après avoir été partagée d'opinions, *renvoie* la cause devant le tribunal, et *en cas* d'appel, devant la Cour royale de Toulouse.

Cet arrêt est rendu en l'absence du maire d'Agde et sans qu'il y ait été appelé. — Aussitôt qu'il en a connaissance, il y forme opposition, et avant de plaider sur le renvoi, il élève plusieurs questions préjudicielles.

Il se plaint d'abord de ce que l'arrêt de renvoi a été rendu en son absence, et demande que l'opposition soit portée devant une autre section que la section des requêtes qui avait rendu l'arrêt par défaut, ou au moins que cette section se constitue comme elle l'était le jour de la prononciation de l'arrêt par défaut. — Il soutient en outre qu'en matière civile la suspicion légitime n'est pas admissible.

1.ᵉʳ ARRÊT.

LA COUR, — attendu que l'opposition doit, par sa nature elle-même, être portée non pas devant les mêmes individus et le même nombre de juges, mais bien par devant le même tribunal qui a prononcé le jugement par défaut, et que le tribunal est censé le même lorsqu'il est composé du nombre de juges déterminé par les lois ;

Par ces motifs, se déclare incompétente.

Du 20 mars 1821. — Sect. des req.

2.ᵉ ARRÊT.

LA COUR, — en ce qui touche la fin de non-recevoir ;

Attendu que les lois constitutives de la Cour de cassation, et notamment les articles 60 et 79 de celle du 27 ventôse an 8, sans faire aucune distinction entre les matières civiles et les matières criminelles, investissent expressément et généralement la même Cour du pouvoir de statuer sur les demandes en renvoi d'un tribunal à un autre; qu'après la promulgation de ces lois, et tant avant qu'après le Code de procédure civile, la Cour a constamment statué sur les demandes en renvoi pour cause de suspicion légitime en matière civile ;

Déclare qu'il y a lieu de statuer sur la demande en renvoi par *Guy*, et y fesant droit, persistant dans les motifs exprimés dans son arrêt par défaut du 22 décembre 1819, déboute le maire de la ville d'Agde de l'opposition par lui formée contre le dernier arrêt, ordonne qu'il sera exécuté selon sa forme et teneur.

Du 21 mars 1821. — Sect. des req. — *Concl.* M. Mourre, proc. gén. — *Plaid.* MM. Jacquemin et Odilon Barrot, avocats.

COUR DE CASSATION.

APPEL. — TRIBUNAL DE POLICE. — ÉVOCATION.

*L'article 473 du Code de procédure civile est applicable
au cas où un tribunal correctionnel infirme pour vice
de forme un jugement d'un tribunal de simple police.*
(Art. 174 et 215 C. I. C. , 473 C. P. C.)

(Boulaud C. Gosset.)

ARRÊT.

LA COUR, vu l'article 215 C. I. C. ; — attendu que
cet article n'est relatif qu'aux appels émis en matière correctionnelle de jugemens rendus par des tribunaux corré-
ctionnels;

Que dans l'espèce il s'agit d'un jugement de tribunal
correctionnel rendu sur l'appel d'un jugement d'un tribunal
de simple police ;

Que l'appel de ce jugement ne pouvait donc rentrer dans
l'application de l'article 215 , qui ne saurait être étendu
hors les cas auxquels il se réfère ;

Attendu d'ailleurs que, d'après l'article 174 du Code d'instruction criminelle, les appels des jugemens des tribunaux
de simple police doivent être jugés dans la même forme
que les appels des jugemens des justices de paix ;

Mais que, si, d'après l'article 473 C. P. C., lorsque les
cours ou tribunaux infirment pour vice de forme ou pour
toute autre cause des jugemens définitifs, ils peuvent statuer
en même temps sur le fond définitivement, il faut, suivant
le même article , qu'ils le fassent par un seul et même
jugement ;

Que dans l'espèce le tribunal correctionnel de Rouen
avait prononcé par un premier jugement l'annullation pour
vice de forme du jugement de police simple de la même
ville et la condamnation aux dépens contre le plaignant ,
sans statuer en même temps sur le fond ;

Que par cette double décision il avait épuisé la juridiction, et se trouvait dessaisi de la connaissance de la cause;
qu'il ne pouvait, sans excéder ses pouvoirs, se ressaisir de
la même cause dans l'état où l'avait réduite son précédent
jugement ;

D'après ces motifs, sans avoir égard au jugement du
tribunal correctionnel de Rouen du 24 janvier dernier, qui
sera déclaré nul et non-avenu; renvoie les parties et les
pièces de la procédure devant le tribunal de police du
canton d'Yvetot, pour y être instruit, s'il y a lieu, et
statué conformément à la loi sur la plainte de Gosset.

Du 22 mars 1821. — Sect. crim. — *Plaid.* MM. Garnier et Lecouturier, avocats.

COUR ROYALE DE TOULOUSE.

1.° DEMANDE NOUVELLE. — APPEL. — PRESCRIPTION. — INSCRI-
PTION.

2.° INSCRIPTION HYPOTHÉCAIRE. — PRESCRIPTION. — SOMMATION.
— INTERRUPTION.

1.° *On peut proposer pour la première fois en appel la
péremption d'une inscription hypothécaire en vertu
de laquelle on est poursuivi, quoiqu'on se soit borné
en première instance à en demander la nullité.* (Art.
464 C. P. C.)

2.° *La sommation faite au tiers détenteur de l'immeuble
hypothéqué n'interrompt la prescription de l'hypothèque
qu'autant que le créancier n'a pas, depuis la sommation,
laissé écouler trois ans sans aucune sorte de poursuites.*
(Art. 2167, 2169, 2176, 2180 et 2244 C. C.)

(Ruinier C. Bourdarios.)

La jurisprudence est maintenant bien fixée sur la première question. (V. J. A. , tome 26, page 92.)

L'arrêt que nous allons rapporter fait assez connaitre
tous les faits et les moyens de la cause.

ARRÊT.

LA COUR , — attendu que l'instance engagée par Ruinier
a eu pour objet de faire ordonner la radiation des inscriptions
prises par Bourdarios sur les biens de Jean Verdier , dont
ledit Ruinier est acquéreur ; que c'est cette radiation qu'il
a demandée devant les premiers juges ; qu'il importe peu
qu'à l'appui de cette demande il n'ait pas d'abord fait valoir
la prescription de l'hypothèque qui servait de base auxdites
inscriptions : ce moyen , négligé en première instance , a pu
être par lui employé devant la Cour , parce qu'il ne constitue
point une demande nouvelle, et que son unique objet est de
faire accueillir celle portée devant les premiers juges, savoir,
la radiation des inscriptions ;

Attendu qu'aux termes de l'article 2180 du Code civil , les
priviléges et hypothèques s'éteignent par la prescription ;
que, suivant le même article, cette prescription s'acquiert
à l'égard du tiers détenteur, quant aux biens qui sont en son
pouvoir, par le temps réglé par la prescription de la propriété
à son profit, sauf que dans le cas où elle suppose un titre,
elle ne commence son cours qu'à compter du jour où ce
titre a été transcrit au bureau des hypothèques; qu'enfin et
toujours dans le même texte , les inscriptions prises par les
créanciers n'interrompent pas la prescription établie par la
loi au profit du débiteur ou des tiers détenteurs ;

Attendu, en fait, que l'acte de vente par lequel Jean Verdier
aliéna les biens qu'il avait grévés d'hypothèques en faveur
de Bourdarios , fut transcrit au bureau des hypothèques de
l'arrondissement de Gaillac , lieu de la situation desdits
biens , le 30 nivôse an 11, correspondant au 20 janvier 1803;
par où il s'était écoulé plus de 15 ans depuis ladite transcri-

ption jusqu'au 29 avril 1818 , jour de l'introduction de
l'instance actuelle; tandis que 10 ans suffisaient pour opérer
au profit de Ruinier la prescription de l'hypothèque de Bourdarios, ce dernier étant domicilié dans le susdit arrondissement de Gaillac : c'est ce qui résulte de la combinaison des
articles 2180 et 2265 C. C. ;

Attendu que, pour établir l'interruption de cette prescription , Bourdarios argumente d'un commandement fait à sa
requête dans le mois de janvier 1811 à Jean Verdier, son
débiteur , par lequel il déclarait à celui-ci que , faute de
paiement de sa créance dans le délai de 30 jours, il ferait
saisir immobilièrement les biens à lui hypothéqués ; qu'il
argumente encore d'un acte du 5 avril suivant , contenant communication de ce commandement audit Ruinier, et en
outre commandement à ce dernier, comme tiers détenteur
desdits biens , de satisfaire dans trente jours au paiement de
sa créance , et toujours avec déclaration qu'à défaut il ferait
procéder à la susdite saisie : il conclut de ces actes qu'il a
interrompu le cours de la prescription de son hypothèque ;

Attendu que cette prétention est sans fondement ; et effectivement , en premier lieu, l'acte notifié à Ruinier, dans le
mois d'avril 1811 , ne peut être considéré que sous le rapport
de la sommation autorisée par l'article 2169 du Code civil
à l'égard des tiers détenteurs des biens hypothéqués ; c'est ce
qui résulte des termes de cet article, qui différencie soigneusement cette sommation du commandement qui doit être
fait au débiteur, et vis-à-vis duquel seul il peut avoir lieu ,
puisque ce n'est que contre lui que le créancier a un titre
exécutoire , titre dont il est dépourvu à l'égard du tiers détenteur, qui ne doit rien personnellement; qu'ainsi et sous
ce rapport ledit Bourdarios invoque inutilement l'article 2244
du Code civil , suivant lequel un commandement forme l'interruption civile de la prescription : un pareil acte n'existant
pas aux yeux de la loi vis-à-vis de Ruinier , cet article lui est
inapplicable ;

En second lieu, et en considérant tel qu'il doit l'être l'acte à lui notifié dans le mois d'avril 1811 à la requête de Bour-darios, c'est-à-dire comme une sommation adressée à un tiers détenteur, cette sommation n'ayant été suivie d'aucune sorte de poursuite de la part dudit Bourdarios pendant les sept années qui s'étaient écoulées à partir de sa date jusqu'à l'introduction du procès actuel, elle ne peut servir pour l'interruption civile de la prescription de l'action hypothécaire; en effet, suivant la disposition de l'article 2176 C C., les fruits de l'immeuble hypothéqué ne sont dus par le tiers détenteur qu'à compter du jour de la sommation à lui faite de payer ou de délaisser, et si les poursuites commencées ont été abandonnées pendant trois, ans à compter de la nouvelle sommation qui lui sera signifiée ;

Il résulte évidemment de ce texte que les sommations de ce genre périmant par trois ans de cessation de poursuites de la part du créancier, péremption qui doit priver celui-ci d'en tirer aucun avantage, sans qu'on puisse observer à ce sujet que, quoique le commandement en saisie immobilière fait au débiteur ne puisse autoriser une exécution de cette nature après le laps de trois mois, suivant l'article 674 du Code de procédure civile, il n'en est pas moins interruptif de la prescription, ainsi que l'enseignent Pothier et Merlin. La doctrine de ces auteurs est fondée sur ce que ce commandement se rattachant au titre exécutoire qui existe en faveur du créancier, il suffit pour raviver ce titre et le sauver ainsi de la prescription; mais le créancier n'a pas un pareil titre vis-à-vis du tiers détenteur, qui n'a contracté envers lui aucune obligation ; tous ses droits à l'égard de ce dernier se réduisent à exercer des poursuites sur les biens qui sont passés en son pouvoir, poursuites qui ne doivent pas être abandonnées au-delà du temps déterminé par la loi, et qui, dans le cas de cet abandon, sont regardées comme non-avenues, ainsi que le témoigne l'article 2176 déjà cité.

Pour se convaincre encore mieux que tel a été le vœu du

législateur, il suffit de remarquer que, suivant la doctrine
reconnue par la Cour de cassation lors des deux arrêts par
elle rendus les 6 mai 1811 et 27 avril 1812 ; le premier, dans
la cause de la veuve du maréchal de Richelieu contre la
dame de Rouville ; le second, dans celle de la dame Julien
contre les frères Dutrios, l'action en déclaration d'hypothèque n'a pas été abrogée par le Code civil en tant qu'elle
a pour objet d'empêcher la prescription de l'inscription hypothécaire. Cette action peut donc être exercée par une
citation donnée en justice ; et, dans ce cas, si l'instance
engagée tombe en péremption, le créancier ne peut s'en
prévaloir pour l'interruption civile de la prescription de son
hypothèque, article 2247 C. C. ; à la vérité, au lieu d'intenter une pareille instance, le créancier peut opérer cette
interruption vis-à-vis du tiers détenteur, au moyen de la
sommation prescrite par l'article 2169; mais lorsqu'on rap-
proche de ce dernier article la teneur de l'article 2176, on
ne peut qu'établir une analogie parfaite, quant à la péremption, entre la sommation dont parle le premier de ces
articles et l'instance en déclaration d'hypothèque qu'il est
libre au créancier de former pour éviter la prescription. On
trouve de part et d'autre la nécessité de ne pas laisser passer
un délai de trois ans sans faire de poursuites ; tout comme
une pareille négligence entraîne la péremption de l'instance,
de même elle opère celle de la sommation ; et certes il
serait contradictoire qu'un simple acte extrajudiciaire tel
que cette sommation, eût plus de force et plus de vertu
que l'exercice régulier de l'action, de manière à interrompre la prescription pour bien plus de temps que ne l'aurait
fait une instance : on ne peut supposer une contradiction
aussi forte dans la loi ; la négligence du créancier qui reste
pendant trois ans dans une inaction absolue est ce qu'elle
a voulu punir, et cette inaction étant égale dans les deux
hypothèses, la peine, c'est-à-dire la prescription, doit
être encourue dans l'une et dans l'autre.

Puisque donc Bourdarios a laissé passer plus de sept ans à suite de la sommation sans faire aucune sorte de poursuite, l'hypothèque qu'il avait sur les biens vendus audit Ruinier a été anéantie par la prescription, dont le cours avait commencé le 30 nivôse an 11 (20 janvier 1803), jour de la transcription de l'acte de vente; ce qui doit opérer le démis de son opposition envers l'arrêt qui l'a ainsi décidé, etc.

D'après ces motifs, sans avoir égard à la demande en rejet formée par Bourdarios, non plus qu'à son opposition envers l'arrêt contre lui rendu faute de défendre le 11 janvier dernier, et du tout le déboutant, a ordonné et ordonne que ledit arrêt sortira son plein et entier effet, et sera exécuté suivant ses forme et teneur; a condamné et condamne ledit Bourdarios aux dépens.

Du 22 mars 1821. — 1.re ch. civ. — *Prés.* M. Faydel. — *Plaid.* MM. Flottes et Carles, av.

AVIS DU COMITÉ DES FINANCES DU CONSEIL D'ÉTAT.

COMPÉTENCE. — FRAIS DE JUSTICE. — CONDAMNÉ. — PRIVILÉGE. — DOMAINE. — CRÉANCIERS.

Lorsqu'il s'élève une question de privilége entre le domaine et un créancier particulier, à raison de l'application du produit de la vente des biens d'un condamné, c'est aux tribunaux à en connaître.

(Administration des domaines C. Lebergne.)

Le comité des finances, sur le renvoi qui a été fait par Son Excellence le ministre secrétaire d'état au même département;

Vû un rapport par lequel le secrétaire général des finances expose qu'une question de privilége s'est élevée entre
l'administration des domaines et le sieur Lebergne, sur le
produit de la vente des biens du nommé Lambert, condamné
aux fers avec confiscation, que cette question a été jugée
en faveur du sieur Lebergne par le préfet de la Seine,
dans quatre arrêtés dont la régie a provoqué la réformation ; que, le comité des finances ayant déclaré qu'il y avait
lieu de renvoyer la contestation devant les tribunaux, son
avis a été adopté par le ministre le 19 septembre dernier;
que précédemment le comité avait déjà, sur des affaires de
même nature et relatives aux condamnés Barin et Masquet,
donné deux avis semblables, que Son Excellence a pareillement confirmés les 21 juin et 17 juillet 1820 ; que le
préfet de la Seine a fait des représentations contre la décision du 19 septembre; qu'il soutient que le jugement de
la contestation concernant le sieur Lebergne est du ressort
administratif, invoquant à l'appui de son opinion les lois
des 26 frimaire et 9 ventôse an 2; que la réclamation du
préfet de la Seine est fondée sur une jurisprudence établie
depuis un grand nombre d'années; que le comité a pour
la première fois, dans sa délibération du 19 mai de l'année
dernière sur l'affaire Baren , signalé cette jurisprudence
comme irrégulière; que, n'ayant pas présenté les lois des
26 frimaire et 9 ventôse an 2, et cédant à l'équité naturelle, le comité a repoussé une forme de procéder en vertu
de laquelle l'administration, étant chargée de liquider le
produit d'une confiscation, devenait juge et partie; que les
objections du préfet de la Seine changeant l'état de la qué-
stion, il y a lieu d'en provoquer un nouvel examen ;

Vu les lois des 26 frimaire, 9 ventôse an 2 et 1.er floréal an 3 ;

Vu de nouveau les avis donnés les 19 mai , 23 juin et
1.er septembre 1820 , ainsi que différentes pièces relatives
à la réclamation du sieur Lebergne, notamment l'arrêté

7.

du préfet de la Seine en date du 11 novembre 1815, la lettre du 3 février 1816, par laquelle ce magistrat propose au ministre de rapporter l'arrêté pré-indiqué et la délibération prise le 18 mars 1817 par le conseil d'administration des domaines ;

Considérant que les lois des 26 frimaire et 9 ventôse an 2 contiennent des dispositions qui n'ont pu avoir d'effet qu'à l'époque où elles étaient adoptées, sans être susceptibles de prévaloir indéfiniment contre les principes du droit commun ;

Que dans le temps même où ils avaient le moins d'influence, la loi du 1.er floréal an 3 reconnaissant qu'il n'appartenait pas à l'administration dans le cours des liquidations qui lui étaient attribuées de prononcer, soit entre les divers créanciers, soit entre eux et elle-même, appelait les arbitres à décider dans les cas litigieux ;

Que si depuis l'époque où le droit commun avait repris son empire, on a continué à procéder d'une manière irrégulière dans des occasions analogues à celle dont il s'agit, cela s'explique sans doute par le petit nombre des affaires de ce genre qui ont dû se présenter, et par le peu d'importance des droits qu'on avait à régler ;

Mais qu'en admettant qu'une telle pratique eût été constante et n'eût fait naître aucune réclamation, cette double circonstance ne saurait dispenser de rechercher, lorsqu'il s'élève des difficultés, quelle est la marche à suivre pour arriver à une solution régulière ;

Persistant ainsi dans les motifs et les avis qu'il a précédemment soumis à Son Excellence ;

Pense que la contestation qui existe entre le domaine et le sieur Lebergne rentre, par sa nature, dans la compétence des tribunaux, et que, s'il existe quelque acte administratif qui puisse arrêter leur action, il y a lieu de le faire disparaitre.

Du 23 mars 1821. — Avis du comité des finances, approuvé par le ministre le 18 avril suivant.

—————

COUR ROYALE D'AMIENS.

DEMANDE INCIDENTE. — ORDRE. — RÉSOLUTION. — CONTRAT.

Une demande en résolution de la vente d'un immeuble peut être formée incidemment dans l'instance d'ordre du prix de cet immeuble. (Art. 337 C. P. C.).

(Bouché et Vavasseur C. Beaurain de Gévécourt)

Une demande incidente est admissible toutes les fois qu'elle n'est qu'une défense à l'action principale. Tel est le principe que l'article 464 du Code de procédure a renouvelé de notre ancienne législation.

Et la raison en est qu'une exception n'est point une demande , et que la défense dérivant du droit naturel , il doit être permis à une partie de l'exercer en tout temps et de la manière qu'elle juge convenable.

Or ce principe a été constamment appliqué au cas où la demande incidente a pour objet la rescision du contrat dont l'adversaire se prévaut. (V. Poulain-Duparc, Principes de Droit , t. 9, p. 154.)

Tel est évidemment le cas dans lequel se trouve un vendeur , lorsque, prêt à succomber sur une demande à fin de privilége , il provoque la résolution de la vente. En eff t on se prévaut contre lui de l'exécution de son titre ; ou le lu oppose : il doit incidemment en demander la rescision ou la résolution.

Ajoutons que le rejet de cette action ne présenterait que des inconvéniens sans nul avantage , puisque le vendeur, n'étant pas payé, pourrait toujours ultérieurement demander la résolution par action principale, et qu'ainsi les derniers acquéreurs, après s'être acquittés de leurs prix, se trouveraient exposés à toutes les conséquences d'une pareille action.

J. P.

Cependant la Cour de Metz a jugé contrairement à ces principes, le 24 novembre 1820, dans une cause existante entre les sieurs *Cartier* et *Leroy*. — Elle s'est fondée sur ce que le vendeur, ayant demandé sa collocation à l'ordre, avait opté par là pour l'action en paiement du prix qui lui avait été délégué ; « considérant, a-t-elle dit, que dans les termes de la cause, et lorsque de toutes parts les choses ont cessé d'être entières, cette action ne saurait être reçue ;

» Considérant encore que *Cartier* se prévaut mal-à-propos de la jurisprudence actuelle sur ce point : la vente étant antérieure à la promulgation du Code civil, il faut au contraire se reporter sur l'ancienne jurisprudence, beaucoup moins favorable, et qui en général n'admettait pas de même le concours de l'action en résolution et de l'action en paiement du prix, etc. »

On peut voir Pigeau, liv. 2, part. 2, tit. 4, chap. 1.er, sect. 1.re, § 2, et Carré, sur l'article 337 C. P. C.

Le 18 frimaire an 12, le sieur Béaurain de Gévécourt vend un domaine au sieur Bellecoud qui reste débiteur du prix. Depuis, le sieur Bellecoud le revend au sieur Bouché.

M.e Vavasseur-Desperriers, avoué à Paris, créancier du second vendeur, provoque devant le tribunal civil de Beauvais l'ouverture d'un ordre pour la distribution du prix de la seconde vente. — Le premier vendeur est appelé à cet ordre ; il demande d'abord la collocation par privilége de la portion de prix qui lui restait due ; mais il prend ensuite le parti de demander la résolution de la vente qu'il avait faite au sieur Bellecoud.

Le poursuivant et le second acquéreur soutiennent qu'il est non-recevable à demander la résolution de la vente; mais leur fin de non-recevoir est rejetée par un jugement du 17 mai 1820.

Appel de la part du sieur Bouché, qui, entre autres moyens, dit devant la Cour que la demande en résolution est immobilière, tandis que la demande en distribution de prix est mobilière ; que l'une a pour objet l'anéantissement du contrat de vente entre les ayans-droit, et qu'une si grande diversité de nature et d'objet entre les deux résiste à ce que la première soit considérée comme incidente à la seconde.

Arrêt.

LA COUR, — en ce qui touche la question de savoir si la demande en résolution de vente formée par Beaurain de Gévécourt était recevable en la forme ,

Considérant que cette demande était véritablement incidente ; qu'elle n'a été formée par Beaurain de Gévécourt que par voie d'exception à la demande principale formée contre lui ; que toutes les parties qu'elle intéresse étaient en cause devant le tribunal de première instance ; qu'ainsi elle a pu y être portée par requête d'avoué, et sans qu'il fût besoin de remplir les formalités prescrites pour une action principale ;

Reçoit pour la forme l'opposition de la partie de Girardin (Bouché) à l'arrêt par défaut du 13 décembre dernier, et sans s'arrêter ni avoir égard à ses moyens, fins et conclusions, la déboute de ladite opposition : ordonne que l'arrêt dont il s'agit sera exécuté selon sa forme et teneur ; déclare le présent arrêt commun avec la partie de Créton (M.e Vavasseur-Desperriers).

Du 24 mars 1821. — *Plaid.* MM. Girardin, Varlet et Créton , av.

COUR ROYALE DE METZ.

L'action publique concernant des faits qui ont déjà donné lieu à une instance civile, n'est pas non-recevable après le jugement au civil, par cela seul que dans le cours de l'instance il n'a pas été fait de réserves par le ministère public, ou que le tribunal ne les a pas prononcées d'office. (Art. 3 C. I. C.)

(Le ministère public C. Peiffer.)

ARRÊT.

LA COUR, — sur la fin de non-recevoir proposée par le prévenu et fondée selon lui sur les dispositions de l'article 3 du Code d'instruction criminelle, et d'après lesquelles il élève la prétention de ne pouvoir plus être exposé aux poursuites de l'action publique, en raison des faits qui ont donné lieu à la décision rendue par le tribunal de première instance de Metz, jugeant en matière civile, sans qu'il ait été fait de réserves par le ministère public ou qu'elles aient été ordonnées d'office par le tribunal ;

Attendu que les dispositions de l'article invoqué ne sont nullement applicables à l'espèce, et qu'en général aucun des articles de la loi n'a limité ni circonscrit l'exercice de l'action publique dans les recherches et les poursuites de faits qui ont le caractère de délits ; que le ministère public a donc, dans tous les temps, la faculté de les exercer sans qu'on puisse lui opposer le défaut de réserves qu'il n'est tenu de faire, pas plus que le tribunal n'avait le droit d'en prononcer ;

Au fond, attendu qu'il n'est point justifié...,

Met l'appel au néant.

Du 26 mars 1821. — chamb. correct. — *Prés.* M. Pyret,
cons. — *Plaid.* M. Bauquel, avocat.

COUR DE CASSATION.

CAUTIONNEMENT. — OFFICIERS MINISTÉRIELS. — CRÉANCIERS. —
INTÉRÊTS.

Les créanciers d'un officier ministériel peuvent pour-
suivre leur paiement sur le capital de son cautionne-
ment, sans attendre la vacance de l'office par démis-
sion ou par toute autre cause. (Art. 33 de la loi du 25
ventôse an 11 et 1.er de la loi du 25 nivôse an 13.)

(L'administration des domaines C. M.e *****.)

M.e *****, avoué, se rend adjudicataire de plusieurs immeubles vendus par expropriation forcée; il ne déclare pas
de command et ne fait point enregistrer, son jugement d'adjudication; le receveur de l'enregistrement poursuit contre
lui par voie de contrainte le paiement du droit et double
droit liquidés à 2178 fr. : pour sureté de ce paiement il
forme opposition sur le cautionnement de M.e ***** entre
les mains du directeur général de la caisse d'amortissement,
et il demande que celui-ci soit tenu d'en verser le montant
dans la caisse du receveur de la direction.

M.e ***** forme opposition à cette contrainte et soutient
que le capital de son cautionnement ne pouvait pas être
saisi.

23 août 1819, jugement qui déclare qu'aux termes de
l'article 1.er de la loi du 25 nivôse an 13 le versement du
cautionnement de M.e ***** entre les mains de la direction
de l'enregistrement ne pouvait être ordonné que dans le

cas de vacance de sa place, par démission, décès ou autrement, et qu'en attendant, la direction ne peut exercer ses poursuites que sur les intérêts et jouissance annuellement dus au titulaire.

Pourvoi en cassation de la part de la régie pour violation de l'article 1.er de la loi du 25 nivôse an 13 combiné avec l'article 33 de celle du 25 ventôse an 11 sur le notariat.

Le défendeur à la cassation a fait défaut. — M. Cahier a conclu à la cassation.

Arrêt.

LA COUR, — vu l'article 1.er de la loi du 25 nivôse an 13 ; attendu qu'aux termes de cet article le cautionnement des avoués est, comme tous autres deniers à eux appartenans, affecté au paiement des créanciers, soit privilégiés, soit ordinaires de ces officiers ministériels ; qu'il suit de là que, dans l'espèce, la direction de l'enregistrement, créancière reconnue par le jugement dénoncé du sieur ***** pour raison des droits d'enregistrement dont la condamnation a été prononcée contre lui, a eu incontestablement le droit d'en poursuivre le recouvrement sur les fonds formant le cautionnement de cet avoué, et de demander que la caisse d'amortissement fût tenue d'en verser le montant dans ses mains, sauf les droits des tiers sur ce même cautionnement ; qu'en déboutant la direction de cette demande et en restreignant l'exercice de son action aux seuls intérêts dudit cautionnement, le jugement dénoncé a violé l'article précité de la loi du 25 nivôse an 13 ; — casse, etc.

Du 26 mars 1821. — Sect. civ. — *Prés.* M. le comte Desèze, p. p. — *Plaid.* M. Huart du Parc, avocat.

COUR ROYALE DE METZ.

1.° APPEL. — ACQUIESCEMENT.

2.° APPEL INCIDENT. — EXÉCUTION.

3.° CAUTION *JUDICATUM SOLVI.* — MATIÈRE COMMERCIALE. — INCIDENT.

1.° *Celui qui a déclaré s'en rapporter à la prudence du tribunal est recevable à appeler du jugement qui l'a condamné.*

2.° *On peut appeler incidemment après avoir exécuté le jugement.*

Spécialement : *l'étranger condamné à fournir la caution* judicatum solvi, *et qui a consigné la somme fixée, peut, dans le cas où son adversaire interjette appel pour obtenir une caution plus forte, appeler lui-même incidemment pour se faire décharger de l'obligation de fournir caution.* (Art. 443 C. P. C.)

3.° *Lorsque le fond d'une instance est commercial, mais que par suite d'une exception du demandeur, telle qu'une dénégation d'écriture, les parties sont renvoyées par le tribunal de commerce devant les juges civils pour le jugement de l'incident, l'étranger demandeur n'est pas tenu de fournir la caution* judicatum solvi *pour les frais de l'incident.* (Art. 16 C. C., 166 et 423 C. P. C.)

(Guyaux C. Pros.)

Guyaux, marchand belge, assigna Pros devant le tribunal civil de Rocroy jugeant commercialement, pour avoir le paiement d'un billet de 500 fr. Pros ayant dénié la signature qui lui était attribuée, le tribunal renvoya les parties au civil pour faire juger l'incident.

Alors Pros demanda que Guyaux fût tenu, en sa qualité d'étranger, de fournir la caution *judicatum solvi ;*
celui-ci déclara s'en rapporter à la prudence du tribunal,
et le 24 février 1820 intervint un jugement qui fixa la caution à 500 fr. Le lendemain, Guyaux consigna cette somme.

Pros ayant interjeté appel sous le prétexte que le cautionnement n'était pas assez considérable, Guyaux, afin de
lever tout obstacle à la décision du fond, fournit provisoirement, et sous la réserve de tous ses droits et moyens
côntre l'appel, un supplément de cautionnement en immeubles. Mais, les retards apportés par Pros se prolongeant,
Guyaux interjeta appel incident, et soutint que, s'agissant
d'une matière commerciale, il était dispensé de fournir
caution, qu'il en était même dispensé pour l'incident qui
devait suivre le sort du principal.

Pros opposa à cet appel deux fins de non-recevoir que
l'arrêt ci-après fait suffisamment connaître ; au fond il prétendit que la caution était due, puisqu'il s'agissait d'une
instance pendante au tribunal civil, seul compétent pour
en connaître ;

ARRÊT.

LA COUR, attendu, sur les fins de non-recevoir opposées par Pros contre l'appel de Guyaux, et qu'il fait résulter, la première de ce que Guyaux aurait consenti, à
l'audience du 24 février 1820, de fournir la caution *judicatum solvi* qui lui était demandée, et la seconde de ce
qu'il aurait acquiescé au jugement qui l'avait ordonnée, en
versant d'abord le caútionnement à la caisse des consignations, et depuis, en consentant même à y ajouter un supplément de 1200 fr. ;

Que Guyaux s'en est rapporté à la prudence du tribunal,
à l'audience du 24 février, sur la demande de la caution
judicatum solvi, ce qui était contester ; qu'ainsi on ne peut,
sous ce premier rapport lui objecter un consentement qu'il n'a

réellement pas donné, ni conséquemment arguer d'irrecevabilité l'appel qu'il a interjeté du jugement du 24. février;

Que Guyaux ne s'est point rendu non plus non-recevable
à appeler. de ce jugement en consignant le montant du
cautionnement, parce que cette exécution du jugement ou
cet acquiescement n'était fait que pour mettre fin à tout
retard dans l'instruction du procès qui divise les parties,
et dans la supposition que Pros y acquiescerait lui-même;
l'acquiescement n'était donc que conditionnel, et, du moment que l'appel de Pros a fait évanouir la condition,
Guyaux est rentré dans tous ses droits et a pu appeler incidemment;

Qu'enfin le supplément de cautionnement offert par
Guyaux n'ayant! évidemment eu lieu, d'après les termes
même de l'acte qui le contient, que pour arrêter l'appel de Pros
et ôter à ce dernier tout prétexte de retarder davantage la
décision du fond, il s'ensuit que l'accomplissement de la
condition qui était proposée n'ayant point été réalisée, que
les retards que Guyaux voulait empêcher s'étant continués
par le fait de Pros, ce dernier ne peut nullement se prévaloir de l'acte de supplément de cautionnement pour soutenir l'irrecevabilité de l'appel de Guyaux;

Attendu au fond que, si les articles 16 du Code civil,
166 et 423 du Code de procédure civile, obligent l'étranger demandeur ou intervenant à fournir la caution *judicatum solvi*, ils font néanmoins une exception fondée sur
des raisons vraiment d'intérêt général en faveur de l'étranger qui actionne en matière commerciale; attendu que l'affaire à l'occasion de laquelle Guyaux a formé demande contre
Pros au tribunal de commerce, est commerciale, puisqu'il
s'agit du paiement d'un billet souscrit entre négocians et
pour marchandises; que ce point ne fait aucune difficulté,
d'où sort la conséquence que Guyaux n'était point astreint
à fournir une caution dans l'origine, tellement vraie qu'elle
n'a point. été demandée;

Attendu que la dénégation de l'écriture et de la signature du billet dont s'agit, faite par Pros devant le tribunal de commerce où la demande avait été portée, a forcé le tribunal, aux termes de l'article 427 du Code de procédure, à surseoir au jugement de la demande principale et à renvoyer les parties pour faire vérifier le titre devant des juges civils, tous dépens demeurant réservés en définitive ;

Attendu que cet incident n'a point dessaisi le tribunal de commerce, n'a point dénaturé la demande principale, n'a point changé l'affaire commerciale en une affaire civile ; qu'il n'est qu'un moyen de forme à l'aide duquel on parviendra à faire juger le fond en définitive par-devant les juges de commerce ; que ce moyen de vérification indiqué par la loi pour découvrir la vérité en cas de dénégation de signature, ne constitue nullement en lui-même une autre affaire ; qu'il n'empêche pas qu'il ne s'agisse toujours de la même cause à laquelle la vérification à opérer se rattache essentiellement, mais comme procédure, comme formalité préliminaire à remplir avant d'arriver à la discussion de la réalité du droit réclamé ;

Attendu conséquemment, puisqu'il est de toute évidence qu'il ne s'agissait point devant les juges civils, d'une affaire civile, distincte et indépendante de l'affaire commerciale que Guyaux aurait intentée par demande principale ou incidente, mais uniquement d'un incident à l'occasion de l'affaire commerciale restée pendante au fond au tribunal de commerce, que ce n'était point le cas d'exiger de Guyaux une caution devant les juges civils sur la demande en vérification d'écriture du billet ;

Attendu, s'il était possible qu'il en fût autrement, qu'il arriverait que le même étranger serait obligé de fournir une caution pour faire vérifier un titre dont on méconnaîtrait l'écriture, et que retournant ensuite au tribunal de commerce pour faire prononcer sur le montant de son titre vérifié, il n'en devrait plus et pourrait se faire décharger de celle qu'il

aurait fournie devant les juges civils, résultat qui ne peut
être dans la loi ;

D'un autre côté, il arriverait encore que la loi qui veut
protéger le commerce entre les nations, en permettant à
l'étranger de plaider en matière de commerce, comme tout
Français, sans donner caution, serait facilement éludée,
puisqu'il suffirait à un débiteur poursuivi devant un tribunal de commerce de nier sa signature pour obliger l'étranger
commerçant à fournir caution et à le contraindre peut-être
par là à abandonner ses poursuites, inconvéniens graves
que la loi a prévus et empêchés ;

Attendu que, d'après ces raisons, il n'y a point à s'occuper dans la cause de l'appel principal de Pros relatif au
quantum de cautionnement réclamé à Guyaux ;

Par ces motifs, sans s'arrêter à l'appel principal de Pros,
ayant aucunement égard à l'appel incident de Guyaux, met
l'appellation et ce dont est appel au néant ; émendant,
décharge Guyaux des condamnations prononcées contre lui,
et de toutes obligations de fournir caution.

Du 26 mars 1821. — Ch. civ. — *Plaid.* MM. Crousse et
Charpentier, avocats.

_____

COUR DE CASSATION.

1.° TITRE EXÉCUTOIRE. — SAISIE-EXÉCUTION. — ACTE SOUS SEING
PRIVÉ. — NOTAIRE. — EXPÉDITION.

2.° SAISIE-EXÉCUTION. — COMMANDEMENT. — SAISIE IMMOBILIÈRE.

3.° IMMEUBLES PAR DESTINATION. — USTENSILES. — SAISIE.

1.° *On doit considérer comme titre authentique et dont il
est permis à un notaire de délivrer une expédition exécutoire, un acte sous seing privé déposé par les parties
elles-mêmes chez un notaire qui a été chargé d'en déli-*

vrer une grosse. (Art. 55ı C. P. C. , 21 de la loi du 25
ventôse an 11 , et 1317 et 1322 C. C.) (1)

2.° *Un commandement en saisie immobilière peut tenir
lieu du commandement qui doit précéder la saisie-exécution , quoiqu'il ait plus de trois mois de date et
qu'ainsi il se trouve périmé relativement à la saisie
immobilière.* (Art. 583 C. P. C.)

3.° *Les objets et ustensiles qui ont été placés dans une
manufacture par le propriétaire , ne doivent être considérés comme immeubles par destination qu'autant qu'ils
sont nécessaires et indispensables à l'exploitation de
cette manufacture.* (Art. 524 C. C.)

(Richard C. Lenoir-Dufresne.)

L'arrêt qui a été déféré à la censure de la Cour suprême,
fait connaître tous les faits de la cause.

« La Cour (de Caen), considérant sur le moyen de
nullité proposé par Richard, et tiré de ce que Lenoir-Dufresne
aurait agi sans titre exécutoire , qu'à la vérité l'acte intervenu entre Richard et Daniel Lenoir le 12 avril 1806 , était
sous signatures privées ; mais que le 23 juillet suivant ledit
Richard déposa cet acte devant M.ᵉ Roard, notaire à Paris,
déclara formellement qu'il en reconnaissait la sincérité , et
autorisa le notaire à en délivrer des copies ou extraits à qui
il appartiendrait ;

» Considérant que, depuis le dépôt et la reconnaissance de
cet acte de la part de Richard , il a été expédié à ce dernier
deux quittances devant notaires pour à-comptes reçus , par
lesquelles il fut donné pouvoir de faire mention desdites
quittances en marge de l'acte déposé, ainsi que cela résulte

_____

(1) *V.* J. A. , tom. 12, pag. 263 , un arrêt du 11 juillet 1815, et
MM. Chabot de l'Allier, questions transitoires, § 4, et Toullier, tom.
8, n.° 200.

dé la grosse délivrée par ledit M.* Roard, et qui a servi de base aux poursuites de Lenoir-Dufresne ;

Considérant que, si, d'une part, Richard a déposé et reconnu devant notaire l'acte du 12 avril 1806, et que, d'autre part, les héritiers de Daniel Lenoir ont reconnu avoir reçu des à-comptes à valoir sur les sommes qui étaient reconnues par Richard leur être dues par l'acte déposé; qu'en outre les héritiers dudit Daniel Lenoir, ayant autorisé la mention des quittances · en marge dudit acte, il est évident que cette réception d'à-comptes et cette autorisation de mention équivalent à une reconnaissance formelle de la part desdits héritiers, de l'acte du 12 avril 1806, en supposant qu'une reconnaissance de leur part fût nécessaire pour donner le droit au notaire de délivrer ledit acte dans la forme exécutoire ;

» Considérant qu'on argumente en vain des dispositions de l'article 21 de la loi du 25 ventôse an 11, parce que, si d'après la dernière partie de cet article le législateur n'a autorisé les notaires qu'à délivrer des copies des actes déposés au rang de leurs minutes, il est évident qu'il n'a entendu parler que des actes déposés purement et simplement sans aucune déclaration de reconnaissance de la part de la partie qui a effectué le dépôt ; qu'ainsi le premier moyen de nullité proposé par Richard est mal fondé ; •

· • Considérant, sur le moyen de nullité résultant de ce que la saisie n'aurait pas été précédée d'un commandement, qu'à la vérité l'article 583 du Code de procédure civile dispose que toute saisie-exécution sera précédée d'un commandement à la personne ou domicile du débiteur, fait au moins un jour avant la saisie ; mais qu'il est constant que, le 16 janvier dernier, Lenoir-Dufresne avait fait signifier son titre à Richard avec commandement de payer la somme dont il lui était redevable; qu'il importe peu que ce commandement portât l'énonciation que, faute de paiement, il sera passé outre à la saisie immobilière des biens dudit Ri-

chard, parce que la loi ne prescrit point le mode d'énonciation qui doit être suivi dans le commandement qui doit
précéder une saisie-exécution, mais exige seulement qu'un
commandement soit fait; qu'ainsi il n'est pas possible d'argumenter du but que devait se proposer Lenoir-Dufresne
pour soutenir que le commandement, ayant pour objet spécial la saisie immobilière des biens de Richard, ne peut
tenir lieu de celui prescrit par l'article 583 C. P. C.; qu'on
ne peut pas argumenter avec plus d'avantage de ce que ce
commandement aurait été périmé faute par Lenoir-Dufresne
d'avoir fait procéder à la saisie immobilière dans le délai
de trois mois, parce qu'il ne s'ensuit pas de ce que le
commandement n'était plus valable pour autoriser une saisie
immobilière, qu'il ne pouvait autoriser une saisie-exécution,
lorsque, dans ce mode de poursuite, la loi ne fixe aucun
délai après lequel le commandement ne sera plus valable,
et se borne uniquement à ordonner qu'il précédera d'un jour
au moins la saisie;

» Considérant, sur le moyen de nullité résultant de ce que
les objets saisis étaient réputés immeubles par destination,
qu'en effet, d'après les dispositions de l'article 524 C. C.,
la loi déclare immeubles par destination les ustensiles nécessaires à l'exploitation des forges, papeteries et autres usines; mais que cette disposition ne peut être étendue à des
meubles qui ne sont pas indispensables pour l'usage de l'u-
sine, puisque, suivant le principe posé par cet article, il faut
que les ustensiles soient placés par le propriétaire pour le
service et exploitation du fonds;

» Considérant dans l'espèce de la cause que, s'agissant
d'une filature, les machines propres à carder, à filer et
autres de cette nature, doivent être réputées immeubles;
mais qu'il n'en peut être ainsi des métiers à tisser, qui
sont étrangers au service et exploitation de la filature, et
à plus forte raison des meubles meublans et autres objets
de ce genre. »

Pourvoi en cassation par le sieur Richard.

Arrêt.

LA COUR , — attendu *sur le premier moyen* qu'il résulte de l'arrêt attaqué , 1.º que l'acte sous seing privé du 12 avril 1806, passé entre *Richard* et *Lenoir*, avait été déposé chez un notaire par le sieur Richard, qui en avait reconnu la sincérité , et qui avait autorisé le notaire à en délivrer des copies ou extraits ; 2.º que d'un autre côté les héritiers de *Daniel Lenoir* avaient reconnu ledit acte , postérieurement à son dépôt, par différens actes équivalens à une reconnaissance formelle ; qu'ainsi, en jugeant que l'acte du 12 avril 1806 pouvait être considéré comme un acte authentique, la Cour royale de Caen s'est déterminée par une appréciation de faits qui ne peut donner ouverture à cassation ; — attendu *sur le deuxième moyen* que , d'après l'article 583 C. P. C. , il suffit que toute saisie-exécution soit précédée d'un commandement à la personne ou au domicile du débiteur ; que dans l'espèce le commandement fait le 16 janvier avant la saisie dont il s'agit , a rempli le vœu de la loi ; — attendu *sur le troisième moyen* qu'en jugeant que les métiers à tisser n'étaient pas dans la classe des ustensiles nécessaires à l'exploitation de la filature dont il s'agit, et que dès-lors ils ne pouvaient être déclarés immeubles par destination , la Cour royale de Caen n'a aucunement violé l'article 524 C. C. ; — par ces motifs, rejette, etc.

Du 27 mars 1821. — Sect. des req. —*Prés.* M. Lasaudade. — *Plaid.* M. Rochelle, av.

COUR ROYALE D'ANGERS.

1. CONSEIL DE FAMILLE. — COMPOSITION. — NULLITÉ. — AMIS. — PARENS.

2.° ACQUIESCEMENT. — CONSEIL DE FAMILLE. — COMPOSITION. —
NULLITÉ. — ORDRE PUBLIC.
3.° TUTEUR. — INTERVENTION. — DÉLIBÉRATION. — CONSEIL DE
FAMILLE.

1.° *L'inobservation des formalités exigées pour la composition d'un conseil de famille entraine la nullité de
ses délibérations.* (Art. 407 C. C.)
2.° *La nullité provenant de l'inobservation des dispositions de l'article 407 C. C. est d'ordre public et ne
peut être couverte par l'acquiescement des parties.* (Art.
407 C. C. et 173 C. P. C.)
3.° *Lorsqu'une première délibération d'un conseil de famille est annulée et qu'un nouveau tuteur est nommé,
ce tuteur peut intervenir dans l'instance d'homologation de la délibération, quoiqu'il n'ait pas fait partie
du conseil.* (Art. 449 C. C.)

(Delelée-Préaux C. le tuteur de ses enfans.)

Voyez sur la première question M. Toullier, tom. 2,
n.° 1119.

ARRÊT.

LA COUR, considérant qu'aux termes de l'article 449 C.
C., les parens qui ont requis la convocation du conseil de
famille qui a prononcé sur l'incapacité d'un tuteur, peuvent intervenir dans la cause sur l'homologation demandée
de la délibération qu'ils ont provoquée; que cet article ne
s'applique pas au nouveau tuteur nommé par cette délibération; mais que la justice doit accueillir tous les moyens
qui doivent lui faire connaître les faits et les circonstances
qui intéressent la personne et les biens des mineurs;
Considérant qu'on ne doit jamais s'écarter des règles tra-

eées par la loi pour former les conseils de famille ; que la loi et la raison indiquent les plus proches parens dans l'une et l'autre ligne, comme étant ceux qui peuvent prendre le plus d'intérêt à l'état des mineurs ; que ces sentimens leur sont le plus souvent inspirés par la nature, par leurs habitudes, quelque fois même par leur intérêt personnel ; que ce n'est qu'au défaut de parens au même degré que les alliés sont appelés par l'article 407 C. C., et à défaut des uns des autres, qu'on peut recourir à des amis du père et de la mère suivant l'article 409 ; que ces règles n'ont point été suivies dans la délibération du 2 février 1820, et que rien ne constate l'absence des parens ou alliés ;

Considérant que la veuve Delelée ne peut être regardée comme ayant acquiescé à la formation du conseil de famille, tel qu'il était composé le 2 février 1820, par une réponse faite devant le conseil, qui n'est pas rapportée en entier, et qu'elle a refusé de signer ; qu'au surplus la formation des conseils de famille tient à l'ordre public ; que les parties ne peuvent pas y déroger et donner capacité à ceux à qui la loi la refuse ; — qu'elle a attaqué, dans le délai de la loi, le jugement du 16 mars 1820, et qu'un jugement postérieur n'a pu donner à celui qui l'a précédé l'autorité de la chose jugée, sans le consentement des parties, et que la veuve Delelée était défaillante ;

Considérant qu'un conseil de famille qui n'a pas été régulièrement convoqué, ne peut inspirer à la justice la confiance nécessaire, et qu'il convient d'examiner avec scrupule tout ce qui tient à l'intérêt des enfans et à la situation de leur mère qui par la loi était appelée à gérer leur tutelle ;

Reçoit Delelée-Desloges partie intervenante dans la cause ; et néanmoins, sans s'arrêter à ladite intervention, ni aux conclusions prises par la veuve *Delelée*, fesant droit sur l'appel par elle interjeté du jugement du tribunal de Mayenne du 16 mars 1820, et du jugement du même tri-

bunal du 11 avril suivant, en ce que ce dernier a homologué la délibération du conseil de famille du 2 février
1820 ; met l'appel et ce dont est appel au néant ; émendant quant à ce, déclare irrégulière la convocation et la
formation de l'as-emblée qualifiée *conseil de famille* dans
la délibération du 2 février 1820 ; par suite annulle ladite
délibération et ce qui s'en est suivi ;

Avant de statuer sur les autres conclusions des parties et
de faire droit sur le fond , ordonne que par le juge de paix
du canton de Pré-en-Pail , il sera convoqué, aux formes
voulues par la loi, un conseil de famille des mineurs Delelée ; que ledit conseil délibérera sur la capacité ou incapacité de leur mère à gérer leur tutelle, motivera l'opinion
qu'il croira devoir adopter, énoncera les faits et les circonstances dont il aura reconnu l'existence et l'importance, et
qui auront déterminé son opinion. En cas qu'il reconnaisse
que l'administration de la mère a été mauvaise , il déterminera l'influence qu'elle a eue et pourrait avoir sur les
revenus et sur la propriété des biens des mineurs ; il dé-
clarera les réparations que pourrait exiger leur entretien et
constatera celles qui auraient été négligées ; donnera son
avis sur la manière de pourvoir à la régie desdits biens ,
sur le genre d'éducation qu'il convient de donner aux mineurs eu égard à leurs facultés et à leur situation relative
dans la société, sur les sommes qu'on pourrait employer
pour la leur procurer et pour fournir à leur entretien personnel ; il comparera l'état des dettes actives et passives de
la succession du père à l'époque de son décès, avec leur
état actuel ; à cet effet il se fera donner par la veuve et le
subrogé-tuteur tous les documens qui lui paraîtront nécessaires. Dans le cas où ledit conseil constaterait l'incapacité
de la mère, après l'avoir appelée conformément à l'article
447 du Code civil, il examinera s'il y aurait lieu de lui donner un conseil ; il le nommera , ou il procédera à la nomination d'un tuteur et d'un subrogé-tuteur ; au surplus ledit

conseil donnera son avis sur tout ce qui lui paraîtra intéresser la personne et les biens des mineurs, pour, la délibération qui sera prise étant rapportée à la Cour, être par
elle statué ce que de droit, tous les dépens demeurant réservés.

Du 29 mars 1821. — *Plaid.* MM. Deleurie, Cellier et le
Page, av.

———————

COUR ROYALE DE METZ.

AVOUÉ. — HUISSIER. — NOTIFICATION. — CRÉANCIERS INSCRITS.

*L'avoué chargé par l'acquéreur de notifier le contrat
aux créanciers inscrits, est responsable de l'irrégularité des notifications, même pour les actes qui sont du
ministère de l'huissier, sur-tout si celui-ci les a soumis
à son examen.*

(Printz C. Ermann et autres.)

Voyez *suprà* un arrêt du 21 février 1821, pag. 55.

Les sieurs Ermann et Bretnacher sont chargés de plusieurs
immeubles du sieur Printz (fils). — Ils chargent le sieur ****,
avoué, de remplir les formalités de purge et spécialement
de faire notifier leur contrat aux créanciers inscrits.

La notification est faite ; mais l'huissier commis aux termes de l'article 832 C. P. C. oublie de signifier l'exploit
de notification à tous les héritiers d'un des créanciers décédé.

Quarante jours après la notification de leur contrat, les
acquéreurs se considéraient comme propriétaires incommutables des immeubles du sieur Printz ; mais les héritiers
auxquels on n'avait fait aucune signification déclarent surenchérir et deviennent ainsi propriétaires des immeubles de

leur débiteur. — Les premiers acquéreurs se pourvoient
alors en dommages-intérêts contre le sieur **** leur avoué,
qui forme à son tour une demande en garantie contre
l'huissier : celui-ci se défend en établissant qu'il a soumis
son exploit au sieur ****, et que ce dernier lui a donné
son approbation, quoiqu'il lui ait fait observer qu'il n'a dénoncé cet acte qu'à l'un des héritiers seulement.

Jugement du tribunal civil de Metz qui renvoie de leur
demande les sieurs Ermann et consorts, premiers acquéreurs.
— Appel devant la Cour de Metz de la part de ceux-ci qui
disaient : Tout mandataire est responsable de l'exécution de
son mandat. S'il commet des fautes graves et qui causent
au mandant un tort irréparable, il doit nécessairement l'in-
demniser ; or, le sieur ****, en fesant des notifications
irrégulières qui ont compromis la stabilité de notre acquisition, et en nous laissant dans une fausse sécurité fondée
sur la conviction que toutes les formalités prescrites avaient
été remplies et que nous n'avions point d'éviction à craindre,
nous a causé un préjudice considérable: il doit donc nous
garantir des funestes effets de son insouciance, de sa légè-
reté ou de son ignorance.

M.ᵉ **** répondait qu'en occupant comme avoué pour
les sieurs Ermann et consorts dans la procédure des notifications, il n'avait entendu se charger que des actes de son
ministère, et qu'il ne pouvait répondre que de la régularité de ceux-là ; que l'acte attaqué par l'un des créanciers
inscrits, et dont l'irrégularité avait donné lieu à la surenchère et par suite à l'éviction des acquéreurs, était l'ouvrage
de l'huissier, et que par conséquent ce dernier seul devait
être garant de sa validité ; qu'en supposant que l'avoué dût
répondre des faits de l'huissier qui est de son choix, il
serait souverainement injuste d'étendre cette responsabilité
au cas où cet officier ministériel a été, comme dans l'espèce, désigné et commis par le président du tribunal, conformément à l'article 832 C. P. C.; qu'ainsi c'était directe-

ment à l'huissier, auteur de la notification irrégulière, qu'il fallait s'adresser pour obtenir la réparation du dommage que les sieurs Ermann et consorts avaient éprouvé.

M.ᵉ **** ajoutait que dans le cas où l'on jugerait qu'il est garant de la régularité de l'exploit de notification, il serait juste au moins d'admettre ses conclusions en recours contre le sieur D.... huissier, qui, en définitive, était toujours l'auteur direct du préjudice causé aux sieurs Ermann et consorts.

Arrêt.

LA COUR, — attendu que M.ᵉ **** ayant été chargé des notifications à faire aux créanciers inscrits et ayant accepté ce mandat, il est nécessairement tenu des dommages-intérêts résultans de son inaccomplissement et des fautes par lui commises dans sa gestion, avec d'autant plus de raison qu'il était mandataire salarié et revêtu du mandat en qualité d'avoué ;

Attendu que la notification à l'égard de C.... père, créancier inscrit décédé, n'a point été régulièrement et suffisamment faite, tellement qu'après le mandat terminé, les frais acquittés, les délais expirés, lorsque les acquéreurs, se croyant propriétaires incommutables, avaient déjà disposé des immeubles et y avaient fait diverses dépenses, lorsqu'enfin l'ordre était ouvert, ils ont été tout-à-coup recherchés par des héritiers dudit C.... qui n'avaient été touchés d'aucune notification ; et par suite de cet incident, un nouveau délai ayant été accordé et une surenchère étant survenue, ils ont été dépossédés ;

Attendu que, dans cet état, leur demande contre M.ᵉ **** est fondée, il doit répondre de la fausse sécurité qu'il leur avait inspirée et des dommages-intérêts qu'il leur a causés, autres toutefois que les dépenses qui ayant augmenté la valeur des fonds, sont naturellement à la charge de ceux qui en profitent ;

Attendu d'ailleurs que les frais de notification aux créanciers inscrits de Printz père doivent sans doute être récupérés par les acquéreurs, aux termes de l'article 2188 du Code civil, mais non contre M.ᵉ **** qui n'a fait en cela que ce qu'il devait faire et ce dont il était expressément chargé ;

Attendu que D.... n'a pas été précisément le mandataire des acquéreurs, et que, d'un autre côté, il n'a commis aucune nullité proprement dite dans les exploits; d'où il suit qu'ils n'ont rien à lui répéter, et M.ᵉ **** n'est pas fondé non plus dans son recours contre lui, parce que, s'il eût vérifié, comme il le devait, les notifications qui lui on été remises, rien n'était plus aisé que de lui prescrire ce qu'il y avait à faire pour régulariser celle dont il s'agit; cependant, comme D.... aurait pu de lui-même se conformer à cet égard au prescrit de l'article 68 C. P. C., il n'est pas exempt de faute, et il doit être condamné en ses dépens ;

Attendu enfin que, contrairement à la loi, les frais de surenchère ont été employés comme frais d'ordre ; d'où il est résulté que le bénéfice de la surenchère a été absorbé et au-delà, et qu'elle est ainsi devenue onéreuse tant aux créanciers qu'au vendeur ;

Par ces motifs, met l'appellation et ce dont est appel au néant; émendant, renvoie l'huissier de la demande formée contre lui, et condamne l'avoué à payer aux demandeurs une somme de.... à titre de dommages-intérêts; le condamne également à tous les dépens, excepté à ceux faits par l'huissier, auquel celui-ci est condamné, etc., etc.

Du 31 mars 1821. — *Prés.* M. Gérard d'Hannoncelles.

COUR DE CASSATION.

COMPÉTENCE. — NAVIRE. — ÉCHOUEMENT. — TRIBUNAL DE COMMERCE. — COMMISSAIRE DE LA MARINE.

La question de savoir si un navire échoué est ou n'est pas en état de navigabilité, n'est pas du ressort du commissaire de la marine, mais elle doit être jugée par le tribunal de commerce. (Art. 8 du tit. 14 des lois des 6 et 7 septembre 1790, 3 tit. 2, et 12 et 13 tit. 3 de la loi des 9—13 août 1791, et l'arrêté du Gouvernement du 17 floréal an 9.)

(Damiens C. Dandiran.)

Ainsi l'a jugé la Cour de cassation sur un pourvoi formé contre un arrêt de la Cour royale de Bordeaux.

Du 3 août 1821. — Sect. des req. — *Prés.* M. Lasaudade.

COUR ROYALE D'AMIENS.

SURENCHÉRISSEUR. — ADJUDICATAIRE.

Le surenchérisseur n'a aucun droit sur l'immeuble jusqu'à ce qu'il en soit déclaré adjudicataire ; en conséquence il ne peut demander qu'avant qu'il soit procédé à l'adjudication sur sa surenchère, l'immeuble qui en fait l'objet soit rétabli par l'acquéreur dans l'état où il était avant la première vente. (Art. 710 et 712 C. P. C.)

(Montigny C. Onfroy de Tracy.)

L'usine de Guiscard avait été, par suite de saisie réelle,

adjugée au sieur Montigny; depuis une surenchère fut établie par le sieur Onfroy de Tracy.

Divers incidens retardèrent la poursuite de cette surenchère; et, dans l'intervalle, le sieur Montigny fit dans l'usine des changemens considérables.

Le sieur Onfroy de Tracy demanda qu'avant qu'il fût passé outre à l'adjudication sur sa surenchère, leur état fût constaté et l'usine rétablie dans son état primitif. Mais, par jugement du 12 août 1820, le tribunal de Compiègne ordonna qu'il fût passé outre à la réception des enchères, et par un second jugement du même jour prononça l'adjudication au profit du sieur Montigny.

Appel de ces deux jugemens par le sieur Onfroy de Tracy.

Arrêt.

LA COUR, — considérant que, jusqu'à ce qu'il soit déclaré adjudicataire, le surenchérisseur n'a point droit à la propriété de l'immeuble saisi réellement, ni par conséquent qualité pour se plaindre de la manière dont l'immeuble a été administré; que la loi ne lui accorde d'autre droit que celui de concourir à l'adjudication avec le premier adjudicataire; qu'en supposant que ce dernier ait commis des dégradations sur l'immeuble, il en est responsable envers les créanciers poursuivans, et ceux-ci envers le surenchérisseur, après toutefois que l'adjudication lui aura été faite; mais que ce surenchérisseur ne peut, sous prétexte de ces dégradations, retarder l'adjudication sur la surenchère par une procédure dont l'objet serait de les faire préalablement constater, apprécier et réparer;

Sans s'arrêter aux moyens, fins et conclusions d'Onfroy de Tracy, met l'appellation au néant; ordonne que les jugemens dont est appel sortiront leur plein et entier effet, etc.

Du 4 avril 1821. — Ch. civ. — *Prés.* M. le comte de Maleville , premier président. — *Concl.* M. Bosquillon de Fontenay , premier avocat général.

COUR ROYALE DE COLMAR.

1.° DOMMAGES-INTÉRÊTS. — CONTRAINTE PAR CORPS. — ÉVICTION.
2.° CONTRAINTE PAR CORPS. — FEMME. — DOMMAGES-INTÉRÊTS.
3.° STELLIONAT. — TUTEUR. — GARANTIE. — ÉVICTION.

1.° *En cas d'éviction , un acquéreur peut conclure à ce que le vendeur soit condamné* par corps *à la restitution du prix, s'il s'élève au-dessus de* 300*fr.* (Art. 126 C. P. C. et 1630 C. C.)

2.° *La contrainte par corps, pour raison de dommages-intérêts au-dessus de* 300 *fr. , ne peut être prononcée contre les femmes.* (Art 2066 C. C. et 126 C. P. C.)

3.° *Il n'y a point stellionat de la part du tuteur qui , après avoir vendu les biens du mineur sans formalités de justice , en se portant fort pour eux, laisse évincer l'acquéreur.* (Art. 2059 C. C. et 126 C. P. C.)

(Erhard C. Lemann-Lévy et Strauss.)

La dame Lévy et Nathan Strauss, tutrice et subrogé-tuteur des mineurs Lévy , vendent un immeuble appartenant à ces derniers ; *il déclarent le vendre en toute propriété, sous la garantie solidaire et personnelle de fait et de droit et se fesant forts pour les mineurs.*

Le sieur Erhard paie comptant la moitié du prix que les vendeurs promettent verser entre les mains des créanciers hypothécaires. Ils n'en font rien , et le sieur Erhard est exproprié après avoir payé la totalité de son prix.

Il assigne alors ses vendeurs , et conclut contre eux *soli-*

dairemènt à la restitution *par corps*, 1.° de la somme de ,
6,000 fr. , prix du contrat; 2.° des frais de semailles, labour
et autres ; 3.° en 3,000 francs de dommages-intérêts avec
dépens.

Jugement qui adjuge ces conclusions au sieur Erhard,
sauf néanmoins la contrainte par corps qui n'est prononcée
que pour les dommages-intérêts.

Appel principal de la part de la veuve Lévy et du sieur
Strauss, quant au chef qui les condamne *par corps* au paiement de la somme de . . . . pour dommages-intérêts.

Appel incident de la part du sieur Erhard, en ce que le
jugement n'a pas prononcé *la contrainte par corps* pour le
paiement du prix principal de la vente.

Arrêt.

LA COUR , — attendu que *la contrainte par corps* à
laquelle l'intimé conclut ne peut pas être prononcée pour
cause de *stellionat* proprement dit, vu qu'il ne s'en rencontre pas dans les stipulations du contrat de vente, tel
qu'il est défini par la loi, et que l'éviction que l'intimé a
éprouvée ne provient que de l'infraction que les appelans
ont faite à leur engagement ;

Mais, attendu que l'article 126 C. P. C. laisse à la prudence
du juge de prononcer la contrainte par corps pour *dommages-*
intérêts au-dessus de 300 fr. ; que, s'il est des cas où l'expression de dommages-intérêts se prend dans l'acception
restrictive et spéciale de ce qui est demandé indépendamment
du principal , cette expression, dans le sens propre et gé-
nérique, comprend non-seulement le désintéressement du
gain qu'on n'a pas fait, ou la réparation du dommage qu'on
a reçu, mais plus particulièrement *l'indemnité* dè la perte
qu'on a faite ;

L'article 1149 du Code civil porte : Les dommages-intérêts
dus aux créanciers sont en général de la perte qu'il a faite

ou du gain dont il est privé ; en droit les dommages-intéêts
se définissent : *id quod interest.* Le Code civil n'a rien
changé à cet égard aux principes qui se puisent dans la
disposition de la loi unique au Code *de sententiis quæ pro
eo quod interest proferuntur.* Or cette loi range dans la
classe des dommages-intérêts résultans de la privation jusqu'au double du prix, *in quo duplo,* dit Perèze, *simplum
inest.*

Ni la glose, ni les auteurs les plus célèbres, soit anciens,
soit modernes, qui ont commenté cette loi, n'ont révoqué
en doute que la valeur de la chose fût l'objet principal des
dommages-intérêts résultans de la perte qu'on en a faite : *pre-
tium rei et interesse idem sunt,* dit Rebuffe sur cette loi; il
relève l'erreur des praticiens qui, lorsque la perte est totale,
demandent séparément la valeur de la chose, et, par forme
de dommages-intérêts seulement, la différence qu'il y a de
la posséder en nature, ou d'en avoir le prix, comme si
les dommages-intérêts, pour une perte *partielle* ou pour une
simple dégradation, cessaient d'être dommages-intérêts
lorsque la perte est totale; ce serait donner plus d'importance
à l'accessoire qu'au principal ; on ne pourrait donc refuser
la contrainte par corps pour le tout, tandis qu'on l'accorde
pour une partie, sans méconnaître les principes du droit,
mais encore l'esprit de la loi qui autorise les juges à prononcer la contrainte par corps pour dommages-intérêts ; l'article 1630 C. C. qui fixe les élémens de l'indemnité dus à
l'acquéreur évincé en ajoutant à la valeur de la chose une
somme quelconque pour dommages-intérêts, n'est pas en
opposition avec la définition de l'article 1149 qui fait con-
sister les dommages-intérêts dans la perte qu'on a faite, qui
bien véritablement consiste aussi dans la somme qu'on a
déboursée, et cet article ne peut être regardé comme une
prohibition de comprendre cette somme dans les dommages-
intérêts dont il est évident qu'il fait l'objet principal; il
faut d'ailleurs distinguer le genre d'éviction, et c'est pour

cela que l'article 126 C. P. C. laisse la contrainté pár corps
à l'arbitrage du juge ;

Qu'au cas particulier , c'est par lá mauvaise foi des appelans , et pour avoir détourné les deniers qui devaient
servir à consolider la propriété des immeubles vendus à
l'intimé , qu'ils lui ont été enlevés ; il y a lieu d'user à
leur égard de la faculté que la loi laisse aux juges de prononcer la contrainte par corps ;

Que néanmoins l'article 2066 établit en principe que
la contrainte par corps ne peut être prononcée contre la
femme, hors les cas d'exception portés par une disposition
expresse qui fasse cesser à leur égard l'application de la
règle générale , et que cette exception ne se trouve pas
dans l'article 126 C. P. C. ; il s'ensuit que la contrainte
par corps ne peut aucunement avoir lieu dans l'espèce
contre l'appelante Marie Kahn , veuve Levi ;

Attendu que l'intimé a joui pendant trois années du canon
des terres qu'il avait acquises , et qu'il doit en tenir compte
aux appelans :

Par ces motifs , prononçant sur l'appel principal , a mis
l'appellation et ce dont est appel au néant , en ce que l'appelante Marie Kahn a été condamnée par corps ; émendant quant à ce , la décharge de ladite condamnation , le
jugement au résidu sortissant son effet ; ordonne la restitution de l'amende consignée sur ledit appel. — Prononçant
sur l'appel *incident* . . . , émendant, condamne les intimés
solidairement, et l'appelant Nathan Strauss , *même par*
corps, à payer et rembourser à l'appelant incident , à titre
de dommages-intérêts , 1.° la somme de 6,000 fr. fesant le
prix des immeubles qu'ils a acquis d'eux suivant contrat
notarié du 29 décembre 1816 , et dont il a été évincé ; —
2.° celle de 421 fr. 8 cent. , pour frais et loyaux coûts ,
enregistrement et transcription dudit contrat; — 3.° les intérêts dudit prix et des frais du contrat à dater des paiemens ,
et aux dépens tant des causes principale que d'appel ; or-

donne là restitution de l'amende consignée sur l'appel incident, à charge par l'intimé principal de ténir compte
aux appelans de la somme de 1160 fr. , qu'il a perçue pour
canons des terres dont s'agit, pareillement avec intérêts à
compter de chaque échéance.

Du 7 avril 1821. — *Prés* .M. Marquais. — *Plaid.* MM.
Chauffour aîné et Comerson, avocats.

COUR ROYALE D'ANGERS.

1.° APPEL. — MINEUR. — DÉLAI. — SIGNIFICATION.
2.° APPEL. — SIGNIFICATION. — COUR ROYALE. — FIN DE NON-
RECÉVOIR.

1.° *Sous l'empire de la loi du 24 août 1790, le délai de
trois mois pour interjeter appel courait contre les mineurs.* (Art. 444 C. P. C.)
2.° *Une cour royale saisie d'un appel tardif ne peut le
déclarer recevable en se fondant sur l'irrégularité de
la signification du jugement dont est appel, résultante
du défaut de qualité dans l'auteur de la signification,
lorsque d'ailleurs l'auteur de la signification a procédé en la qualité que lui attribue le jugement; ce
serait de la part de la Cour s'occuper des moyens du
fond.* (Art. 443 C. P. C.)

(René C. Vandolon.)

14 thermidor an 11, jugement qui, sur la requête d'un
sieur Vandolon, agissant au nom et pour faire valoir les
intérêts de sa femme, déclare fils naturel le sieur René,
mineur, qui avait pour tuteur le frère de sa mère.

Signification du jugement au tuteur de René, à la requête *d'Antoine Vandolon, mari de Marie Vandolon.*

XXIII. — 1821.   9

Plusieurs années s'écoulent sans qu'il y ait appel, soit
de la part du tuteur, soit de la part du mineur René. —
En 1819 seulement, René, devenu majeur, interjette appel
dans les trois mois de sa majorité.

Antoine Vandolon, agissant toujours au nom de sa femme,
lui oppose une fin de non-recevoir tirée de la tardivité de
son appel. — Le sieur René a répondu, 1.° que la loi de
1790 n'avait pas abrogé l'article 16 de l'ordonnance de 1667,
et qu'on avait reconnu de tout temps ce principe : *Contrà
non valentem agere non currit præscriptio* ; 2.° que la
signification du jugement du 11 thermidor an 11 n'avait
été faite qu'à la requête d'Antoine Vandolon, tandis que
la personne intéressée était la femme de cet individu ; 3.°
enfin que son propre tuteur, étant le frère de sa mère,
avait intérêt à ce que le jugement qui le déclarait enfant
naturel passât en force de chose jugée, et que la conduite
postérieure de ce tuteur indiquait le dol et la fraude, puisque
lui et ses frères l'avaient désavoué, en se fondant précisément sur le jugement dont il aurait fallu interjeter appel.
(V. Pigeau, tom. 1.er, pag. 566.)

Arrêt.

LA COUR, considérant que le jugement du tribunal de
la Flèche, du 14 thermidor an 11, a été signifié, le 16 fructidor de la même année, à la personne et au domicile de
Claude Bourreau, alors tuteur de l'appelant, qui était en
état de minorité ;

Que la signification de ce jugement, quant à la qualité
des parties, est conforme audit jugement; qu'elle est faite
à la requête d'Antoine Vandolon, mari de Marie Vandolon,
comme il est instancié dans le jugement ; que le tuteur
Claude Bourreau et son mineur sont désignés dans cette
signification comme ils sont qualifiés dans le même jugement; que cette conformité de la signification au jugement,

dont elle est le premier acte d'exécution, la rend régulière ;

Considérant que la loi du 24 août 1790 annul'e tout
appel fait après l'expiration des 3 mois qui ont suivi l'exécution du jugement faite à personne ou domicile: qu'elle n'a
établi aucune distinction entre les majeurs et les mineurs, et
sans distinction a déclaré que le terme était de rigueur et emportait la déchéance de l'appel ; que, si des cours ont voulu
s'écarter des dispositions de ce qui leur paraissait trop rigou-
reux à l'égard des mineurs, la jurisprudence a été ramenée
à ses expressions générales et à son application littérale ;

Que la Cour ne pourrait examiner les qualités sous lesquelles les parties procédaient devant le tribunal de la
Flèche, sans discuter le bien ou mal jugé de ce jugement
et sans prendre connaissance des questions en litige ; que
cette connaissance ne lui serait dévolue que par un appel
régulier ; que l'appel fait après l'expiration des délais ne
peut être admis ;

Déclare l'appel interjeté non-recevable, et condamne l'appelant à l'amende et aux dépens.

Du 11 avril 1821. — Audience solennelle. — *Prés.* M.
Dechalup, p. p. — *Plaid.* MM. Duboys et Lepage, avocats.

COUR DE CASSATION.

ADJUDICATAIRE. — BAIL. — FOL ENCHÉRISSEUR. — RÉSILIATION.

L'adjudicataire sur folle enchère est tenu à l'entretien
des baux consentis de bonne foi par le fol enchérisseur.
(Art. 1183 et 1184 C. C.)

(Laforest C. Panhard.)

24 juillet 1819, jugement du tribunal civil de la Seine

9.

qui rejette la demande du sieur Laforest en nullité du bail
consenti au sieur Panhard, par les motifs suivans :

« Attendu en droit que, si l'adjudicataire dépossédé par
» la revente de l'immeuble à sa folle enchère est censé
» n'avoir jamais été propriétaire, cette revente ne peut
» pas détruire le fait de la possession qu'il a eue, non
» plus que les dispositions qu'il a pu faire sans fraude des
» fruits et revenus de l'immeuble pendant le cours de cette
» possession ; qu'ainsi les baux faits de bonne foi et pour
» le temps ordinaire des locations de biens qui ne se dé-
» truisent pas par l'usage, doivent recevoir leur exécution ;

» Attendu en fait que la fraude reprochée au sieur Pan-
» hard n'est pas prouvée ; que la possession publique et
» paisible de Lebrun, avant et depuis plusieurs années, et
» le bail notarié par lui fait au sieur Panhard excluent
» l'idée d'un accord frauduleux entre Panhard et lui ;

» Attendu que le bail n'est pas fait à vil prix, et qu'il
» représente un revenu supérieur à l'intérêt du prix prin-
» cipal de l'adjudication faite à Laforest, quoiqu'il ne com-
» prenne qu'une partie de la propriété dont la jouissance
» emphytéotique est adjugée à celui-ci ; que les avantages
» que Panhard a pu retirer des sous-locataires ne sont pas
» excessifs, et peuvent être considérés comme la légitime
» indemnité de la garantie à laquelle il est soumis envers
» le propriétaire. »

Pourvoi en cassation par le sieur Laforest, pour violation
des articles 1183 et 1184 C. C. et de la maxime, *nemo
plus juris ad alium tranferre potest quam ipse habet.*

ARRÊT.

LA COUR, attendu que des faits reconnus constans dans
la cause il résulte, 1.° que plusieurs années tant avant
qu'après la stipulation du bail en question, Lebrun a été
en possession publique, paisible et à titre de propriétaire

du terrain dont il s'agit; 2.° que c'est Lebrun lui-même
qui y avait bâti les habitations et boutiques comprises dans
ledit bail; 3.° enfin que ce bail avait été passé par Lebrun de très-bonne foi pour le temps ordinaire, et d'une
manière bien avantageuse pour le bailleur; que dans ces
circonstances, en envisageant ce bail comme un acte ordinaire, utile et nécessaire de simple administration, en le
déclarant légitime et valable, et en ordonnant qu'il serait
exécuté jusqu'à son terme, quoique le titre de propriété
du bailleur eût été résolu avant l'expiration de ce même
terme, l'arrêt attaqué a fait une juste application des lois
de la matière, et notamment de la maxime, *quæ semel
utiliter constituta sunt, durant, licet ille casus extiterit
à quo initium capere non potuerunt*, loi 85 ff. de Reg.
jur. ; rejette.

Du 11 avril 1821. — Sect. des req. — *Prés.* M. Lasaudade. — *Plaid.* M. Odilon Barrot.

***

COUR ROYALE DE BOURGES.

ʀᴇᴘʀᴇ́ꜱᴇɴᴛᴀɴᴛ ᴅᴜ ᴘᴇᴜᴘʟᴇ. — ᴀʀʀᴇ̂ᴛᴇ́. — ᴇxᴇ́ᴄᴜᴛɪᴏɴ. — ᴄᴏᴜʀ
ʀᴏʏᴀʟᴇ.

*Une cour ne peut s'occuper de la validité ou de l'in-
validité d'arrétés rendus par un membre de la Convention nationale en mission dans les départemens ; au
Corps législatif seul appartient le droit de statuer sur
les pourvois formés contre ces arrétés.* (Art. 4 de la
loi du 25 ventôse an 4, 5 C. C.)

(Cordillot C. de la Ferté.)

Nous ne rapportons dans cette cause que le texte de l'arrêt,
parce qu'il a statué sur une question qui ne se représentera peut-être plus.

Arrêt.

LA COUR, — considérant que ce jugement est sans doute il-
légal, puisque la cause avait déjà été jugée en dernier ressort
par le tribunal de la Charité-sur-Loire, le 9 novembre 1792,
et que le pourvoi en cassation avait été rejeté ; mais que
la révision de cette affaire avait été ordonnée, et le tribunal
de Nevers institué à cet effet par un arrêté de Fouché,
représentant alors en mission, du 4 brumaire an 2 ; que
les arrêtés avaient force de loi provisoire ; que la Convention seule pouvait les réformer, et qu'ainsi il n'est pas
au pouvoir de la Cour d'y porter atteinte, ni aux effets qu'ils
ont produits ;

Considérant que la Ferté s'était pourvu au conseil de législation, tant contre les arrêtés que contre le jugement
de Nevers ; qu'en cet état Guillemardet, autre représentant
en mission, a par un arrêté du 5 pluviôse an 3 sursis à
l'exécution dudit jugement jusqu'à ce qu'il eût été statué
par le comité de législation sur le pourvoi de de la Ferté ;

Que Cordillot n'a point attaqué ce sursis, et que la Convention ni aucun des Corps législatifs qui lui ont succédé
n'ayant pas encore statué sur la réclamation de la Ferté,
les choses sont toujours dans le même état qu'au moment
où le sursis a été prononcé ;

Qu'en vain on oppose l'article 5 de la loi du 25 ventôse
an 4, portant que les arrêtés des représentans du peuple
en mission qui ont introduit dans certaines affaires non
jugées depuis une marche et des réformes autres que celles
déterminées par les lois, sont annulés, et l'article 1.er de
celle du 3 vendémiaire an 5, qui dans les affaires judiciaires
relève les parties de la déchéance qu'elles auraient encourue par l'effet de l'annullation des arrêtés des représentans
en mission, puisque celui de Guillemardet n'est ni dans
les termes ni dans l'esprit de ces deux lois ;

Qu'on pourrait sans doute reprocher à de la Ferté de n'avoir fait depuis aucune démarche pour qu'il fût statué sur le pourvoi ; mais que Cordillot, qui avait intérêt à le faire rejeter, n'a lui-même rien fait à cet égard ; que, pendant vingt-six années entières, il n'a pas réclamé l'exécution de ce jugement ; qu'ainsi de la Ferté a pu croire qu'il l'avait abandonné et qu'il était inutile de s'occuper de son pourvoi ;

Qu'au surplus, quels qu'aient été la négligence ou les torts des deux parties sur ce point, le sursis a été ordonné jusqu'à ce qu'il ait été statué sur le pourvoi ; et que le Corps législatif seul peut le rejeter ou l'admettre ;

A mis l'appellation au néant, ordonne que ce dont est appel sortira son plein et entier et effet, et condamne l'appelant aux dépens.

Du 12 'avril 1821. — *Prés.* M. Sallé, premier président. — *Plaid.* MM. Déséglise et Mater, av.

COUR ROYALE D'AGEN.

ACQUIESCEMENT. — PARTAGE. — LOTS. — TIRAGE AU SORT.

Le copartageant qui tire au sort les lots fixés par un jugement, ou qui alloue tout ou partie du lot qui lui est échu, est censé avoir acquiescé au jugement qui a ordonné le partage.

(Lartet C. Lanna.)

ARRÊT.

LA COUR, — *sur les conclusions conformes de M. Lébé, premier avocat général;* — attendu qu'en vendant partie des objets partagés, les mariés Gleize et Desblancs fils ont acquiescé aux trois jugemens entrepris qui ordonnent et sanctionnen le partage; acquiescement qui résulte d'ailleurs du tirage des lots au sort, d'où suit qu'ils n'ont pu postérieurement en appeler;

Attendu, en ce qui concerne les mineurs Desblancs, que leur avoué ne prenant pas la parole pour soutenir l'appel, c'est le cas de les en démettre;

Donne défaut faute de plaider contre les appelans, et pour le profit les déclare non-recevables dans l'appel par eux interjeté, etc.

Du 12 avril 1821. — *Prés.* M. Bergognié. — *Plaid.* M. Ladrix, avocat.

COUR DE CASSATION.

1.° SAISIE IMMOBILIÈRE. — CESSIONNAIRE. — TITRES. — COMMANDEMENT.

2.° CESSIONNAIRE. — TIERS DÉTENTEUR. — SIGNIFICATION. — TITRES. — SOMMATIONS.

1.° *Le cessionnaire qui a fait signifier son transport au débiteur originaire avant de lui faire le commandement tendant à l'expropriation de ses biens, n'est pas tenu de lui donner dans ce commandement postérieur une nouvelle copie du transport et de sa signification.* (Résol. implic., art. 673 C. P. C.)

2.° *Le cessionnaire qui a fait signifier son transport au débiteur originaire n'est pas obligé de donner copie du transport et de sa signification dans la sommation qu'aux termes de l'article 2169 C. C. il est tenu de faire au tiers détenteur, avant de poursuivre sur lui la vente de l'immeuble hypothéqué.* (Art. 2169 et 2214 C. C.

(Rambaut et Martinon C. Guyennot.)

Barraut vend au sieur Guyennot plusieurs immeubles et reste créancier d'une portion du prix. — Il cède sa créance aux sieurs Rambaut et Martinon, qui font signifier le transport à l'acquéreur. — Celui-ci revend les mêmes immeubles au sieur Guillot. — Le 18 avril 1817, les sieurs Rambaut et Martinon font au sieur Guyennot le commandement prescrit par les articles 673 C. P. C. et 2169 C. C. Le 18 juin suivant, ils font signifier au tiers détenteur la sommation qui doit précéder la vente. Dans cette sommation ils donnent copie du titre originaire et du commandement qu'ils avaient fait au débiteur ; mais ils ne donnent pas celle du transport et de sa notification ; ils se bornent seulement, comme ils l'avaient déjà fait dans le commandement, à indiquer la date de ces actes et à prendre la qualité de cessionnaires.

A l'adjudication préparatoire, le sieur Guyennot déclare prendre fait et cause de son acquéreur, et demande la nullité de l'expropriation, par le motif que le commandement ni la sommation ne contiennent copie du transport ni de sa signification.

Jugement du tribunal de Louhans qui rejette ces exceptions. — Appel. — Arrêt infirmatif par les motifs suivans :
« Considérant que le saisissant n'a donné copie dans le
» commandement, ni de l'acte de transport, ni de l'acte
» constatant la signification d'icelui au débiteur ; que cependant ces actes forment un tout indivisible avec le
» titre originaire, qui sans eux n'a aucune valeur ; que
» dès-lors il y a violation de l'article 673 C. P. C., qui
» exige, à peine de nullité, que dans le commandement
» il soit donné copie du titre entier en vertu duquel le
» saisissant va procéder ; considérant que, si dans le cas
» particulier cette omission pouvait être excusée par la cir-

» constance que le transport aurait été plusieurs années
» auparavant signifié au débiteur, la nullité se trouverait
» toujours, et sans aucune excuse, dans la sommation faite
» au tiers détenteur, sommation dans laquelle il ne lui
» avait été donné aucune connaissance de ce transport,
» dont il était indispensable de lui donner copie; que ce
» n'est point là créer une nullité qui n'a point été pro-
» noncée par la loi; qu'il est incontestable en effet que,
» si cette sommation, qui est un préalable nécessaire à la
» saisie, n'eût pas été faite, cette omission aurait vicié toute
» la procédure en expropriation qui aurait suivi; qu'on doit
» tirer la même conclusion si elle a été faite de manière
» à ne pouvoir remplir sa destination, parce que dans ce
» cas elle doit être considérée comme non-avenue; consi-
» dérant que cette sommation n'a pu remplir son objet,
» puisque le tiers détenteur, à qui la cession de la créance
» n'était pas notifiée, n'a pu ni délaisser l'héritage ni faire
» des offres réelles aux prétendus cessionnaires qui ne justi-
» fiaient pas de leurs droits; que par là cet acte, qui est
» un véritable commandement, se trouve infecté d'un vice
» substantiel qui entraîne sa nullité, ainsi que celle de la
» procédure qui a suivi. »

Pourvoi en cassation de la part des sieurs Rambaut et Martinon.

M. Jourde, avocat général, a donné des conclusions conformes à l'arrêt dont la teneur suit:

ARRÊT.

LA COUR, vu les articles 2214 et 2169 C. C.; — vu aussi
l'article 1030 C. P. C.; — attendu que le cessionnaire qui
a fait signifier l'acte de transport au débiteur est saisi à
l'égard des tiers, et qu'en quelque main que se trouve l'immeuble hypothéqué à la créance qui lui a été transportée,
il a le droit de le saisir et d'en poursuivre la vente, après

commandement fait au débiteur et sommation faite au tiers détenteur ;

Attendu qu'aucune disposition du Code civil ni du Code de procédure ne lui impose l'obligation de donner dans cette sommation copie de l'acte de transport et de la signification qu'il en a faite au débiteur ;

Attendu enfin que nul acte de procédure ne peut être déclaré nul, si la nullité n'en est pas formellement prononcée par la loi ; d'où il suit qu'en annulant la sommation dont il s'agit dans l'espèce, parce qu'elle ne contient pas copie de l'acte de transport et de la signification qui en a été faite au débiteur originaire, la Cour d'appel a créé une nullité qu'aucune loi ne prononce, et commis un excès de pouvoir évident ; par ces motifs, casse, etc.

Du 16 avril 1821. — Sect. civ. — *Prés.* M. Brisson. — *Plaid.* M. Duclos, avocat.

––––––––––

COUR DE CASSATION.

DERNIER RESSORT. — APPEL. — DEMANDE RECONVENTIONNELLE.

Lorsqu'un individu assigné en paiement d'une somme inférieure à mille francs forme lui-même une demande incidente dont l'objet réuni à celui de la demande principale excède une valeur de mille francs, le jugement qui admet cette dernière demande et qui rejette l'autre n'est pas en dernier ressort. (Art. 5 du tit. 4 de la loi du 24 août 1790 et 453 C. P. C.)

(Selves C. Sorel.)

Le sieur Selves, poursuivi par l'huissier Sorel en paiement de 282 fr. 80 cent., conclut devant le tribunal à ce que celui-ci fût condamné à lui rendre compte, par un mémoire détaillé, d'une somme de 1516 fr. 89 cent. que cet huissier avait reçue pour lui d'un de ses fermiers.

Par jugement du 8 juillet 1816, le tribunal de Melun réduit la demande de l'huissier Sorel à 215 fr. 93 cent. qu'il condamne le sieur Selves à lui payer, et rejette la demande incidente de ce dernier, sans énoncer s'il entend statuer en premier ou en dernier ressort.

Le sieur Selves interjette appel de ce jugement ; mais la Cour de Paris le déclare non-recevable, « attendu, a-t-elle dit, que la demande principale n'est que de 282 fr. 80 cent., et que la réquisition du sieur *Selves*, à fin de révision d'un mémoire et compte de 1516 fr. 89 cent. étranger à la demande principale, n'est point une demande recon-ventionnelle, mais une simple exception. »

POURVOI en cassation pour violation de la loi du 24 août 1790.

M. Jourde, avocat général, a conclu à la cassation.

ARRÊT.

LA COUR, — vu l'article 5 du titre 4 de la loi du 24 août 1790 ; — attendu que, dans l'espèce, les premiers juges ont statué sur deux demandes, l'une en paiement d'une somme de 282 fr. 80 cent. formée par Sorel, laquelle ils ont déclaré bien fondée jusqu'à concurrence de 215 fr. 93 cent. seulement ; l'autre formée par Selves, en reddition du compte de la somme de 1,516 fr. 89 cent. versée par Seigle, son fermier, entre les mains de l'huissier Sorel, et destinée à le libérer envers diverses personnes, laquelle demande a été rejetée par le tribunal de première instance, sur le fondement que Sorel avait été suffisamment autorisé par ledit Selves ; d'où il suivait que la demande dudit Sorel était légitime et bien fondée :

Attendu que ces deux demandes réunies, excédant la

somme de 1,000 fr. , le tribunal n'avait le droit de prononcer
qu'à la charge de l'appel, et qu'en effet son jugement n'a
point été déclaré rendu en dernier ressort, encore que Sorel
l'eût formellement demandé par des conclusions précises ;

Attendu que , si la Cour royale de Paris , pour parvenir à
déclarer l'appel de Selves non-recevable, a cru pouvoir se
fonder sur ce que la demande dudit Selves n'était pas reconventionnelle , mais seulement exceptionnelle , elle est tom-
bée dans une erreur d'autant plus grave , qu'une semblable
distinction est sans objet, lorsque, comme dans l'espèce ,
les juges , au lieu de renvoyer les parties à se pourvoir sur
la demande formée par Selves , ont au contraire statué sur
ladite demande , comme sur celle de l'huissier Sorel, par
un seul et même jugement, et qu'en les cumulant ainsi il
est évident qu'ils n'ont prononcé ni pu prononcer qu'à la
charge de l'appel ; que de là il suit que la Cour royale de
Paris , en déclarant l'appel de Selves non-recevable, a violé
les règles de compétence établies par l'article 5 du titre 4 de
la loi du 24 août 1790 , et commis un excès de pouvoir en
créant une fin de non-recevoir qu'aucune loi ne l'autorisait à
prononcer ; — par ces motifs, casse , etc.

Du 18 avril 1821. — Sect. civ. — *Prés.* M. Brisson. —
Plaid. MM. Selves et Guibout, av.

OBSERVATIONS.

Pour bien déterminer la ligne qui sépare le premier du
dernier ressort , il faut toujours se rattacher à un principe
certain : la demande reconventionnelle tire-t-elle son origine
de la demande principale , et n'eût-elle pas existé si cette
dernière demande n'eût pas été intentée ? Par exemple, des
dommages-intérêts ont-ils été demandés à cause d'une saisie
qu'on prétend injurieuse ? alors la matière reste de la compétence exclusive du premier juge , si la demande principale
n'excède pas mille francs. Mais la demande reconventionnelle

eût-elle pu exister sans la demande principale ? Par exemple ;
sur la demande principale d'une somme de 5oo fr. , se
prétend-on créancier d'une somme de 2,000 fr. ? alors le
juge de première instance ne peut plus prononcer qu'en premier ressort.

On peut voir le Journal des Avoués , tom. 28 , pag. 86.

_____

COUR DE CASSATION.

ENQUÊTE. — APPEL. — PREMIÈRE INSTANCE.

En cause d'appel, la preuve testimoniale de certains faits
qu'allègue une partie ne lui est pas permise , si elle
a laissé procéder à l'enquête demandée en première
instance par son adversaire, sans protestations ni ré-
serves. (Art. 256 , 278 et 464 C. P. C.)

(Langlois C. Morin.)

Un jugement d'un tribunal de Paris, s'atuant, le 9 août
1817 , sur une contestation élevée entre les sieurs Morin
et Langlois, admet le sieur Morin à la preuve testimoniale
des faits par lui articulés.

Après l'enquête faite sans protestations ni réserves de la
part du sieur *Langlois ,* le juge de paix rendit un jugement
favorable au sieur *Morin.*

Le sieur *Langlois* interjeta appel ; et alors, pour la première fois, il demanda à faire preuve par témoins de quelques faits qu'il articulait. Mais le tribunal de Mantes, par
jugement du 9 novembre 1818 , le déclara non-recevable ,
sur le motif que , lors du premier jugement qui avait constitué les parties contraires en faits, et admis le sieur *Morin*
à la preuve testimoniale, le sieur *Langlois* n'avait pas de-

mandé à faire la preuve contraire, et que même il avait laissé effectuer l'enquête de sa partie adverse sans protestations ni réserves.

POURVOI EN CASSATION. — Le sieur *Langlois* a soutenu que le jugement attaqué contrevenait au principe qui écarte toutes fins de non-recevoir qui ne sont pas déterminées par la loi ; qu'aucune loi n'admettait la déchéance des moyens qu'une partie avait négligé de proposer en première instance, parce qu'elle en avait d'autres sur lesquels elle se fondait et qui lui paraissaient suffisans pour déterminer la décision en sa faveur ; que le Code de procédure, article 464, admettait en appel de nouveaux moyens, ce qui prouvait que le législateur avait voulu laisser aux parties la plus grande latitude pour [se défendre ; 'qu'ainsi les juges de première instance avaient commis un excès de pouvoir en prononçant une déchéance qui n'était pas établie par la loi.

Ces raisons n'ont point fait impression. En effet, aux termes de l'article 256 du Code de procédure , lorsque la preuve testimoniale est admise en faveur de la partie, la preuve contraire est de droit, et l'une et l'autre doivent être commencées simultanément dans les délais déterminés par le Code. Lors de l'enquête, il n'avait dépendu que du sieur *Langlois* de faire procéder à la preuve qu'il a depuis demandée en cause d'appel ; son inaction et son silence lors de l'enquête de son adversaire montraient qu'il avait renoncé à cette faculté. Son système d'ailleurs tendrait à éterniser les procès, tandis qu'une des grandes sollicitudes du législateur a été d'en abréger la durée.

ARRÊT.

LA COUR, attendu que le demandeur doit s'imputer de n'avoir pas offert en première instance, et notamment à l'audience du 9 août 1817, date du jugement contradictoire qui avait déclaré les parties contraires en faits, la preuve

des faits par lui articulés en cause d'appel ; que l'enquête
ayant été faite contradictoirement et sans aucune réclamation, il était non-recevable à requérir une nouvelle enquête;
qu'autrement, ce serait cumuler enquête sur enquête et
rendre les procès interminables ; — rejette.

Du 18 avril 1821. — Sect. req. — *Prés.* M. Lasaudade.
— *Rapp.* M. Liger de Verdıgny. — *Plaid.* M. Mathias,
avocat.

COUR DE CASSATION.

PÉREMPTION. — ENREGISTREMENT. — CODE DE PROCÉDURE.

En matière de péremption d'instance, le Code de procé-
dure est applicable aux instances sur la perception
des droits d'enregistrement, dans tous les cas qui n'ont
pas été réglés par la législation spéciale sur cette matière.
(Art. 399 C. P. C.)

(La régie de l'enregistrement C. Galdemar.)

Arrêt.

LA COUR , — vu l'article 399 C. P. C. ; attendu que ,
dans l'espèce, la demande en péremption d'instance invoquée
pour la première fois le 14 novembre 1815 contre les poursuites de la régie , ne l'a été que postérieurement à son assignation en reprise d'instance , qui avait eu lieu dès le 18
octobre précédent, et par laquelle la péremption avait été
interrompue et couverte aux termes de l'article 399 du Code
de procédure civile , dont les dispositions doivent être appliquées aux instances sur la perception du droit d'enregistrement dans tous les cas qui n'ont pas été réglés par la législa-

tion spéciale sur cette matière; qu'il suit de là qu'en déboutant la régie des fins de son action, sous le seul prétexte que l'instance par elle introduite se trouvait périmée,
le jugement attaqué a violé l'article précité du Code de procédure civile ; — donne défaut contre le sieur Galdemar,
non-comparant, et, pour le profit, casse et annulle le jugement du tribunal civil d'Espalion, du 26 juillet 1817, etc.

Du 18 avril 1821. — Cour de cassation. — Sect. civ. —
Prés. M. Brisson. — *Plaid.* M. Huart-Duparc, av.

COUR DE CASSATION.

ENREGISTREMENT. — MUTATION. — PRÉSOMPTION. — CONTRIBUTIONS.

*Lorsqu'un individu, après avoir vendu ses immeubles
ou en avoir été exproprié, reste inscrit sur les rôles
et paie l'impôt, ces circonstances suffisent pour faire
présumer une rétrocession secrète au profit du saisi
par l'adjudicataire, et autoriser la régie à réclamer
le droit de mutation.* (Art. 12 et 69, 87 n.° 1 de la
loi du 22 frimaire an 7.)

(La régie C. Orlhac.)

Ainsi jugé sur le pourvoi de la régie contre un jugement
du tribunal civil de Marvejols, le 18 avril 1821. — Au rapport de M. Boyer. — *Plaid.* M. Huart-Duparc, avocat.

Nota. V. trois arrêts conformes, au J. A., tom. 28, pag.
338.

COUR DE CASSATION.

AUTORISATION. — COURS ROYALES. — CONSEILLERS. — POURSUITE.

Lorsqu'un membre d'une cour royale commet un délit,
il ne peut être jugé qu'après une autorisation préala-
ble de la Cour de cassation ; mais l'instruction peut
se commencer avant cette autorisation, pourvu qu'il
ne soit décerné contre le magistrat aucun mandat,
ni procédé à aucun interrogatoire. (Art. 481 et 482
C. I. C. et 10 de la loi du 20 avril 1810.)

(Le ministère public.)

ARRÊT.

LA COUR, sur les conclusions de M. Hua, avocat général, et après qu'il en a été délibéré en la chambre du
conseil ; — vu les articles 481 et 482 du Code d'instruction
criminelle ; — vu aussi l'article 10 de la loi du 20 avril
1810 ; — attendu que l'abrogation des lois antérieures par
les lois postérieures n'a lieu que quand elle est prononcée
d'une manière expresse et formelle, ou lorsque l'exécution
des premières est absolument inconciliable avec l'exécution
des secondes ; que l'application de ce principe incontestable
est d'autant plus nécessaire dans l'espèce que les attributions et les formes de procéder établies par les articles cités
du Code d'instruction criminelle, relativement à la poursuite et au jugement des crimes et des délits qui peuvent
être imputés à des membres de cours royales, sont une
mesure de garantie pour la société et de protection pour
les magistrats ; mais que de l'article 10 de la loi du 20
avril 1810 il ne résulte ni explicitement ni implicitement
aucune abrogation des articles 481 et 482 du Code d'instruction criminelle, relativement à l'autorisation qui, d'a-
près ces articles, doit être délibérée et donnée par la Cour
de cassation, pour qu'un magistrat de cour royale puisse
être poursuivi sur la prévention d'un crime ou d'un délit ;

qu'il n'en résulte non plus aucune abrogation directe ni indirecte, explicite ni implicite des dispositions de ces articles, qui ordonnent au juge d'instruction d'instruire, quoique la susdite autorisation n'ait point encore été accordée, et d'envoyer les pièces de cette instruction au chef de la justice, pour que par lui elles soient transmises à la Cour de cassation ; que ces pièces deviennent nécessaires à cette Cour pour qu'elle puisse juger, d'après les faits de la plainte et l'instruction dont elle a dû être suivie, s'il y a lieu d'autoriser les poursuites contre le magistrat inculpé ; que cette instruction, ordonnée par l'article 481, doit du reste être restreinte, comme dans tous les cas où des poursuites personnelles ne peuvent être faites sans autorisation, à la recherche de tous les renseignemens relatifs au délit ou au crime, sans qu'il puisse être décerné aucun mandat ni procédé à aucun interrogatoire avant l'autorisation des poursuites ; que l'article 482 est seulement modifié dans la disposition par laquelle il prescrit qu'au cas d'autorisation des poursuites par la Cour de cassation, le renvoi sera ordonné par cette Cour devant un tribunal correctionnel, parce que cette modification est la conséquence nécessaire de la disposition de l'article 10 de la loi du 20 avril 1810, qui attribue aux cours royales jugeant en premier et dernier ressort, conformément à l'article 479 du Code d'instruction criminelle, le jugement des délits imputés aux membres desdites cours royales ; et attendu dans l'espèce que, la nécessité et la forme de l'instruction écrite n'étant point abrogées par la loi du 20 avril 1810 pour le cas prévu par les articles 481 et 482 du Code d'instruction criminelle, le juge d'instruction de Bastia a été légalement saisi de la plainte en diffamation portée par M. Colonna d'Istria contre M. Giacobbi, conseiller à la Cour royale de Corse, et a non moins légalement procédé à l'audition des témoins indiqués dans cette plainte ; que la plainte, les pièces à l'appui et l'information ayant été transmises par le juge instructeur

au ministre de la justice, et par ce ministre à la Cour de
cassation, pour que, sur le vu de cette plainte et des pièces
et l'appréciation de l'instruction, elle décidât s'il y avait
lieu à suivre contre ce magistrat inculpé, la chambre d'accusation de la Cour royale de Corse était nécessairement
sans caractère comme sans motifs pour juger illégales les
opérations du juge d'instruction dans cette circonstance,
et pour déclarer, ainsi que le requérait le ministère public,
l'incompétence de ce juge, et qu'en se déclarant incompétente elle-même, cette chambre, loin de donner ouverture
à la cassation de son arrêt, s'est exactement conformée
aux principes et aux lois de la matière ; — d'après ces
considérations, rejette le pourvoi du procureur général près
la Cour royale de Corse contre l'arrêt de cette Cour, chambre
d'accusation, du 13 mars dernier; ordonne, etc.

Du 26 avril 1821. — Sect. crim. — Rejet. — *Prés.* M.
Barris. — *Rapp.* M. Aumont.

COUR DE CASSATION.

APPEL. — CONTRIBUTIONS INDIRECTES. — SAISIE. — SIGNIFICATION.

En matière de contributions indirectes, l'appel d'un ju-
gement sur saisie doit être notifié dans les huit jours de
la signification du jugement. (Art. 32 du décret du 1.er
germinal an 13 et 1033 C. P. C.)

(La régie C. Pouble.)

La Cour de cassation a toujours jugé que les lois sur les
contributions indirectes ont dérogé au droit commun.

ARRÊT.

LA COUR, — vu l'article 32 du décret législatif du 1.er

germinal an 13 (22 mars 1805) et l'article 1033 du Code de procédure civile d'avril 1806, qui portent :

Art. 32. « L'appel devra être notifié dans la huitaine de la signification du jugement. ... ; après ce délai il ne sera point recevable. »

Art. 1033. « Le jour de la signification ni celui de l'échéance ne sont jamais comptés pour le délai général fix pour les ajournemens, les citations, sommations et autres. actes faits à personne ou domicile. »

Considérant que le décret du 1." germinal an 13 est une loi spéciale pour la matière des contributions indirectes ; d'où il suit que la disposition de son article 32, qui a fixé le délai dans lequel la partie qui croit avoir à se plaindre d'un jugement de première instance rendu en cette matiere, doit en notifier appel, est également spéciale, et doit être observée tant qu'il n'y aura pas été expressément dérogé par une loi postérieure ;

Considérant que le Code de procédure civile est une loi générale, étrangère à la procédure à suivre en matière de contributions indirectes ; que par conséquent il ne pourrait être légalement invoqué pour régler le délai d'appel en cette matière, qu'autant que par une disposition spéciale il aurait dérogé audit article 32 du décret susdaté ; mais qu'on ne trouve une telle dérogation ni dans l'article 1033, ni dans aucun autre article de ce Code ; d'où la conséquence que s'agissant, dans l'espèce jugée par l'arrêt dont la cassation est demandée, de l'appel d'un jugement intervenu en matière de contributions indirectes, c'était ledit article 32 du décret du premier germinal an 13 qui seul devait être appliqué par la Cour royale de Bordeaux ;

Considérant que la huitaine énoncée dans cet article 32, ajoutée au jour de la signification du jugement, ne pouvait former une collection que de neuf jours, et que l'appel devant, aux termes du même article, être notifié dans cette huitaine, il est évident que l'appel en question devait être déclaré non-recevable, s'il n'avait été signifié que le dixième jour de cette signification ;

Considérant. en fait, que le jugement dont est appel a été signifié à Françoise Pouble le 2 octobre 1820 ; qu'elle n'en a appelé que le 11 de ce mois, qui était le dixième jour, compris celui de la signification, par conséquent après la huitaine dans laquelle le décret voulait que l'appel eût lieu, sous peine d'être jugé non-recevable ; et que la fin de non-recevoir résultante de l'expiration de cette huitaine a été formellement proposée par la régie, intimée ;

Considérant que néanmoins, sous le prétexte que le sus-dit article 32 ayant gardé le silence sur le point de savoir si, dans le délai de l'appel, le jour d'échéance de la hui-taine était ou n'était pas compris, il fallait recourir au Code de procédure civile ; la Cour royale de Bordeaux, chambre des appels de police correctionnelle, a jugé, sur le fonde-ment et par application de l'article 1033 de ce-Code, que le délai déterminé par ledit article 32 du décret devait être de huitaine franche du huitième jour, comme de celui de la signification du jugement, et par suite a rejeté la fin de non-recevoir par son arrêt du 1.er mars 1821 ;

En quoi ladite Cour a violé le texte formel de l'article 32 du décret dudit jour 1.er germinal an 13, en même temps qu'elle a fait une fausse application dudit article 1033 du Code de procédure civile ;

Par ces motifs, casse, etc.

Du 27 avril 1821. — Section criminelle. — *Prés.* M. Barris. — *Concl.* M. Hua, av. gén.

COUR ROYALE DE COLMAR.

1.° SURENCHÈRE. — APPEL. — DÉLAI. — SAISIE IMMOBILIÈRE.

2.° SURENCHÈRE. — INSOLVABLE. — SAISIE IMMOBILIÈRE.

1.° *En matière de saisie immobilière, l'appel ou jugement qui statue sur un moyen de nullité proposé contre
une surenchère, est recevable pendant trois mois.* (Art.
443 et 736 C. P. C.)
2.° *La surenchère du quart, permise par l'article 710 C.
P. C., peut être exercée par toute personne, même par
celle dont la solvabilité n'est pas établie.* (Art. 710 et
713 C. P. C.) (1)

(Gaudin C. Job.)

Le 17 août 1820, adjudication définitive des biens des
époux Fetz au profit du sieur Gaudin, poursuivant l'expropriation.

Le 25 août, surenchère du quart exercée par un sieur
Job dont la solvabilité est contestée.

28 août, jugement du tribunal de Belfort qui ordonne
au sieur Job de justifier de sa solvabilité, « attendu que le
surenchérisseur ne présente pas de garantie pour la surenchère par lui faite, bien qu'il soit soumis à fournir caution,
si par l'évènement il devenait adjudicataire, et ne la four-
nissant pas, il ne pourrait cependant être évincé que par
la voie de folle enchère, dont les frais, toujours considérables, ne feraient que diminuer la masse, puisqu'ils seraient
irrécupérables sur lui ;

» Que c'est pour éviter un pareil préjudice que, par l'article 2 du cahier des charges, il a été stipulé que l'adjudicataire fournirait caution ; à plus forte raison, si une pareille obligation est mise à la charge de l'adjudicataire
primitif, doit-elle devenir commune à un surenchérisseur ;

(1) Cette jurisprudence est en opposition avec plusieurs arrêts, notamment avec celui de la Cour de Bruxelles du 26 mars 1812, celui de la
Cour de Lyon du 27 août 1813 ; et celui de la Cour de cassation du 31
mars 1819.

» Que les conclusions prises à cet égard par les créanciers et autres intéressés ne peuvent cependant pas être
adjugées dès ce moment; qu'André Job se soumettant de
justifier qu'il possède dans la ville de Thann un immeuble
dont la valeur est suffisante pour garantir le prix de la surenchère ;

» Le tribunal a continué l'adjudication au 31 du courant,
pendant lequel temps André Job justifiera de la solvabilité
du cautionnement qu'il est tenu de fournir en vertu du
cahier des charges; ordonne qu'à la même audience il sera
procédé à l'adjudication définitive sur surenchère, etc. »

19 septembre 1820, signification de ce jugement à avoué.
21 novembre, appel de la part du sieur Job.

Le sieur Gaudin soutient que l'appel est non-recevable,
en ce qu'il a été interjeté plus de huitaine après la pro-
nonciation du jugement, tandis qu'aux termes des articles
735 et 736 C. P. C., l'appel d'un jugement qui a statué sur
des moyens de nullité contre la procédure postérieure à
l'adjudication préparatoire et antérieure à l'adjudication
définitive, doit être interjeté dans la huitaine de la pro-
nonciation, à peine de déchéance; il fait remarquer que la
surenchère nécessitant une nouvelle adjudication, c'est bien
contre la procédure antérieure à l'adjudication définitive
qu'est dirigé le moyen de nullité.

Arrêt.

LA COUR, — attendu, sur les fins de non-recevoir, que
le Code de procédure établit pour règle générale que le
délai pour interjeter appel des jugemens contradictoires est
de trois mois, à courir de la signification à personne ou
domicile ; que ce principe ne souffre d'autres exceptions
que celles qui sont tracées par la même loi, dont aucune
n'est applicable aux incidens qui surviennent après l'adjudication définitive;

Attendu au-fond que l'article 710 du même Code porte
que toute personne pourra, dans la huitaine du jour où
l'adjudication aura été prononcée, faire au greffe du tribunal, par elle-même ou par un fondé de procuration spéciale, une surenchère, pourvu qu'elle soit du quart, au
moins du prix principal de la vente ;

Que la loi n'établissant aucune condition pour être admis
à cette surenchère, les juges ne peuvent y suppléer en exigeant la preuve de la solvabilité du surenchérisseur, et jeter
par là les parties dans une discussion qui occasionnerait un
surcroît de frais frustratoires ; l'article 712 du Code ayant
prévu le cas-d'insolvabilité du surenchérisseur, en accordant contre lui la contrainte par corps, pour la différence
de son prix d'avec celui de la vente ;

Par ces motifs, sans s'arrêter aux fins de non-recevoir
qui sont déclarées mal fondées, prononçant sur l'appel....;
émendant et évoquant le principal, sans s'arrêter à l'incident ouvert par l'intimé Gaudin, dans lequel il est déclaré
mal fondé, a déclaré bonne et valable la surenchère faite
par l'appelant, par acte reçu au greffe le 25 août 1820 ;
en conséquence dit qu'il sera admis à concourir à l'adjudication définitive concurremment avec les autres parties ayant
qualité, et ce sur les mises par lui faites ; ce fesant a renvoyé les parties de Hirn l'aîné, ainsi qu'Isaac Lévi et Nathan Maheimer de l'intimation, et a condamné ledit Gaudin
aux dépens, tant des causes principale que d'appel envers
toutes les parties, etc.

Du 30 avril 1821. — 3.ᵉ chambre. — *Prés.* M. Marquais. — *Plaid.* MM. Baumlin et Antonin Kœnig, av.

COUR ROYALE DE TOULOUSE.

1.ᵉ CESSION DE BIENS. — FAILLI. — CRÉANCIERS. — ASSIGNATION.

2.° CESSION DE BIENS. — FAILLI. — TITRES. — BILAN. — DÉPÔT.

3.° CESSION DE BIENS. — FAILLI. — EMPRISONNEMENT.

1.° *Le demandeur en cession de biens n'est pas tenu de mettre en cause ses créanciers lors de sa demande en admission.* (Art. 1268 C. C. et 898, 899 et 900 C. P. C.)

2.° *La demande en cession d'un failli ne peut être rejetée par le motif que le demandeur n'a pas effectué au greffe du tribunal où la demande est portée le dépôt de titres actifs, livres et bilan, s'il justifie qu'il n'a pas ces objets en sa possession.* (Art. 898 C. P. C.)

3.° *Le tribunal saisi de la demande en cession de biens ne peut, si le débiteur est détenu, ordonner sa mise en liberté avant que ce débiteur, extrait de sa prison avec les précautions accoutumées, ait retiré sa cession en personne, à l'audience du tribunal de commerce.* (Art. 901 et 902 C. P. C.)

(Fraunié C. Delmas-Grossin.)

En rapprochant les questions des nombreux considérans de l'arrêt, on trouve les faits de cette affaire et les moyens invoqués par les parties.

ARRÊT.

LA COUR, attendu, quant au premier grief, que le bénéfice de la cession de biens a pour résultat de décharger le débiteur de la contrainte par corps, de conférer à ses créanciers le droit de faire vendre ses biens à leur profit et d'en percevoir les revenus jusqu'à la vente; que dès-lors la cession de biens intéresse singulièrement tous les créanciers, qu'elle les prive de l'un des moyens d'exécution qui leur étaient déjà acquis, et avec lesquels elle opère une sorte de contrat ou jugement relatif au bien du débiteur; que cet intérêt a été senti par le législateur, qui, en disposant que les créanciers ne peuvent refuser la cession judiciaire, si ce n'est dans les cas exceptés par la loi, a reconnu par là qu'il était des cas où les créanciers peuvent la refuser; qu'il est évident que, pour les mettre à même d'accepter ou de refuser, il faut les avertir de la demande formée, et les mettre en demeure sur cette demande; mais que la seule difficulté qui naît de ces premières notions consiste à déterminer l'époque à laquelle les créanciers doivent être appelés; qu'il ne résulte nullement des dispositions combinées des articles 898 et suivans C. P. C. et des articles 569 et suivans Cod. com. que l'ajournement doive avoir lieu dès l'instant où la demande est adressée au tribunal civil; que cette demande n'a pas pour objet immédiat la cession de biens, mais seulement l'admission du débiteur à faire cette cession; que dès-lors c'est au tribunal civil à apprécier d'office le mérite d'une demande qui ne tend qu'à faire autoriser le débiteur à passer outre; que la présence des créanciers n'est rigoureusement nécessaire que lorsque le débiteur fait réellement la cession de biens, parce que d'une part il en résulte entre lui et ses créanciers une sorte de contrat auquel les créanciers doivent nécessairement concourir, et parce que d'autre part le moment où le débiteur va faire sa cession de biens est le moment opportun pour les oppositions que voudraient faire certains créanciers; que leur vocation prématurée aurait l'inconvénient d'être inutile, si le tribunal civil doit rejeter d'office la demande qui lui est adressée, et d'être mal-à-propos dispendieuse, si la plupart des créanciers sont disposés à ne pas refuser la cession; que ce premier aperçu de l'état de notre législation sur cette matière est justifié par plusieurs dispositions particulières de cette même législation; que les articles 899 du Code judiciaire et 569 Cod. com., relatifs à la manière d'introduire la demande en admission

à la cession de biens, indiquent réellement la nécessité d'appeler les créanciers; et que ces articles, en disant que « le-
» demandeur se pourvoira devant le tribunal de son do-
» micile, qu'il formera sa demande à ce tribunal, que le
» tribunal se fera remettre les titres nécessaires, que la
» demande sera insérée dans les papiers publios, » font assez
entendre que pour le moment les poursuites se font hors
la présence des créanciers; que la communication au ministère public, voulue spécialement par l'article 900 du
Code judiciaire, est une nouvelle preuve que sur la demande
primitive en admission la loi ne donne au demandeur d'autre
contradicteur que le ministère public; que ce même article 900 du Code judiciaire et l'article 570 Cod. com., en
disposant que, si le demandeur sollicite un sursis aux poursuites de ses créanciers, *les parties seront appelées,* four-
nissent une nouvelle preuve qu'elles ne l'ont pas été encore,
puisque dans le cas contraire la demande en sursis ne serait
qu'un incident aux procédures déjà faites, et n'exigerait
point de citation nouvelle; qu'il est faux de dire que par
les mots *parties appelées* la loi indique que les créanciers
sont déjà en cause, parce que ces mots *parties* s'appliquent
plus particulièrement aux auteurs des poursuites, dont le
débiteur veut provisoirement arrêter les effets; que les articles 901 du Code judiciaire et 571 du Code de commerce
veulent *que le débiteur admis au bénéfice de cession* fasse ou
réitère cette cession devant le tribunal de commerce de son
domicile, les créanciers appelés; qu'il est impossible de
croire, malgré toute la sévérité dont le législateur a dû
accompagner la concession du bénéfice de cession, qu'il
ait voulu soumettre le débiteur à une série d'ajournemens
qui rendrait le bénéfice de la loi d'autant plus difficile à
obtenir que le débiteur serait plus malheureux; qu'il est
impossible de croire que, si le jugement d'admission avait
été rendu avec tous les créanciers, s'il était contradictoire
avec eux, la loi eût nécessité des frais considérables pour

l'accomplissement d'une formalité qui n'aurait plus désormais un très-grand avantage, puisqu'il s'agit de l'exécution
d'un jugement désormais inattaquable; qu'il est bien pré-
férable de penser que l'appel des créanciers à l'audience
où le débiteur admis au bénéfice de cession fait cette cession ou la réitère est une conséquence du principe que ces
créanciers n'ont pas été appelés plutôt; que cet appel se
fait au moment le plus opportun, puisqu'il fait intervenir
les créanciers dans le contrat que la cession de biens faite
ou réitérée opère entre eux et le débiteur, puisqu'il les met
à même d'attaquer le jugement d'admission s'ils se croient
fondés à refuser la cession, puisqu'enfin il ne soumet le
débiteur à contester qu'avec ceux de ses créanciers qui y
sont disposés et intéressés;

Attendu qu'il résulte de cette interprétation de nos lois,
d'autant plus applicables à Frauuié qu'il appartient évidemment à la classe des négocians faillis, que Frauuié n'a dû
appeler en cause aucun créancier, sans qu'on puisse argumenter contre lui de ce qu'il en a appelé une partie, puisque
ceux appelés, ayant fait des poursuites, devaient être mis
à même de défendre à la demande en exécution provisoire,
qui ne tendait qu'à un sursis aux poursuites déjà commen-
cécs par eux;

Attendu, quant au deuxième grief, que la remise des
livres et titres actifs du demandeur en cession de biens n'est
pas impérativement demandée par la loi; que l'article 898
du Codc judiciaire n'exige la remise des livres que si le
demandeur en a; que l'article 569 Cod. com. dispose seulement que le tribunal se fera remettre les titres nécessaires;

Attendu que, dans l'espèce, le débiteur n'a pas dû déposer les livres et les titres actifs, et que le tribunal civil n'a
pas pu exiger un pareil dépôt; qu'en etfet, quant aux
livres, Frauuié a déclaré n'en point avoir, parce qu'ayant
cessé tout commerce depuis sa faillite, il n'a pas cru devoir

conserver les livres qu'il avait tenus avant cette époque;
que cette explication ne peut qu'être admise, puisqu'elle est
conforme aux faits, et qu'en droit l'article 21 Cod. com.
ne soumet les commerçans à conserver leurs livres que
pendant dix ans; qu'au surplus on peut d'autant moins attribuer à un esprit de fraude le defaut de remise des livres et
l'explication donnée à cet égard, qu'en 1807, époque de la
faillite de Fraunié, ses livres furent mis entre les mains et
du ministère public et des commissaires de la faillite; qu'il
fut reconnu que ces livres étaient en bon état, propres à
attester le malheur et la loyauté du failli; qu'en conséquence
il fut fait un concordat, lequel fut homologué par la justice ; que ce concordat a été exécuté par tous les créanciers ;
qu'ainsi, dans l'espèce, la représentation des livres de Fraunié,
ne fût-elle pas impossible, serait inutile ; que, quant aux
titres actifs, Fraunié déclarant qu'il n'en peut remettre, qu'il
a employé au paiement du premier dividende tout l'actif qu'il
pouvait avoir, la question se réduit à un point de fait,
dont l'examen appartient plus directement à la discussion
du troisième grief, puisque, si Fraunié avait en main des
titres actifs qu'il n'aurait point remis en prétextant n'en
pas avoir, ce fait constituerait le demandeur en état de
mauvaise foi, et le rendrait non-seulement irrecevable quant
à présent, mais indigne à jamais du bénéfice de cession;

Attendu, quant au troisième grief, que Fraunié ne se
trouve dans aucun cas d'exception déterminé par les articles
905 du Code judiciaire et 575 du Code de commerce ; que
le bénéfice qu'il réclame ne saurait donc lui être refusé, si
d'ailleurs il est malheureux et de bonne foi ;

Attendu que ses malheurs et sa bonne foi ont été reconnus
par ses créanciers et par la justice en 1807 ; que l'examen
fait aujourd'hui même de sa conduite à l'époque où il cessa
ses paiemens et où il concorda avec ses créanciers, a prouvé
qu'il n'avait rien détourné; qu'il n'avait caché aucune partie
de son actif, et qu'alors que cet actif ne s'élevait en totalité

qu'à 99,000 fr. , il s'obligea de payer la totalité de son passif, s'élevant à 140,000 fr. ; qu'à la vérité cette obligation n'a été remplie qu'à concurrence de 55 pour cent; mais qu'on n'a pas prétendu que Fraunié ait pu mieux faire ; qu'on l'aurait prétendu mal - à - propos ; qu'il est prouvé que le paiement des deux premiers dividendes, formant une somme totale de 77,000 fr. , a absorbé tout l'actif, qui n'a produit en réalité qu'une valeur de 73,000 fr. ; qu'il est prouvé que le secours de ses parens a seul mis Fraunié à même de payer deux dividendes pour lesquels son actif aurait été insuffisant; que ce cas avait été prévu dans le concordat, où, pour le troisième dividende, les créanciers n'exigèrent aucune garantie, et ne comptèrent que sur les bénéfices que pouvait obtenir leur débiteur, s'il reprenait les affaires; que sa position ne lui ayant pas permis de les reprendre, on ne peut qu'attribuer au malheur qui le poursuit l'impuissance où il s'est trouvé d'exécuter en entier ses engagemens ; et qu'enfin la manière dont Fraunié a vécu depuis 1807 témoigne qu'il s'est dépouillé de tout en faveur de ses créanciers, lesquels ne pouvaient pas exiger au-delà d'un débiteur qu'ils ont reconnu malheureux et de bonne foi ;

Attendu, quant au quatrième grief, qu'il est évidemment fondé, puisqu'au lieu de se conformer aux dispositions des articles 901 et 902 du Code judiciaire, les premiers juges ont ordonné que Fraunié serait mis en liberté avant d'avoir fait ou réitéré cession de ses biens en présence de ses créanciers ;

Attendu que le succès de l'appel, quant à ce quatrième grief, nécessite la restitution de l'amende, et que, pour les frais, il ne faut pas perdre de vue que l'admission de la demande en cession de biens n'ôte pas à Fraunié sa qualité de débiteur ;

Par ces motifs , reçoit les parties de Druilhe à intervenir dans l'instance et à adhérer à l'appel; disant droit sur l'appel, réformant quant à ce, ordonne que Fraunié fera et réitérera

la cession et abandon de tous ses biens à ses créanciers, et
cc en personne, les créanciers dûment appelés devant le tribunal de commerce de cette ville, le tout aux formes de
droit; auquel effet, attendu que Fraunié est détenu, ordonne son extraction avec les précautions en pareil cas requises et accoutumées; après quoi ledit Fraunié sera mis en
liberté, avec défense à ses créanciers de plus à l'avenir user
envers lui de la contrainte personnelle; et pour tout le surplus, ordonne que le jugement dont est appel sera exécuté
suivant sa forme et teneur, etc.

Du 30 avril 1821. — 1.'' ch. civ. — *Prés.* M. Defeydel. —
Plaid. MM. Decamps (d'Aurignac), Seran et Romiguière,
avocats.

COUR ROYALE D'ANGERS.

SAISIE IMMOBILIÈRE. — EXTRAIT. — AFFICHES. — NULLITÉ.

*Lorsque l'extrait prescrit pour les placards et insertions
dans les journaux, renferme une fausse désignation
des biens saisis, cette erreur n'opère que la nullité de
l'extrait. (Art. 682, 683 et 717 C. P. C.) (1)*

(Lemore.)

ARRÊT.

LA COUR, — considérant que l'extrait prescrit par les
articles 682 et 683 C. P. C. doit être conforme au procès-
verbal de saisie; que le procès-verbal de saisie désigne la

_____

(1) Il est également reçu en jurisprudence que lorsqu'une saisie immobilière est nulle, quant à un des objets saisis, elle n'est pas nulle pour le tout.
Voyez J. A., tom. 26, pag. 207 et suiv.)

maison, *située au village des Brosses;* que l'extrait imprimé désigne la maison *située au bourg de Saint-Mélaine;* que c'est une fausse désignation ; que le vœu de la loi n'est pas rempli, et que cette contravention entraîne la peine de nullité ; que cette nullité ne s'applique qu'à l'acte qui est vicieux, et ne peut s'appliquer aux actes antérieurs, s'ils sont réguliers ; fesant droit sur l'appel, dans le chef qui applique la peine de nullité aux actes qui ont précédé l'extrait de la saisie insérée dans les journaux; émendant quant à ce, et confirmant ledit jugement en ce qu'il a déclaré irrégulier et nul ledit extrait, permet à Lemore de donner suite à ladite saisie immobilière et aux actes antérieurs à la délivrance dudit extrait, à la charge de se conformer aux délais et aux formes prescrites par la loi.

Du 4 mai, 1821.

COUR ROYALE DE BOURGES.

CONCILIATION. — OPPOSITION. — NOTIFICATION.

La notification prescrite par l'article 877 C. C. n'est ni une poursuite, ni un commencement de poursuite: en conséquence la demande introduite par suite d'une opposition à cette notification n'est pas dispensée du préliminaire de conciliation. (Art. 877 C. C. et 49, § 5, C. P. C.)

(Fauverne C. les héritiers Méchin.)

Le 29 décembre 1818, la demoiselle Fauverne fait signifier aux héritiers Méchin, conformément à l'article 877 C. C., une obligation souscrite à son profit par leur auteur. Les héritiers forment opposition et en même temps donnent assignation à la demoiselle Fauverne devant le tribunal de Saint-Amand, pour voir prononcer la nullité de l'obligation.

. 19 janvier 1819, jugement qui prononce cette nullité. —
Appel. La demoiselle Fauverne soutient la demande non-
recevable, comme n'ayant pas été soumise au préliminaire
de la conciliation.

Arrêt.

LA COUR, — considérant qu'aux termes de droit aucune
action principale ne peut être reçue en justice qu'après la
tentative de conciliation, et que dans l'espèce la conciliation
n'a pas été tentée; — qu'à la vérité la loi dispense de ce
préliminaire en certains cas, mais que l'affaire présente ne
s'y trouve pas comprise; qu'en vain on oppose qu'elle est
venue à la suite d'une opposition à la notification faite aux
intimés du titre de la créance réclamée par l'appelante; que
la notification prescrite par l'article 877 C. C. n'est ni une
poursuite, ni même un commencement de poursuite; qu'ainsi
l'exception dont parle la loi pour les cas de saisie et autres
qui requièrent célérité, n'est point applicable à l'espèce;

A mis l'appellation au néant; émendant, déclare l'action
des héritiers Méchin non-recevable, et les condamne, etc.,
etc.

Du 9 mai 1821. — 1.re ch. civ. — Prés. M. Sallé, p. p.
— Plaid. MM. Mater et Deséglise, av.

COUR DE CASSATION.

PREUVE TESTIMONIALE. — VOL. — MATIÈRE CIVILE.

*Celui qui réclame devant les tribunaux civils une somme
d'argent qu'il prétend lui avoir été dérobée, peut être
admis à prouver ce fait par témoins. (Art. 1341 et 1348.
C. C.)*

(Colombié C. Connexier.)

-ARRÊT.

LA COUR, — vu les articles 1341 et 1348 C. C ;

Attendu que l'article 1341 C. C. qui défend aux juges d'admettre aucune preuve par témoins, pour justifier la réalité d'une chose excédant 150 fr., et qui veut que de toutes choses excédant cette somme ou cette valeur, il soit passé un acte devant notaire ou sous signatures privées, ne peut être évidemment applicable qu'au cas où celui qui réclame ne se serait pas trouvé réduit par sa position à l'impuissance de se procurer un pareil titre ;

Attendu que cette vérité se trouve démontrée par la disposition de l'article 1348 du même Code, qui porte que les règles précédemment établies reçoivent exception lorsqu'il s'agit de faire preuve d'obligations qui naissent des quasi-contrats et des délits ou quasi-délits ;

Attendu que Colombié se trouvait précisément dans cette position, puisqu'il demandait que la femme Connexier fût condamnée à lui rendre et restituer une somme de 746 fr. 70 c., qu'il l'accuse de lui avoir dérobée, et qu'il était évident qu'il s'agissait d'un fait dont il lui était impossible de se procurer la preuve par écrit émanée de cette femme ; que la preuve d'un pareil fait était dès-lors nécessairement admissible, et qu'en refusant de l'autoriser, le tribunal de Villeneuve a tout-à-la-fois fait une fausse application de l'article 1341 C. C., et formellement violé la disposition de l'article 1348 du même Code, qui établissait en faveur du demandeur une exception dont il était fondé à réclamer l'application ; — donne défaut contre Connexier et sa femme, et pour le profit casse, etc.

Du 6 mai 1821. — Sect. civ. — *Prés.* M. Brisson. — *Plaid.* M. Odilon Barrot, av.

COUR DE CASSATION.

DÉPENS. — FEMME. — SÉPARATION DE CORPS. — BIENS PARAPHER*
NAUX. — MARI.

*La femme doit être condamnée seule et sur ses biens
paraphernaux au paiement des frais faits dans une
instance en séparation de corps, lorsqu'elle a succombé.*
(Art. 130 C. P. C.)

(Bosle C. Gugès.)

Le sieur Gugès, avoué, avait occupé pour la dame Bosle,
dans une instance en séparation de corps formée par elle
contre son mari.

Jugement qui rejette la demande de la dame Bosle et
la condamne aux dépens. — Le sieur Gugès, qui avait fait
l'avance des frais, en réclame le remboursement contre la
dame et le sieur Bosle.

29 mars 1819, jugement du tribunal d'Aubusson, qui,
considérant que la somme réclamée a été employée en frais,
actes et procédures faits dans l'intérêt de la dame Bosle,
pour sa défense personnelle et la conservation de sa fortune,
actes et procédures faits sans l'autorisation de la justice, il
est incontestable que le sieur Gugès doit être payé sur les
biens de la dame Bosle, qui, lui étant réservés comme paraphernaux par son contrat de mariage, sont disponibles
pour l'acquittement de sa dette ; autorisant au besoin la
dame Bosle, la condamne ainsi que son mari à payer au
sieur Gugès la somme réclamée.

Pourvoi en cassation de la part des époux Bosle, pour
violation de l'article 130 C. P. C. , portant : *toute partie
qui succombera sera condamnée aux dépens ;* en ce que,
d'après le dispositif du jugement dénoncé, le sieur Bosle

est condamné personnellement à payer les dépens faits dans l'instance en séparation de corps, dans laquelle sa femme seule a succombé, et dans laquelle il a triomphé lui-même.

M. Joubert, avocat général, a conclu au rejet.

ARRÊT.

LA COUR, — attendu que la condamnation contenue au jugement attaqué n'a point été prononcée contre François Bosle, *personnellement* et *sur ses biens*, mais contre la femme Bosle sur les biens qui lui étaient réservés comme paraphernaux par son contrat de mariage, et contre ledit Bosle et sa qualité de mari et pour l'autorisation, et qu'ainsi l'article 130 C. P. C. a été régulièrement appliqué, rejette, etc.

Du 8 mai 1821. — Sect. req. — *Prés.* M. Henrion de Pansey. — *Plaid.* M. Loiseau, av.

COUR ROYALE D'AMIENS.

1.° ACQUIESCEMENT. — PLAIDOIRIE AU FOND.

2.° APPOINTEMENS. — COMMIS. — TRIBUNAL DE COMMERCE. — COMPÉTENCE. — APPEL. — DÉPENS.

1.° *La partie qui plaide au fond à l'instant même du jugement qui le lui ordonne, sans faire aucunes protestations ni réserves, est censée acquiescer à ce jugement, et ne peut plus par conséquent en appeler.* (1)

2.° *La demande en paiement d'appointemens, formée par un commis contre le marchand qui l'a employé, n'est*

---

(1) Voyez *suprà* l'arrêt du 14 mars 1821.

pas de la compétence des tribunaux de commerce. —
Cette incompétence peut être opposée pour la première
fois en cause d'appel ; mais dans ce cas il y a lieu
de compenser les dépens. (Art. 130 et 170 C. P. C.,
631 et suiv. Cod. com.)

(Roques C. Roques et Longueville.)

Le sieur Martial Roques, commis des sieurs Roques et
Longueville dans un entrepôt de charbon établi à Chauny,
les assigne en paiement de son traitement devant le tribunal
de Laon, jugeant commercialement.

Les défendeurs opposent d'abord une exception d'incompétence tirée de ce que leur domicile et leur principal établissement de commerce étaient à Paris, et qu'ils auraient
dû par conséquent y être assignés, ne se trouvant dans
aucun des cas d'exception déterminés par l'article 420 C.
P. C. ; mais un jugement du 30 novembre 1820 rejette ce
déclinatoire, et ordonne que les parties plaideront au fond.
Les parties obéissent sur-le-champ, et, le 14 décembre,
jugement intervient qui accueille la demande du sieur
Martial Roques.

Appel par les sieurs Roques et Longueville, tant de ce
jugement que de celui du 30 novembre précédent. Alors,
pour la première fois, ils soutiennent devant la Cour que
le tribunal de commerce de Laon était incompétent à raison
de la matière.

Le sieur Martial Roques, intimé, leur oppose une double
fin de non-recevoir, la première contre l'appel du jugement
du 30 novembre, en ce que les appelans, en plaidant au
fond, avaient acquiescé au jugement ; la seconde contre
l'appel du jugement du 14 décembre, en ce que la qué-
stion d'incompétence matérielle aurait dû être proposée en
première instance, qu'elle devait subir les deux degrés de
juridiction, que, si la loi disait que cette incompétence

pouvait être opposée *en* tout *état de cause*, il fallait entendre ces mots en ce sens que, contrairement à l'incompétence personnelle, elle n'avait pas besoin d'être proposée,
à peine de déchéance, dès l'entrée de la cause.

Arrêt.

LA COUR, en ce qui concerne le moyen d'incompétence
à raison de la personne, opposé en première instance par
Roques et Longueville ;

Attendu qu'ils ont exécuté sans réserves le jugement du
30 novembre 1820, qui a statué sur leur déclinatoire, en
défendant au fond avant le jugement du 14 décembre ;

En ce qui concerne le moyen d'incompétence à raison
de la matière, proposé depuis l'appel par lesdits Roques
et Longueville ;

Attendu que la stipulation de traitement, faite entre un
marchand et son commis, n'est pas comprise par la loi
dans les actes de commerce, et que les contestations qui
s'élèvent sur le paiement de ce traitement ne donnent lieu
qu'à une action civile qui ne peut être portée aux tribunaux de commerce ;

Attendu, dans l'espèce, que Martial Roques était, non un
commissionnaire, mais un commis de marchand, et qu'il
ne devait intenter sa demande que devant un tribunal ordinaire ;

Statuant sur l'appel du jugement du 30 novembre dernier, déclare ledit appel non-recevable ;

Statuant sur l'appel du jugement du 14 décembre, met
l'appellation et ce dont est appel au néant ; émendant,
décharge les appelans des condamnations prononcées par
ledit jugement ;

Fesant droit au principal, déclare la demande incompétemment portée devant le tribunal de première instance
de Laon, jugeant commercialement ; renvoie Martial Roques

à se pourvoir devant qui de droit ; ordonne que les dépens des causes principale et d'appel resteront compensés entre les parties.

Du 8 mai 1821. — Ch. somm. — *Prés.* M. Cauvel de Beauvillé, p. — *Concl.* M. Boullet, subst.

———————

COUR DE CASSATION.

TIERCE-OPPOSITION. — QUESTION D'ÉTAT. — REPRÉSENTATION. — DESCENDANS. — DROITS PERSONNELS.

Les enfans ou descendans peuvent former tierce-opposition aux jugemens rendus contre leur père ou aïeul, sur une question d'état qui les concerne. (Art. 724 *et* 1350 C. C.; *et* 474 C. P. C.)

(Le comte de Saint-Lieux C. de Pagèze.)

Il est inutile de rappeler les faits de cette cause qui se trouvent consignés dans l'arrêt de la Cour de Toulouse que nous allons rapporter.

Le 17 juin 1819, arrêt qui déclare la tierce-opposition du comte de Saint-Lieux non-recevable, par les motifs suivans : « Attendu que le sieur Alphonse-Antoine de Pagèze,
» comte de Saint-Lieux, représente comme fils et comme héri-
» tier le sieur Louis-Pierre-Charles-Philippe-Marie de Pagèze
» de Saint-Lieux son père, qui lui-même représentait Pierre-
» Paul de Pagèze son père ; que la donation de 1787 n'em-
» brassait que les biens présens ; que rien ne prouve que
» Louis-Pierre-Charles-Philippe-Marie de Pagèze ait opté
» pour cette donation et répudié la succession qui lui était
» déférée par la nature et par la loi ; que les explications
» fournies dans le cours des plaidoiries ont assez prouvé
» que, soit du chef de son père, soit du sien, Alphonse
» de Saint-Lieux n'a pas répudié et ne veut pas répudier

» la succession de son grand-père ; qu'à la vérité il pré-
» tend agir comme héritier bénéficiaire, soutenant que ce
» bénéfice lui est acquis, non en vertu d'une déclaration
» expresse faite par lui ou par son père, mais en vertu
» de l'inventaire qui dut être dressé au décès de Pierre-
» Paul de Pagèze, au nom de l'Etat succédant du chef de
» l'émigré ; mais que cet inventaire n'est point rapporté,
» que son existence n'est nullement prouvée ; qu'au surplus
» Alphonse de Saint-Lieux et son père ont fait sans restri-
» ction des actes d'héritiers, en réclamant, soit de l'Etat,
» soit du sieur de Pagèze, des biens qui font évidemment
» partie de la succession de Pierre-Paul de Pagèze ; que,
» puisqu'il est constant en fait que l'intimé est héritier
» de son grand-père, il est constant en droit que la voie
» de la tierce-opposition envers des jugemens rendus avec
» ce même grand-père ne lui est point ouverte ; attendu
» que ce principe, consacré par l'article 2, titre 35 de
» l'ordonnance de 1667, et par l'article 474 C. P. C., s'ap-
» plique à tous les cas : qu'il en est de même du principe
» sur l'autorité de la chose souverainement jugée, consacré par
» l'article 1350 C. C. ; qu'aucun de ces articles n'excepte telle
» ou telle matière des dispositions qu'il renferment. »

Pourvoi en cassation de la part de M. le comte de Saint-
Lieux.

Tout le système de l'arrêt dénoncé, a-t-on dit pour le
demandeur, repose sur la confusion que la Cour royale
de Toulouse fait de la qualité d'héritier et de celle d'enfant de famille, qualités essentiellement différentes.

Il est constant en fait que le marquis de Saint-Lieux
et la demoiselle de Dufresne, père et mère du sieur de
Pagèze, n'ont jamais été mariés : le jugement du 5 thermidor an 3 reconnait lui-même cette vérité, puisqu'il ne
se fonde, pour déclarer le sieur de Pagèze enfant légitime,
que sur la possession d'état et sur ce que ses père et mère
étaient regardés comme mari et femme.

Or la légitimité n'est autre chose que la naissance dans le mariage; on ne saurait la concevoir obstractivement du mariage de ses auteurs Là où il n'y a point le mariage réel ou présumé, il n'y a point de légitimité possible; un enfant né hors mariage est toujours un enfant naturel, quelles que soient les décisions qu'il parvienne à surpendre à la justice; et tout jugement qui déclare légitime un enfant né de deux individus qu'il reconnaît en même temps n'avoir jamais été mariés, renferme une contradiction légale qui le réduit à la condition d'un acte qu'on ne peut concevoir ni exécuter. Quand on contesterait cette règle évidente, au moins serait-on forcé de convenir qu'un jugement rendu avec le père de l'enfant naturel, même après défense contradictoire, ne saurait être opposé à ses enfans vraiment légitimes, non plus qu'à la famille, qui ne peut jamais être forcée de reconnaître d'autre parenté légale que celle qui prend naissance dans des liens légitimement formés. Si un père, en nommant un individu quelconque son fils légitime, ne le constituait pas en même temps frère de ses autres enfans, parent de ses parens, il pourrait peut-être conférer la légitimité à un enfant né hors de mariage; ou, comme dans l'espèce, laisser prendre un jugement par défaut qui passerait en force de chose jugée, sans que personne pût s'en plaindre; mais il ne peut pas introduire un enfant dans sa famille, sans porter atteinte à une foule d'intérêts privés, de droits sacrés, tous indépendans de son fait et de sa volonté.

Ces intérêts et ces droits doivent avoir une garantie, et ils la trouvent dans la faculté qu'a toute personne intéressée à contester les reconnaissances de légitimité faites par un père naturel, d'intervenir dans les réclamations que peut former l'enfant naturel qui se prétend légitime, et de s'opposer à tout jugement rendu sur l'état civil de cet enfant; principes si vrais, si essentiels au maintien des familles, et conséquemment de l'ordre social tout entier, que le

législateur en a fait l'objet des articles 54, 100, 337 et 339
du Code civil, où ces principes se trouvent formellement
consacrés.

Qu'importe maintenant que le comte de Saint-Lieux ;
demandeur en cassation, soit ou non héritier de son père
ou de son aïeul ? Il ne s'agit point ici de droits qui lui aient
été transmis par son père et son aïeul ; ce n'est point dans
leur succession qu'il a puisé ceux qu'il réclame ; ils lui sont
propres et personnels, et la loi les lui garantit même contre
la volonté de ses auteurs. Le comte de Saint-Lieux ne peut
être représenté que par lui-même pour tout ce qui se rattache à ses droits, parce que, encore une fois, il ne les
tient de personne, et qu'à cet égard il n'a d'autres auteurs
que la nature et la loi.

Il suit de là que pour la défense de ses droits et de ses
intérêts le comte de Saint-Lieux n'a point formé avec son
père une seule et même personne, *una et eadem personna;*
qu'il n'a pas été représenté par lui dans l'instance ; que
par conséquent l'article 474 du Code de procédure civile
ouvre au comte de Saint-Lieux la voie de la tierce-opposition,
comme partie non présente ni appelée, sans qu'il soit possible
de lui opposer l'autorité de la chose jugée.

En décidant le contraire la Cour royale a donc manifestement violé cet article 474 du Code de procédure civile, et
faussement appliqué l'article 1350 du Code civil.

Un pareil système, a-t-on répondu pour le sieur de Pagèze, défendeur à la cassation, est fort commode, il faut
en convenir. Le comte de Saint-Lieux veut bien être héritier
de son aïeul pour recueillir ses biens ; mais il entend dé-
pouiller cette qualité quand il s'agit d'une décision rendue
contre cet aïeul et qui blesse ses intérêts.

Cette doctrine n'est pas seulement contraire au texte formel
de la loi, qui ne fait aucune distinction, quant à l'autorité
de la chose jugée, entre les questions d'état et les autres
matières ; elle est encore condamnée par les auteurs les

plus graves et par des considérations dont il est impossible
de méconnaître l'évidence et la gravité.

Voici comment s'exprime Heralde, qui a fait un Traité
ex professo sur l'autorité de la chose jugée : « *Sunt et alii
casus in quibus res judicata generaliter et adversùs omnes
pro veritate accipitur, veluti in càusâ statùs. Nam, si
quis ingenuus pronunciatus est, quamvis libertinus,
quamvis servus, habetur ingenuus apud omnes. Sic, si
quis Titii filius pronunciatus est sententiâ judicis, habe-
bitur pro filio Titii, etsi in rei veritate non sit Titii
filius; quare et cæteris Titii liberis erit consanguineus.* »
(Heraldus, *de re judicatâ, lib.* 1, *cap.* 9.)

Vinnius, *de partitionibus juris civilis, lib.* 4, *cap.* 47,
émet la même opinion : *In causâ statùs,* dit il, *sufficit
pronunciatum est legitimo contradictore præsente, ut
valeat inter omnes sententia in iis quæ is status secum
affert.*

On lit dans le *Cours du Droit français* du savant et
profond doyen de la faculté de Dijon : « Lorsque la question
» d'état a été jugée entre l'enfant et le père, et que celui-
» ci a été condamné sans collusion de sa part, toute autre
» personne devient non-recevable à critiquer de nouveau
» l'état de l'enfant, parce que le père est le contradicteur
» légitime pour débattre et faire prononcer sur les droits
» de filiation revendiqués contre lui. »

S'il en était autrement, chaque génération, chaque membre
de la famille aurait le droit d'attaquer de nouveau l'état
d'un individu, de le livrer à de nouvelles incertitudes,
malgré l'autorité d'une foule de jugemens qui l'auraient
reconnu et consacré. Que deviendrait alors l'état des hommes,
qu'il a toujours été dans les principes d'une bonne législation et d'une sage jurisprudence de tendre à affermir et à
consolider ?

On doit reconnaître au moins que, lorsqu'un membre de
la famille aura contesté l'état du réclamant et succombé dans

cette contestation, ses descendans, ses ayans-cause seront liés par le jugement comme il l'était lui-même ; c'est avec raison que la Cour royale de Toulouse a considéré que le principe consacré par l'article 2 du titre 35 de l'ordonnance de 1667 et par l'article 474 du Code de procédure civile, s'applique à tous les cas; qu'il en est de même du principe de l'autorité de la chose jugée énoncé dans l'artice 1350 du Code civil, et qu'aucun de ces articles n'excepte telle ou telle matière des dispositions qu'ils renferment, en déclarant le comte de Saint-Lieux non-recevable dans la tierce-opposition. L'arrêt attaqué n'a donc violé ni faussement appliqué aucun de ces différens textes.

On a répliqué dans l'intérêt du demandeur :

Rectifions d'abord les autorités qui viennent d'être citées. Héralde, à la suite de son opinion et immédiatement après, ajoute: *Modò sententia cum justo contradictore sit data ; pourvu que le jugement soit rendu avec un légitime contradicteur;* et c'est précisément ce qui est en question dans la cause où il s'agit de savoir si le comte de Saint-Lieux a eu en effet un légitime contradicteur.

Vinnius va plus loin ; il exige que le contradicteur soit présent, *contradictore præsente ;* et le prétendu contradicteur du comte de Saint-Lieux était absent, puisqu'il fut condamné par défaut.

Quant à M. Proudhon, dont on a aussi cité l'opinion, il a grand soin de faire observer « que la reconnaissance des père et mère ne peut pas rendre les enfans légitimes, même au préjudice des collatéraux, *sans union légalement contractée entre eux.* » Or le jugement du 5 thermidor an 3 et l'arrêt attaqué reconnaissent en fait que les père et mère du défendeur n'ont jamais été mariés.

On oppose les actes administratifs en vertu desquels les biens ont été délivrés au défendeur à la cassation comme enfant légitime; mais, en supposant que ces actes eussent les véritables caractères d'un acquiescement de la part de l'administration en faveur de la iégilimité du défendeur, ce qui n'est pas, cet acquiescement ne pourrait être d'aucune valeur, puisque la loi ne reconnaît ni acquiescement ni transaction valable sur l'état des hommes; d'ailleurs la nation, n'a représenté les émigrés que par rapport à leurs biens, et non relativement à leur état civil; le sénatus-consulte de l'an 10 n'est intervenu que pour leur rendre tous leurs droits personnels; on a pu faire passer leurs biens de main en main, mais on n'a pas pu faire et défaire leurs familles

On objecte encore que l'article 474 du Code de procédure civile et l'article 1350 du Code civil s'appliquent à tous les cas; mais c'est là une véritable pétition de principes; car ces articles supposent que l'opposant a été partie présente ou représentée, et la question est précisément de savoir si, en matière d'état, le fils est représenté par son père, le frère par le frère, dans le jugement qui attribue un frère à l'un, un neveu à l'autre, et à tous deux un héritier.

Enfin viennent les considérations. Celle sur laquelle on s'appuie particulièrement est tirée de l'inconvénient qu'il y aurait de voir à chaque génération attaquer les jugemens par lesquels se trouverait réglé l'état d'un citoyen. Cette considération, au premier aperçu, ne paraît pas sans importance; mais, examinée de près, elle se réduit à peu de chose; d'abord, dans le système de l'arrêt attaqué lui-même, l'inconvénient subsisterait à l'égard des jugemens ordonnant rectification des actes de l'état civil, puisque ces jugemens peuvent toujours, aux termes de l'article 100 du Code civil, être l'objet de la tierce-opposition des parties intéressées: il est des inconvéniens qui sont dans la nature des choses, et qui ne peuvent être cités sans des inconvéniens beaucoup plus graves. Ainsi la multiplicité des procès est une chose déplorable sans doute, mais la condamnation qui frappe un individu qui n'a pas été mis à même de se défendre est plus déplorable encore.

Ensuite le principe, que toute personne intéressée peut former opposition au jugement rendu sur la réclamation de l'enfant, est susceptible d'une restriction qui en rend l'application beaucoup moins étendue que ne le suppose le défendeur à la cassation. Lorsque la loi parle des personnes intéressées, elle parle de celles qui, lors du jugement, ont un droit acquis, une possession à défendre; ce qui, comme on voit, concentre la contestation dans la génération existante au moment du jugement.

Dans l'espèce, le demandeur représente son père, qui, lors du jugement de l'an 3, était en possession de tous ces avantages, de tous les droits d'enfant légitime, qui était même institué donataire universel par son père, et qui conséquemment avait un droit acquis à défendre.

Ainsi restreinte, ainsi appliquée, la faculté d'opposition laissée aux parties intéressées a même plus d'avantages que d'inconvéniens, non-seulement pour l'intérêt des familles, mais aussi pour l'ordre public.

Après trois jours de délibéré, la Cour de cassation a rendu l'arrêt suivant, par lequel, établissant une distinction entre la successibilité ou les droits héréditaires que l'enfant tient de ses auteurs, et l'état proprement dit ou les droits de famille qui lui sont personnels, elle a décidé que l'autorité de la chose jugée ne pouvait être opposée aux enfans et descendans que relativement au premier de ces droits.

Arrêt.

LA COUR, — sur les conclusions de M. *Cahier*, avocat général, et après qu'il en a été délibéré en la chambre du conseil; — vu les articles 724 et 1350 du C. C.; — vu aussi l'article 474 du Code de procédure civile; — considérant que les enfans acquièrent, en naissant d'un mariage légitime, des droits propres et personnels qu'il ne faut pas confondre avec ceux qui peuvent leur appartenir comme

héritiers dans la succession de leurs auteurs; qu'à l'égard
de ces derniers droits, les enfans sont tenus de tous les engagemens de leur père, et qu'ils ne peuvent point par conséquent formér tierce-opposition aux jugemens rendus contre eux; mais qu'il en est autrement des droits de famille
acquis aux enfans par le seul fait de leur naissance en mariage légitime; que, respectivement à ces droits, leurs auteurs ne peuvent ni les obliger par leur fait, ni les représenter dans les instances où ces enfans n'ont pas été
personnellement appelés; — considérant qu'il est constant
et reconnu en fait que le demandeur n'a été partie ni présente ni appelée dans le jugement du tribunal civil de Lavaur
du 5 thermidor an 3; — considérant d'ailleurs que Louis-
Pierre-Charles-Philippe-Marie de Pagèze, père du demandeur, avait un intérêt direct à la question de légitimité élevée par le défendeur contre le marquis de Saint-Lieux,
non-seulement comme enfant légitime et membre de la famille, mais aussi comme donataire de tous les biens présens du marquis de Saint-Lieux; d'où il suit que le demandeur a eu, du chef de son père, droit et qualité pour former tierce-opposition au jugement du 5 thermidor an 3,
et qu'en la rejetant par la fin de non-recevoir, la Cour
royale de Toulouse a fait une fausse application des articles
724, 1350 du Code civil, et violé l'article 474 du Code de
procédure civile; — la Cour, sans qu'il soit besoin de statuer sur les autres moyens proposés par le demandeur,
casse.

Du 9 mai 1821. — Sect. civ. — Cassat. — *Prés.* M.
Brisson. — *Rapp.* M. Henri Larivière. — *Plaid.* MM Odilon Barrot et Loiseau, avocats.

COUR ROYALE D'AMIENS.

✦

1.° ACTES RESPECTUEUX. — NOTIFICATION. — ENFANS. — ASCEN-
DANS. — ABSENCE.

2.° TÉMOINS. — ACTES RESPECTUEUX. — INEXACTITUDES. — NOMS.

3.° OPPOSITION. — JUGEMENT PAR DÉFAUT. — ACTES RESPECTUEUX.

1.° *Il n'est pas nécessaire, à peine de nullité, que les
actes respectueux soient signifiés à la personne même des
ascendans dont le consentement doit être demandé, ni
que les enfans soient présens à leur notification.* (Art.
154 C. C.) (1)

2.° *Quelques inexactitudes dans l'énonciation des noms
des témoins qui ont assisté à la notification des actes
respectueux ne peuvent motiver la nullité de ces actes,
sur-tout si l'identité des témoins ne peut être douteuse.*

3.° *Lorsque, sur l'opposition par eux formée au mariage
de leurs enfans, les ascendans ont laissé rendre jugement par défaut contre eux, ils peuvent former opposition à ce jugement.* (Art. 177 C. C.)

(Coppin C. Coppin.)

Le père et la mère de la demoiselle Coppin, auxquels
cette dernière avait fait notifier des actes respectueux, forment opposition à son mariage; mais ils laissent rendre
contre eux un jugement par défaut le 15 février 1821.

Ils forment opposition à ce jugement; la demoiselle Coppin veut les faire déclarer non-recevables dans cette opposition, et elle se fonde sur les dispositions de l'article 177
C. C.

De leur côté les sieur et dame Coppin proposent trois
moyens de nullité contre les actes respectueux; le premier

---

(1) V. *suprà*, p. 13.

résultant de ce qu'ils avaient été faits à la diligence d'un
fondé de procuration de leur fille ; le second de ce qu'ils
avaient été notifiés au père Coppin pendant son absence,
et le troisième de ce que le nom de l'un des témoins avait
été écrit *Blatel* dans la copie laissée au père, et *Platel*
dans celle qui avait été laissée à la mère.

Jugement du tribunal civil d'Amiens, du 22 mars 1821,
qui, recevant pour la forme seulement l'opposition des sieur
et dame Coppin, rejette les moyens de nullité invoqués contre les actes respectueux, et ordonne qu'il sera procédé à
la célébration du mariage : « Attendu que la faculté de l'op-
» position à un jugement par défaut est de droit commun ;
» que l'article 177 C. C., en préservant au tribunal de
» statuer dans les dix jours sur les oppositions à mariage,
» n'a pas fait exception à cette règle générale ;
» Relativement aux divers moyens de nullité invoqués à
» l'appui de l'opposition au mariage contre les actes respe-
» ctueux ; — 1.° attendu que les articles 151 et 154 du Code
» n'exigent pas que les enfans soient présens à la notifica-
» tion de l'acte respectueux fait à leurs père et mère pour
» leur demander conseil ; 2.° attendu que le Code ne pré-
» scrit pas la notification à la personne même, et que, si
» l'on pouvait entendre l'article 154 dans ce sens rigou-
» reux, le père pourrait, en s'absentant ou se célaut, ré-
» duire l'enfant de famille à l'impossibilité de satisfaire à
» la loi ; 3.° attendu que la légère inexactitude reprochée
» à la lettre initiale du nom du témoin Platel, repris à là
» onzième ligne du v.° de la copie laissée le 26 octobre
» 1820 au sieur Coppin père, n'a pu laisser aucun doute
» sur l'individu dont le nom se trouvait déjà correctement
» écrit au v.° ; 4.° attendu que les signatures du témoin
» Platel au bas de l'acte respectueux du 26 octobre, quoi-
» que grossièrement tracées, ne peuvent ni faire rejeter ce
» témoignage, ni entraîner la nullité de l'acté ; que la loi,
» en exigeant que les témoins sachent signer, n'a pu pré-

» scrire que la signature serait tracée en caractères parfaits,
» et que, le degré de correction étant impossible à fixer,
» cette interprétation de la loi aurait les plus graves incon-
» véniens, et pourrait mener souvent à l'arbitraire ; qu'au sur-
» plus les trois signatures Platel, quelles qu'elles soient, ont
» entre elles une conformité qui, en cas de contestation,
» les rendrait aussi susceptibles de vérification que beaucoup
» de signatures tracées par des mains plus exercées et plus
» habiles. »

Appel.

ARRÊT.

LA COUR, adoptant les motifs des premiers juges, met l'appel au néant, et, attendu la qualité des parties, compense les dépens faits en cause d'appel.

Du 10 mai 1821. — *Prés.* M. Demonchy.

COUR ROYALE DE METZ.

ARRÊT. — AQUIESCEMENT. — DÉPENS. — RECOURS.

La partie condamnée aux dépens, qui a acquiescé à l'arrêt, est néanmoins passible du coût de la levée et de la signification de cet arrêt, quoique postérieures à son acquiescement, s'il y avait en cause des parties intervenantes qui n'ont point acquiescé et auxquelles il a été nécessaire de faire cette signification. — La partie n'a même pas de recours contre les intervenans, pour le recouvrement des frais de levée et de signification.

(Ronnet C. Legardeur.)

ARRÊT.

LA COUR ; — attendu que Legardeur ayant été con-

12.

damné aux dépens, tant de cause principale que d'appel envers Ronnet, il s'ensuit que le coût et les frais de signification de l'arrêt sont à sa charge ;

Attendu que l'acquiescement par lui signifié n'a point suffi , n'ayant pas été suivi de celui des intervenans ; Ronnet n'en a pas moins été obligé de lever l'arrêt pour le signifier à ceux-ci, et dès-lors il a le droit d'en récupérer les frais sur Legardeur ;

Attendu que Legardeur n'est d'ailleurs point fondé dans son recours contre lesdits intervenans ; ils pouvaient sans doute acquiescer comme lui, mais ils n'y étaient nullement obligés, et on ne peut les punir de ne l'avoir pas fait, en leur fesant supporter des frais dont l'arrêt ne les a point chargés ;

En conséquence reçoit l'opposition de Legardeur, ensemble sa demande subsidiaire en garantie, formée par requête du 2 du courant; au principal le déboute de l'une et de l'autre, en renvoie respectivement les défendeurs, et le damne aux dépens.

Du 12 mai 1821. — Ch. civ. — *Prés.* M. Gérard d'Hannoncelles , p. p.

COUR DE CASSATION.

COMMUNICATION DE PIÈCES. — DÉLAI. — NULLITÉ.

En toute matière, la communication de pièces ne peut être refusée par le motif qu'elle n'aurait pas été demandée dans les trois jours à compter de la constitution d'avoué ou de la production des pièces.

(Crespin C. Smith.)

La dame Smith obtient contre le sieur Crespin un ju-

gement par défaut. Celui-ci y forme opposition et constitue
M.ᵉ Senac pour son avoué, le six août 1817. — Le 12 août
suivant, il réitère son opposition par requête dans laquelle
il déclare qu'il n'a point eu de connaissance du jugement
par défaut rendu contre lui le 3 juin 1815, et qu'il n'a aucun
souvenir d'affaires par suite desquelles il pourrait être débiteur de la dame Smith. Il finit par demander la communication du titre en vertu duquel on le poursuit. Jugement
de la sénéchaussée de la Pointe-à-Pitre, qui déboute le
sieur Crespin de son opposition, par le motif *qu'une demande
en communication de pièces n'est pas un moyen d'opposition.* — Appel. — Arrêt du conseil supérieur de la Gua-
deloupe, qui, sans avoir égard aux motifs des premiers
juges, confirme leur jugement : « Attendu que la demande
» en communication de pièces devait être faite dans les
» trois jours de la constitution d'avoué, aux termes du
» Code de procédure. »

Pourvoi en cassation pour violation des articles 188 et
189 C. P. C.

Arrêt.

LA COUR, — vu l'article 188 C. P. C.; — attendu qu'en
écartant les motifs par lesquels les premiers juges se sont
déterminés à rejeter l'opposition formée par le sieur Crespin,
le conseil supérieur a néanmoins confirmé leur jugement,
en se fondant uniquement sur une fin de non-recevoir,
tirée de ce que ledit Crespin n'avait pas requis la communication des pièces dans le délai de trois jours, à compter
de la constitution d'avoué ;

Attendu qu'aucune loi n'a établi cette fin de non-recevoir ;
que nulle part, même dans le Code de procédure, il n'est
dit que la demande en communication de pièces doit être
faite dans les trois jours de la constitution d'avoué, et qu'en
supposant que le Conseil supérieur ait entendu puiser la-

dite fin de non-recevoir dans l'article 188 de ce Code, il a ajouté à cette disposition une peine de nullité qui ne s'y trouve pas ;

Qu'ainsi l'arrêt dénoncé contient excès de pouvoirs, création d'une fin de non-recevoir non-autorisée par la loi, et viole l'article 188 précité C. P. C.

Par ces motifs, casse, etc.

Du 14 mai 1821. — Sect. civ. — *Prés.* M. Brisson. — *Plaid.* MM. Jousselin et de Lagrange, av.

COUR DE CASSATION.

1.° COMPÉTENCE. — COUR. — APPELANT. — CASSATION.
2.° DOMICILE ÉLU. — DOMICILE INCONNU. — SIGNIFICATION.
3.° LOI. — EFFET RÉTROACTIF. — CODE DE PROCÉDURE. — JUGE-
MENT PAR DÉFAUT.

1.° *L'incompétence d'une cour à raison du domicile n'est que relative, et l'appelant est non-recevable à s'en faire un moyen de cassation contre l'arrêt qu'elle a rendu.* (Art. 169 C. P. C.)

2.° *Les actes de procédures et les jugemens peuvent être valablement signifiés au domicile exclusivement élu par une partie dans tous ses exploits, sur-tout lorsque son domicile réel est inconnu.* (Art. 68 C. P. C.)

3.° *Ce sont les lois existantes au jour où un jugement a été rendu qui en fixent la nature, règlent les voie et les délais pour l'attaque.* (Art. 2 C. C. et 1041 C. P. C.)

(Duplessier de Certemont C. Desfossés de Fraussart.)

Ces trois questions ne pouvant pas présenter une difficulté

sérieuse , nous nous contenterons de rapporter le texte de
l'arrêt de la section des requêtes.

ARRÊT.

LA COUR , — sur le premier moyen, attendu que d'après
le système même de la demanderesse en cassation il s'agissait , dans l'espèce , d'une juridiction établie , eu seulement
égard au domicile des défendeurs originaires : qu'il s'agissait
en conséquence d'une incompétence purement relative et
nullement absolue , ou à raison de la matière ; que dans
ces circonstances les mêmes défendeurs originaires ont pu ,
en renonçant au bénéfice introduit en leur faveur par la
loi, figurer par-devant la Cour royale de Paris, dont la
juridiction peut d'autant moins être contestée par la demanderesse , que c'est elle-même qui l'a volontairement
saisie ; — sur le second moyen , attendu qu'il a été reconnu en fait que les significations et actes dont il s'agit ont
été tous faits au domicile que la demanderesse avait formellement et exclusivement élu dans tous ses exploits jusqu'au nombre de 28 , et que la demanderesse elle-même
provoquait l'exécution de trois jugemens rendus à la suite des
mêmes significations et actes ; — attendu au surplus que tout
autre domicile de la demanderesse étant inconnu , ils avaient
été réitérés à son de trompe et dans les formes exigées en
pareil cas par les anciennes lois ; que dans ces circonstances
l'arrêt attaqué devait , comme il l'a fait, déclarer ces significations et actes réguliers et valables ; — sur la première
partie du troisième moyen , attendu en droit que ce sont
les lois du jour où le jugement est rendu qui en fixent la
nature et règlent les voies et les délais de l'attaque ; et
attendu que le jugement dont il s'agit a été rendu le 18
mai 1790 ; que par conséquent l'arrêt devait , comme il l'a
fait, lui appliquer les lois sous l'empire desquelles il avait
été rendu ; — sur la seconde partie du même moyen , vu

l'article 14, titre 2, § 2 du règlement du 28 juin 1738,
portant : « Il ne sera pareillement accordé aucune restitution
contre les arrêts donnés par défaut contre quelques-unes
des parties de l'instance, lorsqu'ils auront été rendus contradictoirement avec d'autres parties qui avaient le même
intérêt que les parties défaillantes à l'égard desquelles ils
seront réputés contradictoires, et ne pourront être attaqués
que par la voie de la demande en cassation; » — et attendu
qu'il a été reconnu en fait que l'intérêt de la dame de la
Farelle, qui s'est toujours défendue, était non-seulement le
même, mais encore bien plus fort que celui de la demanderesse en cassation, lors défaillante; que dans ces circonstances, en regardant le jugement dont il s'agit comme contradictoire, même vis-à-vis de la demanderesse, et en la
déclarant non-recevable dans son opposition contre ledit
jugement, l'arrêt attaqué a fait une juste application de la
loi ; — sur les quatrième et cinquième moyens, attendu que
cette fin de non-recevoir, une fois adoptée par l'arrêt, tout ce
qui tient au fond du procès lui est étranger et ne peut fournir aucun moyen de cassation ; — rejette.

Du 15 mai 1821. — Sect. req. — *Prés.* M. Lasaudade. —
Plaid. M. Coste, av.

COUR DE CASSATION.

ARRÊT. — JUGES. — PLAIDOIRIES. — PLUMITIF. — NULLITÉ.

*Lorsqu'il est constant que l'un des juges qui ont con-
couru à la confection d'un arrêt n'a pas assisté à la
première audience de la cause, le jugement est nul,
si les feuilles d'audience, ou, à défaut de ces feuilles,
aucun renseignement légal ne constate qu'à l'une des audiences postérieures les plaidoiries aient été recommen-*

- cées , ou les conclusions prises de nouveau. (Årt. 7 de la loi du 20 avril 1810 et 138 C. P. C.)

(Vigouroux C. Samuzeuil.)

L'arrêt énonce tous les faits nécessaires pour l'intelligence du point de droit.

Arrêt.

LA COUR, sur les conclusions conformes de M. Jourde, avocat général; — vu l'article 7 de la loi du 20 avril 1810; — vu aussi l'article 138 C. P. C., ci après transcrit; — considérant que la justice et l'utilité de l'article 7 de la loi du 20 avril 1810 sont si évidentes, que l'exécution n'en peut être exigée avec trop de rigueur; que c'est pour assurer cette exécution que le Code de procédure a ordonné (art. 138) que « le président et le greffier signeront la mi- » nute de chaque jugement aussitôt qu'il sera rendu; qu'il » sera fait mention en marge de la feuille d'audience des » juges qui y auront assisté, et que cette mention sera éga- » lement signée par le président et par le greffier; » que, d'après cette disposition du Code de procédure, il faut qu'il soit tenu une feuille pour chaque audience, sur laquelle soient inscrits les noms des juges qui y ont assisté, et que cette feuille soit signée par le président et par le greffier; que, si par l'empêchement d'un juge qui a assisté à la première ou aux premières audiences, il devient nécessaire d'appeler un nouveau juge en remplacement et d'ordonner le rétablissement de la cause devant celui-ci, cela doit être constaté sur la feuille d'audience; que c'est par ce moyen que l'on peut procurer aux parties plaidantes la garantie qu'a voulu leur donner l'article 7 de la loi du 20 avril 1810; qu'au surplus cette loi n'a pas introduit un droit nouveau; la pratique y a toujours été conforme; — considérant que l'arrêt rendu entre partiés, le 20 mai 1818, énonce positivement que la cause a été appelée à son tour de rôle et plaidée aux audiences des 8, 18, 19 et 20 du même mois ; que d'après cette énonciation l'on ne peut révoquer en doute qu'elle a été plaidée à chacune de ces quatre audiences ; qu'il est reconnu que M. Laujacq n'avait point assisté à la première audience dú 8 mai ; que ni l'arrêt définitif rendu le 20 du même mois, ni, à défaut de représentation des feuilles d'audience, aucun renseignement légal ne constate qu'à une des audiences postérieures à celle du 8 les plaidoiries aient été recommencées, ou la cause rétablie par des conclusions prises à cette fin, d'où il résulte que M. Laujacq a concouru à l'arrêt du 20 mai 1818, lorsque rien ne prouve qu'il ait assisté à toutes les audiences dans lesquelles a été faite la discussion sur laquelle ledit arrêt est intervenu ; par ces motifs, casse, etc.

Du 16 mai 1821. — Sect. civ. — *Prés.* M. Brisson. — *Plaid.* MM. Odilon-Barrot et Duprat, avocats.

COUR DE CASSATION.

1.° DÉSISTEMENT. — ENREGISTREMENT. — CONTRAINTE.

2.° ENREGISTREMENT. — CAUTIONNEMENT. — DÉLÉGATION. — CONTRAINTE.

1.° *Le désistement que fait la direction de l'enregistrement d'une contrainte n'emporte pas désistement de son action, si le redevable attaquait de nullité la contrainte, et s'il y a lieu de croire que le désistement n'a eu pour but que de renoncer à un acte qui aurait pu être déclaré nul.* (Art. 403 C. P. C.)

2.° *Le contribuable, poursuivi en paiement d'un droit par la direction de l'enregistrement, ne peut lui op-*

poser une fin de non-recevoir tirée de ce qu'elle aurait,
forcé en recette son receveur, et que celui-ci lui aurait délégué son cautionnement jusqu'à due coucur-
rence de la somme due par celui contre lequel des poursuites sont dirigées.

(L'administration de l'enregistrement C. Roussel.)

Le désistement de l'administration de l'enregistrement
était ainsi conçu : « A la requête de MM. les administra-
» teurs de l'enregistrement, soit signifié et déclaré à M.
» Millière, avoué du sieur Roussel, que lesdits administra-
» teurs se désistent par ces présentes de la demande par
» eux formée contre le sieur Roussel par la contrainte
» décernée le 29 avril 1813........; offrant de payer audit
» sieur Roussel les frais par lui faits sur ladite demande,
» après la taxe qui en aura été faite. »

Ce désistement avait été accepté par le sieur Roussel,
sans qu'aucune nouvelle circonstance pût prouver qu'il était
dans l'intention de l'administration de ne se désister que
d'un simple acte de procédure.

L'arrêt de la Cour suprême a été rendu par défaut sur
les conclusions conformes de M. Jourde, avocat général.

ARRÊT.

LA COUR, — vu l'article 403 C. P. C. ; — attendu que
l'administration de l'enregistrement et des domaines, en se
désistant de la contrainte décernée le 29 avril 1813 par
le sieur Rethoré, son receveur à Vesoul, contre le sieur
Roussel, contrainte que celui-ci soutenait n'avoir pas été
suffisamment motivée, n'a eu d'autre but, ainsi que cela
est établi par les circonstances de l'affaire, que de renoncer
à un acte qui aurait pu être déclaré irrégulier et d'éviter
ainsi un incident préjudiciable à ses intéréts; mais qu'elle

n'a jamais entendu renoncer au droit de poursuivre de
nouveau et d'une manière plus régulière, le recouvrement
de la somme de 66,000 fr. dont elle avait forcé son receveur en recette ;

Attendu que l'acceptation faite par le sieur Roussel du
désistement donné au nom de l'administration n'a produit,
aux termes de l'article 403 du Code de procédure ci-dessus
cité, d'autre effet que celui de remettre les parties dans
l'état où elles étaient avant l'abandon de la contrainte sus-
dâtée ; d'où il suit que l'administration, qui avait ûnique-
ment renoncé à continuer ses poursuites sur une première
contrainte qui pouvait avoir quelque chose d'irrégulier, mais
qui avait conservé son action à fin de recouvrement de la
somme de 66,000 fr., a pu reprendre sa poursuite en dé-
cernant, comme elle l'a fait, une nouvelle contrainte contre
le sieur Roussel ;

Attendu qu'il n'est pas exact en fait, comme l'a cependant soutenu ledit sieur Roussel, que l'administration ait
été remplie de la somme de 66,000 fr. par ledit sieur Rethoré ; que cet ex-receveur, en consentant en faveur de
l'administration le délaissement de son cautionnement jusqu'à concurrence de ladite somme de 66,000 fr., n'a évidemment fourni qu'une délégation imparfaite que l'administration n'a point acceptée, qui n'a été suivie d'aucun
paiement effectif, et qui dans tous les cas, et lors même
qu'elle aurait servi à désintéresser la régie, n'aurait pas
libéré le sieur Roussel envers le sieur Rethoré, qui aurait
toujours été fondé à exercer son recours contre ledit sieur
Roussel, qui n'aurait pu échapper à ce recours qu'en fesant
juger que le forcement de recette n'était pas fondé ;

Attendu que de tout ce que dessus il suit que la nouvelle
contrainte décernée contre le sieur Roussel au nom de l'administration le 2 novembre 1814, était régulière et bien
fondée, et que c'est à tort que le jugement attaqué a déclaré ladite administration non-recevable dans sa nouvelle

poursuite, soit sous le rapport d'un désistement qui n'emportait évidemment pas l'abandon de ses droits et de son action, à fin de recouvrement de la somme à elle due, mais seulement celui d'un premier acte de poursuite, qui, pouvant être impugné pour cause d'insuffisance, devait être remplacée par un acte plus régulier que le premier, soit sur la supposition gratuite et démontrée inexacte par toutes les circonstances de l'affaire; qu'elle avait été désintéressée par la délégation imparfaite du sieur Rethoré, et que dès-lors elle n'avait rien à répéter contre le sieur Roussel;

Qu'en se décidant sur de pareilles fins de non-recevoir à déclarer l'administration non-recevable, le tribunal de Vesoul a violé l'article 403 du Code de procédure civile, qui ne porte pas que le désistement d'un premier acte de poursuite accepté emportera l'extinction de l'action, et qui se borne à dire au contraire que l'acceptation d'un désistement remet les parties dans l'état où elles étaient avant la demande; d'où il suit que ce tribunal a fait dire à la loi ce qu'elle ne dit pas, méconnu les vrais principes et commis un véritable excès de pouvoir;

Par ces motifs, donne défaut contre le sieur Roussel, et pour le profit casse et annulle le jugement rendu par le tribunal de première instance de Vesoul le 6 décembre 1815, etc.

Du 16 mai 1821. — Sect. civ. — Cassat. — *Plaid.* M. Huart-Duparc, av.

COUR DE CASSATION.

DÉPENS. — COMPÉTENCE. — ARRÊT. — CASSATION. — RÉGLEMENT DE JUGES.

Lorsqu'un arrêt est cassé sur un chef et maintenu sur

un autre, et que l'exécution de chaque chef a été pour-
suivie devant les cours qui devaient en connaître, s'il
s'élève quelques contestations sur les dépens, elles doi-
vent être portées devant les cours qui ont connu des
chefs qui y ont donné lieu. (Art. 130 C. P. C.)

(Barias C. Magne-Saint-Victor.)

ARRÊT.

LA COUR, attendu, sur la première question, qu'il suffit
de lire les dispositions des deux arrêts, pour se convaincre
que chacune des deux Cours s'est déclarée incompétente
pour statuer sur les faits dont il s'agit, et qu'il résulte de là
un conflit négatif;

Attendu que, l'arrêt de la Cour de Montpellier ayant été
cassé dans la partie relative au domaine de Loupiah, et
l'affaire ayant été renvoyée à celle de Toulouse, toutes les
procédures faites et les arrêts rendus par la Cour de Montpellier en exécution de celui de 1817 ont dû s'écrouler avec
ce dernier arrêt, dont la base fut anéantie par l'arrêt de
la Cour de cassation, à quelque époque que les procédures
aient eu lieu devant la Cour de Montpellier, et que la connaissance du fond jugé par l'arrêt de 1817 et de tous ses
accessoires a été dévolue à la Cour de Toulouse;

Attendu que ce principe incontestable, et reconnu par
la Cour de Montpellier elle-même, a été méconnu par celle
de Toulouse;

D'où il suit que, sans s'arrêter à l'arrêt de cette dernière
Cour sur ce point, il y a lieu à ordonner que les parties
procéderont devant la Cour de Toulouse;

Sur la seconde question, considérant que, si la Cour de
cassation peut statuer par voie de règlement de juges, à raison
le connexité, lorsque deux procès sont pendans à la fois devant deux cours royales, et qu'aucune d'elles n'a encore rien

décidé, il en est différemment lorsque l'une des deux a prononcé définitivement, alors sur-tout qu'elle n'a pas dé-
passé les bornes de sa compétence, sauf à se pourvoir en
cassation, s'il y échet, pour violation de la chose jugée ;

Attendu que la partie de l'arrêt rendu par la Cour de
Montpellier en 1817, concernant le domaine de Mascouine,
a été maintenue par l'arrêt de la Cour de cassation, d'où
il suit que celle de Montpellier n'a pas cessé un instant
d'être compétente sur le fond et tous les accessoires du procès
relatif au domaine de Mascouine ;

- Attendu qu'en exécution d'un arrêt rendu le 30 mars 1819
par la Cour de Montpellier, il avait été procédé à la liquidation et à la taxe des dépens, tant relatifs à Mascouine qu'à
Loupian ; que, sur l'opposition formée contre cette taxe, et
d'après les conclusions du sieur Barras lui-même, la Cour
de Montpellier, par l'arrêt du 19 avril 1820, en se déclarant incompétente à l'égard des frais relatifs à Loupian, en
ordonna la distraction de la taxe qui avait été faite par le
conseiller-commissaire, mais qu'en même temps il maintint
celle qui avait trait au domaine de Mascouine, avec des
additions qu'elle ordonna ;

f. Attendu au surplus que le défendeur a soutenu dans sa
requête signifiée, et à laquelle le demandeur n'a pas fait de
réplique, que cet arrêt a été exécuté ;

· Statuant par voie de réglement de juges, et sans avoir
égard aux dispositions de l'arrêt rendu par la Cour de Toulouse, le 14 juin 1820, sur les dépens relatifs au domaine
de Loupian, faits depuis l'arrêt du 30 août 1817 devant la
Cour de Montpellier, ordonne que les parties procéderont
devant la Cour royale de Toulouse ;

· Et, en ce qui touche la liquidation et la taxe des dépens relatifs au domaine de Mascouine, déclare n'y avoir
à statuer, dépens compensés, même ceux de l'expédition
et du coût du présent arrêt, etc.

Du 22 mai 1821. — Section des requêtes. — *Prés.* M.

Henrion de Pansey. — *Plaid.* MM. Nicod et Jacquemain,
avocats.

COUR ROYALE DE LIMOGES.

DERNIER RESSORT. — SAISIE. — JONCTION.

*Est en dernier ressort le jugement qui prononce sur la
validité de plusieurs saisies faites sur le même individu, si chaque saisie n'excède pas séparément la somme
de 1,000 fr., quoiqu'un précédent jugement ait joint
toutes les demandes en validité et que les saisies portent sur des meubles d'une valeur supérieure à 1,000 fr.*
(Art. 453 C. P. C.)

(Néolier C. Bataille et autres.)

ARRÊT.

LA COUR, — considérant que c'est séparément et en
vertu de titres qui lui étaient personnels, que chacun des
créanciers a fait saisie-arrêt au préjudice de la femme Néolier ; — considérant que le jugement qui a joint les différentes demandes en validité n'a pas eu l'effet de faire, des
diverses instances introduites sur ces demandes, une instance
unique et indivisible; que les intérêts des créanciers, distincts
et séparés dans l'origine, ont continué de l'être après la
jonction ; que les créanciers n'ont pris aucunes conclusions
les uns contre les autres; qu'ils n'en ont pris, en ce qui les
concernait seulement, que contre la dame Néolier; que celle-
ci en a pris séparément contre chacun des saisissans, dont
les intérêts par conséquent sont toujours demeurés divisés;
qu'ainsi la disposition du jugement dont est appel, en ce

qui concerne chaque créancier saisissant, est susceptible du premier ou dernier ressort, suivant que l'aurait été le jugement particulier qui aurait statué sur la saisie : — considérant que chaque saisie-arrêt a été faite pour une somme inférieure à 1,000 fr. ; qu'en matière de saisie-opposition, c'est la somme pour laquelle la saisie est faite, et non la valeur des sommes ou objets dont le tiers saisi peut se trouver nanti, qui fixe la compétence ; que, cette somme une fois déterminée, c'est là que se rattachent toutes les autres discussions de la cause ; c'est là le point unique sur lequel roule tout le litige ; — qu'en effet peu importe qu'on ait arrêté, entre les mains du tiers saisi, généralement tout ce qu'il a ou tout ce qu'il doit, et qu'il se trouve débiteur de sommes ou possesseur d'objets et d'effets mobiliers appartenans au saisi, dont la valeur ne soit pas déterminée ou excède 1,000 fr. ; il est évident que la saisie n'existe, aux yeux de la loi, que jusqu'à concurrence de ce qui est dû au saisissant ; que celui-ci n'arrête et ne peut arrêter que l'équivalent de sa créance ; que cela est si vrai, que le tiers saisi peut délivrer au saisi tout le surplus ; — qu'ainsi la saisie ne frappant que sur une valeur représentant la somme due au saisissant, il s'ensuit que, lorsque la saisie est faite pour une somme inférieure à 1,000 fr., elle ne porte que sur une valeur inférieure à 1,000 fr. ; que c'est par conséquent la somme que le créancier est obligé d'énoncer dans l'exploit de saisie qui en détermine l'objet, et fixe invariablement l'attribution du premier ou dernier ressort ; que dans l'espèce chaque saisie ayant pour objet le paiement d'une somme au-dessous de 1,000 fr., le jugement qui en a prononcé la validité a dû statuer souverainement et sans appel ; — par ces motifs, déclare l'appelante non-recevable dans son appel vis-à-vis de toutes les parties.

Du 24 mai 1821. — *Plaid.* MM. Dumont et Lezeaud, avocats.

COUR DE CASSATION.

1.° SÉPARATION DE CORPS. — ENFANS. — PUISSANCE PATERNELLE.
2.° ARRÊT. — EXPÉDITION. — SIGNATURE.

1.° *Dans le cas de séparation de corps, les enfans peuvent être confiés à la mère qui a obtenu la séparation, sans que les droits de la puissance paternelle en soient blessés.* (Art. 371 et suivans C. C.)

2.° *L'expédition d'un arrêt qui ne fait que relater les signatures du président et du greffier,* au lieu de les transcrire littéralement, *n'est pas nulle, quoiqu'elle soit irrégulière.* (Art. 138 C. P. C.)

(Charve C. Charve.)

MM. les officiers ministériels doivent toujours, avant de mettre à exécution le titre qui leur est confié, bien examiner si ce titre est revêtu de toutes les formalités nécessaires pour qu'il soit réellement exécutoire, parce que, s'ils ne le fesaient pas, ils pourraient être responsables des nullités qui seraient les conséquences de leur inattention.

La nullité de la signification de l'arrêt, dans l'espèce, ne pouvait pas être prononcée, parce que l'article 138, sur lequel se fondait le demandeur, n'en parle aucunement, et qu'une nullité doit être écrite dans la loi.

Cet arrêt présente trop peu d'intérêt pour que nous rapportions les faits qui y ont donné lieu.

ARRÊT.

LA COUR, *sur le premier moyen,* attendu que l'expédition de l'arrêt interlocutoire, sur laquelle la femme Charve

a fait procéder à son enquête, énoncé dans le mandement
exécutoire que ledit arrêt a été signé par le premier président de la Cour et par le greffier ; qu'ainsi le vœu de
l'article 138 C. P. C. a été rempli ; — sur le second moyen,
attendu que, en cas de séparation de corps, comme autrefois en cas de divorce, c'est le plus grand avantage des
enfans qui est le principe décisif pour désigner l'époux
ou même la tierce personne à qui ils doivent être confiés,
sans que par là les droits de la puissance paternelle soient
blessés ou éteints ; — et attendu que dans l'espèce les juges
ont cru devoir confier les enfans à leur mère qui avait obtenu la séparation de corps, et que cette mesure, loin de
contrarier les vœux, soit de la famille, soit du ministère
public, avait été reconnue comme la plus avantageuse aux
enfans par un jugement et par un arrêt qui les avaient de
même confiés à leur mère, provisoirement pendant le procès ; — attendu en outre que les juges ont même formellement déclaré que cette mesure de fixer les enfans auprès
de leur mère ne peut porter atteinte aux droits de la puissance paternelle, et qu'ainsi ceux qu'a Charve à cet égard
restent dans leur entier ; rejette, etc.

Du 24 mai 1821. — Sect. req. — *Prés.* M. Lasaudade.
— *Plaid.* M. Mathias, avocat.

––––––––––

*Loi qui modifie l'article 351 du Code d'instruction cri-
minelle.*

LOUIS, etc., etc.

Article unique. A l'avenir, et lorsque dans le cas prévu
par l'article 351 C. I. C. les juges seront appelés à déli-
bérer entre eux sur une déclaration du jury formée à la

13.

simple majorité, l'avis favorable à l'accusé prévaudra, toutes, les fois qu'il aura été adopté par la majorité des juges.

La présente loi discutée, etc. , etc.

Paris , 24 mai 1821.　　　　*Signé* LOUIS.

COUR ROYALE D'AGEN.

1.º LÉGITIMITÉ. — CONTESTATION. — TROUBLE. — ASSIGNATION. — DÉCHÉANCE. — HÉRITIERS.

2.º LÉGITIMITÉ. — HÉRITIERS. — CONTESTATION. — CONTRADICTION.

3.º NULLITÉ. — LÉGITIMITÉ. — DÉCHÉANCE. — ORDRE PUBLIC.

1.º *Les héritiers d'un mari doivent, à peine de déchéance, contester la légitimité de l'enfant né trois cents jours après le mariage, dans les deux mois du trouble apporté par l'enfant à leur possession.* — *L'assignation de l'enfant en dépossession des biens de celui dont il se dit le père, suffit pour caractériser le trouble dont parle la loi.* (Art. 317 C. C.)

2.º *Le désaveu ou contestation de la légitimité de l'enfant ne résulte pas suffisamment de la constitution d'avoué, de la part des héritiers du mari, sur la demande en pétition d'hérédité formée par l'enfant, quoique la constitution porte:* Protestant de la nullité et du rejet de ladite assignation. (Art. 318 C. C.)

3.º *L'exception résultante de la tardivité de l'action en désaveu, ou contestation de la légitimité d'un enfant, peut être proposée en tout état de cause, même en cause d'appel.* (Art. 173 C. P. C.)

De ces trois questions, la dernière seule peut avec raison être qualifiée *question de procédure;* cependant nous rapportons les deux premières, parce qu'elles indiquent un mode de procéder qui peut souvent être laissé par les clients à la discrétion de MM. les officiers ministériels.

Cette dernière question ne pouvait pas souffrir la moindre difficulté, parce que tout ce qui tient à l'état des hommes est d'ordre public, et ne peut par conséquent être assimilé aux questions ordinaires de procédure.

(Destouet-Duchemin C. les héritiers Destouet-Duchemin.)

Tous les faits utiles sont rapportés dans le premier considérant de l'arrêt de la Cour.

ARRÊT.

LA COUR, attendu, sur la fin de non-recevoir, que l'appelante s'est présentée dès l'origine du procès avec un extrait de naissance en forme, duquel elle fait résulter sa qualité de fille légitime de Guillaume Destouet-Duchemin et de Catherine Dulau, lesquels étaient unis en légitime mariage ; — attendu qu'à l'appui de cet acte de naissance l'appelante forma la demande en délaissement des biens de son père, par exploit du 27 juillet 1819, contre les mêmes possesseurs actuels desdits biens ; — que sur cet exploit les intimés constituèrent avoué, et que l'acte de constitution du sieur Dubosq, tuteur du mineur Destouet-Duchemin, à la date du 4 août 1819, porte que ledit avoué proteste de la nullité et du rejet de l'assignation ; que ce fut par leur requête du 18 décembre suivant que les intimés excipèrent pour la première fois de l'illégitimité de la naissance de l'appelante, comme étant née plus de trois cents jours après le décès de Jean-Marie-Guillaume Destouet-Duchemin ; — attendu qu'un acte de constitution d'avoué n'est autre chose qu'un simple acte de procédure, dont l'effet unique est de faire savoir que l'avoué qui le fait est chargé d'instruire pour la partie au nom de laquelle il se présente ; que c'est à tort que les intimés ont cherché à insinuer que l'acte en constitution du 4 août 1819 contenait une contradiction à la demande prin-

cipale, puisqu'il est de fait que l'avoué n'y proteste que de
la nullité de l'assignation, nullité qui n'a pas été opposée dans
l'instance, et qui, quand même elle l'eût été, n'aurait été
directement ni indirectement une exception contre la demande ou contre l'état de la demanderesse;

Attendu que l'article 317 du Code civil dispose que, si le
père est mort avant d'avoir fait sa réclamation, mais étant
encore dans le délai utile pour la faire, les héritiers auront
deux mois pour contester la légitimité de l'enfant, à compter de l'époque où ces héritiers seraient troublés par l'enfant dans la possession des biens du mari; — que cet article, combiné avec l'article 315, porte à décider que le droit
de contester la légitimité de l'enfant né trois cents jours
après la dissolution du mariage appartient aux héritiers
après la mort du mari, comme il appartenait au mari dans
le cas où l'enfant né plus de trois cents jours après le divorce prononcé aurait reçu dans son acte de naissance la
qualité d'enfant légitime; — que l'article 317 assujettit les
héritiers du mari à deux conditions, pour qu'ils puissent
valablement contester la légitimité de l'enfant : 1.° que le
délai dans lequel le mari pourra réclamer ne soit pas expiré;
2.° que les héritiers contestent la légitimité dans les deux
mois du trouble apporté par l'enfant dans la possession des
biens du mari; que l'article dit cela et ne veut pas dire
autre chose; — qu'il suit invinciblement de l'article 317
que l'esprit dans lequel il fut rédigé ne diffère pas de celui
qui inspira l'article 316, puisque le délai accordé au mari
pour réclamer est de rigueur, et que celui qui l'est aux
héritiers a le même caractère; or les intimés éprouvèrent
un trouble réel en la possession des biens qui appartenaient
à Jean-Marie-Guillaume Destouet-Duchemin en vertu de
son contrat de mariage, par l'exploit qu'ils reçurent à la
requête de l'appelante, le 27 juillet 1819, puisque cet acte
avait pour objet de leur enlever cette possession et de faire
prononcer le délaissement des biens au profit de l'appelante;

— attendu que les intimés n'ayant réclamé contre la légitimité de l'appelante que quatre mois après l'époque du
trouble qu'elle apporta à leur possession, ils sont non-recevables aujourd'hui à contester cette légitimité ;

Attendu, sur la fin de non-recevoir proposée contre l'appelante, qu'il n'est pas ici question d'une nullité de procédure,
dont la proposition doit être faite au commencement du litige,
et qui, faute de l'avoir été en première instance, ne peut
et ne doit pas être écoutée en cause d'appel ; que le moyen
dont il s'agit est une exception péremptoire, dont l'effet est
d'éteindre l'action qui peut être proposée en tout état de
cause, même en cause d'appel, lorsqu'elle ne l'aurait pas
été en première instance ; — attendu au surplus qu'il est
inexact de dire que l'appelante n'a pas invoqué la fin de non-
recevoir dans la requête du 17 février 1820 : il est vrai que
cette fin de non-recevoir ne fit pas la matière d'une disserta-
tion, et qu'elle ne fut pas développée ; l'état du procès contenait, de la part des intimés, des exceptions tendantes à
établir la qualité d'enfant légitime dans la personne de l'appelante ; et par sa requête en réponse, l'appelante concluait
expressément à ce que, sans avoir égard à aucune des excé-
ptions des intimés, ils en fussent démis par la fin de non-
recevoir ; d'où il suit que sous tous les rapports l'appelante
est recevable à opposer aux intimés la fin de non-recevoir
qui a été traitée dans la cause ; sans s'arrêter aux fins de
non-recevoir proposées par les intimés, les déclare non-recevables à contester la légitimité de l'appelante.

Du 28 mai 1821. — *Prés.* M. Laujacq. — *Plaid.* MM.
Baradat et Labadie, av.

COUR ROYALE DE GRENOBLE.

APPEL INCIDENT. — CONCLUSIONS. — ACQUIESCEMENT.

*L'intimé, qui en signifiant le jugement de première in-
stance a fait des réserves d'interjeter appel incident,
peut prendre cette voie, même après avoir fait signifier
des conclusions dans lesquelles il se bornait à demander
la confirmation pure et simple du jugement.* (Art 443 C.
P. C.) (1)

(Bourgeat C. Clément.)

Le sieur Clément, en fesant signifier à Bourgeat le jugement dont est appel, se réserve la faculté d'en appeler incidemment. Bourgeat appelle, et dans l'instance Clément,
après avoir fait signifier des conclusions dans lesquelles il se
borne à demander la confirmation pure et simple du jugement, en appelle néanmoins incidemment. — L'appelant
principal élève une fin de non-recevoir contre cet appel
incident.

ARRÊT.

LA COUR , — considérant qu'aux termes de l'article 443
du Code de procédure civile l'intimé peut, en tout état de
cause , se rendre incidemment appelant du jugement attaqué
par son adversaire, c'est-à-dire tant qu'il n'a pas été prononcé
sur l'appel principal, à moins qu'avant aucun appel incident,
et à la suite de la conclusion de l'intimé , tendante à la confirmation pure et simple du jugement , l'appelant originaire
n'eût formellement déclaré consentir à cette confirmation,
auquel cas il y aurait contrat en jugement, et il n'existerait
plus d'instance ;
Considérant que, s'il en était autrement, les chances ne

---

(1) La jurisprudence n'est pas encore bien fixée sur cette question im-
portante. (*V.* J. A., tom. 27 , pag. 314 et suivantes, et tom. 28 , pag.
335.)

seraient pas égales ; qu'en effet l'appelant pourrait toujours
en cause d'appel , non-seulement faire valoir tous les moyens
par lui employés en première instance , mais encore en
proposer de nouveaux , tandis que l'intimé , dans plusieurs
circonstances, telle que celle où il serait défendeur au principal, et aurait excipé de diverses fins de non-recevoir dont
une partie aurait été rejetée par les premiers juges, mais
aurait néanmoins été mis hors de cour , ne pourrait pas en
cause d'appel renouveler les fins de non-recevoir auxquelles
les premiers juges ne se seraient pas arrêtés, s'il n'avait pas ,
aussitôt après l'appel de sa partie adverse , formé lui-même
un appel incident , et cela parce qu'il n'aurait pas d'abord
pensé qu'il était dans l'ordre des choses possibles que les
motifs qui avaient déterminé les premiers juges à le mettre
hors de cours pourraient n'être pas admis par les juges d'appel ,
et qu'il aurait besoin d'employer les fins de non-recevoir
rejetées pour obtenir la confirmation de la partie du jugement
qui lui était favorable, et alors que , d'autre part , la conclusion au principal serait toujours la même , savoir , la confirmation de la disposition du jugement qui l'aurait renvoyé
d'instance ;

Considérant d'ailleurs que le sieur Clément, en fesant
notifier le jugement dont il s'agit, aurait formellement déclaré
n'y donner aucun acquiescement , et se serait expressément
réservé d'en appeler ; en sorte que, d'après de semblables
déclarations et réserves , il serait encore impossible de s'arrêter à la fin de non-recevoir élevée contre l'appel incident du
sieur Clément ;

Sans s'arrêter à la fin de non-recevoir élevée contre
l'appel incident de J.-B. Clément, fesant droit, etc. , etc.

Du 29 mai 1821. — Ch. civ. réunies. — *Prés.* M. Maurel.
— *Plaid.* MM. Mallein , Crépu et Longchamp, av.

ORDONNANCE DU ROI.

ROULAGE. — POLICE. — PROCÈS-VERBAL. — AFFIRMATION. — MAIRE.
— JUGE DE PAIX.

*En matière de contraventions à la police de roulage,
les procès-verbaux peuvent être affirmés devant les
maires ou leurs adjoints. (Décrets des 18. août 1810
et 16 décembre 1811.)*

(Léonard Brunner.)

LOUIS , etc.

Sur le rapport du comité du contentieux ;

Vu le pourvoi élevé par notre ministre secrétaire d'état
de l'intérieur contre un arrêté pris en matière de police du
roulage par le conseil de préfecture du département de la
Meurthe, au profit du sieur Léonard Brunner, meunier au
moulin de la Machine, canton de Nancy; ledit pourvoi enregistré au secrétariat général de notre conseil d'état le 8 mai
1820, et tendant à ce qu'il nous plaise annuler ledit arrêté ;

Vu l'avertissement donné le 18 juillet 1820, par l'intermédiaire du préfet du département de la Meurthe, audit
Léonard Brunner, pour qu'il ait à défendre contre ledit
pourvoi, s'il s'y croit fondé ; auquel avertissement il n'a
pas été répondu ;

Vu les procès-verbaux de contravention à la police du
roulage, dressés les 14, 19 novembre et 1.er décembre 1818,
contre ledit *Léonard Brunner,* lesdits procès-verbaux affirmés par devant l'adjoint au maire de Nancy ;

Vu les condamnations prononcées par le maire de cette
ville contre ledit *Léonard Brunner,* les 18, 28 novembre
et 7 décembre 1818 ;

Vu la réclamation présentée au conseil de préfecture du

département de la Meurthe, le 31 décembre 1818, par
ledit Léonard Brunner, contre lesdites condamnations ;

Vu l'arrêté attaqué du conseil de préfecture du département
de la Meurthe du 24 mars 1819, portant annullation des
décisions du maire de Nancy, comme étant basées sur des
procès-verbaux qui n'ont pas été affirmés devant le juge
de paix, et statuant en outre que ledit *Léonard Brunner* est dispensé de payer des amendes auxquelles il a été
condamné, et que l'argent lui sera rendu dans le cas où
il aurait été consigné ;

Vu l'arrêté du préfet de la Meurthe du 6 août 1819,
qui estime qu'il y a lieu d'annuler l'arrêté susdit du conseil de préfecture ;

Vu les décrets des 23 juin 1806, 18 août 1810 et 16
décembre 1811 ;

Vu les autres pièces produites ;

Considérant que, par l'article 38 du décret du 23 juin
1806, les maires ont été chargés de prononcer provisoirement, et sauf recours aux conseils de préfecture, sur le
fait des contraventions à la police du roulage ;

Considérant que, par le décret du 18 août 1810, les
procès-verbaux en matière de police de roulage doivent être
affirmés devant le juge de paix, mais que, d'après le décret du 16 décembre 1811 relatif aux routes en général,
ces procès-verbaux peuvent être affirmés devant les maires
ou leurs adjoints ; qu'il convient sur-tout d'user de cette
faculté lorsqu'il s'agit de contraventions sur lesquelles les
maires ont à prononcer provisoirement, et qu'ainsi, dans
le cas particulier, ces procès-verbaux ont été valablement
affirmés devant l'adjoint du maire de Nancy.

Notre conseil d'état entendu,

Nous avons ordonné et ordonnons ce qui suit :

Art. 1.ᵉʳ L'arrêté du conseil de préfecture du département
de la Meurthe du 24 mars 1819 est annulé.

2. L'affirmation faite des procès-verbaux de contravention

devant l'adjoint au mairé de Nancy est déclarée bonne et valable,

3. Le sieur *Léonard Brunner* est renvoyé à se pourvoir de nouveau, et s'il s'y croit fondé, devant ledit conseil de préfecture, contre les décisions du maire de Nancy des 18 et 28 novembre et 7 décembre 1818.

4. Notre garde des sceaux, etc., etc.

Paris, 30 mai 1821.

Signé LOUIS,

COUR DE CASSATION.

APPEL. — PÈRE. — MINEUR. — AUTORISATION. — MATIÈRE CORRECTIONNELLE.

Un père a qualité pour interjeter appel des jugemens de condamnation rendus contre ses enfans mineurs en matière correctionnelle. (Art. 373 et 389 C. C., 202 et 204 C. I. C.)

(Le ministère public C. Monhoven.)

7 avril 1821, arrêt de la Cour de Metz en ces termes : « La Cour, attendu, sur la fin de non-recevoir opposée par le ministère public contre la déclaration d'appel faite dans les délais de la loi par Monhoven père, comme représentant sa fille mineure de dix-huit ans, que si en thèse générale la faculté d'appeler est personnelle et n'appartient qu'aux prévenus, il n'en est pas moins vrai que ce droit d'appel, en cas qu'il concerne un mineur, peut être exercé par ceux sous la puissance desquels il se trouve et qui le représentent ;

» Attendu que la sureté d'un mineur est en effet aussi précieuse à un père que la sienne propre, et que dans le silence de ce mineur à se défendre d'une plainte ou à appeler d'une condamnation, il doit appartenir à un père de provoquer lui-même cette défense, de formaliser un appel au nom de son enfant ;

» Attendu que l'on jugeait sous l'ancienne jurisprudence que le père, le mari, le tuteur, étaient recevables à poursuivre les délits commis envers les personnes qui étaient sous leur puissance ;

» Que les mêmes motifs de décision existent sous la législation actuelle ;

» D'où il suit qu'un père peut rendre plainte du délit commis envers son fils ; le mari, de celui commis envers sa femme ;

» Attendu conséquemment que si, dans pareil cas, un père peut agir pour son enfant mineur, à plus forte raison ce droit doit-il lui être accordé, lorsqu'il s'agit de repousser une plainte dirigée contre le mineur, de se pourvoir en son nom par appel d'une décision qui l'a condamné ; puisqu'un père a plus d'intérêt encore à faire tomber une condamnation prononcée contre son fils, qu'à en obtenir une contre l'auteur d'un délit commis envers ce même fils ;

» Attendu que la Cour de cassation a déjà fait l'application de ces principes en décidant le 3 septembre 1808 que l'appel interjeté par un mari sous le nom de sa femme est recevable ;

» Attendu que, d'après l'article 1384 C. C., un père est responsable des dommages-intérêts qui peuvent être prononcés contre son enfant mineur ;

» Attendu que ce motif donnait droit à Monhoven père d'appeler du jugement au nom de sa fille ;

» Rejette cette fin de non-recevoir, etc. »

Pourvoi en cassation de la part du ministère public, pour violation de l'article 202 Cod. inst. crim.

Le demandeur a dit qu'aux termes de l'article 202 Cod. inst. crim., la faculté d'appeler était personnelle ; qu'elle

n'appartenait qu'aux parties prévenues ou responsables, ou
à leurs fondés de pouvoir spécial ; qu'étendre cette faculté
hors des cas prévus, et l'accorder au père d'un condamné
mineur, c'était violer l'article 202 ; que d'ailleurs en matière de crime ou de délits, le mineur était réputé majeur,
et pouvait être poursuivi sans être assisté d'un curateur ;
que cette fiction de la loi indiquait assez que l'intervention
du père, prenant fait et cause d'un de ses enfans mineurs
condamné, était inadmissible.

ARRÊT.

LA COUR, — considérant qu'il résulte des articles 202
et 204 Cod. inst. crim., qu'en matière correctionnelle la
faculté d'appeler, qui compette à la partie condamnée, peut
être exercée par un fondé de pouvoir spécial ; que le père,
par la puissance qu'il exerce sur ses enfans mineurs, en
vertu de la loi, est de droit leur fondé de pouvoir spécial
pour toutes les affaires qui les concernent ; qu'il a donc
qualité pour appeler en leur nom des jugemens de condamnation rendus contre eux en matière correctionnelle ;
d'où il suit qu'en recevant, dans l'espèce, l'appel interjeté
par Antoine Monhoven, au nom d'Anne Monhoven, sa fille
mineure, du jugement du tribunal de première instance de
Thionville, qui l'avait condamnée à une peine correctionnelle, et en statuant sur le fond de cet appel, la Cour royale
de Metz n'a violé aucune loi ; — d'après ces motifs, rejette ;
etc.

Du 2 juin 1821. — Sect. crim. — *Prés.* M. Barris.

COUR DE CASSATION.

CHOSE JUGÉE. — CONCLUSIONS. — OBJETS. — MOTIFS. — ARRÊT.

Pour qu'il y ait chose jugée sur un point *il ne suffit pas que les juges l'aient examiné et aient émis leur opinion dans les motifs du jugement ; il faut qu'il ait été l'objet de conclusions prises par les parties ; ou qu'une disposition du jugement en prononce le rejet ou l'admission.* (Aft 1351 C. C.)

(Laurendeau et Delorme C Girault.)

Nous ne rapporterons pas les faits ; parce que la Cour de cassation a été obligée de tous les apprécier dans son arrêt.

M. Cahier, avocat général, a conclu à la cassation.

ARRÊT.

LA COUR, — vu l'article 1351 C. C.; attendu qu'aux termes de cet article, conformes aux anciens principes, l'autorité de la chose jugée n'a lieu qu'autant que la demande est fondée sur la même cause ; que la demande de la veuve Girault, rejetée par l'arrêt du 25 nivôse an 11, tendait à la révocation de la donation du 15 prairial an 2, par la survénance d'un enfant au donateur, et sa demande actuelle a pour objet la réduction de la donation pour la réserve de cet enfant; que ces deux demandes diffèrent par leurs causes comme par leurs effets, puisque la révocation par survenance d'enfant a son principe dans l'intérêt du donateur, et opère la nullité de la donation ; au lieu que la réduction pour la réserve a sa source dans l'intérêt des enfans, et suppose la validité et l'effet de la donation sur laquelle elle ne peut être exercée qu'au besoin et jusqu'à concurrence de ce qui est nécessaire pour remplir la réserve ; que par une suite il ne résulte aucune expédition de chose jugée contre la réduction, de ce que l'arrêt du 25 nivôse an 11 a rejeté la

révocation ; qu'on n'a pu décider le contraire , sous prétexte
que , lors de cet arrêt , la veuve Girault était défenderesse
à la demande en exécution de la donation , et qu'à ce titre
elle devait, suivant les lois alors existantes, opposer la réduction en défense à la demande , puisqu'aucune de ces lois
ne lui imposait cette obligation ; qu'au contraire les lois
d'alors , comme aujourd'hui l'article précité du Code , en
exigeant l'identité de cause pour établir l'exception de chose
jugée sur une demande, prescrivaient cette condition d'une
manière générale, absolue et sans distinction , par conséquent
à l'égard du défendeur comme à l'égard du demandeur ;
d'où il suit que , tout comme le demandeur était tenu d'employer tous ses moyens à l'appui de la demande , le défendeur
était obligé d'opposer toutes ses exceptions en défense à la
demande ; mais que , de même que le demandeur pouvait,
nonobstant le jugement, exercer les droits qu'il avait pour
d'autres causes , le défendeur demeurait libre de faire valoir
les droits qu'il avait pour des causes qui n'étaient point des
exceptions à la première demande , nonobstant la chose
jugée à laquelle ils étaient étrangers et ne portaient aucune
atteinte; que la réduction n'est point une exception contre
la validité et l'effet de la donation , puisqu'elle en suppose
l'exécution ; qu'elle ne porte conséquemment aucune atteinte à la chose jugée par le jugement qui en ordonne
l'exécution ;

Qu'on a pu encore moins induire l'exception de chose
jugée sur la réduction, de ce que la question aurait été
implicitement et virtuellement jugée par l'arrêt du 25 nivôse
an 11 , puisque, suivant l'article déjà cité du Code, également conforme en ce point aux anciens principes , il est
indispensable, pour constituer la chose jugée sur un objet
quelconque , qu'il y ait des conclusions prises par les
parties sur ce chef , ou une disposition du jugement qui en
prononce le rejet ou l'admission; qu'il n'y eut dans l'instruction qui prépara l'arrêt du 25 nivôse an 11 aucunes con-

clusions prises sur la réduction, ni dans les qualités et le dispositif de cet arrêt aucune question posée ni aucune pro-nonciation sur ce chef ; que par conséquent il n'y eut pas chose jugée sur ce point ; que si dans les motifs on examina s'il y avait lieu à restitution de la donation au profit de l'enfant Girault, ce fut. uniquement sous le rapport de la réduction des donations entre époux, prescrite par les articles 13 et 14 de la loi du 17 nivôse an 2, en cas d'enfans, et non sous celui de la réduction pour la réserve, dont il ne fut fait aucune mention ; qu'enfin, quand on s'en serait occupé sous ce dernier rapport, on ne l'aurait fait que pour en raisonner relativement à la révocation ; en sorte qu'en ce cas même, faute de conclusions, de position de questions et de prononciation sur la réduction, il n'y aurait point chose jugée sur ce chef ; qu'il suit de là qu'en déclarant la veuve Girault non-recevable dans sa demande en réduction, sous prétexte de la chose jugée par l'arrêt du 25 nivôse an 11, l'arrêt a violé et faussement appliqué l'article 1351 du Code, conforme aux anciens principes ;

Attendu, 2.°, etc., etc. ; — casse.

Du 5 juin 1821. — Sect. civ. Cass. — *Plaid.* MM. Flo-con-Rochelle et Guichard, av.

COUR ROYALE DE METZ.

1.° MATIÈRE CORRECTIONNELLE. — MINISTÈRE PUBLIC. — APPEL.

2.° TARIF. — CONTRAVENTION. — PEINE. — COMPÉTENCE.

1.° *L'appel interjeté par le ministère public d'un juge-ment correctionnel fait revivre toute l'action soumise aux premiers juges, et investit le tribunal d'appel du droit de statuer même sur la partie du jugement dont le prévenu n'a point appelé. (Art.* 203 *et* 205 *C. I. C.)*

2. *Les contraventions aux dispositions du décret du 16 février 1811, portant tarif des dépens, n'entraînent qu'une peine de discipline, et ne sont point de la compétence des tribunaux correctionnels.*

(A..... C. le ministère public.)

Le sieur A....., greffier d'une justice de paix, fut prévenu d'avoir commis le délit de bris de scellés et d'avoir contrevenu, par des perceptions illégales, aux dispositions des articles 9 et 151 du décret du 16 février 1811 ; il fut poursuivi devant le tribunal correctionnel de Sarreguemines, où intervint un jugement qui renvoya le prévenu du délit de bris de scellés, et qui, statuant sur les contraventions à lui reprochées, le suspendit de ses fonctions pendant vingt jours. Le prévenu n'interjeta point appel ; mais sur celui du ministère public la Cour réforma le jugement dans toutes ses parties.

ARRÊT.

LA COUR, attendu, dans l'espèce, que l'appel interjeté par le ministère public du jugement correctionnel rendu par le tribunal de Sarreguemines, le 17 avril dernier, fait revivre pár-devant la Cour toute l'action qui était soumise aux premiers juges, et lui donne le droit d'examiner et de statuer sur tous les chefs de prévention, encore bien que le prévenu n'ait point appelé lui-même de la partie du jugement qui prononce contre lui une condamnation ;

Attendu que le fait imputé au prévenu d'avoir délivré, comme greffier de la justice de paix, des expéditions qui n'avaient pas le nombre de lignes et de syllabes voulu par la loi, est une contravention aux articles 9 et 151 du décret du 16 février 1811 sur le tarif des frais et des dépens qui n'entraînait qu'une peine de discipline et qui n'était point de la compétence du tribunal correctionnel ; d'où il suit que le

tribunal correctionnel de Sarreguemines, en statuant sur ce
chef de prévention, a incompétemment jugé ;

Attendu que le tribunal a également incompétemment
jugé en renvoyant le prévenu de deux autres contraventions
qui lui étaient reprochées, et qui avaient pour objet une
perception de 10 centimes·pour timbre de répertoire, et
de 15 centimes pour appel de cause, puisque d'après le même
décret ces contraventions n'étaient pas de sa compétence ;

Attendu, quant au bris de scellés.... ;

Par ces motifs, annulle le jugement correctionnel de Sarreguemines comme incompétemment rendu sur les trois
chefs de prévention .relatifs à la perception, etc. ; renvoie
à cet égard A..... devant qui de droit ; le déclare con-
vaincu d'avoir brisé......

Du 6 juin 1821. — Ch. correct. — *Prés*. M. Colchen. —
Plaid. M. Dommanget.

COUR DE CASSATION.

1.° LICITATION. — MAJEUR. — MINEUR. — ESTIMATION — VENTE.
2.° LICITATION. — GARANTIE. — MAJEURE. — CAUSE. — OBLIGA-
TION.

1.° *L'adjudication d'un bien licité entre majeurs et mineurs peut être faite devant un notaire, à un prix
inférieur à celui de l'estimation donnée par les experts,
sans qu'il soit nécessaire de recourir à une nouvelle
autorisation.* (Art. 459 et 460 C. C., et 954, 964 et
972 C. P. C.)

2.° *Les majeurs peuvent valablement cautionner la vente
d'un immeuble qu'ils possèdent par indivis avec des
mineurs.* (Art. 1131, 1133, 1134 et 2012 C. C.)

(Bertin C. Genin.)

1.ᵉʳ décembre 1817, jugement du tribunal de Metz, qui

14.

valíde la vente , quoique faite sans recours à l'autorisation préalable du tribunal.

Appel. — 12 août 1818 , arrêt qui réforme en ces termes :
« 1.° L'adjudication faite au profit de l'intimé , doit-elle
» être annulée ? — 2.° La demande en garantie formée par
» l'intimé doit-elle être accueillie ?

Attendu , *sur la première question*, que les immeubles adjugés à l'intimé étaient indivis entre les cohéritiers , parmi lesquels étaient un absent et des mineurs; que l'absent était l'un de ces mineurs au moment de l'adjudication ;

Attendu que toute aliénation , tout partage et licitation des biens des mineurs , comme de ceux dans lesquels ils sont intéressés ou indivis avec des majeurs , ne peuvent avoir lieu et se faire légalement qu'en justice , de l'autorité et sous la surveillance des tribunaux , dans les formes protéctrices voulues par la loi pour la conservation des droits et intérêts des mineurs ;

Attendu que ces formes, indiquées d'abord et notamment par les articles 838 et 839 C. C. , sont plus spécialement tracées dans le Code de procédure civile . auquel se réfère textuellement et explicitement l'article 1688 C. C. sur le mode des licitations ;

Attendu que des dispositions réunies des articles 953, 966, 969 et 984 du Code judiciaire , il résulte qu'avant de donner l'autorisation pour la vente , le tribunal doit ordonner une estimation préalable qui devient en quelque sorte la mise à prix de l'immeuble à vendre ou à liciter , sur les enchères à faire lors de l'adjudication précédée de publications et affiches, comme dans les ventes faites sur saisie immobilière;

Attendu que ces formalités, toutes essentielles et de rigueur, ont pour but de prévenir la surprise, la déception et la lésion des intérêts des mineurs ;

Attendu que parmi les règles , dont l'inobservance aurait l'influence la plus funeste sur ces intérêts, rendrait inutile les autres et ferait dégénérer en vaines formules ces sages

précautions de la loi , on doit placer l'oubli de la disposition
de l'article 964 qui défend d'adjuger les immeubles au dessous
de l'estimation d'après laquelle la licitation ou la vente furent ordonnées , avant d'en avoir référé au tribunal pour
obtenir une nouvelle autorisation , s'il y a lieu ;

Attendu que borner les effets de cette disposition aux ventes
qui n'intéressent que des mineurs , et où l'autorisation du
tribunal est précédée d'un avis du conseil de famille , ce
serait juger la loi et ne pas juger selon sa volonté : *cur
de lege judicas , qui sedes , ut secundùm legem judices!*

Attendu que, si l'article 964 porte que le tribunal pourra
donner son autorisation après avoir demandé l'autorisation
du conseil de famille , dans le cas où cet avis est nécessaire ,
il ne s'ensuit pas , lorsque l'avis du conseil de famille n'est
pas nécessaire , (lorsque la demande de la vente ou licitation par des majeurs constitue une initiative régulière ,
d'après laquelle l'autorisation peut être accordée , ou mo-
difiée , ou refusée , suivant l'occurrence ,) il devient alors
inutile de recourir au moyen introduit par la loi pour garantir les mineurs d'atteintes à leurs intérêts ;

Attendu que s'il était permis , s'il était possible d'adjuger les
immeubles dans ce cas au-dessous du prix de l'estimation que
donne la mesure de la valeur, si le notaire délégué par le tribunal pouvait ainsi, de son autorité privée, céder à l'impulsion,
aux vues secrètes des majeurs colicitans, adjuger à son gré
au-dessous de l'estimation , avant qu'un jugement nouveau,
rendu sur des renseignemens positifs régulièrement vérifiés,
avec et en présence du ministère public , patron des intérêts des mineurs , ait ordonné une nouvelle estimation , ou
permis d'adjuger au-dessous de la première , il résulte évidemment de cette opération une présomption légale de lésion, qui rendrait l'aliénation rescindable , et par conséquent
sans effet ; attendu que le défaut, en ce cas, de retour au
tribunal constitue l'omission d'une formalité essentielle et
viscérale , dont l'absence vicie et annulle l'adjudication ;

Attendu qu'il devient dans la cause d'autant plus juste de prononcer cette annullation, que les procès-verbaux d'adjudication, soit préparatoire, soit définitive, recellent là présomption d'une collusion évidente entre quelques-uns des colicitans et l'adjudicataire qui-lui-même n'ignorait pas les vices de son titre, puisqu'il prit dans l'acte d'adjudication, l'engagement de par fournir et faire valoir à l'absent, s'il le réclamait, la différence qui pouvait résulter pour sa portion du rabais de l'adjudication sur le prix de l'estimation des immeubles qu'il acquérait ;

Attendu que les droits des mineurs ne peuvent être et ne doivent pas être moins respectés que ceux de l'absent ;

Attendu, sur la seconde question, que l'intimé adjudicataire, partie au contrat ne peut exciper des nullités qu'il devait lui-même prévoir, connaître et empêcher, pour lesquelles il ne peut avoir de garantie contre ses colicitans majeurs, malgré l'insertion qui doit se borner à faire valoir en sa faveur l'adjudication en ce qui touche les portions appartenantes à ceux-ci, parce que l'extention de cette garantie à la portion du mineur eût été un engagement sans cause, sans prix et sans motifs légitimes ; — par ces motifs, là Cour déclare l'adjudication nulle et de nul effet ; ordonne que les biens seront vendus et licités de nouveau en la forme ordinaire, et néanmoins renvoie les vendeurs de la demande en garantie formée contre eux par l'acquéreur, etc.

Pourvoi en cassation.

M. Cahier, avocat général, a conclu à la cassation.

Arrêt.

LA COUR, *sur le premier moyen*, attendu qu'il résulte des dispositions de l'article 460 C. C. que, si la licitation des biens indivis entre des majeurs et des mineurs est provoquée par des majeurs, les seules formalités à remplir pour

la validité de l'adjudication sont celles qui se trouvent pré-
scrites par l'article 459, et que cet article n'impose pas
l'obligation de recourir au tribunal pour autoriser la délivrance, même au-dessous du prix de l'estimation ;

Que, si l'article 964 C. P. C. exige pour ce cas une
autorisation préalable du tribunal et un nouvel avis de parens, ce n'est qu'alors qu'il n'y a que des mineurs intéressés à la licitation ;

Que dans le cas d'une licitation provoquée par des majeurs un avis de parens n'est pas même nécessaire pour y
procéder, aux termes de l'article 954 du même Code, lors
même qu'il y aurait des mineurs colicitans ;

Qu'en effet, si l'on admettait dans un pareil état de
choses la nécessité de recourir à l'autorité du tribunal, on
rendrait illusoire pour les majeurs le principe consacré par
l'article 815 C. C., qui veut que nul ne puisse être contraint de rester dans l'indivision ;

Que cependant la Cour royale de Metz a déclaré nulle
la délivrance faite au demandeur le 20 avril 1819, quoiqu'elle
reconnût que toutes les formalités avaient été observées
pour parvenir à l'adjudication, sur l'unique motif que ladite adjudication, faite au-dessous du montant de l'estimation, avait été consentie sans une autorisation préalable
du tribunal, quoique la licitation eût été provoquée par les
colicitans majeurs ;

Que la Cour royale n'a pu prononcer cette nullité sans
entreprendre sur la puissance législative, et conséquemment
sans commettre un excès de pouvoirs ; ce qu'elle n'a pu
faire d'ailleurs sans violer ouvertement les dispositions des
articles 460 C. C. et 954 C. P. C., et sans faire par suite une
fausse application de l'article 964 de ce dernier Code ;

Et attendu, *sur le second moyen,* qu'il résulte des motifs
mêmes de l'arrêt attaqué qu'il y eut promesse formelle de
garantie pour l'adjudicataire, de la part du colicitant majeur,
dans l'acte de délivrance dudit jour 20 avril 1819, et qu'il y

avait cause suffisante de cette promesse de garantie dans l'intérêt des ces derniers, puisque ladite promesse devenait une
des conditions de l'adjudication ; — que d'ailleurs, aux termes
de l'article 2012 C. C. , on peut valablement cautionner une
obligation, encore bien qu'elle puisse être annulée par une
exception purement personnelle à celui qui est cautionné,
comme dans le cas de minorité ; — qu'en déclarant une
pareille clause de garantie inexécutoire pour avoir été contractée sans cause légitime, la Cour royale a ouvertement
violé l'article 1134 C. C. , portant que les conventions tiennent
lieu de loi à ceux qui les ont faites, et l'article 2012 du
même Code, et fait la plus fausse application des articles
1131 et 1133, qui n'attachent la nullité des obligations qu'à
celles qui ont été contractées sans cause, sur une fausse cause
prohibée par la loi, ou contraire aux bonnes mœurs ; par
ces motifs, casse, etc.

Du 6 juin 1821. — Section civile. — *Prés.* M. Brisson.
— *Plaid.* MM. Lassin et Loiseau, avocats.

COUR ROYALE DE POITIERS.

JUGEMENT PAR DÉFAUT. — EXÉCUTION. — CONDAMNATION SO-
LIDAIRE.

*Lorsqu'un jugement de commerce portant condamnation
solidaire contre plusieurs défendeurs, dont un était défaillant, a été exécuté contre l'un d'eux dans les
six mois, il est réputé exécuté à l'égard du défaillant.*
(Art. 156 C. P. C. , 1206 C. C.) (1)

---

(1) La Cour de cassation a rejeté le pourvoi formé contre cet arrêt, par
e motif que le jugement de défaut avait été exécuté contre Dufaux par la
saisie-arrêt validée le 13 juillet par le tribunal de Poitiers.

(Geoffroy C. Labroue.)

En 1810, le sieur Dufaux et son épouse souscrivirent un billet à ordre de la somme de 13,860 fr., pour valeur reçue comptant en or et en argent.

MM. Geoffroy et François Laurence endossèrent ce billet.

Au mois de janvier 1817, M. Boüin-Beaupré en était porteur : il le fit protester, et, à défaut de paiement, il fit assigner devant le tribunal de commerce de Poitiers MM. Dufaux, Geoffroy et Laurence, pour être condamnés solidairement à lui en rembourser le montant.

Dufaux ne comparut pas; il fut condamné par défaut; MM. Geoffroy et Laurence le furent contradictoirement.

Ce jugement, rendu le 14 janvier 1817, a été signifié avec commandement, tant au sieur Dufaux qu'aux sieurs Laurence et Geoffroy.

Enfin M. Boüin-Beaupré, en vertu de la condamnation solidaire qu'il avait obtenue, s'est adressé à M. Geoffroy, qui le 3 avril a payé ce principal, les intérêts et les frais.

M. Boüin de Beaupré, par sa quittance, a mis et subrogé M. Geoffroy dans tous ses droits, priviléges et hypothèques résultans du jugement et des inscriptions prises en son nom

Depuis M. Geoffroy, en vertu de plusieurs titres, et notamment en vertu du jugement du 14 janvier 1817, a fait entre les mains d'un débiteur de Dufaux une saisie-arrêt que le tribunal de première instance de Poitiers a déclarée bonne et valable par un jugement du 27 juillet 1818, qui a acquis l'autorité de la chose jugée.

M. le chevalier de la Broue, créancier du sieur Dufaux, a depuis poursuivi par expropriation forcée la vente d'un de ses immeubles. M. Geoffroy a été placé dans la collocation provisoire au rang de l'inscription de M. Boüin-Beaupré.

M. le chevalier de la Broue a contesté cette collocation qui le primait; il a soutenu que le jugement du 14 janvier 1817, rendu par défaut contre le sieur Dufaux, n'ayant pas été exécuté dans les six mois de son obtention, était réputé non-avenu, et que par conséquent l'inscription à laquelle il servait de base ne subsistait plus.

Ce système a été accueilli par le tribunal de première instance de Poitiers, par son jugement du 26 mars 1821 dont voici la teneur :

« Relativement à Joseph-Pierre-Antoine Geoffroy,

» Considérant que le titre produit par ce créancier pour appuyer sa demande en collocation, est un jugement rendu par le tribunal de commerce de Poitiers, le 14 janvier 1817, portant la condamnation solidaire d'une somme de 13,688 fr. 80 cent. , prononcée contradictoirement contre lesdits Joseph-Pierre-Antoine-Geoffroy et François Laurence, et par défaut contre Dieudonné Dufaux , tant en son nom personnel que comme père et loyal administrateur de ses enfans mineurs, au profit de Célestin Boüin-Beaupré ;

» Considérant que l'article 156 du Code de procédure civile dispose que tous les jugemens par défaut et contre une partie qui n'a pas constitué d'avoué seront exécutés dans les six mois de leur obtention , sinon seront réputés non-avenus ;

» Considérant que l'article 159 du même Code dispose que le jugement est réputé exécuté, lorsque les meubles saisis ont été vendus, ou que le condamné a été emprisonné ou recommandé, ou que la saisie d'un ou plusieurs de ses immeubles lui a été notifiée, ou que les frais ont été payés, ou enfin lorsqu'il y a quelque acte duquel il résulte nécessairement que l'exécution du jugement a été connue de la partie défaillante ;

» Considérant que Geoffroy ne justifie pas que le jugement par défaut du 14 janvier 1817 a été suivi contre Dieudonné Dufaux, dans les six mois de sa date, d'aucun des actes d'exécution dont parle ledit article 159 , et duquel il puisse résulter

nécessairement que l'exécution dudit jugement ait été connue
dudit Dufaux ;

Considérant que le paiement fait par Geoffroy à Boüin-
Beaupré, en exécution dudit jugement, et par suite duquel
ledit Geoffroy s'est fait subroger au lieu et place dudit Boüin,
ne peut être assimilé à des poursuites dirigées personnellement
contre Dieudonné Dufaux, et tenir lieu contre lui des actes
d'exécution dont parle l'article 159 sus-cité ;

» Considérant qu'on ne pourrait faire produire à ce paiement le même effet qu'à ces actes d'exécution, s'ils eussent
eu lieu, qu'en confondant deux choses bien distinctes, la
dette et la manière de devoir;

» Considérant que cette distinction résulte des termes de
l'article 1201 du Code civil, qui porte que l'obligation peut
être solidaire, quoique l'un des débiteurs soit obligé différemment de l'autre au paiement de la même chose ; d'où
il suit que la loi reconnaît deux élémens dans l'obligation
solidaire, la dette en elle-même et la forme qui la con-
sacre ;

» Considérant que, si les poursuites dirigées contre Geoffroy,
débiteur solidaire, ont eu la force d'interrompre la prescription de la dette commune à l'égard de tous ses codébiteurs,
elles n'ont pu avoir la vertu de donner aux actes qui consa-
crent cette dette solidaire la même nature, la même forme
et les mêmes effets ;

» Considérant que le jugement du 14 janvier 1817 n'aurait
pu produire contre Dufaux, partie défaillante, les mêmes
effets qu'à l'égard des autres débiteurs contre lesquels il avait
été rendu contradictoirement, que dans le cas où il aurait
été exécuté contre ledit Dufaux dans les termes et dans le
délai prescrit par les articles 156 et 159 du Code de procédure
sus-cité ;

Considérant que cette exécution n'ayant point eu lieu, le
jugement doit être regardé comme non-avenu à l'égard de
Dufaux, et ses codébiteurs solidaires, quoique toujours obligés

à la même chose, ne le sont plus de la même manière, puis que Laurence et Geoffroy sont obligés hypothécairemen. aujourd'hui en vertu dudit jugement ayant force de chose jugée contre eux, tandis que Dufaux est resté, comme avant ce jugement qui n'a plus aucune force contre lui, un simple débiteur chirographaire ;

» Considérant que le jugement du 14 janvier 1817 étant réputé non-avenu pour n'avoir été exécuté dans les six mois contre Dufaux, des poursuites dirigées contre lui en exécution dudit jugement, en juillet 1818, n'ont pu lui rendre une existence qu'il n'avait plus, et faire revivre des droits qu'il n'avait pas conservés ; .

» Considérant que Geoffroy, ou celui qu'il représente, n'étant plus qu'un simple créancier chirographaire de Dufaux et de ses enfans, les inscriptions qu'il rapporte, et dont il devient superflu d'examiner le mérite, n'ont pu lui conserver une hypothèque qu'il n'avait pas, et lui donner un droit quelconque sur le prix de l'immeuble qui lui a été adjugé ;

» Considérant que Geoffroy s'étant présenté à l'ordre sans droit et sans qualité suffisante, doit être écarté du réglement définitif ;

» Le tribunal déclare non-avenue la collocation provisoire de Joseph-Pierre-Antoine Geoffroy, et ordonne qu'il sera écarté de l'ordre définitif, etc., etc. »

Appel de la part du sieur Geoffroy.

M. l'avocat général Labady a conclu à la confirmation du jugement dont est appel.

ARRÊT.

LA COUR, — considérant que les sieurs Dufaux, Geoffroy et François Laurence, débiteurs par la voie solidaire envers le sieur Boüin-Beaupré de la somme de 13,860 liv., pour le montant du billet à ordre souscrit le 21 janvier 1810 par Dufaux et Marie-Angélique Herbault, sa femme, au profit de Geoffroy, ont été condamnés solidairement par jugement du tribunal de commerce de Poitiers du 14 janvier 1817, comme endosseurs et souscripteurs dudit billet, à payer audit Bouin-Beaupré ladite somme de 13,860 liv. ; que ce jugement a été rendu contradictoirement contre Geoffroy et Laurence, et par défaut contre Dufaux, tant en son nom personnel que comme tuteur de ses enfans mineurs ;

Considérant que ce jugement a été signifié, tant audit Dufaux qu'à Laurence et Geoffroy, par exploit du 31 janvier 1817 ; que Boüin-Beaupré avait incontestablement le droit de s'adresser à l'un de ses trois débiteurs pour le contraindre au paiement de la totalité de sa créance ; qu'il n'est pas moins certain que les poursuites faites contre l'un d'eux pouvaient interrompre la prescription contre les autres, puisque les codébiteurs solidaires sont censés mandataires les uns des autres pour l'exécution des obligations et des condamnations prononcées contre eux ;

Considérant qu'il est prouvé par la représentation du procès-verbal du 3 avril 1817, que Geoffroy, pour éviter la saisie-exécution de ses meubles, a payé comme forcé et contraint le montant des condamnations prononcées par le jugement du 14 janvier 1817 ; que par l'effet de ce paiement toutes les parties condamnées s'étant trouvées libérées envers leurs créanciers, il en résulte nécessairement que le jugement dudit jour 14 janvier 1817 a reçu une pleine et entière exécution à l'égard de tous ceux contre qui il avait été rendu par la voie solidaire ; qu'ainsi la peine prononcée par l'article 156 du C. P. C. ne peut être invoquée dans l'espèce ;

Considérant qu'il n'en est pas dans l'espèce dont il s'agit comme si tous les codébiteurs solidaires n'avaient point été assignés et condamnés à la requête de Boüin-Beaupré ; que le jugement que ce dernier a obtenu l'a été contre tous, et que le droit en résultant a été conservé contre tous par l'exécution faite sur l'un d'eux ;

Considérant d'ailleurs que Geoffroy ayant fait faire une saisie-arrêt au préjudice de Dufaux, en vertu du jugement du 14 janvier 1817, cette saisie ayant été déclarée valable contre ledit Dufaux, et la délivrance des deniers saisis ordonnée au bénéfice de Geoffroy, par un autre jugement du 13 juillet 1818, passé en force de chose jugée, on pourrait dire que celui du 14 janvier 1817 a été reconnu avoir encore sa force et sa vigueur postérieurement à l'expiration des six mois, et que ce point, définitivement jugé à l'égard de Dufaux, rend encore le sieur de la Broue, son créancier, mal fondé à soutenir le contraire, parce qu'il ne peut avoir plus de droits que ledit Dufaux n'en aurait eu lui-même ;

Met l'appellation et ce dont est appel au néant, etc. ; statuant sur les conclusions et demandes des parties en cause, maintient la collocation provisoire faite au profit du sieur Geoffroy ; ordonne en conséquence qu'il sera colloqué suivant le rang de son inscription pour une somme de 13,688 fr. 80 c., et condamne le sieur la Broue aux dépens de l'incident fait tant en première instance que devant la Cour.

Du 19 juin 1821. — *Prés.* M. Barbault de la Motte. — *Plaid.* MM. Boncenne et Bréchard, av.

Nota. On peut voir les Annales du notariat; MM. Carré, sur l'article 156 C. P. C.; Delvincourt, tom. 2, pag. 323; Locré, Esprit du Code de procédure civile, tom. 1.er, pag. 531; Dunod, Traité des prescriptions, et Ferrière en son Dictionnaire de Droit, v.° péremption, et le Journal des Avoués, tom. 2, pag. 180.

COUR DE CASSATION.

1.ᵉ CONCORDAT. — HOMOLOGATION. — CRÉANCIERS. — NULLITÉ. — OPPOSITION.

2.ᵉ FAILLITE. — ACTION CIVILE. — MINISTÈRE PUBLIC. — BAN-QUEROUTE. — SUSPENSION.

1.ᵉ *Les créanciers qui n'ont pas fait vérifier leurs créances, quoique légalement mis en demeure, ne peuvent' pas former opposition au concordat, quand bien même ils voudraient l'attaquer de nullité. (Art. 513, 5.5 et 523 Cod. com.)*

2.ᵉ *Le créancier d'un failli opposant à l'homologation du concordat n'a pas le droit de demander qu'il soit sursis à son action civile, par le motif qu'on a porté plainte contre le débiteur en banqueroute frauduleuse, lors même qu'il produirait un certificat du procureur du Roi portant qu'il va poursuivre sur la plainte. (Art. 3 C. I. C.)*

(Ricard et compagnie C. Duchesne de l'Arbre et Lemasson.)

8 avril 1819, concordat entre le sieur Duchesne de l'Arbre, failli, et ses créanciers.

10 du même mois, opposition au concordat, de la part des sieurs Ricard et compagnie, créanciers, qui avaient négligé d'affirmer et de faire vérifier leurs créances, quoiqu'ils eussent été mis en demeure.

Le failli et le syndic de la faillite opposent une fin de non-recevoir à l'action des sieurs Ricard, et elle est adoptée par le tribunal de commerce de Rouen. « Attendu que l'ar-» ticle 523 Cod. com., qui fixe le délai de l'opposition, » n'en accorde le droit qu'aux créanciers, et que, suivant » l'article 515 du même Code, les créanciers habiles à con-

» courir aux délibérations, à consentir ou à contredire les
» traités, sont les seuls créanciers dont les créances ont été
» affirmées et vérifiées. »

Appel. — Devant la Cour, les sieurs Ricard et compagnie,
munis d'un certificat de M. le procureur du Roi constatant
qu'ils lui avaient remis une plainte en banqueroute frauduleuse, et que ce magistrat allait requérir une instruction sur
cette plainte, demandèrent qu'il fût sursis à leur opposition
et à l'homologation du concordat, jusqu'à ce qu'il eût été
prononcé définitivement sur l'action publique en banqueroute frauduleuse ; mais, par arrêt du 27 août 1819, la
Cour de Rouen rejeta le sursis, et, par arrêt du 5 novembre suivant, confirma la décision des premiers juges.

Pourvoi en cassation contre ces deux arrêts.

M. Cahier, avocat général, a conclu au rejet.

A R R Ê T.

LA COUR, attendu que rien ne justifie qu'avant ni lors
de l'arrêt du 27 août 1819 on ait produit devant les juges
qui l'ont rendu la preuve que le procureur du Roi avait
intenté l'action publique sur la plainte qui lui avait été
remise, ce qui justifie suffisamment cet arrêt ; — attendu,
et en ce qui concerne l'arrêt du 5 novembre suivant, que
l'article 523 Cod. com. n'ouvre l'opposition au concordat
qu'aux créanciers, et que de sa combinaison avec les articles 504, 510, 512, 513, 514, 519 et 522, il résulte que
les créanciers dont il parle sont uniquement ceux qui,
ayant vérifié et affirmé leurs créances, sont dûment reconnus, ce qui suffit également pour justifier cet arrêt, et
dispense d'examiner les autres moyens ; — rejette, etc.

Du 19 juin 1821. — Sect. civ. — *Prés.* M. Brisson. —
Plaid. MM. Duprat et Loiseau, avocats.

ORDONNANCES DU ROI.

AVOUÉS. — AIX. — CONDITION. — RECEPTION.

Ordonnance du Roi qui statue qu'à l'avenir nul ne pourra être élu membre de la chambre des avoués de la Cour royale d'Aix, s'il n'exerce depuis plus de six ans les fonctions d'avoué.

Paris, 20 juin 1821.   *Signé* LOUIS.

VOITURES. — ROUTES. — LARGEUR. — AMENDES.

Ordonnance du Roi qui statue que le chargement de toute voiture parcourant les routes sur des roues dont les jantes seraient de largeur inégale ne pourra être au-dessus du poids déterminé sur la dimension des jantes les plus étroites par le tarif inséré dans le décret du 23 juin 1806; que l'excédant de ce poids sera réputé surcharge, et que les contrevenans seront passibles des amendes prononcées pour excès de chargement par la loi du 19 mai 1802 (29 floréal an 10) et par ledit décret.

Paris, 20 juin 1821.   *Signé* LOUIS.

COUR ROYALE DE RIOM.

ADJUDICATION. — SAISIE-EXÉCUTION. — FOLLE ENCHÈRE. — PAIE-MENT.

L'adjudicataire qui ne paie pas un bordereau de collo-cation peut être poursuivi par voie de saisie-exécution. (Art. 715, 737, 741 et 771 C. P. C.)

(Rolland C. Moulin.)

Cet arrêt èst peu important, parce que la Cour de Riom
n'a jugé la question que par voie de principe.

Arrêt.

LA COUR , — considérant que *le premier motif* du
jugement dont est appel est ouvertement opposé aux dispositions de la loi sur le régime hypothécaire ; qu'én effet
le porteur d'un bordereau de collocation, exécutoire par
lui-même, a le droit d'en poursuivre le recouvrement par
la voie du commandement et de la saisie-exécution contre
l'adjudicataire, et qu'il n'est pas contraint à se pourvoir
par la voie de la revente à la folle enchère, à moins que
l'adjudicataire ne soit dans l'impuissance de se libérer ; —
adoptant au surplus les autres moyens proposés contre la
saisie-exécution , a mis l'appel au néant.

Du 23 juin 1821. — *Plaid.* MM. Godenel et Garron ,
avocats.

Nota. Plusieurs arrêts ont décidé , après de nombreuses con-
troverses , que le créancier pouvait poursuivre l'adjudicataire
par voie de folle enchère , faute par ce dernier de payer
les bordereaux. On peut sur la question qu'a examinée la
Cour de Riom , consulter M. Huet , Traité de la Saisie immobilière sur l'article 737 C. P. C. , pag. 300.

COURS ROYALES DE LIMOGES ET DE RIOM.

PÉREMPTION. — ACTION. — EXTINCTION. — INDIVISIBILITÉ.

*La demande en péremption d'instance est indivisible ,
de telle sorte qu'elle doit être rejetée , si plusieurs parties*

étant en cause , elle n'a été intentée qu'à l'égard de quelques-unes d'elles, quoique l'action originaire fût divisible de sa nature. (Art. 397 et 399 C. P. C.)

1.re ESPÈCE.

(Delaporte C. Paillard.)

Cette question maintenant ne souffre plus la moindre controverse (V. J. A. , tom. 28 , pag. 187 et 189) ; c'est pourquoi nous nous bornerons à indiquer le seul motif qu'ait donné la Cour de Limoges.

LA COUR, — sur les conclusions conformes de M. l'avocat général Guillibert, a rejeté la demande en péremption, parce que, a-t-elle dit, *une instance liée entre toutes parties est de sa nature indivisible.*

Du 21 février 1821. — Cour de Limoges. — *Prés.* M. de Bernard , premier président. —*Plaid.* MM. Dumont et Mousnier, avocats.

2.e ESPÈCE.

(Lambert C. Planeix.)

La Cour a rejeté la demande en péremption , par le motif « *qu'il ne peut y avoir de péremption à l'égard de certaines parties d'une même instance , lorsqu'il n'y en a pas à l'égard des autres , principe qui a été suivi de tout temps.* »

Du 26 juin 1820. — Cour de Riom.

COUR DE CASSATION.

1.° CRÉANCIERS. — FAILLITE. — SYNDICS. — COMPÉTENCE.
2.° SYNDICS. — DÉPENS.

1.° *Lorsque dans une faillite-le créancier de la masse,*
déclaré tel par jugement du tribunal de commerce, a
formé saisie-arrêt entre les mains du syndic caissier,
c'est devant le tribunal civil que doit être portée la
demande en validité. (Art. 442 C. P. C.)

2.° *Les syndics d'une faillite peuvent, selon les circon-*
stances, être condamnés personnellement aux dépens
d'une instance, lors même qu'ils l'ont suivie comme
représentant la masse des créanciers. (Art. 141 C. P.
C.) (1)

(Dumont et Gillot (les syndics de la faillite) C. Poullain.)

A r r ê t.

LA COUR, attendu que par divers jugemens et arrêts qui
ont acquis l'autorité irrévocable de la chose jugée, il a été
reconnu en fait que la société indivise formée entre les
sieurs Poullain, Dumont et Gillot, pour l'exploitation de
l'usine du Moulin-Renault, avait été continuée à la réquisition même des syndics de leur faillite, et que, par l'effet
de cette continuation de société, Poullain était devenu créancier de la masse de cette faillite, à raison des avances par
lui faites pour favoriser ses opérations; que le montant de
sa créance reconnu et fixé par un jugement arbitral, il
avait incontestablement le droit de faire des actes conser-
vatoires pour parvenir à se faire payer des sommes dont la
condamnation avait été prononcée à son profit ;

Attendu que le tribunal de première instance était seul
compétent pour prononcer sur la validité de la saisie-arrêt

_____

(1) *V.* le Cours de Droit commercial de M. Pardessus, tom. 3, n.°
1258.

faite par ledit Poullain entre les mains du caissier de la faillite et des syndics, et sur les suites qu'elle devait avoir, puisqu'il s'agissait de l'exécution d'un jugement rendu par un tribunal de commerce, qui, aux termes de l'article 442 du Code de procédure civile, ne pouvait pas connaître de l'exécution de son jugement;

Attendu que ce jugement, dont les motifs et le dispositif ont été adoptés par l'arrêt attaqué, a pu décider en la forme qu'étant créancier de la masse de la faillite Dumont et Gillot, Poullain avait pu valablement faire la saisie-arrêt dont il demandait la validité, et par suite, au fond, que la continuation des travaux commencés dans l'usine entre lui et Dumont et Gillot, ayant eu lieu de l'aveu des syndics et avec leur participation depuis la faillite particulière desdits Dumont et Gillot dans leur maison de banque établie à Paris, lesdits syndics, en leur qualité de mandataires et représentans des créanciers de ladite faillite, avaient été justement condamnés en leur dite qualité par la sentence arbitrale du 2 septembre 1816 à payer, pour la part contributoire de la masse, le montant des avances faites par Poullain postérieurement à la faillite, et dont ladite masse avait profité par préférence aux créanciers personnels des faillis; d'où il suit qu'en maintenant le jugement de première instance, la Cour royale de Paris n'a violé aucune disposition des lois invoquées par les demandeurs, qui toutes, d'après les circonstances de l'affaire, étaient évidemment inapplicables à l'espèce; ce qui suffit pour écarter les trois premiers moyens de cassation;

Attendu, sur le quatrième moyen pris de la condamnation de dépens prononcée contre les syndics en leurs noms personnels, que la Cour royale, qui avait sous les yeux tous les actes de la procédure, a trouvé sans doute dans l'appréciation des faits et circonstances particulières de la cause des motifs suffisans pour condamner les syndics personnellement aux dépens;

Par ces motifs , — rejette. .

Du 27 juin 1821. — Sec. civ. — Rejet. — *Plaid.* MM. Delagrange et Guibout , av.

COUR DE CASSATION.

USURE. — PREUVE TESTIMONIALE. — INSCRIPTION DE FAUX.

La preuve testimoniale est admissible devant les tribu-
naux civils pour établir qu'un contrat est vicié d'usure.
(Loi du 3 septembre 1807 ; art. 1319, 1341 et 1353 C.
C.) (1)

(Philippe C. Godefroy.)

9 mai 1817, jugement du tribunal de Bayeux qui con-
sacre ce principe. — Appel. — Arrêt confirmatif de la Cour
de Caen en audience solennelle, qui déclare la preuve par
témoins admissible par les motifs suivans : « Considérant que
» les circonstances de la cause font présumer que le contrat
» de constitution dont il s'agit n'est pas sincère et a été
» fait dans la vue, de la part dudit Philippe, de *masquer*
» *des intérêts usuraires,* et pour faire *fraude* à la loi du
» 3 septembre 1807: « Considérant que les faits articulés par
» Godefroy tendent à établir cette fraude, et que dès-lors,
» aux termes de l'article 1353 du Code civil, il y a lieu
» d'admettre non-seulement les présomptions, mais encore
» *la preuve testimoniale ;* — considérant que cette vérité
» a été consacrée par un arrêt de la Cour de cassation du
» 22 décembre 1813 (V. tom. 14, 1, 30), dans lequel
» cette Cour professe que dans les contrats *usuraires*

---

(1) *V.* un arrêt du 2 décembre 1813. — J. A., tom. 9, pag. 107.

» l'emprunteur n'agit pas librement ; que le prêteur agit
» avec *fraude,* et qu'ainsi ces sortes de conventions sont
» frappées d'une présomption légale de *dol* et *fraude,* et
» entrent nécessairement par cette raison dans les dispositions
» de l'article du Code ci-dessus cité ; — considérant que ,
» si en effet la preuve de l'usure ne pouvait s'établir et
» par les présomptions , et par la preuve testimoniale,
» autant vaudrait en ce cas rayer l'article 3 de la loi
» du 3 septembre 1807 , qui dispose que, s'il est prouvé
» qu'il y ait eu usure , le prêteur sera tenu de restituer
» l'excédant de l'intérêt légal , ou d'en faire la réduction
» sur le capital. — En effet, si cette preuve ne pouvait être
» faite que par des actes *par écrit,* le législateur n'aurait-
» il pas bien compris qu'il eût été impossible de se procu-
» rer une preuve de cette nature ? Car quel est l'usurier
» qui ne prend pas toutes les précautions convenables pour
» ne laisser aucune trace écrite de l'abus auquel il se
» livre ? On ne peut donc pas supposer que le législateur, en
» voulant arrêter cet abus, ait en même temps voulu inter-
» dire l'usage des seuls moyens propres à la dévoiler ; d'un
» autre côté , si le ministère public peut prouver par té-
» moins l'habitude de l'usure, comment se ferait-il qu'on
» rejetât la même preuve , quand il s'agirait de constater
» chacun des actes qui constituent cette habitude? La preuve
» testimoniale en pareil cas était admissible dans notre
» ancienne législation ; si la loi de 1807 ne l'admettait pas
» elle-même, ou si elle servait de prétexte pour la rejeter
» lorsque cette loi fut propre à intimider les usuriers , elle
» deviendrait au contraire leur égide, et , après les maux
» incalculables que la dévorante usure a faits à la société,
» il est impossible de croire que la loi destinée à y mettre
» un terme puisse au contraire en favoriser les progrès
» et en assurer l'impunité ; — considérant que ce n'est pas
» ici le cas d'appliquer cette maxime : *que celui qui a*
» *participé à une fraude, ne peut s'en faire un titre,*

» car l'emprunteur ne participe à cette fraude que passive-
» ment, et le prêteur est le seul *auteur* de cette *fraude*.

» Comment pourrait-on appeler son *complice* celui qui
» ne figure dans une pareille convention que comme con-
» traint par sa malheureuse position à en être la victime ? La
» cause se présente donc avec de telles circonstances, que
» ce serait blesser la justice, la raison et la loi, que de
» dire qu'en pareil cas la preuve testimoniale n'est pas ad-
» missible ; — considérant, 2.° que si la preuve testimo-
» niale peut être admise selon les circonstances en matière
» d'usure, ce n'est pas une raison pour admettre indistin-
» ctement tous les faits allégués par une partie, et qu'il
» faut au contraire examiner si ces faits en eux-mêmes
» sont admissibles et concluans ; or, lorsque l'engagement
» se trouve formé par un contrat authentique, on ne peut,
» sans prendre *la voie de l'inscription de faux,* proposer des
» faits de preuve qui tendraient à établir le contraire de ce
» qui se trouve formellement exprimé par ce contrat ; mais,
» lorsque ces faits peuvent être vrais, sans que ceux ex-
» primés dans le contrat soient faux, il n'est pas douteux
» que la preuve peut en être admise sans avoir besoin de re-
» courir à la voie de l'inscription en faux, si d'ailleurs ces
» faits de preuve sont concluans, etc. »

Pourvoi en cassation.

M. Lebeau, avocat général, a conclu au rejet.

Arrêt.

LA COUR, — attendu, que d'après les lois, l'usure
peut être établie par la preuve vocale ; que par conséquent
l'arrêt attaqué ne se trouve point avoir contrevenu à l'article 1341 Cod. civ. ;

Attendu que tous les faits dont la preuve a été admise
sont pertinens et ne contrarient en rien le fait de numé-
ration d'espèces attesté dans l'acte du notaire qui a pu

rester étranger à la simulation des choses qui se passaient devant lui ;

Attendu que le décès de Philippe, qualifié usurier habituel, rend bien le tribunal de police correctionnelle incompétent, mais que l'action qui résultait de l'usure reprochée n'en subsistait pas moins, et a pu être légitimement poursuivie devant les tribunaux ordinaires, et les preuves légalement ordonnées par témoins, ainsi qu'il résulte de l'esprit de la loi du 3 septembre 1807 ; — rejette, etc.

Du 28 juin 1821. — Sect. req. — Rejet — *Rapp.* M. Rousseau. — *Plaid.* M Loiseau , av.

———————

COUR DE CASSATION.

FAILLITE. — CRÉANCIERS. — JUGEMENT. — DÉCLARATION.

Dès que la faillite est déclarée par un jugement , les créanciers d'un failli n'ont plus le droit d'obtenir contre lui des jugemens , quoiqu'à l'époque de leur obtention la faillite n'ait pas encore été rendue publique par affiches et par insertion dans les journaux. (Art. 442 et 494 Cod. com.)

(Chamborre C. Protat.)

20 septembre 1819, jugement qui déclare le sieur Chamborre en état de faillite.

Le 23 septembre, le sieur Protat obtient un jugement par défaut contre son débiteur Chamborre.

24 septembre, insertion dans les affiches de Mâcon du jugement déclaratif de la faillite.

27 octobre, opposition de la part du sieur Chamborre, qui soutient que le jugement du 20 septembre, qui l'a dé-

claré en état de faillite à compter du 11 du même mois, a
fait obstacle à ce qu'il pût être personnellement actionné
par le sieur Protat. — Celui-ci répond que lors de l'assignation qu'il a fait donner au sieur Chamborre il ignorait
la faillite de celui-ci : qu'il n'avait appris ni pu apprendre
cette faillite que par les affiches et l'insertion faite dans le
journal du 24; qu'ainsi il a régulièrement procédé, et que
le sieur Chamborre doit être démis de son opposition.

Le 18 novembre 1819, jugement qui annulle les prétentions du sieur Protat : « Considérant que, quoique la faillite
» du sieur Chamborre ait été déclarée le 20 septembre, elle
» n'a été rendue publique, par insertion et par affiches, que
» le 24 du même mois; que les poursuites du sieur Protat ont
» eu lieu dans l'entrefaite de ces deux époques, et que le
» jugement par lui obtenu a été rendu dans la même en-
» trefaite ; que, suivant l'esprit des lois, soit de l'article
» 494 du Code de commerce, soit de la déclaration du 18
» novembre 1702, l'état de faillite n'est obligatoire contre
» les tiers que du jour de sa publicité; que dès-lors le sieur
» Protat, ayant agi dans l'ignorance de la faillite du sieur
» Chamborre, doit être présumé l'avoir fait de bonne foi ;
» que l'on ne pourrait sans injustice prétendre qu'il fût
» astreint à se pourvoir contre les agens de la faillite du
» sieur Chamborre, puisqu'il ne connaissait ni la faillite
» ni l'agence; qu'il suit de là que les poursuites qu'il a
» dirigées et le jugement qu'il a obtenu l'ont été valable-
» ment..... »

Pourvoi en cassation pour violation des articles 442 et
494 Cod. com.

M. Cahier, avocat général, a conclu à la cassation.

ARRÊT.

LA COUR, vu les articles 442 et 494 Cod. com.; — attendu que les dispositions de ces articles sont absolues et

produisent tous leurs effets contre les créanciers du failli, -
soit qu'ils aient eu connaissance de la faillite, soit qu'ils
l'aient ignorée, sauf à eux à former opposition, s'ils s'y
croient fondés, dans le délai fixé par l'article 457 du même
Code, au jugement qui a déclaré la faillite ouverte; d'où
il suit que, le sieur Chamborre ayant été déclaré en état
de faillite par un jugement qui depuis n'a pas été attaqué
et qui a acquis la force de chose jugée, les poursuites dirigées et les jugemens obtenus postérieurement contre lui sont
une violation directe des susdits articles 442 et 494; — par
ces motifs, casse.

Du 2 juillet 1821. — Sect. civ. — *Rapp.* M. Jaubert.
Plaid. MM. Jousselin, Nicod et Duprat, avocats.

Nota. V. M. Pardessus, tom. 3, pag. 504, n.° 1179,
et M. Locré, note première, sur l'article 457 Cod. com.

COUR ROYALE DE LIMOGES.

APPEL. (ACTE D') — INTIMÉ. — DOMICILE. — ÉQUIPOLLENCE.

*Un exploit d'appel n'est pas nul, parce qu'on aurait
omis d'y mentionner le domicile de l'intimé, si cette
omission est réparée par d'autres énonciations de l'acte.*
(Art. 61 et 456 C. P. C.) (1)

(Serrager C. Bélonie.)

ARRÊT.

LA COUR, — considérant, sur la nullité proposée contre
l'acte d'appel, que, si le domicile de Jean Bélonie fils a été
omis dans la copie qui lui a été signifiée, c'est évidemment

____

(1) *V.* J. A., tom. 28, pag. 157 et 158.

une erreur du copiste, puisque ce domicile se trouve indiqué
dans l'original ; qu'il résulte d'ailleurs des autres énonciations,
de l'acte , que l'huissier s'est transporté à son domicile et
lui a laissé copie de l'acte d'appel; que dès-lors cette omission,
n'est pas suffisante pour entraîner la nullité de l'acte d'appel ,.
et qu'il doit être maintenu ;

Sans avoir égard à la nullité proposée contre l'appel ,
etc.

Du 2 juillet 1821. — **Ch. civ.**

COUR DE CASSATION.

ARRÊT. — COLONIE. — MOTIFS.

*Les arrêts rendus dans l'île de Cayenne ou la Guiane
française doivent , à peine de nullité , contenir* les
noms des juges, la mention de la publicité , l'exposé des
points de fait et des points de droit, et être motivés. *Le
Code de procédure est en vigueur dans cette colonie
depuis le 25 janvier 1818.* (Art. 73 de la Charte constitutionnelle ; 7 de la loi du 20 avril 1810 ; 116, 138 et 141
C. P. C.)

1.re ESPÈCE.

(Vernier C. Gualbert Dupeyron.)

2.e ESPÈCE.

(Fourgassié C. veuve d'Ysembourg.)

Ainsi l'a jugé la Cour de cassation , les 21 mai et 3 juillet
1821, en cassant deux arrêts rendus par la Cour royale de
Cayenne.

COUR ROYALE DE LIMOGES.

DÉPENS. — DÉFAUT. — CONDAMNATION.

Les dépens qu'occasionne une partie par sa non-compa-
rution doivent être supportés par elle, lors même qu'en
définitive elle obtient gain de cause. (Art. 130 C. P. C.)

(Thonnet C. Botte et consorts.)

Ainsi jugé par la Cour de Limoges, sans aucune raison
de droit, et par le motif seul tiré du défaut.
Du 4 juillet 1821.

COUR ROYALE DE PAU.

CONTRAINTE PAR CORPS. — ARBITRAGE. — AMIABLES COMPOSITEURS.

Dans les matières où la contrainte par corps est autorisée
par la loi, les arbitres volontaires et amiables compo-
siteurs peuvent l'appliquer comme les tribunaux. (Art.
2067 C. C. et 126 C. P. C.)

(Desperiés C. Vielle.)

ARRÊT.

LA COUR. — attendu en fait que les parties plaidaient
devant le tribunal civil de l'arrondissement de Dax, sur la
reddition de compte tutélaire dû par la partie de Branthomme (le sieur Vielle) à celle de Petit (la dame Des-
perlés);
Que, par le compromis du 25 octobre 1817, elles soumirent

leurs contestations à l'arbitrage de deux jurisconsultes auxquels elles donnèrent pouvoir de les juger comme amiables
compositeurs et en dernier ressort ;

Attendu en droit que toutes personnes peuvent compromettre sur les droits dont elles ont la libre disposition (art.
1003 du Code de procédure) ; que les arbitres volontaires
sont de véritables juges dont les décisions, qualifiées jugemens
par la loi, en ont le caractère et les effets ;

Que la faculté qui leur est conférée de prononcer comme
amiables compositeurs, ne les dépouille pas de leur caractère
de juges ; qu'elle leur donne au contraire le pouvoir extraordinaire de ne pas conformer leurs décisions aux règles
du droit (art. 1019) ;

Que l'article 126 du Code de procédure laisse à la prudence des juges de prononcer la contrainte par corps pour
reliquat de compte de tutelle, curatelle, etc. ;

Qu'en fixant à la somme de 36,420 fr. 50 cent. le reliquat
de compte de tutelle, y compris les dégradations, et en condamnant la partie de Branthomme au paiement de cette
somme, par toutes voies et par corps, les arbitres n'excé-
dèrent pas leurs pouvoirs ; que conséquemment ce moyen
d'opposition à l'ordonnance d'*exequatur* doit être rejeté ;

Attendu que la partie de Petit avait demandé 24,000 fr.
de dommages-intérêts payables par toutes voies et par corps ;
qu'en accordant à ce titre 3,122 fr. 10 cent. , à cause des
dégradations, les arbitres ne prononcèrent pas sur une chose
non demandée ; que conséquemment le second moyen d'opposition manque dans le fait ;

Par ces motifs, disant droit à l'appel interjeté par la partie
de Petit envers le jugement du tribunal de Dax, déclare avoir
été mal jugé, bien appelé ; réforme en conséquence ledit
jugement ; et jugeant de nouveau, déboute la partie de Branthomme de l'opposition par elle formée à l'ordonnance d'*exequatur*, etc.

Du 4 juillet 1821. — *Plaid.* MM. Petit et Berdoy, av.

Nota. V. sur cette question MM. *Jousse, Traité de la Jurisprudence des présidiaux ; Henrion de Pansey,* Traité de l'Autorité judiciaire, chap. 5 et suivans ; *Poncet,* Traité des Jugemens ; *Carré,* Lois de la procédure, sur l'article 1016, n.° 3334 ; *Berriat-Saint-Prix,* tom. 1, pag. 45, n.° 26 ; *Delvincourt,* tom. 2, pag. 255, et *Pardessus,* tom. 4, pag. 98, n. 1404.

COUR ROYALE DE TOULOUSE.

1.° ACTES RESPECTUEUX. — ASCENDANS. — ABSENS. — NOTIFI-
CATION.

2.° ACTES RESPECTUEUX. — CONSENTEMENT. — CONSEIL.

1.° *Il n'est pas nécessaire, à peine de nullité, que les actes respectueux soient signifiés à la* personne même *des père et mère.* (Art. 154 C. C.)

2.° *Les actes respectueux par lesquels l'enfant demande* le consentement, *et non* le conseil *de ses père et mère, ne sont pas nuls.* (Art. 151 C. C.)

On peut voir M. Delvincourt, tom. 1.er, pag. 204 ; le Dictionnaire du Notariat, v.° *actes respectueux,* n.° 12, et le Journal des Avoués, tom. 28, pag. 135.

1.re ESPÈCE.

(Pouderoux C. Pouderoux.)

ARRÊT.

LA COUR, considérant que l'article 154 du Code civil, n'exigeant que le procès-verbal fasse mention de la réponse, n'a pas entendu créer une formalité illusoire et soumettre à la volonté de l'ascendant la validité des actes respectueux, puisque, en se dérobant au notaire, il dépendait de lui de rendre sans effet la notification qui lui serait faite; que la loi doit être interprétée dans le sens qui peut en assurer l'exécution, et qu'ainsi l'absence de l'ascendant de son domicile doit être considérée comme un refus de répondre; que c'est d'autant plus le cas d'interpréter la loi de la sorte, que, dans l'espèce particulière, la dame Pouderoux a seule à s'imputer le défaut de notification à sa personne, puisque, malgré qu'elle fût présente à son domicile, elle a fait déclarer qu'elle était absente, et qu'elle n'a pas voulu recevoir les notaires; que, d'un autre côté, elle n'a point disconvenu d'avoir effectivement reçu lesdits actes respectueux, et qu'enfin cohabitant avec sa fille, il lui était facile de lui adresser ses conseils et les exhortations qu'elle aviserait nécessaires ;

Attendu qu'en demandant à sa mère le consentement et non des conseils, l'appelante a suffisamment satisfait à la loi, puisqu'elle a mis sa mère à même de répondre et de manifester sa volonté; réformant le jugement du 28 mai 1821, déclare valables les actes respectueux des 17 février et 20 mars dernier, fait main-levée de l'opposition au mariage de la demoiselle Pouderoux; ordonne qu'il sera passé outre, etc.

. Du 27 juin 1821. — *Prés.* M. Moussinat. — *Plaid.* MM. Gasc jeune et Souque, av.

2.ᵉ ESPÈCE. — (Mercier C. Mercier.)

ARRÊT.

LA COUR, — attendu que des dispositions combinées des articles 151 et 154 du Code civil, il résulte que les enfans de famille, ayant atteint la majorité fixée par l'article 148, sont tenus, avant de contracter mariage, de demander, par un acte respectueux et solennel, le conseil de leurs père et mère, dans le cas où ceux-ci refusent leur consentement; que les formes de cet acte sont toutes particulières, puisqu'il doit être notifié par deux notaires, et que le ministère des huissiers est supprimé en pareil cas; par cela seul qu'ils sont chargés de l'exécution des actes de rigueur. L'acte respectueux n'a point pour but de mettre le fils en présence du père, puisque, comme plusieurs arrêts l'ont jugé, ce système, loin d'être propre à concilier les esprits, serviraient souvent à les aigrir et pourrait donner lieu à des scènes affligeantes et scandaleuses. La loi n'exige pas non plus que l'acte soit signifié à l'ascendant en parlant à sa personne, car ce serait rendre cette notification impossible et entraver la liberté des mariages que l'on a voulu favoriser; le père de famille auquel trois actes respectueux devraient être adressés, comme dans l'espèce, averti des temps auxquels il doit les recevoir, ne manquerait pas de s'éloigner de son domicile, espérant d'obtenir de nouveaux délais et tromper la prévoyance de la loi. Sans doute le fils de famille doit faire ce qui est en lui pour que l'acte respectueux soit adressé au père lui-même; et s'il était prouvé qu'il a pris des mesures pour que le père ne fût pas rencontré dans son domicile, cette affectation, essentiellement opposée à la nature de l'acte, devrait être pesée dans la balance de la justice; mais, hors ce cas, la notification est toujours régulière; quoiqu'on ne parle point à la personne de l'ascendant;

Attendu que l'on objecte vainement que les termes de l'article 154 répugnent à cette interprétation, puisqu'ils exigent que le notaire fasse sur son procès-verbal mention de la réponse de l'ascendant: comme l'observe M. Toullier, le refus de répondre ou l'impuissance de répondre, résultant de ce que l'ascendant n'a point été trouvé dans son domicile, seront constatés par le notaire, et le vœu de la loi sera rempli; car elle n'exige la mention de la réponse qu'en prévoyant le cas où il en est fait une;

Attendu que c'est aussi mal-à-propos que l'on a prétendu

que du moins une sommation antérieure devait être adressée au père pour le constituer en demeure: outre que cette
sommation serait peu respectueuse en soi ; qu'elle aurait
pour but de contraindre le père à recevoir un acte déplai-
sant pour lui, et que les rapports qui existent entre un
père et son fils n'admettent pas un mode aussi inconve-
nant ; d'ailleurs on ne peut ajouter aux dispositions de la
loi et créer des formalités qu'elle n'a point prescrit de
remplir ;

- C'est ainsi que la jurisprudence constante des Cours du
royaume et de la Cour de cassation ont interprété l'article
154 : la Cour elle-même s'est prononcée sur ce point dans
la cause de la demoiselle Pouderoux, en prenant pour règle
cette jurisprudence, le texte de la loi et l'opinion unanime
des auteurs ;

- Attendu que dès-lors les actes respectueux notifiés au
sieur Mercier père se trouvent réguliers ; que le premier a
été adressé au père lui-même ; qu'en son absence, le second
et le troisième lui ont été adressés en parlant à son épouse,
qui s'est chargée de lui remettre la copie sur l'invitation
du notaire ; que le sieur Mercier père, dans son opposition,
reconnaît avoir reçu les trois actes respectueux, et qu'au
fond il n'allègue aucun motif pour s'opposer à une union
parfaitement assortie sous tous les rapports, etc. ; par ces
motifs, etc.

Du 12 juillet 1821.

———

COUR ROYALE D'AMIENS.

ARRÊT. — PARTAGE. — DÉFAUT.

*Lorsqu'après un arrêt de partage, et devant les con-
seillers appelés pour le vider, l'une des parties refuse*

de plaider, l'arrêt qui intervient ne peut être que par défaut. (Art. 149 C. P. C.)

(Le marquis de Brancas C. les héritiers D....)

ARRÊT.

LA COUR, en ce qui touche la fin de non-recevoir proposée par les héritiers D.... contre l'opposition formée par le marquis de Brancas à l'arrêt de la Cour du 7 juin dernier ;

Considérant que cet arrêt ne saurait être regardé comme contradictoire ; qu'en effet, s'il est vrai que la cause ait été plaidée par toutes les parties devant les membres de la Cour qui, par l'arrêt du 3 mai précédent, ont déclaré être partagés d'opinion, il n'y a point eu, ni le 7 juin, ni dans les audiences précédentes, de plaidoiries commencées ni de conclusions prises pour le marquis de Brancas devant les conseillers qui ont été appelés pour vider le partage ; que par conséquent l'arrêt du 7 juin n'a pu être rendu contre le marquis de Brancas que par défaut, et que la Cour ne peut se dispenser de recevoir l'opposition qui a été formée dans la huitaine ;

Sans s'arrêter ni avoir égard à la fin de non-recevoir proposée, etc.

Du 19 juillet 1821. — Ch. civ. — *Prés.* M. le comte de Malleville, p. p.

COUR DE CASSATION.

CONTRAINTE PAR CORPS. — NOTAIRE. — CRÉANCIERS.

Le notaire qui volontairement a versé des deniers par lui perçus pour son client à des créanciers chirographaires de celui-ci, peut être contraint par corps à la

16.

restitution de ces deniers, sans qu'il puisse obtenir une action en répétion contre ceux auxquels ils les a donnés. (Art. 1236 et 2060 n.° 7 C. C.)

(G**** C. Havart.)

Havart, acquéreur d'un immeuble, confie au notaire G**** le prix de son acquisition, et celui-ci distribue inconsidérément ce prix aux créanciers chirographaires du vendeur. - L'acquéreur, poursuivi par les créanciers hypothécaires, exerce une action en restitution du prix à lui confié contre le notaire, qui actionne de son côté les créanciers chirographaires pour leur faire rendre ce qu'il leur a payé. - Jugement du tribunal de Compiègne qui condamne le sieur G**** par corps à faire la restitution demandée et rejette ses conclusions contre les créanciers chirographaires. — Appel. — Arrêt confirmatif de la Cour d'Amiens. — Pourvoi en cassation.

ARRÊT.

LA COUR, vu l'article 2060 n.° 7 C. C. ; — attendu que l'arrêt, en condamnant par corps le demandeur à restituer à *Havart* les sommes qu'il avait reçues de celui-ci pour prix de la vente faite par Rondelle et par acte passé devant ledit notaire G****, n'a fait qu'une juste application du n.° 7 dudit article; — attendu que les deux arrêts cités par le demandeur ne sont relatifs qu'aux distributions de deniers entre créanciers inscrits, qui, omis dans une collocation, sont fondés à demander que ceux auxquels ils étaient préférables soient tenus de rapporter jusqu'à concurrence le montant de la collocation à eux indûment faite; mais que ce cas n'est point applicable au demandeur, qui, ayant payé volontairement à des créanciers chirographaires des sommes qui leur étaient réellement dues, n'est point fondé à réclamer contre eux les sommes qu'il leur a payées, et qu'il doit supporter les suites de sa négligence ou de son imprudence; — par ces motifs, rejette, etc.

Du 20 juillet 1821. — Sect. req. — *Prés.* M. Lasaudade. — *Plaid.* M. Loiseau, avocat.

———

COUR DE CASSATION.

CRDRE. — SUCCESSION. — RÉGLEMENT DE JUGES. — COMPÉTENCE.

C'est devant le tribunal du lieu de l'ouverture de la succession que doit être suivi l'ordre pour la distribution du prix des immeubles d'une succession, surtout lorsque la vente a eu lieu devant lui, qu'il a été le premier saisi, et que le plus grand nombre des créanciers y ont fait leur production. — Dans ce cas l'ordre ouvert devant le tribunal de la situation des biens doit être annulé. (Art. 59 C. P. C.).

(Bouthillier C. Debize et consorts.)

M. le marquis de Bouthillier, domicilié à Paris, meurt et laisse des enfans qui, acceptant sa succession sous bénéfice d'inventaire, se font autoriser à liciter devant le tribunal de la Seine plusieurs immeubles situés dans le département du Cher. — Les adjudicataires de ces immeubles font ouvrir un ordre devant le tribunal de la Seine. Presque tous les créanciers du marquis de Bouthillier produisent à cet ordre; mais deux d'entre eux, les sieur Debize et consorts, obtiennent, le 29 novembre 1820, une ordonnance qui les autorise à ouvrir à Bourges, lieu de la situation des biens, un ordre pour la distribution du prix.

Les héritiers Bouthillier se sont alors pourvus devant la Cour de cassation en réglement de juges.

ARRÊT.

LA COUR, — attendu que la succession bénéficiaire du marquis de Bouthillier a été ouverte à Paris ; que la licitation des biens dépendans de cette succession a été faite au tribunal de la Seine ; que l'ordre pour la distribution du prix a été requis et ouvert au greffe de ce tribunal, et que la presque totalité des créanciers y ont déposé leurs titres ; — statuant sur le réglement de juges, sans s'arrêter à l'ordre postérieurement ouvert à Bourges, à la requête des défendeurs, lequel est réputé nul et non avenu, ordonne que, sur l'ordre ouvert à Paris, les parties continueront de procéder devant le tribunal de la Seine, etc.

Du 21 juillet 1821. — Section des requêtes. — Réglement de juges. — *Prés.* M. Lasaudade. — *Plaid.* MM. Mathias et Loiseau, avocats.

OBSERVATIONS.

Cette question présentait de graves difficultés ; mais la jurisprudence s'est fixée, et nous croyons pouvoir nous contenter d'indiquer à nos abonnés les arrêts des 26 frimaire an 14, 11 février 1806, 13 juin 1809, (*Jurisp. des Cours souv* , tom. 4, v.° ordre, n.° 1, 4 et 23), 23 mai 1810 (*J. A.*, tom. 2, pag. 31) et 3 septembre 1812 (*J. A.*, tom. 7, pag. 257).

COUR ROYALE DE LIMOGES.

1.° APPEL. — ORDRE. — DOMICILE ÉLU.

2.° JUGEMENT PAR DÉFAUT. — PÉREMPTION. — TIERS.

1.° *En matière d'ordre, l'appel signifié au domicile élu dans l'inscription est valable.* (Art. 2156 C. C.).

2.° *Quand un jugement par défaut a été approuvé par acte sous seing privé dans les six mois de l'obtention, mais que l'approbation n'a été enregistrée qu'après l'expiration des six mois, le créancier dont le titre est postérieur à l'enregistrement de l'approbation n'a pas le droit de la critiquer.* (Art. 156 C. P. C.)

(Du Saillant C. Fortune et Chosson.)

ARRÊT.

LA COUR, considérant que, si l'article 456 du Code de procédure civile établit en principe général que l'acte d'appel doit être signifié à personne ou domicile, ce principe souffre exception lorsque les parties ont exprimé dans un acte leur consentement à ce que la signification en soit faite à un domicile élu ; qu'en matière d'ordre le législateur a établi une instruction particulière ; que l'article 2148 du Code civil oblige le créancier qui prend une inscription hypothécaire à élire, par le bordereau qu'il fournit, domicile dans l'arrondissement du bureau; que l'article 2152 lui permet de changer de domicile, à la charge d'en indiquer un autre dans le même arrondissement : que d'après l'article 2156 les actions auxquelles ces inscriptions peuvent donner lieu contre les créanciers doivent être intentées par actes faits à leurs personnes ou au dernier domicile élu sur le registre ;

Que par ce mot *les actions* le législateur a compris toutes celles qui seraient une suite de l'inscription, tant au premier qu'au deuxième degré de juridiction ; que, s'il avait voulu en exempter l'acte d'appel, il s'en serait expliqué ; que les principes ci-dessus ont été solennellement consacrés par un arrêt de la Cour de cassation du 23 avril 1817, rapporté au Journal du Palais; qu'ainsi il est évident que l'appel interjeté par les époux du Saillant au domicile du sieur Fortune dans son bordereau d'inscription, est régulier et valable ;

Considérant que les époux du Saillant étaient créanciers du sieur Filias, en vertu d'un jugement par défaut du 4 juin 1810, de la somme de 2074 fr.; qu'ils le firent signifier à domicile, le 13 juillet, par l'huissier commis ; que le 14 ils prirent inscription sur les biens de leur débiteur; que le 21 novembre ils lui adressèrent un commandement de payer; que le 30, c'est-à-dire avant l'expiration des six mois, Filias déclara en marge de l'expédition approuver ce jugement; qu'à la vérité cette approbation ne fut enregistrée que le 20 juillet 1811, mais que les créances des sieurs Fortune et Chosson n'ayant pris naissance que long-temps après cet arrangement, ils ne sont pas recevables à quereller la reconnaissance volontaire du débiteur Filias;

Sans s'arrêter ni avoir égard aux moyens de nullité proposés contre l'appel fait au domicile élu, fesant droit de l'appel interjeté pas les époux du Saillant, met ledit appel et ce dont est appel au néant; émendant, réformant et fesant ce que les premiers juges auraient dû faire, déclare que le sieur Fortune et le sieur Chosson n'ont ni droit ni qualité pour argüer de péremption le jugement du 4 juin 1810, etc.

Du 21 juillet 1821. — Ch. civ. — *Prés.* M. Grivel. — *Concl.* M. Tallandier, subst. — *Plaid.* MM. Moulinard, Dumont, Lézeaud, avocats.

COUR DE CASSATION.

CASSATION. — MOTIF. — ERREUR.

L'énonciation d'un motif erroné ne peut pas donner ouverture à la cassation d'un arrêt qui se justifie d'ailleurs par d'autres motifs conformes à la loi.

(Bahuaud C. Cellier.)

La Cour de cassation a plusieurs fois jugé que les motifs ne constituaient pas le jugement, et de même qu'une cour n'infirme pas un jugement de première instance, quoiqu'elle n'adopte pas les motifs des premiers juges, de même la Cour de cassation ne pourrait casser un arrêt dont elle improuverait les motifs. (V. J. A. , tom. 26, pag. 80.)

Arrêt.

LA COUR, — attendu que, s'il est vrai dans la cause que l'article 636 Code com. était étranger à la contestation et applicable seulement au capitaine assureur, etc. , cas qui ne se rencontre pas ici, il est vrai aussi que l'énonciation d'un motif erroné ne peut donner ouverture à la cassation d'un arrêt qui se soutient d'ailleurs par d'autres motifs conformes à la loi ; — rejette.

Du 24 juillet 1821. — Sect. des req. — *Prés.* M. Lasaudade.

COUR DE CASSATION.

CONTRIBUTIONS INDIRECTES. — PLAIDOIRIES. — AVOUÉS.

Cette énonciation, ouïs les avoués des parties, insérée dans un jugement en matière de contributions indirectes, ne suffit pas pour constater que ce jugement a été rendu sur plaidoiries et par conséquent en contravention à la loi. (Art. 65 de la loi du 22 frimaire an 7 et 17 de la loi du 27 ventôse an 9.)

(La régie C. Maréchal.)

ARRÊT.

LA COUR, attendu que la loi ne défend pas d'employer des avoués; qu'elle veut seulement que leur ministère ne soit pas obligé; qu'elle ne défend pas non plus de prendre de simples conclusions verbales devant le tribunal réuni; qu'elle interdit seulement les plaidoiries, et qu'il ne résulte pas nécessairement de ces mots, *ouïs les avoués des parties*, qu'il y ait eu plaidoiries, puisqu'ils ont pu se borner à prendre des conclusions; qu'ainsi le moyen de forme n'est pas suffisamment établi;

Au fond, etc., etc.; rejette, etc.

Du 25 juillet 1821. — Sect. civ. — *Plaid.* MM. Cochin et Buchot, av.

COUR DE CASSATION.

PROCÈS-VERBAL. — GARDE CHAMPÊTRE. — ÉCRITURE.

Les procès-verbaux des délits forestiers ou champêtres doivent, à peine de nullité, être écrits par les gardes qui les font, ou bien par le greffier de la justice de paix du canton, ou enfin par l'un des fonctionnaires dénommés en l'article 11 du Code d'instruction criminelle. (Art. 3 du titre 4 des lois des 5 janvier et 29 septembre 1791; 6 du tit. 1.er de la loi du 6 octobre de la même année, et 11 C. I. C.)

Telle est la jurisprudence adoptée par la Cour de cassation, toutes les fois que cette question s'est présentée devant elle.

1.re ESPÈCE.

(Le ministère public dans l'intérêt de la loi.)

L'arrêt est du 26 juillet 1821. — Sect. crim. — Cassat.
Prés. M. Barris. — *Rapp.* M. Chantereyne.

2.ᵉ ESPÈCE.

(Le ministère public C. Nicolas.)

Cet arrêt est du 26 juillet 1821. — Sect. crim. — Rejet.

AVIS DU MINISTRE DE LA JUSTICE.

FRAIS. — MATIÈRE CRIMINELLE. — COMMUTATION DE PEINE. —
GRACE.

*Les lettres de grâce ou de commutation de peine n'en-
traînent pas de plein droit la remise des frais comme
les amnisties.*

On avait cru remarquer de l'analogie entre les lettres de
grâce ou de commutation de peine et les amnisties, et on
avait conclu que, lors même que les lettres de grâce ou
de commutation de peine se taisent sur la remise des frais,
cette remise doit être accordée.

M. le sous-secrétaire d'état au département de la justice
a écrit à ce sujet à son excellence le ministre des finances
une lettre conçue en ces termes:

« J'ai reçu la lettre que vous m'avez fait l'honneur de
» m'adresser le 6 juillet, pour me demander si la remise
» des frais de justice pourrait être accordée à titre de grâce.
» La règle générale est que la remise de ces frais n'est
» point comprise dans les dispositions des lettres de grâce
» ou de commutation que Sa Majesté daigne accorder à des
» condamnés. Ceux-ci ne peuvent être dispensés du paie-

» ment des frais de procédure que pour cause d'insolvabi-
» lité constatée, et l'appréciation de cette cause appartient
» aux attributions de votre département.

» Les inductions qu'on prétend tirer de ce qui se serait
» pratiqué en matière d'amnistie, ne sont d'aucune consi-
» dération, parce que l'amnistie a ses caractères et ses effets
» particuliers, ainsi que vous l'observez.

» Il est hors de doute toutefois que la prérogative royale
» peut s'appliquer à la remise des frais de justice ; mais,
» lorsque la volonté du Roi est qu'il en soit ainsi, les let-
» tres de grâce l'expriment d'une manière formelle. C'est
» ce qui a pu arriver dans des circonstances fort rares,
» comme, par exemple, dans le cas où les lettres de grâce
» sont accordées, parce que, d'après des faits connus depuis
» la condamnation, de graves présomptions morales don-
» nent lieu de croire qu'une erreur judiciaire a été com-
» mise, sans qu'il y ait ouverture à révision ; mais les frais
» de procédure ne sont jamais remis quand les lettres de
» grâce ne l'énoncent pas positivement.

» C'est d'après ce principe que la question que vous me
» soumettez doit être résolue. »

Du 27 juillet 1821. — Lettre de M. le sous-secrétaire d'état
au département de la justice.

COUR ROYALE DE COLMAR.

1.° ACTION. — ADOPTION. — NULLITÉ. — TIERCE OPPOSITION.
2.° ÉVOCATION. — COUR ROYALE. — INCOMPÉTENCE.

1.° *La nullité d'une adoption peut être poursuivie par
voie d'action principale, et sans qu'il soit besoin de
former tierce-opposition à l'arrêt qui a consacré l'a-
doption.* (Art. 474 C. P. C.)

2.° *Lorsque le tribunal de première instance s'est mal-à-propos déclaré incompétent, la Cour auquel son jugement est soumis et qui le réforme, peut évoquer le fond.* (Art. 473 C. P. C.)

(Dugied C. Sander.)

ARRÊT.

LA COUR, — considérant, quant à l'incompétence du tribunal de Strasbourg, proposée par le sieur *Sander-Lotzbeck ;*

Que les sieur et dame *Dugied*, prétendant n'être pas tenus ici des faits de leur auteur, ne pouvaient user de l'opposition, ni de la requête civile, ni du pourvoi en cassation; qu'ils avaient la faculté de former une tierce-opposition, mais qu'ils ont pu préférer à celle-ci l'*action principale*, qui lésait d'autant moins les droits de leur adversaire, qu'elle donnait les deux degrés de juridiction; que d'ailleurs, en matière d'adoption, tout est volontaire de la part des parties; et quant aux magistrats, leurs vérifications sont secrètes, leurs décisions sans motifs; que celles-ci ne font que mettre le sceau au *contrat personnel,* passé devant le juge de paix, entre l'adoptant et l'adopté; que c'est sur-tout ce contrat qu'on attaque; qu'enfin les jugemens et arrêts intervenus auraient pu rester sans effet par la volonté de celle des parties chargée de régulariser l'inscription sur les registres de l'état civil, en ne le fesant pas dans le temps prescrit; qu'ainsi le tribunal de Strasbourg était compétent pour statuer sur la demande des sieur et dame *Dugied ;*

Quant à la demande en évocation de ceux-ci : qu'elle est fondée sur l'article 473 C. P. C. qui l'admet dans le cas d'infirmation d'un jugement définitif, soit pour vices de formes, soit pour toute autre cause, ce qui renferme l'*incompétence,* objet du jugement définitif dont est appel ;

Quant à la fin de non-recevoir tirée, etc., etc.; donne acte au sieur Sander de ce que, sur la question d'incompétence, il s'en rapporte à la prudence de la Cour; ce fait, prononçant sur l'appel du jugement rendu entre les parties le 15 janvier 1821 par le tribunal civil de Strasbourg, etc., etc.

Du 28 juillet 1821. — Audience solennelle. — *Prés.* M. Marquais. — *Plaid.* MM. Antonin et Raspieler, av.

COUR DE CASSATION.

AUDIENCE SOLENNELLE. — NOMBRE DE JUGES. — INSUFFISANCE.

L'arrêt rendu en audience solennelle par les deux chambres civiles d'une Cour royale est nul si le nombre des conseillers était au-dessous de quatorze. (Art. 7 de la loi du 20 avril 1810, et 7 du décret du 6 juillet 1810.)

(Picard C. Picard.)

Cette question a déjà été jugée dans le même sens le 21 juin 1820. (J. A. , tom. 22, pag. 103.)

ARRÊT.

LA COUR , — *sur les conclusions conformes de M. Cahier, avocat général;* — vu la loi du 20 avril 1810, et l'article 7, deúxième alinéa, du décret du 6 juillet de la même année; — considérant que l'affaire dont il s'agit a été portée à l'audience solennelle des deux chambres civiles de la Cour de Lyon; — que ces chambres devant être composées chacune au moins de sept juges, le nombre de quatorze magistrats était nécessaire pour rendre valablement arrêt; — considérant que celui attaqué n'a été

rendu que par neuf juges , et par conséquent qu'il est nul
aux termes des lois ci-dessus citées; — casse et annulle l'arrêt
rendu par la Cour royale de Lyon le 3 avril 1819.

Du 31 juillet 1821. — Sect. civ. — Cass. — *Rapp.* M. le
baron Zangiacomi. — *Plaid.* M. Scribe , avocat.

COUR ROYALE D'AMIENS.

1.° AUTORITÉ ADMINISTRATIVE. — AUTORITÉ JUDICIAIRE. — COMPÉ-
TENCE.

2.° AUTORITÉ ADMINISTRATIVE. — AUTORISATION. — CHOSE JUGÉE.

3.° AUTORITÉ ADMINISTRATIVE. — INTERPRÉTATION. — ENQUÊTE.

1.° *L'incompétence de l'autorité judiciaire , pour con-*
naître des matières qui sont dans les attributions de
l'autorité administrative , peut être proposée pour la
première fois en cause d'appel. (Art 170 C. P. C.)

2.° *L'arrêté d'un conseil de préfecture qui autorise une*
commune à plaider devant les tribunaux , ne lie point
les tribunaux et ne leur attribue point juridiction sur
ce qui fait l'objet de la contestation. (Art. 1351 C. C.)

3.° *C'est à l'autorité administrative seule qu'il appar-*
tient d'interpréter les actes qui émanent d'elle; l'au-
torité judiciaire est incompétente à cet égard , à moins
que cette interprétation ne dépende d'une enquête. (Décret du 19 juin 1813.)

(Ledoux C. la commune de Brye.)

5 novembre 1813, adjudication faite par le Gouvernement
des marais de Brye au sieur Debras qui revend au sieur
Ledoux. — Plus tard , la commune de Brye prétend qu'une
certaine portion de terrain n'a point fait partie de la vente;

elle obtient du conseil de préfecture de la Somme un arrêté qui l'autorise à porter sa demande devant les tribunaux.

3o décembre 1820 , jugement du tribunal civil de Péronne qui autorise la commune à prouver qu'elle avait eu la jouissance du terrain en litige de temps immémorial , et tant avant l'adjudication de 1813 que depuis.

Appel par le sieur Ledoux. Il soutient qu'il s'agit de déterminer l'étendue et les effets de l'adjudication faite par l'autorité administrative ; qu'en conséquence les tribunaux sont incompétens pour connaître d'une pareille action ; qu'à la vérité , aux termes du décret du 19 juin 1813 , les tribunaux deviennent compétens pour statuer sur des matières placées d'ailleurs dans les attributions de l'autorité administrative, lorsqu'il y a lieu de recourir à une enquête pour prononcer sur la contestation ; mais que dans l'espèce il n'y a pas lieu de faire une enquête ; que d'ailleurs les faits dont la preuve est ordonnée sont non pertinens , etc.

La commune oppose contre l'exception d'incompétence une fin de non-recevoir prise de ce qu'elle n'a pas été proposée devant les premiers juges ; elle prétend ensuite que le conseil de préfecture , en renvoyant la commune devant les tribunaux, a reconnu l'incompétence de l'autorité administrative , et que sa décision doit être exécutée jusqu'à ce qu'elle soit réformée. Au fond , elle soutient la compétence de l'autorité judiciaire.

Arrêt.

LA COUR , — considérant que l'incompétence de l'autorité judiciaire peut être opposée en cause d'appel par le sieur Ledoux, quoiqu'elle n'ait pas été proposée par les juges , parce qu'elle est d'ordre public et qu'elle pourrait même être suppléée par la Cour ;

Considérant que l'arrêté du conseil de préfecture du dé-

partement de la Somme en date du 17 septembre 1818,
qui a autorisé la commune de Brye à plaider devant les
tribunaux, ne saurait non plus avoir lié la Cour et lui attribuer une juridiction qui ne lui appartient pas;

Considérant qu'aux termes des lois et décrets relatifs à
la matière, c'est à l'administration seule qu'il appartient
d'interpréter les actes qui émanent d'elle;

Que, dans l'espèce, il s'agit de savoir si une digue ou
langue de terrain fait partie de l'adjudication consentie par
le préfet de la Somme au nom du Gouvernement, le 5
novembre 1813;

Que la solution de cette question nécessite par conséquent
l'interprétation d'un acte administratif;

Et que d'ailleurs elle ne peut dépendre des enquêtes et
preuves des faits ordonnés par les premiers juges;

Reçoit la commune de Brye appelante du jugement rendu
par le tribunal civil de Péronne le 30 décembre 1820; et
statuant sur ledit appel, déclare que la demande de la
commune de Brye a été incompétemment portée devant les
tribunaux; en conséquence déclare aussi nul et de nul effet
le jugement dont est appel, comme ayant été incompétemment rendu; renvoie la cause et les parties devant l'autorité
compétente, etc.

Du 1.er août 1821. — Ch. civ. — *Prés.* M. de Malleville,
p. p. — *Concl.* M. Boullet, subst.

COUR DE CASSATION.

TIERCE-OPPOSITION. — PROCÉDURE. — EXPERTISE.

Sur la tierce-opposition à un jugement qui a prononcé la
rescision d'un acte pour cause de lésion, les juges peu-
vent prendre pour base de leur décision les actes de

XXIII. — 1821. 17

*procédure et notamment une expertise faits dans la
première instance. (Art. 474 C. P. C.)*

(Delage C. Beauregard et autres.)

2 juin 1818 , arrêt qui , sur la tierce-opposition des sieur
et dame Beauregard , rejette la demande d'une nouvelle
expertise : « Attendu que l'arrêt du 2 juin 1813 n'ayant pas
expressément décidé qu'une vérification ne peut avoir lieu ,
la Cour pourrait l'ordonner sans contrarier ses premières
décisions ; mais qu'en ayant été fait une contradictoirement
avec Delage cadet , qui était le plus intéressé à ce que la
lésion ne fût pas reconnue, il y a tout lieu de croire qu'une nouvelle opération ne ferait que confirmer la première, et qu'elle
entraînerait les parties dans un procès interminable et
ruineux ; cette décision prend une grande force de ce que
la vérification (qui , suivant les lois actuelles, ne doit jamais
être ordonnée sans qu'il apparaisse aux juges que la lésion est
probablement intervenue), a été ordonnée et par les premiers
juges et par les arbitres que les parties s'étaient choisis en
outre de ce que le rapport des experts a été deux fois homologué; enfin de ce qu'on a plaidé pendant longues années
sans articuler la moindre chose contre l'existence de la
lésion , et que ce n'est qu'après avoir épuisé tous les moyens
de défense que les sœurs Delage ont demandé une nouvelle
vérification dans leurs dernières conclusions ; d'où résulte
que c'est un bienfait pour toutes les parties de la refuser. »
Pourvoi en cassation de la part des tiers-opposans.
Le but de la tierce-opposition, ont-ils dit , est de faire
réformer un jugement préjudiciable à un tiers, qui n'a été
ni partie ni représenté lors de ce jugement. Le principe
qui a fait établir par le législateur ce mode de réformation ,
c'est qu'on ne peut opposer à une partie une décision rendue
sans qu'elle ait eu la faculté de se défendre ; dès-lors il est
certain que, relativement aux tiers-oppposans, le jugement,

ét., à plus forte raison, les actes qui l'ont précédé, sont sans aucune autorité, parce qu'ils ne lui offrent aucune garantie.

En conséquence les juges saisis de la tierce-opposition ne peuvent puiser les élémens de leur conviction et les motifs de la nouvelle décision qu'ils doivent rendre, que dans des actes faits contradictoirement avec le tiers-opposant ; sans cela le principe sur lequel repose la tierce-opposition serait entièrement méconnu. Dans l'espèce, la question à décider était celle-ci : savoir si l'acte du 7 ventôse an 3 devait être rescindé pour cause de lésion ; la lésion était donc le point de fait qui devait être établi devant les juges, et l'on conçoit de quelle importance il est pour tout défendeur à la demande en rescision d'être présent et partie à l'expertise, seule voie praticable, aux termes des articles 1677 et 1678 C. C., pour établir s'il y a ou s'il n'y a pas lésion.

En effet on conçoit que la première expertise a pu, par suite de la collusion des parties, présenter un résultat propre à faire admettre la rescision, tandis qu'une opération faite avec un véritable contradicteur donnerait un résultat tout opposé.

Ainsi, se fonder sur l'expertise faite dans la première instance, et à laquelle les tiers-opposans sont étrangers pour admettre la rescision à l'égard de ces tiers-opposans, c'est évidemment violer les principes établis en matière de tierce-opposition, ou plutôt c'est prononcer sans avoir recours à une expertise ; ce qui emporte violation des articles 1677 et 1678 C. C.

Pour le défendeur on répond :

Le vice du système des demandeurs est dans la supposition que la tierce-opposition annulle de plein droit tout ce qui a été fait dans l'instance à laquelle les tiers-opposans n'ont pas été appelés; rien dans nos lois n'autorise cette doctrine. La tierce-opposition donne lieu à examiner si la décision dont on se plaint est juste ou injuste, si ce qui a été

jugé aveo autrui a été bien jugé, et rien n'empêche les magistrats appelés à prononcer, sur la réclamation des tiers-
opposans de profiter des élémens d'instruction qui ont servi
de base à la décision qu'ils attaquent. Il s'agit en matière de
tierce-opposition de décider si le jugement intervenu doit être
déclaré commun aux tiers-opposans.

Une opération avait été ordonnée pour vérifier un fait.
Elle avait reçu la sanction des juges; le fait est remis en qué-
stion. Les juges peuvent sans doute ordonner une opération
nouvelle: mais c'est pour eux une faculté, et non pas une
obligation. S'ils trouvent dans l'expertise déjà faite les lumières
nécessaires pour asseoir leur jugement; s'ils pensent que le
jugement attaqué, fondé sur cette expertise, est conforme
à la justice, en rendant un jugement semblable, ils ne portent atteinte à aucune loi.

La Cour d'Agen n'a pas dit qu'elle était liée par l'expertise
faite entre les frères Delage; que cette expertise fixait irrévocablement le sort du procès; c'eût été violer la loi, car alors
la tierce-opposition serait illusoire; mais la Cour royale a
approuvé de nouveau ladite expertise; elle a jugé que les
mêmes résultats seraient inévitablement reproduits; la justice
est satisfaite; aucune loi n'a été violée. Les tiers-opposans
ont joui du droit que leur donne la loi, celui de faire examiner de nouveau ce qui a été jugé contre eux, hors de leur
présence.

Si la tierce-opposition devait annuler *de plano* tout ce qui
a été fait, il faudrait aller jusqu'à dire que les juges devant
lesquels la tierce-opposition est portée devraient déclarer
purement et simplement non-avenu le jugement et renvoyer
les parties à se pourvoir. Cette conséquence découlerait
naturellement du système des demandeurs; ainsi une cour
royale annullerait son arrêt, et le demandeur originaire serait
obligé de porter son action en première instance, de recom-
mencer en un mot le procès avec le tiers-opposant; c'est ce
qui n'a pas lieu, c'est ce que n'a pas voulu le législateur,

et ce qui prouve que les actes de l'instruction ne sont pas nécessairement anéantis, par cela seul que la tierce-opposition est reçue.

ARRÊT.

LA COUR, — attendu que l'effet de la tierce-opposition n'est pas d'anéantir de plein droit les actes d'instruction qui ont précédé et préparé le jugement attaqué; que le tiers-opposant a bien le droit d'attaquer ceux de ces actes qu'il prétend ou irréguliers dans leur forme, ou illégaux dans leurs dispositions, ou suspects de collusion ou de fraude; mais que ces critiques restent soumises à la décision des juges, et que, dans l'espèce, il est constaté par l'arrêt que les demandeurs, en réclamant une nouvelle expertise, n'ont imputé ni irrégularité ni vice à celle qui avait été précédemment faite, et se sont bornés à des soupçons de connivence que l'arrêt a repoussés; d'où il suit que, dans cet état de cause, les juges ont pu, sans violer aucune loi, s'arrêter à cette expertise; — rejette.

Du 1.er août 1821. — Sect. civ. — *Prés.* M. Brisson. — *Plaid.* MM. Péchard et Dufour d'Astafort, av.

COUR DE CASSATION.

QUESTION PRÉJUDICIELLE. — COMPÉTENCE. — FERMIER.

Lorsque sur la poursuite d'un délit forestier le prévenu n'excipe que d'un droit de jouissance mobilière, à titre de fermier, sur le fonds du plaignant, il n'y a point alors de question préjudicielle, et le renvoi au tribunal civil ne peut être ordonné. (Art. 3 C. I. C.)

(Bécherot et Godeau C. le ministère public.)

ARRÊT.

LA COUR, attendu que, d'après l'article 10, tit. 32 de

l'ordonnance de 1669, le fait qui avait donné lieu à la poursuite exercée dans l'espèce constituait un délit forestier ; qu'en principe général le juge du délit est juge de l'exception proposée contre la poursuite dont ce délit est l'objet ; que, si la loi déroge à ce principe lorsque le prévenu allègue pour sa défense une propriété immobilière ou un droit réel qui ne peut être légalement apprécié que par le juge auquel appartient la connaissance des questions de propriété, il n'en est pas de même d'une exception appuyée seulement sur un prétendu droit de jouissance, sur un droit qui se détermine à un résultat mobilier ; que la propriété des immeubles étant essentiellement dans le domaine des tribunaux civils, le prévenu qui, devant un tribunal de police correctionnelle, propose pour défense une exception de cette nature doit obtenir un sursis à l'action qui l'y avait amené, et le renvoi de la question préjudicielle de propriété au jugement du tribunal civil ; mais que, si l'exception porte uniquement sur une question de possession ou jouissance même d'un immeuble, elle ne forme une question préjudicielle que dans le cas où elle vient s'identifier et se confondre avec la question essentiellement civile de la propriété ; que dans l'espèce Bécherot et Godeau ne fesaient valoir pour défense contre la poursuite correctionnelle dont ils étaient l'objet qu'un simple droit à des jouissances de fruits, déterminé par sa nature à des résultats purement mobiliers, et que le tribunal correctionnel, juge du délit, avait dès-lors caractère pour juger si d'après le bail qu'ils produisaient le délit qui était imputé à Bécherot fils existait ou n'existait pas ; que cependant le tribunal d'Auxerre, légalement saisi de la connaissance de ce délit, a refusé d'y statuer et a prononcé un sursis aux poursuites, sous le prétexte de l'existence d'une question préjudicielle qu'il a cru devoir renvoyer au tribunal civil, en quoi ce tribunal a violé les règles de sa compétence ; qu'il y a donc lieu d'annuler la décision qu'il a rendue ; — par ces motifs, casse, etc.

Du 2 août 1821. — Sect. crim. — *Prés.* M. Barris. —
Concl. M. Hua, avocat général.

COUR DE CASSATION.

COMPÉTENCE. — FAILLITE. — SAISIE-REVENDICATION.

*Lorsque des marchandises ont été expédiées par un né-
gociant à un autre négociant pour le compte d'un
tiers qui se trouve en faillite, et que ces marchandises
sont encore en route, le demande en revendication
formée par l'un de ces négocians peut être portée devant
le tribunal du domicile du négociant commissionnaire,
lorsque la faillite demeure étrangère à la contestation
et qu'il ne s'élève de débats qu'entre les deux négocians
pour le privilége qu'ils prétendent respectivement leur
appartenir.* (Art. 59 § 7, 420 et 831 C. P. C. ; 576 et
577 Cod. com.)

(Bouisson C. Rey.)

En décembre 1818, les sieurs Bouisson, négocians à Béziers, expédient quarante pièces d'eau-de-vie aux sieurs
Rey, négocians à Marseille, pour le compte des sieurs
Barret-Hospitalier, négocians à Beaucaire. — Ces derniers
tombent en faillite. — Alors les sieurs Bouisson, à l'arrivée
de l'eau-de-vie à Marseille, exercent une revendication
sur vingt-huit pièces qui n'étaient pas encore entrées dans
les magasins du sieur Rey, en se fondant sur ce que le
prix des eaux-de-vie leur est encore dû par les faillis Barret.
— Ils invoquent les articles 576 et 577 Cod. com. — Les sieurs
Rey s'opposent à cette revendication, et citent les sieurs
Bouisson devant le tribunal de commerce de Marseille, pour

la voir déclarer nulle. — Ceux-ci déclinent la juridiction, et se fondent sur les articles 59 et 831 C. P. C.

4 février 1819, jugement qui rejette le déclinatoire.

Appel. — 10 juin 1819, arrêt qui confirme : « Attendu, 1.° qu'en matière commerciale, etc., etc. »

ARRÊT.

LA COUR, attendu qu'il a été reconnu par l'arrêt attaqué qu'il n'existait pas de contestation sur la validité de la saisie-revendication entre les sieurs Bouisson et les sieurs Barret-Hospitalier, ni entre les sieurs Bouisson et les syndics de la faillite de ces derniers; que l'arrêt a même reconnu que cette faillite n'avait aucun intérêt à la contestation élevée entre les sieurs Bouisson et les frères Rey, et que depuis le même fait a été attesté par les syndics de la faillite ;

Attendu que, n'existant de discussions qu'entre les sieurs Bouisson et les frères Rey, et les discussions ayant pour objet le privilége par eux respectivement réclamé sur des marchandises déposées à Marseille, la Cour royale a pu dans cette circonstance, sans violer aucune loi, ordonner que les parties procéderaient devant le tribunal de commerce de cette ville, en exécution de l'article 420 C. P. C. ; — par ces motifs, rejette, etc.

Du 4 avril 1821. — Sect. civ. — *Prés.* M. Brisson. — *Plaid.* MM. Odilon Barrot et Péchard, avocats.

COUR DE CASSATION.

COLONIES. — COMMERCE ÉTRANGER. — COMPÉTENCE. — COMMISSION SPÉCIALE. — CONSEIL SUPÉRIEUR. — ORDRE PUBLIC.

Les affaires relatives au commerce étranger dans les co-

*lonies, qui devaient être portées en appel devant une
commission spéciale, n'ont pu être soumises au conseil
supérieur de la Martinique, même à l'époque ou la
commission spéciale compétente n'était pas encore organisée, et l'incompétence du conseil supérieur peut
être proposée pour la première fois devant la Cour de
cassation.* (Arrêté du 12 vendémiaire an 11 et art. 173
C. P. C.)

(Le directeur général des domaines de la Martinique C.
Pryce.)

A R R Ê T.

LA COUR, — vu les articles 5 et 6 du titre 4 des lettres
patentes du mois d'octobre 1727, concernant le commerce
étranger aux îles et colonies de l'Amérique ;

Vu en outre l'arrêté des Consuls du 12 vendémiaire an
11, articles 1.", 2 et 3; — attendu que, soit d'après ces
lettres patentes, soit d'après cet arrêté, les contraventions
aux lois et réglemens concernant le commerce étranger dans
les colonies, ont dû être jugées sur l'appel par des commissions spéciales; que ces lettres patentes n'attribuaient en
effet la juridiction qu'à une commission composée du gou-
verneur, du lieutenant général, de l'intendant, des officiers
majors ayant droit de séance, de cinq et au moins de trois
conseillers ; — qu'il était expressément défendu par ces
lettres patentes à toutes personnes, autres que celles désignées, de faire partie de ces commissions ; — que ces lettres patentes n'ont été abrogées par aucun acte de l'autorité
souveraine qui les avait émises ;

Attendu en outre que, par l'arrêté du 12 vendémiaire an
11, le Gouvernement consulaire a créé aussi une commission pour instruire et juger dans les colonies sur l'appel
ces affaires; — que, d'après l'article 3 dudit arrêté, cette

commission a été composée du capitaine général, du préfet colonial, du grand-juge et de trois membres du tribunal d'appel, choisis pour chaque affaire par le capitaine général; — que cet arrêté, dont l'exécution a été suspendue pendant l'occupation de la Martinique par les Anglais, a repris toute sa force en 1814, époque à laquelle cette colonie est rentrée sous la domination française; — que le défaut momentané d'organisation de cette commission n'a pas produit l'effet extraordinaire d'attribuer au conseil supérieur de la Martinique une juridiction dont il n'a jamais été saisi par l'autorité souveraine; — que le demandeur a pu proposer pour la première fois ce moyen devant la Cour de cassation, puisqu'il s'agit du maintien de l'ordre public des juridictions;

. Attendu enfin que lesdites lettres patentes et ledit arrêté, en créant ces commissions, ont eu pour objet d'empêcher dans les colonies l'influence locale que le commerce exclusif de la métropole avec les colonies aurait eu à craindre; — que ce motif disparaît dans le continent de la France; — qu'il y a lieu par conséquent à renvoyer les parties devant une Cour royale pour leur être fait droit sur le fond de la contestation; — casse et annulle les arrêts rendus les 8, 9 et 10 juillet 1817 par le conseil supérieur de la Martinique, et, pour être fait droit sur le fond, renvoie la cause et les parties devant la Cour royale de Rouen.

Du 7 août 1821. — Sect. civ. —. Cassat. — *Concl.* M. Mourre, proc. gén. — *Plaid.* MM. Dumesnil de Merville et Vildé, av.

COUR DE CASSATION.

DOMICILE ÉLU. — ACTE D'APPEL. — SIGNIFICATION.

L'acte d'appel peut être valablement signifié au domicile

élu en première instance, lorsque dans l'acte où on a élu ce domicile, il a été dit qu'on regarderait comme nulles toutes les significations faites ailleurs; *et la signification du jugement de première instance, dans laquelle on a élu un nouveau domicile, n'avait pas révoqué le premier.* (Art. 456 C. P. C.)

(De Marchais et Repentigny C. Jolly.)

Les parties étaient en instance devant le tribunal civil de Montargis, lorsque la *veuve Derepentigny*, devenue femme *Marchais*, et son fils Camille firent signifier à leurs parties adverses, sous la date du 4 mai 1819, un acte contenant élection de domicile en ces termes : « Déclarent les requérans qu'ils révoquent tous domiciles qu'ils pourraient avoir élus précédemment, autre que celui ci-après ; qu'ils font élection de domicile en la demeure du sieur Thomas, sise à Montargis, rue du Château, n° 110, où toutes significations d'actes et exploits de justice devront être faites, *à peine de nullité*, sans pouvoir signifier ailleurs aucun acte généralement quelconque.

Le 4 octobre suivant, les mêmes parties, après avoir obtenu gain de cause, font signifier le jugement à leur adversaire, avec déclaration qu'elles élisent domicile en l'étude de M.* *Blanchet*, leur avoué à Montargis.

Appel est interjeté et signifié au domicile expressément élu dans l'acte du 4 mai 1819.

Les intimés prétendent que l'appel est nul.

7 juin 1820, arrêt de la Cour d'Orléans qui rejette cette fin de non-recevoir par les motifs suivans : « Considérant que les dispositions de l'article 456 C. P. C., quelque générales qu'elles soient, ne sont pas d'ordre public, et qu'introduites dans l'intérêt des justiciables, ceux-ci ont la faculté de renoncer à leur bénéfice ; considérant, dans l'espèce, que les intimés, en signifiant par l'acte du 4 mai 1819 une dé-

claration de domicile chez le sieur Thomas, pour y recevoir,
à peine de nullité, tous actes et exploits de justice, ont
dérogé implicitement au bénéfice de l'article précité; considérant que cette dérogation est d'autant plus formelle,
qu'elle n'a pas été faite seulement pour la cause, puisque
cette déclaration a été signifiée aux mêmes fins au sieur.....
étranger à l'instance qui existe entre les parties; considérant que le domicile élu par un acte postérieur chez l'avoué
Blanchet n'est pas une renonciation à l'effet de la déclâ-
ration du 4 mai 1819.

Pourvoi en cassation de la part de la dame Marchais et
de son fils.

M. Joubert, avocat général, a conclu au rejet.

Arrêt.

LA COUR, — attendu que l'article 456 C. P. C., sur lequel il est fondé, n'exclut point l'élection de domicile pour
la signification de l'exploit d'appel, et que celle portée par
l'acte du 4 mai 1819, dont il s'agit, ne se bornait pas aux
actes de procédure de première instance, mais était générale et relative à tous les actes quelconques, et était d'autant plus nécessaire que les demandeurs n'avaient pas de
domicile en France ;

Attendu, etc., etc.; — rejette.

Du 8 août 1821. — Sect. des req. — *Prés.* M. Lasaudade.
— *Plaid.* M. Rochelle, av.

ORDONNANCE DU ROI.

COMMUNES. — ADMINISTRATIONS. — VILLES.

*Ordonnance du Roi qui contient des modifications aux
règles actuelles de l'administration des villes et communes du royaume.*

LOUIS, etc.

Nous avions voulu, dans le projet de loi relatif à l'organisation, municipale, présenté à la Chambre des Députés
dans la dernière session, donner plus de latitude et de liberté à l'action des administrations locales ; ce projet n'ayant
pu être discuté et devant être de nouveau présenté dans
une autre session, nous avons jugé utile de faire jouir dès
ce moment les villes et communes de notre royaume des
avantages que nous nous promettons des modifications aux
règles actuelles de l'administration qui peuvent être ordonnées sans le concours de l'autorité administrative.

A ces causes,

Sur le rapport de notre ministre secrétaire d'état au département de l'intérieur,

Notre conseil entendu,

Nous avons ordonné et ordonnons ce qui suit :

Art. 1.er Les délibérations des conseils municipaux seront
exécutées sur la seule approbation des préfets, toutes les
fois qu'elles seront relatives à l'administration des biens de
toute nature appartenant à la commune, à des constructions, réparations, travaux et autres objets d'intérêt communal, et que les dépenses pour ces objets devront être
faites au moyen des revenus propres à la commune, ou
au moyen des impositions affectées par la loi aux dépenses
ordinaires des communes.

Les préfets rendront compte à notre ministre secrétaire
d'état de l'intérieur des délibérations qu'ils auront approuvées.

2. Toutefois les budgets des villes ayant plus de cent
mille francs de revenu continueront à être soumis à notre
approbation.

Les acquisitions, aliénations, échanges et baux emphy-
téotiques continueront également à être faits conformément
aux règles actuellement établies.

3. Lorsque les préfets, après avoir pris l'avis écrit et mo-

tivé du conseil de préfecture, jugeront que la délibération n'est pas relative à des objets d'intérêt communal, ou s'étend hors de cet intérêt, ils en référeront à notre ministre secrétaire d'état de l'intérieur.

4. Les réparations, reconstructions et contructions de bàtimens appartenans aux communes, hôpitaux et fabriques, soit qu'il ait été pourvu à la dépense sur les revenus ordinaires de ces communes ou établissemens, soit qu'il y ait été pourvu au moyen de nouveaux droits, d'emprunts, de contributions extraordinaires, d'aliénations, ou par toute autre voie que nous aurions autorisée, pourront désormais être adjugées et exécutées sur la simple approbation du préfet.

Cependant, lorsque la dépense des travaux de contruction ou reconstruction à entreprendre s'élevera au-dessus de vingt mille francs, les plans et devis devront être soumis à notre ministre secrétaire d'état de l'intérieur.

5. Les dispositions des décrets et ordonnances sur l'administration des communes, des hôpitaux et fabriques, auxquelles il n'est point dérogé par les articles ci-dessus, et notamment les dispositions des décrets du 3 novembre 1805 (10 brumaire an 14), du 17 juillet 1808, et de notre ordonnance du 28 janvier 1815, continueront de recevoir leur exécution.

6. La présente ordonnance n'est point applicable à notre bonne ville de Paris, à l'égard de laquelle il sera particulièrement statué.

7. Notre ministre secrétaire d'état, etc.

Saint-Cloud, 8 août 1821.

Signé LOUIS.

COUR DE CASSATION.

INSCRIPTION HYPOTHÉCAIRE. — RENOUVELLEMENT. — SAISIE IMMO-
BILIÈRE.

*Le créancier hypothécaire est obligé de renouveler son
inscription dans les dix années de sa date, lors même
que ce terme n'expire qu'après la saisie de l'immeuble
hypothéqué et la notification aux créanciers inscrits
des placards indicatifs de la première publication.*
(Art. 2154 C. C.)

(Le trésor public C. Duchailla et consorts.)

Le dernier considérant de l'arrêt de la Cour royale de
Paris contient tous les faits nécessaires à l'intelligence de ce
point de droit.

19 août 1820, arrêt qui déclare l'inscription périmée par
les motifs suivans : « Fesant droit sur l'appel interjeté par
l'agent du trésor du jugement contre lui rendu au tribunal civil
du département de la Seine le 16 avril 1820, ensemble sur
les demandes et conclusions respectives des parties ;

Considérant que la disposition de l'article 2154 du Code
civil est absolue ; que les inscriptions ne conservent les hypothèques et les priviléges que pendant dix ans, et que leur
effet cesse si elles ne sont pas renouvelées avant l'expiration
de ce délai ; que, dans aucun cas, ni par aucune autre
disposition, le Code ne dispense de renouveler les inscriptions, et ne permet d'en prolonger l'effet au-delà du terme
fatal de dix années, et que c'est en quoi il diffère de la disposition de la loi du 11 brumaire an 7 sur la durée des inscriptions ;

» Considérant que le droit réel d'hypothèque ne produit
son effet que par la vente volontaire ou forcée de l'immeuble

qui en est grévé, et qu'aussi long-temps que cette vente n'est pas réalisée, l'existence du droit hypothécaire est nécessairement subordonnée à l'accomplissement des obligations imposées à cet égard par la loi ; — que la saisie immobilière et la dénonciation qui en est faite au débiteur ne détruisent pas le droit de propriété de ce débiteur, mais apportent seulement des modifications au libre exercice de son droit ; — qu'il conserve toujours la faculté d'emprunter, d'hypothéquer, même d'aliéner valablement l'immeuble saisi, si, avant l'adjudication, l'acquéreur consigne, aux termes de l'article 693 du Code de procédure civile, somme suffisante pour désintéresser les créanciers inscrits lors de l'aliénation ;

» Considérant que le principal et même le seul objet que s'est proposé le législateur, en prescrivant, par les articles 695 et 696 du même Code, la notification du placard aux créanciers incrits, et l'enregistrement de cette notification en marge de la saisie au bureau de la conservation, a été de mettre chacun de ces créanciers en état de surveiller dans son propre intérêt la poursuite, d'en empêcher la radiation à son préjudice, et de s'y faire subroger dans les cas qui autorisent cette subrogation ; que c'est évidemment faire violence à la loi que de supposer à la simple formalité de la notification du placard, la vertu d'identifier les créanciers inscrits et surveillans avec le poursuivant dans l'exercice du droit hypothécaire, de créer une espèce de contrat judiciaire qui les lie réciproquement, et de fixer l'état des inscriptions d'une manière invariable et sans la nécessité du renouvellement, non-seulement entre les créanciers alors inscrits, mais encore vis-à-vis des tiers qui pourront, postérieurement à la notification des placards, soit acquérir hypothèque, soit requérir inscription sur l'immeuble saisi immobilièrement ;

» Considérant que si l'on admettait un pareil système les tiers créanciers ou prêteurs étrangers à la poursuite de saisie réelle, ne pouvant ni ne devant consulter pour leur

sureté que l'état des inscriptions existantes, et se fiant avec
la loi sur la péremption de toute inscription non renouvelée
avant l'expiration des dix années, se trouveraient victimes
d'une erreur ou d'une déception dont ils n'auraient pu se
garantir; que d'ailleurs on ne saurait avec raison ni sans
danger assigner une époque quelconque de la poursuite
de saisie immobilière, comme devant être le terme fixe de
l'effet des inscriptions, puisque la saisie elle-même n'a qu'une
existence précaire et dépendant des événemens, qu'elle peut
être annulée, convertie en vente volontaire, ou même être
tout-à-fait abandonnée;

» Considérant que c'est uniquement à l'ordre et sur l'extrait
délivré au poursuivant, ordre de toutes les inscriptions existantes au moment de l'adjudication, comme le veut l'article
752 du Code de procédure civile, que les inscriptions produisant leur effet légal et définitif par l'examen et la discussion que chaque inscription y subit, de même que c'est
avec le concours de tous les créanciers inscrits et en connaissance de cause que le droit de chacun à la distribution
et son rang dans cette distribution sont alors irrévocablement
réglés et fixés par la justice; — considérant que, dans l'espèce,
l'inscription de l'agent du trésor, en date du 24 juillet 1806,
n'ayant point été renouvelée avant l'expiration des dix années
de sa date, s'est trouvée périmée et comme n'ayant jamais
existé à l'époque du jugement d'adjudication du 5 février
1818, et de l'ouverture de l'ordre du 15 mai suivant; et
que c'est en se conformant à la disposition impérieusement
et sainement entendue de la loi sur le renouvellement des
inscriptions; que les premiers juges ont rejeté de l'ordre la
créance dont l'agent judiciaire du trésor demandait la collocation; a mis et met l'appellation au néant; ordonne que
le jugement dont est appel sortira son plein et entier effet;
condamne l'agent judiciaire du trésor royal en l'amende et
aux dépens des causes d'appel, intervention et demandes
envers toutes les parties sur le surplus des demandes, sur fins

et conclusions des parties, les met hors de cour. »
Pourvoi en cassation de la part du trésor pour fausse
application de l'article 2154 C. C. ; et des articles 695 et 696
C. P. C.

M. Joubert, avocat général, a conclu au rejet.

ARRÊT.

LA COUR, considérant que l'article 2154 C. C. statue
que l'effet des inscriptions hypothécaires cesse si elles n'ont
pas été renouvelées dans les dix ans ; que cette loi tient à
l'intérêt général et à l'économie du système hypothécaire français sur la publicité des hypothèques, laquelle ne peut résulter que du registre du conservateur et des inscriptions y
insérées ; qu'aussi l'on ne trouve dans les nouveaux codes
aucune exception en vertu de laquelle les créanciers inscrits
soient dispensés de l'obligation du renouvellement lorsque le
délai expire après la saisie immobilière dénoncée au saisi,
son enregistrement au bureau du conservateur et la notification des placards aux créanciers sus-énoncés ; d'où la
conséquence que tout créancier soumis par la loi à l'obligation d'inscrire, qui se présente à l'ordre avec une inscription
non renouvelée dans le délai légal, ne peut s'étayer de cette
inscription comme d'un titre valable et efficace ; et attendu
qu'on ne peut pas soutenir raisonnablement que les actes
de procédure dont on vient de faire mention, et sur-tout
la notification des placards faite aux créanciers inscrits avant
l'expiration des dix années, opèrent une espèce de contrat judiciaire entre eux à la faveur duquel la prescription ait
été interrompue et le renouvellement soit devenu inutile ; car
on ne peut voir autre chose dans de pareils actes que des
formalités préliminaires à la vente des biens, et il est évident que ni l'enregistrement de la saisie au bureau du conservateur, ni la notification des placards n'emportent pas
une reconnaissance du droit réel d'hypothèque et du rang
de chacun des créanciers à qui la notification est faite;

Attendu que la discussion et la véritable litiscontestation sur ces points ne commencent que lors de l'ouverture de l'ordre, époque à laquelle chacun des créanciers doit présenter des titres réguliers;

Attendu enfin qu'il est constant en fait que l'agent du trésor s'est présenté à l'ordre avec une inscription qui se trouvait déjà périmée à l'époque du jugement d'adjudication du 5 février 1818 et de l'ouverture de l'ordre du 15 mai suivant ; — rejette.

Du 9 août 1821. — Sect. des req. — *Prés.* M. Lasaudade. — *Plaid.* M. Nicod, av.

COUR DE CASSATION.

LITISPENDANCE. — DÉLIT FORESTIER. — USAGE. — RÉINTÉGRANDE. — COMPÉTENCE.

Un tribunal civil peut ordonner la restitution des bestiaux saisis en délit, quoique les tribunaux correctionnels soient saisis de la connaissance du délit, lorsque la litispendance n'a pas été expressément proposée. (Art. 171 C. P. C.)

(La princesse de Rohan C. Baril.)

Un sieur Baril, se prétendant usager, envoie ses bestiaux pacager dans la forêt de la princesse de Rohan.

20 juin 1818, procès-verbal est dressé contre lui par les gardes forestiers, qui saisissent les vaches et les mettent en fourrière, sous le prétexte que ces vaches n'étaient ni marquées ni désignées pour le pâturage, le nom du sieur Baril ayant été rayé par l'inspecteur de la liste des usagers dressée par le maire.

26 du même mois, Baril fait citer la princesse de Rohan

devant le tribunal civil d'Evreux, pour se voir condamner
à lui restituer ses deux vaches, et il conclut en outre à
ce qu'il soit fait défense à ladite dame de le troubler à l'a-
venir dans l'exercice du droit de pâturage dans la forêt de
Conches, sous l'offre de lui payer la rétribution ordinaire.

1.er juillet 1818, jugement qui accueille ces conclusions.
Appel; et devant la Cour rien ne constate que la dame de
Rohan ait excipé de ce qu'il y avait des poursuites corré-
ctionnelles commencées par le procès-verbal des gardes forestiers et par l'assignation qui avait été donnée en son
nom au sieur Baril, depuis la signification du jugement
du 1.er juillet, pour comparaître devant le tribunal corré-
ctionnel.

8 septembre 1818, arrêt confirmatif de la Cour de Rouen.

Pourvoi en cassation pour violation des lois attributives
de juridiction, en ce que la Cour royale avait ordonné la
remise des vaches, bien que le tribunal correctionnel fût
seul compétent pour statuer sur le délit résultant de ce
que les vaches avaient été envoyées au pâturage sans être
marquées.

M Cahier, avocat général, a conclu au rejet.

ARRÊT.

LA COUR, attendu qu'en première instance et en cause
d'appel la dame princesse de Rohan n'ayant ni produit le
procès-verbal des gardes forestiers, ni conclu en vertu de
ce procès-verbal à l'application de l'article 6 du titre 19 de
l'ordonnance de 1669, la Cour royale n'avait à prononcer
que sur l'action purement civile intentée par Baril, et tendante à ce que ses vaches lui fussent restituées et à ce qu'il
fût fait défense aux héritiers Bouillon et à tous autres de
le troubler dans l'exercice de son droit d'usage; — qu'ainsi,
en ordonnant la restitution desdites vaches, et en maintenant provisoirement Baril dans l'exercice du droit de pâ-

turage, par la considération qu'il n'était pas contesté. qu'il
fût du nombre des usagers, et que c'était arbitrairement,
et sans aucun motif articulé que les agens forestiers l'avaient
rayé de la liste des usagers régulièrement arrêtée par le
maire, et avaient refusé de marquer ses vaches, quoiqu'il
eût offert et même consigné la rétribution exigée pour l'accomplissement de cette formalité, l'arrêt attaqué n'a violé
ni les lois attributives de juridiction, ni l'article précité
du titre 19 de l'ordonnance de 1669 ; — rejette.

Du 14 août 1821. — Sect. civ. — Rejet. — *Plaid.* MM.
Odilon Barrot et Champion de Villeneuve, avocats.

COUR ROYALE DE METZ.

1.° MATIÈRE CORRECTIONNELLE. — APPEL. — OPPOSITION.

2.° AMENDE. — TÉMOIN. — APPEL.

1.° *En matière correctionnelle, la voie de l'opposition contre*
un jugement par défaut n'est qu'une faculté accordée
au prévenu, qui peut ou en profiter ou y renoncer
pour recourir de suite à l'appel. En conséquence
l'appel d'un jugement par défaut est recevable, quoi-
qu'il ait été interjeté dans le délai de l'opposition, et
que le prévenu n'ait pas d'abord usé de cette voie.
(Art. 187 et 203 C. I. C.)

2.° *Le jugement d'un tribunal correctionnel qui, con-*
formément à l'article 157 C. I. C., condamne un
témoin défaillant à l'amende prononcée par l'article
80 du même Code, est sujet à l'appel. (Art. 80, 157
et 199 C. I. C.)

(La femme Morhain C. le ministère public.)

ARRÊT.

LA COUR, — attendu, sur la première fin de non-rece-

voir opposée contre l'appel par le ministère public, et tirée :
de ce que la prévenue étant encore dans les délais pour
former opposition au jugement par défaut rendu contre elle
le 21 juillet dernier , elle en aurait interjeté appel avant
d'avoir épuisé cette première voie qui lui était tracée par
la loi ; qu'il résulte des dispositions des articles 187 et 203
combinées du Code d'instruction criminelle, que la voie de
l'opposition est purement facultative et qu'une partie condamnée par défaut , en matière correctionnelle , est recevable à appeler , quoiqu'elle n'ait pas pris la voie de l'opposition (arrêts de cassation des 19 ventôse an 11 et 3
septembre 1808 , rapportés par Carnot sur l'article 203 du
Code d'instruction criminelle) ; que l'article 187 n'interdit
pas en effet la voie d'appel avant d'avoir pris celle de
l'opposition , et que l'article 203 permet la voie d'appel
dans les dix jours au plus tard après la signification du
jugement par défaut , sans exiger qu'auparavant la voie de
l'opposition ait été suivie ; qu'enfin , si une partie condamnée par défaut était non-recevable à appeler pendant les
délais de l'opposition , elle n'aurait plus pour former son
appel les dix jours accordés par l'article 203 , mais seulement cinq , ce qui est évidemment contraire au texte de
cet article ;

Attendu , sur la deuxième fin de non-recevoir que le
ministère public fait résulter de ce qu'il ne peut jamais y
avoir lieu à appel des jugemens prononçant une amende
contre un témoin défaillant , qu'il est en effet constant
que l'article 80 du Code d'instruction criminelle permet
au juge d'instruction de prononcer sans appel une amende
qui peut s'élever jusqu'à 100 fr. contre un témoin défaillant ; mais que la même disposition ne se retrouve pas dans
l'article 157 , qui ne se réfère à l'article 80 que pour la
quotité de l'amende , et nullement pour le mode avec lequel
elle sera prononcée , savoir si ce sera avec ou sans appel ,
d'où il suit que les tribunaux ne pouvant créer une distin-

etion qui n'est pas dans l'article 157, c'est le cas de rentrer dans les dispositions générales de l'article 199 , qui veut
que tout jugement rendu en matière correctionnelle puisse
être attaqué par la voie d'appel ;

Par ces motifs , sans avoir égard aux fin de non-recevoir,
fesant droit à l'appel, etc.

Du 20 août 1821. — Ch. correct. — *Prés.* M. Périn ,
conseiller. — *Concl.* M. Julien , premier avocat général.
— *Plaid.* M. Vivien , avocat.

COUR DE CASSATION.

1.° DERNIER RESSORT. — DISTRIBUTION DE DENIERS. — PRÉFÉRENCE.
2.° PRIVILÉGE. — FRAIS DE JUSTICE. — MEUBLES. — LOCATEUR.
— PROPRIÉTAIRE. — FAILLITE.

1.° *Lorsque dans une distribution par contribution il*
s'élève une question de préférence entre deux créances
dont l'une surpasse la somme de mille francs, le ju-
gement qui intervient n'est pas rendu en dernier res-
sort. (Art. 5 du tit. 4 de la loi du 24 août 1790, et 453
C. P. C.) (1)

2.° *Le privilége du propriétaire locateur sur le prix des*
meubles garnissant l'immeuble loué, prime le privilége
des frais de justice faits pour l'administration de la
faillite du locataire. (Art. 2102 C. C. , 662 C. P. C. et
558 Cod. com.)

(Cheverry C. Trocmé.)

La veuve Michel tombe en faillite, ses meubles sont ven-

(1) *V.* J. A., tom. 28, pag. 101 , et tom. 29 , pag. 69.

dus, et le sieur Cheverry, greffier du tribunal de commerce de Provins, demande que la somme de 335 fr. qui lui est due pour frais de l'administration de la faillite Michel lui soit payée par préférence à tous autres créanciers.

21 novembre 1817, jugement qui accueille ses conclusions; mais le sieur Trouvé, propriétaire de la maison dans laquelle avait demeuré la veuve Michel jusqu'à sa faillite, et qui avait fait régler à 2,200 fr. la somme qu'elle lui devait pour loyers échus, forme tierce-opposition au jugement du 21 novembre 1817, et demande à primer le privilége des frais de justice faits à l'occasion de la faillite de son locataire.

Le 27 mars 1818, jugement qui rejette cette tierce-opposition. — Appel. — Le sieur Cheverry a prétendu que l'appel n'était pas recevable, attendu que sa demande n'ayant été que de 335 fr., le jugement qui la lui avait adjugée était en dernier ressort.

20 novembre 1818, arrêt de la Cour de Paris qui rejette la fin de non-recevoir et au fond accorde la priorité au sieur Trocmé.

Pourvoi en cassation de la part du sieur Cheverry.

M. l'avocat général Jourde a conclu au rejet.

ARRÊT.

LA COUR, considérant, *sur le premier moyen*, que le tribunal de Provins n'avait pas eu à prononcer sur la quotité des créances respectives, quotité sur laquelle il n'avait été levé aucune contestation, mais sur la préférence réclamée de part et d'autre par chacun pour sa créance particulière; qu'une des deux créances, celle de Trocmé, s'élevait beaucoup au-delà de mille francs, d'où il résulte que la cause excédait la compétence en dernier ressort et que l'appel était recevable;

Considérant, *sur le deuxième moyen*, 1.º que les frais de justice auxquels l'article 2101 C. C. accorde une préférence ne sont que ceux qui ont été faits dans l'utilité des parties, sur lesquelles la préférencé doit avoir lieu; que cette vérité est prouvée par l'article 662 C. P. C. qui, appliquant le privilége accordé par l'article 2101 C. C. aux frais de justice, porte : « Les frais de poursuite seront prélevés, » par privilége avant toute créance *autre que celle pour* » *loyers dus au propriétaire.* » Le motif évident de l'exception eu faveur du propriétaire est que les poursuites n'ont été d'aucune utilité pour lui; que les frais d'admini stration d'une faillite n'ont, sous aucun rapport, l'utilité du propr·étaire pour objet, et qu'ainsi ils ne peuvent primer le privilége du propriétaire sur les meubles qui garnissent sa maison;

Considérant, 2.° que l'article 558 Cod. com. dispose seulement qu'avant de faire la distribution de l'actif mobilier au marc le franc entre les créanciers chirographaires, il faudra (chose nécessaire pour connaître la somme à distribuer) faire distraction des frais d'administration de la faillite, des secours accordés au failli et des sommes payées aux privilégiés;

. Que dans cet article le législateur ne s'occupe pas de faire un ordre, qu'il ne décide certainement pas que les frais d'administration de la faillite seront payés par préférence aux créanciers privilégiés à qui cette administration est étrangère; créanciers privilégiés que le législateur suppose même payés et qui ont dû l'être, s'il y a eu moyen, ainsi que le prescrit l'article 533 du même Code; d'où il résulte qu'il n'y a ni violation de l'article 2101 C. C., ni violation de l'article 558 Cod. com. — Par ces motifs, rejette.

Du 20 août 1821. — Sect. civ. — *Prés.* M. Brisson. — *Plaid.* MM. Mathias et Gueny, avocats.

COUR ROYALE DE NIMES.

TÉMOIN. — REPROCHE. — SOURD-MUET.

Un sourd-muet de naissance peut être entendu comme témoin dans un procès civil. (Art. 268 et 283, C. P. C.)

(Delorme C. Aillaud.)

Arrêt.

LA COUR, — attendu qu'il n'y a d'incapables de déposer en justice que ceux à qui une loi expresse en ôte les pouvoirs ;

Attendu que les articles 268 et 283 du Code de procédure civile déterminent quels sont les témoins qui ne peuvent être assignés, qui sont reprochables, et que dans ce nombre ne se trouvent point compris les sourds-muets de naissance ;

Attendu néanmoins que ce qui est impossible n'ayant pas besoin d'être prohibé ; s'il était en effet impossible à un sourd-muet de déposer, c'est-à-dire de rendre témoignage d'un fait qui serait à sa connaissance ; et de remplir, en prêtant ce témoignage, les formalités voulues par la loi, ce sourd-muet ne saurait être admis comme témoin ;

Attendu que le sourd-muet de naissance étant reçu en témoignage dans la procédure criminelle, qu'il sache écrire ou non, au moyen des précautions prescrites, il s'ensuit qu'il ne lui est pas impossible de déposer et d'être entendu en témoin, ces précautions observées ;

- Attendu que lesdites précautions en matière criminelle et les formalités voulues en matière civile pour l'audition des témoins ne sont pas impossibles à observer dans l'espèce de la cause ; que du moins cette impossibilité n'est pas constante encore ;

· Attendu que, si le témoin sourd-muèt ne sait où ne peut lire ni écrire, entendre et se faire entendre, en lisant et en écrivant, mais qu'il le puisse par les signes qui lui seront faits ou qu'il fera, un interprète qui pourra lui être donné en offrira les moyens; mais qu'aussi, dans ce cas, cet interprète ne devra être pris que parmi d'autres personnes que celles qui seraient parentes ou alliées des parties aux degrés prohibés par la loi; ordonne que le sourd-muet de naissance (Aubert) sera admis en témoignage dans la cause, etc.

· Du 21 août 1821. — Ch. civ. — *Plaid.* MM. Boyer et Monnier-Taillades, av. ·

ORDONNANCE DU ROI.

CAUTIONNEMENS. — HUISSIERS. — COMMISSAIRES-PRISEURS.

Ordonnance du Roi relative au remboursement des cautionnemens des commissaires-priseurs et des huissiers.

· LOUIS , etc. , etc. — Sur le compte qui nous a été rendu que dans plusieurs circonstances les commissaires-priseurs et les huissiers étaient hors d'état de faire, après un long exercice, les justifications nécessaires pour obtenir le certificat de *quitus* exigé par le décret du 24 mars 1809, à l'effet de recevoir le remboursement de leurs cautionnemens ;

· Vu la loi du 25 nivôse an XIII, les décrets des 18 septembre 1806 et 25 mars 1809, notre ordonnance du 9 janvier 1818 ;

· Voulant concilier les droits acquis aux tiers intéressés sur les cautionnemens des officiers ministériels, et ceux de ces mêmes officiers à en être remboursés, lorsqu'après une pu-

blicité suffisante de la cessation de leurs fonctions il ne survient aucune opposition ;

Sur le rapport de notre ministre secrétaire d'état des fi-,
nances;

Notre conseil d'état entendu ,

Nous avons ordonné et ordonnons ce qui suit :

Art. 1.er Lorsque des commissaires-priseurs ou huissiers
auront cessé leurs fonctions, et que les titulaires, leurs héritiers ou ayans-cause seront dans l'impossibilité de représenter toutes les pièces comptables nécessaires pour obtenir
le certificat de *quitus* exigé par le décret du 24 mars 1809,
les chambres de discipline dont les titulaires dépendaient,
ou le procureur du Roi du ressort, dans les cas prévus par
notre ordonnance du 9 janvier 1818, constateront cette impossibilité et en déduiront les motifs, les chambres de discipline, par une délibération, et le procureur du Roi, dans
un avis donné sur la demande des titulaires, de leurs ayans-
cause ou de leurs créanciers.

2. Dans le cas prévu en l'article ci-dessus la déclaration
de cessation de fonctions devra, outre l'affiche prescrite par
l'article 5 de la loi du 25 nivôse an XIII, être insérée, à la
poursuite du titulaire ou de ses ayans-droit, pendant chacun des trois mois que durera ladite affiche, dans un des
journaux imprimés au chef-lieu de l'arrondissement du tribunal, ou, à défaut, au chef-lieu du département.

3. Le certificat des chambres de discipline ou des procureurs du Roi, attestant l'accomplissement des formalités
réglées par les articles précédens, tiendra lieu du certificat
de *quitus* exigé par le décret du 24 mars 1809.

4. A l'avenir les commissaires-priseurs et les huissiers
seront admis à faire régler, chaque année, par leurs chambres de discipline, et, à défaut de chambre de discipline, par
le procureur du Roi du ressort, le compte de leur gestion
antérieure.

Le réglement de compte, qui ne pourra porter aucun

préjudice aux droits des tiers intéressés, aura pour effet de décharger les titulaires de l'obligation de représenter, lors de la cessation de leurs fonctions et pour tout le temps compris audit réglement, le certificat de *quitus* prescrit par le décret du 24 mars 1809.

5. Notre garde des sceaux, etc., etc.

Paris, 22 août 1821.   *Signé* LOUIS.

COUR ROYALE DE PARIS.

1.° RÉGIE. — PRIVILÉGE. — CAUTION.

2.° COMPÉTENCE. — CONTRAINTE. — TRIBUNAL DE COMMERCE. — ORDRE PUBLIC.

3.° ÉVOCATION. — INCOMPÉTENCE. — COUR ROYALE.

1.° *La régie des douanes a un privilége sur les meubles des cautions de ses redevables. (Art. 2098 C. C.)*

2.° *Les tribunaux de commerce sont incompétens pour connaître des actions de la régie des douanes exercées par voie de contrainte, et cette incompétence peut être proposée en tout état de cause, même sur l'appel. (Art. 170 C. P. C.)*

3.° *La cour qui annulle un jugement d'un tribunal de commerce comme incompétemment rendu peut évoquer le fond. (Art. 473 C. P. C.)*

(La régie des douanes C. les syndics de la faillite Frondat.)

Le tribunal de commerce de la Seine avait rejeté les prétentions de la régie, en se fondant sur les articles 22 du titre 13 de la loi du 22 août 1791 et 4 du titre 6 de la loi du 4 germinal an 2.

Devant la Cour, la régie a demandé son renvoi devant les tribunaux civils, quoique ce fût elle qui eût assigné devant le tribunal de commerce.

ARRÊT.

LA COUR, *en ce qui touche la compétence*, attendu que le tribunal de commerce, qui n'est qu'un tribunal d'exception, ne peut connaître des actions du trésor public exercées par voie de contrainte, lesquelles, aux termes des lois sur la matière et de l'article 2098 du Code civil, ne peuvent être portées que devant les tribunaux ordina'res ; que l'incompétence à cet égard étant absolue ne peut être couverte par aucun acquiescement ;

En ce qui touche le fond, attendu que de Frondat, en sa qualité de caution solidaire de Lequesne, tenu des mêmes obligations que ce dernier vis-à-vis l'administration des douanes, était passible comme lui de l'effet des contraintes décernées par ladite administration ; qu'il n'est intervenu, de la part de l'administration ou des préposés, aucun fait qui modifiât ces obligations ou leur effet ; que les lois qui règlent le mode d'exercice et l'étendue des droits du trésor public pour le recouvrement de ses créances lui assurent un privilége par préférence à tous autres créanciers non compris dans les exceptions portées par les lois ; — fesant droit sur l'appel interjeté par l'administration des douanes du jugement du tribunal de commérce de la Seine du 23 août 1820, déclare ledit jugement nul et incompétemment rendu, et néanmoins, statuant au fond, en vertu de l'article 473 du Code de procédure civile, dit que les créances de l'administration des douanes contre de Frondat sont et demeurent fixées à la somme de 233,509 fr. 60 c., ainsi qu'elles l'ont été par les contraintes décernées les 7 mars et 20 octobre 1820 : ordonne que ladite administration sera payée du montant desdites créances par privilége et préférence à tous créanciers de la faillite de Frondat, autres que ceux, s'il en existe, qui se trouveraient dans les cas d'exception portés par les lois ; ordonne la restitution de l'amende ; condamne les syndics de la faillite de Frondat aux dépens des causes principale, d'appel et demande ; sur le surplus des demandes, fins et conclusions des parties, les met hors de cour.

Du 23 août 1821. — *Prés.* M. Agier. — *Plaid.* MM. Hennequin et Parquin, avocats.

· *Nota.* Nous croyons inutile de noter ici les arrêts et les autorités sur la troisième question, parce qu'elle ne souffre plus au palais la moindre difficulté.

———

COUR ROYALE DE LIMOGES.

SAISIE IMMOBILIÈRE. — COMMANDEMENT. — TIERS DÉTENTEUR.

Quand la saisie immobilière est faite sur la tête d'un tiers détenteur, c'est du commandement fait au tiers détenteur, et non du commandement fait au débiteur originaire, que courent les trois mois dans lesquels la saisie doit avoir lieu. (Art. 673 C. P. C.)

(Turpin C. Dureclus de Gageac.)

Cette cause présentait à juger deux questions de droit civil de la plus haute importance ; mais, pour l'intelligence de la question de procédure indiquée ci-dessus, il suffit de rapporter les considérans de l'arrêt qui l'ont décidée.

ARRÊT.

LA COUR, — attendu que l'arrêt de la Cour de cassation, etc., etc. ; — attendu enfin que c'est avec tout aussi peu de fondement qu'Amédée de Gageac soutient que la saisie immobilière du domaine de Gageac faite à son préjudice est nulle, aux termes de l'article 674 du Code de procédure civile, vu qu'il s'est écoulé plus de trois mois

entre le commandement fait le 7 septembre 1824, en exécution de l'article 2169 du Code civil, au débiteur originaire,
c'est-à-dire au curateur de la succession vacante, et la saisie
immobilière faite au préjudice de lui, Gageac le 19 mai
1815 ;

Il faut distinguer en effet le commandement prescrit par
l'article 2169 du Code civil, du commandement prescrit par
l'article 673 du Code de procédure civile ; le premier de ces
commandemens, qui a lieu dans le cas où un immeuble
hypothéqué a passé entre les mains d'un tiers détenteur,
est adressé au débiteur originaire ; tandis qu'une sommation
de payer la dette exigible, ou de délaisser l'héritage hypothéqué, est adressée au tiers détenteur ; le second, qui a
pour objet une saisie immobilière et qui entraîne nullité de
la saisie si elle n'est pas faite dans les trois mois suivans,
ne peut être adressé qu'au propriétaire de l'immeuble ; il ne
saurait donc être, dans le cas dont il s'agit, adressé au débiteur originaire qui est dépouillé de l'immeuble, mais doit
l'être au tiers détenteur qui le possède ; c'est donc à Amédée
de Gageac que devait, dans l'espèce, être adressé le commandement qui devait être suivi de la saisie dans les trois
mois ; c'est à lui qu'il a été adressé en effet le 30 de mars
1815, et il a été suivi de la saisie du domaine de Gageac
le 19 de mai ; d'où il résulte que ladite saisie a eu lieu dans
les trois mois voulus par la loi ;

Attendu qu'Amédée de Gageac, etc., etc. ; par ces motifs,
statuant sur le renvoi que lui a fait la Cour de cassation par
son arrêt du 29 août 1820, disant droit à l'opposition formée
par Amédée de Gageac envers l'arrêt rendu par défaut le
13 août 1817 par la Cour de Bordeaux, reçoit ladite opposition dans la forme, au fond en déboute ledit de Gageac,
etc., etc.

Du 24 août 1821. — *Prés.* M. de Gaujal, p. p. — *Plaid.*
MM. Dulac et Descoutures, av.

COUR DE CASSATION ET COUR DE ROUEN.

1.° EMPRISONNEMENT. — CONSIGNATION D'ALIMENS. — CALENDRIER
GRÉGORIEN.

2.° POURVOI EN CASSATION. — DÉCLARATION D'ARRÊT COMMUN. —
DÉLAI. — SIGNIFICATION.

3.° DÉCLARATION D'ARRÊT COMMUN. — REQUÊTE. — ENREGISTRE-
MENT.

4.° POURVOI (ADMISSION DU). — SIGNIFICATION. — DOMICILE
ÉLU. — ÉCROUS.

1.° *Sous le calendrier grégorien, dans lequel plusieurs
mois se composent de 31 jours, la consignation des
alimens en faveur du débiteur incarcéré doit être faite
par chaque période de 30 jours, et non de quantième
à quantième, sans distinction du nombre de jours
dont chaque mois se compose.* (Art. 14 tit. 3 de la loi
du 15 germinal an 6, sénatus-consulte du 22 fructidor
an 13 et 800 C. P. C.) (1)

2.° *Le demandeur en cassation d'un arrêt obtenu par
plusieurs individus ayant un intérêt commun, qui n'a
d'abord dirigé son pourvoi que contre quelques-uns
d'entre eux, peut ensuite appeler les autres en déclaration d'arrêt commun, sans qu'on puisse lui opposer
l'expiration des délais, lorsque ces derniers ne lui
ont pas fait signifier l'arrêt attaqué.*

3.° *La requête en déclaration d'arrêt commun à intervenir n'est qu'une ampliation à la première requête,
et sous ce rapport est dispensée de la formalité de l'enregistrement.*

4.° *La notification d'un arrêt d'admission de pourvoi*

---

(1) Cette question seulement a été décidée par les deux arrêts.

est valablement faite par un débiteur incarcéré à ses créanciers au domicile par eux élu dans les actes d'écrous et de recommandation, pour les procédures et opérations auxquelles *ces actes pourraient donner lieu.*

1.ʳᵒ ESPÈCE.

(Daloz C. Devin et consorts.)

Voici quelques faits nécessaires à l'intelligence des questions secondaires décidées par la Cour de cassation.

Le sieur Daloz, emprisonné pour dettes à la requête des sieurs Devin, Dupond, Boudet, l'Evêque, Louchard, Céret et Deshoudins, ses créanciers, forme contre eux une demande en élargissement ; mais elle est rejetée par le tribunal de première instance et par la Cour royale de Paris.

Le sieur Daloz se pourvoit en cassation ; il ne dirige d'abord son pourvoi que contre trois de ses créanciers, qui seuls lui avaient fait signifier, le 22 février 1820, l'arrêt attaqué. Ce pourvoi, formé le 18 mai 1820, est admis le 6 décembre suivant. Le 23 du même mois, le sieur Daloz présente un nouveau mémoire à la section des requêtes, dans lequel il expose qu'il a intérêt à ce que l'arrêt de la Cour de cassation à intervenir soit déclaré commun aux autres créanciers en faveur desquels avait été également rendu l'arrêt dénoncé.

Sur ce mémoire la section des requêtes ordonne, le 27 décembre 1820, que son arrêt d'admission sera signifié, non-seulement aux créanciers qui avaient fait notifier l'arrêt attaqué au sieur Daloz, mais encore aux quatre autres réanciers qui n'avaient point fait faire cette notification.

La signification de l'arrêt d'admission a été faite à plusieurs des créanciers au domicile par eux élu dans les actes d'écrous et de recommandation.

. Telles sont les circonstances dans lesquelles ces créanciers
ont proposé contre le sieur Daloz plusieurs fins de non-
recevoir, qui ont été rejetées par l'arrêt dont la teneur suit :

ARRÊT.

LA COUR, *sur les conclusions conformes de M. Cahier,
avocat général*, sur les fins de non-recevoir ; attendu que
l'Evêque, Louchard, Céret et *Deshoudins* n'avaient pas
fait signifier à *Daloz* l'arrêt attaqué, lorsqu'il a formé contre
eux par requête une demande tendante à faire déclarer
commun avec eux l'arrêt à intervenir ; que cette requête
en déclaration de l'arrêt commun à intervenir n est évidemment qu'une ampliation de la première requête ; que
sous ce rapport l'enregistrement du second arrêt rendu sur
cette requête a été suffisant ;

Attendu que la notification de l'arrêt d'admission a été
faite, conformément à la loi, à Céret et Deshoudins, au domicile du procureur général à la Cour de cassation ; que
celle faite à *l'Evêque* et *Louchard* l'a été au domicile
par eux élu chez Denailly, commissaire-priseur, cloître
Saint-Merry, n.º 18 ; que la notification faite à Dupont
l'a été au domicile par lui élu chez *Hubout*, huissier ; que
ces notifications ont aussi été régulières, puisqu'elles ont
été faites aux domiciles élus, lors de l'écrou et de la recommandation de *Daloz*, pour les procédures et les opérations auxquelles ces actes pourraient donner lieu ; — rejette les fins de non-recevoir ;

Sur le fond du pourvoi, vu l'article 14 de la loi du 15
germinal an 6 et le sénatus-consulte du 22 fructidor an 15 ;
— attendu que la loi du 15 germinal an 6, en rétablissant
la contrainte par corps en matière de commerce, a déterminé les droits des créanciers et leurs obligations ; que cette
loi spéciale, qui leur a donné le droit de recourir à la
contrainte par corps, leur a aussi imposé l'obligation de

19.

consigner d'avance et pour chaque mois la somme de
vingt livres entre les mains du gardien de la maison d'arrêt ;
qu'à l'époque où cette loi fut rendue chaque mois de l'année
était fixé à 3o jours , sauf les cinq jours complémentaires ,
pour raison desquels il était reconnu qu'un supplément de
consignation était nécessaire ; que par conséquent ladite
somme ne pouvait être répartie que sur une période de 3o
jours ; que le rétablissement du calendrier grégorien n'a fait
que remettre en vigueur l'ancienne divison de l'année en
douze mois inégaux ; qu'on ne peut en faire résulter , ni
expressément ni même implicitement , l'abrogation de la
la fixation des alimens à raison de 20 francs pour chaque
période de trente jours , telle qu'elle avait été fixée par la
loi du 15 germinal an 6 ; qu'àfin de ne pas laisser de lacune dans la prestation des alimens, le créancier doit ajouter
à la somme de 20 francs , pour les mois de 31 jours , le
contingent supplémentaire du 31.ᵉ jour , sauf à diminuer
la consignation dans la proportion pour le mois de 28 jours;
qu'autrement, lors du 31.ᵉ jour de chacun des mois qu
sont composés de ce nombre de jours, les débiteurs dé-
tenus se trouveraient privés des alimens que la loi leur attribue ; qu'en décidant le contraire , la Cour royale de Paris
a faussement appliqué le sénatus-consulte du 22 fructidor
an 13 et violé l'article 14 du titre 3 de la loi du 15 germinal
an 6 : casse, etc.

Du 14 mars 1821. — Cour de cassation. — Section civ.
— *Prés.* M. Brisson. — *Plaid.* MM. Colin et Loiseau,
avocats.

2.ᵐᵉ ESPÈCE.

(Delannoy C. Daumezon.)

La question d'alimens, soumise d'abord à la Cour de Paris,
avait été décidée dans un sens contraire à celui adopté par

l'arrêt que nous venons de rapporter; mais l'arrêt a été cassé le 21 novembre 1820. (J A. , tom. 22, pag. 347.)

La cause renvoyée devant la Cour de Rouen , la décision rendue par cette Cour a été conforme à l'opinion de la Cour suprême , et son arrêt a été basé sur les motifs developpés dans les deux arrêts de la Cour de cassation des 21 novembre 820 et 4 mars 82 . C'est pourquoi nous nous contenterons d'en indiquer la date.

Du 7 février 182i. — Cour royale de Rouen. — *Concl.* M. Brière , premier avocat général.

Nota. La question d'alimens a été jugée dans le même sens par un arrê' du 9 juillet 182i , rendu par la Cour de cassation , sur le pourvoi *du sieur Bernard C. le sieur Walson ,* et par un autre arrêt de la même Cour du 27 août 182i sur le pourvoi de *Hellot C, Piglet.* Dans ce dernier arrêt la Cour suprême a résolu en même temps la question ci-dessous :

ÉLARGISSEMENT. — ALIMENS — DEMANDE. — REQUÊTE.

Lorsqu'un débiteur incarcéré a présenté requête à M. le président pour obtenir son élargissement faute de consignation suffisante d'alimens , le créancier ne peu plus arrêter cette demande par une consignation supplémentaire , quoique l'assignation en élargissement n'ait pas encore été donnée. (Art. 803 et 805 C. P. C.)

Les motifs de la Cour de cassation sont tirés du fait seul.

Du 27 août 1821. — Section civile. — Cassation.

COUR ROYALE DE LYON.

1.° INSCRIPTION HYPOTHÉCAIRE. — VALIDITÉ. — EXIGIBILITÉ. —
MENTION EXPRESSE.

2.° CRÉANCIER. — ORDRE. — INTÉRÊTS. — PAIEMENT. — SUS-
PENSION.

1.° *Dans une inscription hypothécaire, il y a mention
suffisante de l'époque de l'exigibilité, lorsqu'il est dit
que l'inscription est prise pour la conservation des
droits dotaux d'une femme.* (Art. 2118 C. C.)

2.° *Tout créancier hypothécaire, colloqué sur le prix
d'un immeuble, doit l'être au même rang pour tous
les intérêts échus depuis la clôture de l'ordre, lorsque
le paiement a été différé par une cause indépendante
de son fait ou de sa volonté.* (Art. 2151 C. C. et 757
C. P. C.)

(Maille C. Luc.)

Arrêt.

LA COUR, en ce qui touche la priorité d'hypothèque
que les héritiers Maille, appelans, prétendent s'attribuer sur
la veuve Verd ou sur M. Luc, son cessionnaire ;

Attendu que la première inscription de la veuve Verd,
qui, prise le 24 germinal an 13 (16 avril 1805), a été renouvelée le 3 mai 1813, prime celle des héritiers Maille,
et qu'il n'y a point lieu de la réputer nulle, sous prétexte
que la mention de l'époque de l'exigibilité de la créance
inscrite y aurait été omise, car c'est là une mention qui,
sans être formellement exprimée, peut l'être par équipollence, et toutes les énonciations qui furent portées dans la
première inscription de la veuve Verd, indiquaient ouvertement la créance comme consistant en des droits dotaux
qui par leur nature s'étaient trouvés exigibles depuis l'année révolue qui avait suivi la mort du mari prédécédé ;

Attendu dès-lors qu'il devient inutile d'examiner s'il y eut
ou non une véritable novation consentie par la veuve Verd,

lorsqu'en mariant sa fille, elle parut, d'après les stipulations du contrat de mariage du 19 avril 1807, accepter sa
fille et son gendre pour débiteurs, au lieu de demeurer
simple créancière de la succession de son mari ; car ce serait là une novation d'un genre tout-à-fait spécial, qui,
suivant l'article 879 du Code civil, aurait eu uniquement
pour effet de rendre la veuve Verd inadmissible à user du
bénéfice de la séparation des patrimoines, séparation qu'elle
n'a aucun besoin de demander, puisqu'elle a une première
inscription valable qui, renouvelée en temps utile, lui suffit
pour assurer à l'égard des appelans la priorité de son hypothèque ;

En ce qui touche la distribution du capital de 22,000 fr.,
qui, suivant l'état de collocation qu'a admis le jugement
dont est appel, doit rester entre les mains de l'acquéreur
jusqu'au décès du sieur Eschenmayer, pour faire face au
service de la rente viagère de 1100 fr. due à ce dernier ;

Attendu que la distribution de ce capital donne lieu de
décider si les créanciers colloqués sur icelui devront, après
la mort du rentier, et ainsi que l'ont ordonné les premiers
juges, prendre sur ledit capital, et suivant l'ordre des collocations, non-seulement le montant d'icelles pour toutes les
sommes qui ont été reconnues leur être actuellement dues
tant en capital qu'intérêts, mais aussi les intérêts qu'aura
produits jusqu'au jour du décès du rentier le montant de
leurs collocations respectives, ou bien si, comme le prétendent les appelans, chaque créancier colloqué sur ledit
capital de 22,000 fr., n'aura alors à prendre à son rang que
le principal du montant de sa collocation, sans que les intérêts courus pendant la vie du rentier puissent y être
joints ;.

Attendu, sur ce point de difficulté, que le principe fondamental qui fut toujours la première base du régime hypothécaire, soit sous l'ancienne législation, soit sous celle
du Code civil, c'est celui qui prescrit de suivre le rang

des hypothèques existantes sur l'immeuble dont le prix est
à distribuer, en sorte qu'aucun créancier ne puisse rien
retirer dans la distribution qu'après l'entier paiement de tout
ce qui est dû aux créanciers qui ont des hypothèques antérieures à la sienne ;

Attendu que, quand une créance hypothécaire consiste en
un capital productif d'intérêts, les intérêts échus ou à
échoir constituent un accessoire de la créance; qu'il semble
dès-lors essentiellement juste que le créancier soit colloqué
au même rang pour tous les intérêts légitimement dus,
comme pour le capital qui les a produits, et que jamais
sous l'ancien droit il ne s'éleva de doutes à cet égard ;

Attendu cependant que l'article 2151 du Code civil, conforme en cela à l'article 29 de la loi du 11 brumaire an 7,
dispose en termes généraux que « tout créancier inscrit
» pour un capital produisant des intérêts ou des arréra-
» ges, a droit d'être colloqué pour deux années seulement
» et pour l'année courante, au même rang d'hypothèque
» que pour le capital, sans préjudice, est-il dit, des inscri-
» ptions particulières à prendre, portant hypothèque à com-
» pter de leurs dates pour les arrérages, autres que ceux
» conservés par la première inscription; » d'où on peut conclure que, d'après l'établissement du nouveau régime hypothécaire, il n'y a jamais lieu de colloquer un créancier
au rang d'hypothèque de son capital pour plus de trois
annuités d'intérêts, y compris l'année courante, mais que
les articles précités ne sont nullement succeptibles de s'appliquer à l'espèce du procès, et qu'en les combinant sur-
tout avec d'autres lois qui vont être rappelées, on les voit
se concilier parfaitement avec le principe fondamental ci-
dessus posé ;

Attendu en fait que la restriction qu'ils ont établie ne
se réfère évidemment qu'aux intérêts échus avant l'adjudication de l'immeuble hypothéqué, ou avant la dénonciation
de la vente volontaire que le débiteur aurait faite, et qu'il

est sensible que cette restriction n'a rien d'injuste; car chaque créancier hypothécaire, sachant qu'il n'aura droit de se
faire colloquer au rang d'hypothèque de son capital que
pour trois années d'intérêts arréragés, y compris l'annuité
courante, doit agir, dès qu'il y a une année échue, pour
exproprier son débiteur; il peut ainsi faire consommer l'expropriation avant que les trois années pour lesquelles la loi
donne aux intérêts de sa créance le même rang qu'au capital, soient révolues; et qu'il ne fait pas de diligence, s'il
perd son rang par l'effet de son inaction, pour une partie
des intérêts qui lui sont dus, il ne doit l'imputer qu'à sa
propre négligence ;

: Attendu qu'il en est tout autrement à l'égard des intérêts
qui ont couru depuis l'adjudication ou depuis la dénonciation de la vente volontaire qui a eu lieu ; que, quant à
ceux-ci, si le paiement effectif du capital pour lequel un
créancier hypothécaire a droit d'être colloqué en rang utile,
se trouve plus ou moins différé, soit par l'effet des contestations suivantes dans l'ordre, soit par toutes autres causes qu'il n'a pas été en son pouvoir d'empêcher, il n'y aurait point de justice à lui refuser pour tous les intérêts
courus depuis l'adjudication ou depuis la dénonciation de
la vente volontaire, le même rang d'hypothèque que pour
son capital; car l'expropriation du débiteur une fois con-
sommée, le créancier qui a pris inscription et produit dans
l'ordre, n'a plus qu'à en attendre l'évènement ; de sorte
qu'il n'y a dès-lors à lui imputer aucun défaut de diligence
qui puisse l'exposer à perdre son rang d'hypothèque pour
des intérêts légitimement dus, et que tous, sans distinction,
forment bien un accessoire de sa créance ;

Attendu qu'effectivement il résulte des articles 757, 767 et
771 du Code de procédure civile, combinés entre eux, que
tous les intérêts courus pendant la procédure d'ordre doivent être alloués à chaque créancier hypothécaire, au rang
d'hypothèque de son capital, ensus des trois annuités d'intérêts

qui se sont trouvées échues avant l'adjudication et conservées
à ce rang par l'inscription ; d'où il résulte que la restriction
établie par l'article 29 de la loi du 11 brumaire an 7 et par
l'article 2151 du Code civil, demeure ainsi clairement déterminée, c'est-à-dire qu'elle s'est référée uniquement aux
trois années d'intérêts échus et arréragés avant l'expropriation
du débiteur ; mais qu'elle ne concerne pas du tout les intérêts
à échoir postérieurement, et que telle est au surplus là
jurisprudence de la Cour de cassation, fixée par un arrêt du
22 novembre 1809, rapporté au Recueil de Sirey, t. 10, 1.re
part., p. 73 ;

Attendu enfin qu'une telle interprétation des lois précitées
doit naturellement s'étendre non-seulement aux intérêts qui
ont pu échoir pendant la procédure d'ordre, mais indistinctement à tous les intérêts dus depuis l'expropriation du
débiteur sur chaque capital colloqué, dont le paiement se
trouve différé par une cause quelconque qui a été indépendante du fait et de la volonté du créancier ; qu'ici il s'agit
de capitaux qui ne pourront être payés suivant l'ordre de
leurs collocations qu'après le décès du rentier, pendant la
vie duquel les 22,000 fr. à distribuer doivent rester affectés
au service de la rente viagère qui lui est due ; que de ce
retard inévitable résultera un cours d'intérêts pour chaque
créancier colloqué jusqu'au paiement effectif de sa créance,
et qu'en un mot ce sont des intérêts à échoir pour lesquels
doit être conservé à chacun le rang d'hypothèque de sa
créance principale, parce que c'est là une conséquence
nécessaire du principe fondamental qui a toujours régi la
manière des hypothèques, principe auquel les nouvelles lois
sus-mentionnées n'ont porté aucune atteinte ;

Par ces motifs, met l'appellation au néant ; ordonne que
ce dont est appel sortira son plein et entier effet.

Du 28 août 1821. — 2.e ch. — Prés. M. Nogue. — Plaid.
MM. Duplan et Journel, av.

COUR ROYALE D'ORLÉANS.

ORDRE. — FORCLUSION. — DÉCHÉANCE. — ORDRE PUBLIC.

Les créanciers qui n'ont pas contesté dans le mois de la sommation l'état de collocation provisoire à eux dénoncé, sont déchus du droit de contester, lors même que l'ordre n'est pas encore clos, et cette déchéance peut être proposée en tout état de cause, même en Cour d'appel, quoiqu'on n'en eût pas parlé en première instance. (Art. 756 C. P. C.)

(Leroy C. de Gérissay et Badin-Bourdon.)

ARRÊT.

LA COUR, — considérant en droit qu'aux termes de l'article 755 du Code de procédure, le poursuivant l'ordre doit dénoncer, par acte d'avoué à avoué, aux créanciers produisant et la partie saisie, la confection de l'état de collocation provisoire, avec sommation d'en prendre communication et de contredire, s'il y échet, sur le procès-verbal du juge-commissaire dans le délai d'un mois, et que l'article 756 dispose formellement que, faute par les créanciers produisant de prendre communication dans ledit délai, ils demeureront forclos sans nouvelle sommation ni jugement;

Considérant qu'il résulte de ces dernières expressions que cette déchéance est de droit, et peut être prononcée d'office par les tribunaux, même quand elle ne serait pas proposée par les parties, et qu'à plus forte raison elle doit l'être, même lorsque les parties l'invoquent, seulement quand la cause est prête à recevoir sa décision en première instance, ou même sur l'appel;

Considérant que, dans l'espèce, les dires de la dame de

Gérissay et du sieur Badiu-Bourdon ont eu lieu après l'expiration du délai d'un mois depuis la sommation voulue par l'article 755 ;

Considérant qu'on ne saurait opposer à cette déchéance une fin de non-recevoir résultant de ce que la partie de Pailliet (sieur Leroy) ne l'aurait invoquée qu'en cause d'appel ou sous forme de note en première instance ; — met l'appellation et ce dont est appel au néant, en ce que les premiers juges n'ont pas prononcé la forclusion à l'égard de la dame de Gérissay et le sieur Badin-Bourdon ; émendant quant à ce, et fesant droit au principal, ordonne que la dame de Gérissay et le sieur Badin-Bourdon seront et demeureront forclos; en conséquence, que leur contredit sera réputé non-avenu, que l'état de collocation provisoire sera et demeurera définitif à leur égard; ordonne la restitution de l'amende consignée, etc.

Du 29 août 1821. — *Prés.* M. Dugaigneau de Champvallins, conseiller. — *Plaid.* MM. Paillet et Gaudry, av.

Nota. V. un arrêt du 26 avril 1813 (J. A. , tom. 7, pag. 304); un second du 13 août 1813 (J. A. , tom. 9, pag. 173), et un troisième du 12 décembre 1814 (J. A. , tom. 11, pag. 193). Ce dernier arrêt est de la Cour suprême, et il a formellement décidé la question dans le sens adopté par la Cour d'Orléans.

COUR ROYALE DE METZ.

1. JUGEMENT. — APPEL. — OPPOSITION.
2.º APPOINTEMENS. — COMMIS. — TRIBUNAL DE COMMERCE. — COMPÉTENCE.

1.º *Lorsqu'un jugement statue par deux dispositions distinctes, l'une contradictoire sur la compétence, l'autre*

par défaut sur. le fond, ce jugement peut être attaqué
par appel, sans qu'il soit besoin de recourir pour la
disposition par défaut à la voie de l'opposition. (Art.
455 C. P. C.)

2.° *L'action des syndics d'une faillite contre le commis
du failli, à l'effet de l'obliger au rapport des sommes
qu'il a puisées dans la caisse de son commettant pour
appointemens qu'il prétend lui être dus, est de la
compétence des tribunaux de commerce. (Art. 634
Cod. com.)*

(Les syndics de la faillite Bougleux C. Dumont.)

A**RRÊT.**

LA COUR, sur la fin de non-recevoir ; attendu que l'on
ne voit pas comment il serait besoin d'employer deux voies
différentes, contre deux décisions contenues dans un même
jugement, l'une contradictoire sur la compétence, l'autre
par défaut sur le fond, l'appel étant le seul moyen de recours
contre la première, doit sans doute, et par une conséquence
nécessaire, être également admis quant à la seconde, avec
d'autant plus de raison que la voie d'opposition qui serait
prise à l'égard de celle-ci produirait une fin de non-recevoir
contre l'appel interjeté de l'autre ;

La fin de non-recevoir proposée ne peut donc être accueillie ;

Sur le déclinatoire ; attendu que l'action formée par les
syndics, ayant pour objet de forcer le commis d'un failli au
rapport de sommes par lui puisées dans la caisse au moment de la faillite, sous prétexte d'arrérages d'appointemens,
est incontestablement du nombre de celles dont l'article
634, n.° 1.er, attribue la connaissance au tribunal de commerce ; car il est évident qu'elle est relative au fait du

commerce et aux rapports existans à raison de ce même commerce entre le failli et son commis ;

Sans s'arrêter à la fin de non-recevoir, a mis l'appellation au néant.

Du 30 août 1821. — Ch. civ. — *Prés.* M. Gérard d'Hannoncelles , p. p. — *Plaid.* MM. Crousse et Parant , avocats.

COUR ROYALE D'AÏX.

AVOUÉ. — DISCIPLINE. — SUSPENSION.

Un avoué ne peut être condamné à des peines de discipline, pour fautes commises et découvertes à l'audience, que par les magistrats devant lesquels elles ont été commises. (Art. 103 du décret du 30 mars 1808.)

(M.ᶜ N**** C. le ministère public.)

La Cour a motivé son arrêt de manière à ce qu'il soit inutile de rapporter les faits et les moyens invoqués par l'officier ministériel inculpé.

M. Bret, substitut du procureur général, a conclu à la réformation de la délibération des premiers juges ; émendant, à ce que, par mesure de discipline , M.ᶜ N**** fût publiquement censuré, séance tenante, pour les faits à lui imputés.

ARRÊT.

LA COUR, — considérant que l'article 103 du décret du 30 mars 1808 établit textuellement une distinction formelle et précise entre les fautes de discipline qui sont commises et découvertes à l'audience, et les faits qui ne se seraient point passés ou qui n'auraient pas été découverts à l'audience, et qu'il attribue la connaissance et répression des premiers aux chambres, à l'audience desquelles lesdites fautes de discipline auraient été commises et découvertes, et la connaissance et répression des faits non commis et découverts à l'audience, aux assemblées générales dans la chambre du conseil des tribunaux et cours;

Considérant que les raisons de cette distinction sont sensibles, soit parce qu'il importe à la dignité des tribunaux et cours de justice que les fautes de discipline et autres délits commis à leur audience soient réprimés sur-le-champ, soit parce que cette forme de procéder offre en même temps plus de facilité à la juste appréciation des fautes et délits, et en même temps plus de garantie à ceux qui en sont inculpés, puisque c'est au moment même qu'on est plus à portée de peser la gravité réelle des faits ou des paroles qu'il s'agit de réprimer, et que l'individu à qui on les reproche peut aussi avec plus d'avantage ou les expliquer, ou les atténuer, ou s'excuser enfin sur les intentions et sur la chaleur d'une plaidoirie non écrite qui peut l'avoir emporté plus loin qu'il ne voulait aller;

Considérant que tous ces avantages disparaissent quand l'audience est une fois terminée, sur-tout quand il n'a été dressé aucun procès-verbal, ni même tenu aucune note des faits ou des paroles répréhensibles, et qu'on peut dire que le délit lui-même a disparu avec les paroles fugitives dont il ne reste dès-lors aucune trace, aucun souvenir;

Considérant que dans l'espèce actuelle il a été allégué par le défenseur de N****, sans contradiction de la part du ministère public, qu'il avait été interrompu par le président du tribunal correctionnel de Marseille, devant lequel il plaidait, et rappelé par lui au ton de modération et de décence dont il ne devait pas s'écarter, ce qui semblerait annoncer que le tribunal a jugé cette mesure suffisamment satisfactoire, puisqu'il s'en est contenté, ce qui dès-lors aussi aurait rendu toute nouvelle punition illégale , puisqu'il n'y avait point d'appel ou de réserve de la part du ministère public , puisqu'il est encore douteux que cette décision instantanée pût être sujette à l'appel ;

Considérant que, d'après tous ces motifs , il paraît contraire à la loi et à la distinction si remarquable qu'elle a établie , que , plusieurs jours après , le procureur du Roi près le tribunal de Marseille ait porté , par son réquisitoire , à l'assemblée des sections de ce tribunal cette affaire qui paraissait ou terminée , ou passée sous silence ; qu'il était difficile , pour ne pas dire impossible , qu'elle y pût être instruite aussi complétement qu'elle l'aurait été à l'audience du tribunal correctionnel ; qu'il est évident que N**** ne pouvait avoir les mêmes moyens de défense , sans que la justice eût acquis plus de garantie de la répression de la faute qu'on lui reprochait , puisqu'elle ne pouvait plus exister que dans le souvenir des membres du tribunal qui avaient composé la section correctionnelle devant laquelle il avait plaidé , et qu'il est absolument impossible que la majorité des membres lui ait rendu inutile l'indulgence dont le tribunal correctionnel avait cru pouvoir user à son égard , d'après les circonstances plus ou moins atténuantes dont il avait été seul témoin ;

Par ces motifs , concède acte à N**** de l'appel par lui interjeté , par requête présentée le 5 septembre courant , envers la délibération prise par le tribunal civil de première instance de Marseille , sections assemblées , le 2o août dernier , et ayant tel égard que de raison audit appel , déclare ladite délibération nulle et de nul effet , comme incompétemment prise.

Du 8 septembre 1821. —*Prés.* M. d'Eymar de Montmeyan. — *Plaid.* M. Tassy , avoué.

ORDONNANCE DU ROI.

HORLOGERIE. — POINÇON. — MONTRES.

Ordonnance du Roi relative à l'horlogerie.

LOUIS , etc. , etc.

Art. 1.ᵉʳ Les boîtes de montres d'or et d'argent neuves , et autres ouvrages neufs contenant ou destinés à contenir des mouvemens de montres , marqués des poinçons en usage antérieurement à notre ordonnance du 5 mai 1819, et non revêtus des poinçons de recense et de contre-marque prescrits par ladite ordonnance , seront considérés et traités comme ouvrages finis et non marqués , même dans le cas où ils seraient présentés aux bureaux de garantie.

La présente disposition n'aura d'effet que dans un mois à compter de la date de la publication de la présente ordonnance : en conséquence , pendant cet intervalle , les boîtes de montres d'or et d'argent neuves , et autres ouvrages désignés ci-dessus , marqués d'anciens poinçons et non recensés , pourront être présentés dans les bureaux pour y être essayés et marqués, s'il y a lieu, en payant les droits.

Les boîtes de montres d'or et d'argent et autres ouvrages désignés ci-dessus , dits de *hasard* et appartenant à des particuliers , et qui rentreront dans le commerce après les délais ci-dessus, ou qui seront donnés au raccommodage , continueront d'être traités comme il est prescrit par les articles 14, 16 et 17 de la déclaration du Roi du 26 janvier 1749, lesquels seront réimprimés à la suite de la présente ordonnance.

2. Il sera fabriqué un poinçon spécial pour les boîtes de montres et autres ouvrages d'horlogerie en or , et un différent pour les boîtes de montres et autres ouvrages d'horlogerie en argent. Ces poinçons porteront l'empreinte dont le dessin est annexé à la minute de la présente ordonnance ; l'époque à

XXIII. — 1821.   20

laquelle il en sera fait usage , ainsi que le délai pour la récense gratuite des montres et ouvrages d'horlogerie qui sont marqués des poinçons servant actuellement à la garantie des ouvrages d'or et d'argent de tout genre et des poinçons de la dernière récense., seront déterminés par un arrêté de notre ministre secrétaire d'état des finances.

Les poinçons spéciaux ci-dessus serviront pour la récense gratuite des boîtes de montre et autres ouvrages d'horlogerie.

3. Notre ministre , etc. etc. etc.

: Paris, 19 septembre 1821. *Signé* LOUIS.

COUR ROYALE DE PARIS.

CRÉANCIERS. — SUCCESSION. — HÉRITIERS BÉNÉFICIAIRES. — SAISIE IMMOBILIÈRE.

La voie de la saisie immobilière est interdite aux créanciers d'une succession , quoiqu'ils soient porteurs de titres exécutoires , si la succession a été acceptée sous bénéfice d'inventaire , et si l'héritier n'est pas en retard de vendre les biens qui la composent: (Art. 803, 806 et 877 C. C.)

(Le duc de Bourbon C. Lefévre-Boucher et autres.)

ARRÊT.

LA COUR , — fesant droit sur l'appel du jugement rendu par le tribunal civil de Pontoise le 26 juillet dernier ; attendu que , si les créanciers d'une succession bénéficiaire ont le droit incontestable , en vertu de leurs titres , de procéder par voie de saisie mobilière et immobilière sur les biens de leur défunt débiteur, il n'en est pas moins certain que la loi constitue l'héritier bénéficiaire administrateur des biens de

là succession, et le charge en conséquence de toutes les opérations que sa liquidation peut exiger; qu'il ne s'agit pas de
mettre en contradiction ces droits respectifs et de les rendre
inutiles l'un par l'autre, mais de les accorder; et que le
moyen de conciliation indiqué par la raison, et constamment
adopté par la jurisprudence, est de laisser l'héritier bénéficiaire, sans qu'il ne mésuse pas, pleinement libre de son
administration, sans souffrir qu'elle soit troublée ou para-
lysée par les poursuites intempestives des créanciers ;

Qu'ainsi, s'il est question de la perception des revenus
ou du recouvrement des dettes actives de la succession,
l'héritier doit les faire sans que les créanciers puissent l'en
empêcher par des saisies-arrêts et oppositions entre les mains
du débiteur, sauf à eux d'exiger qu'il donne caution du
montant de ses recettes, ou qu'il en fasse le dépôt; que,
s'il s'agit de la vente du mobilier compris en l'inventaire,
c'est également à l'héritier qu'il appartient de la poursuivre
en la forme prescrite par la loi, et que, hors le cas de négligence ou malversation, les créanciers ne seront point
admis à procéder par voie de saisie et exécution, ou à s'em-
parer de la poursuite ; qu'enfin, si pour opérer la liquidation
il faut en venir à la liquidation des immeubles, c'est toujours
à l'héritier seul, hors le cas ci-dessus, de la provoquer, soit
par vente volontaire et publique, soit par licitation, s'il y
a plusieurs héritiers, sans qu'on puisse recourir à la voie de
l'expropriation forcée ;

Que cette latitude nécessaire, accordée à l'héritier bénéficiaire, ne préjudicie en rien aux droits des créanciers qui,
toujours maîtres de la surveiller, et même expressément
autorisés par la loi à se rendre intervenans dans l'instance
de liquidation et de partage, peuvent, en cas de demeure
ou négligence de sa part, demander d'être subrogés à la
poursuite ;

Qu'il n'est pas vrai que ce mode d'aliénation soit moins
favorable aux créanciers que la voie d'expropriation forcée ;

qu'il est au contraire certain et généralement reconnu que
l'adjudication par vente volontaire est infiniment plus avantageuse que celle par expropriation forcée, et que la supé-
riorité du prix résultante de la première compense large-
ment le faible profit que les créanciers pourraient faire dans
la seconde par l'immobilisation de quelques portions de
fruits ; que c'est pour cela qu'on voit tous les jours dans les
tribunaux une partie saisie demander et obtenir, du consentement de ses créanciers, que la vente forcée soit convertie
en vente volontaire, au lieu qu'on n'a jamais vu substituer à
une vente volontaire légalement introduite le mode d'expropriation forcée ; qu'en supposant qu'il y eût négligence du
côté de la partie de Gairal, ce n'était pas une raison à ses
créanciers pour introduire une saisie immobilière, mais
uniquement pour demander la subrogation à la poursuite
existante ;

Qu'en fait aucun reproche raisonnable ne saurait être
adressé à la partie de Gairal ; qu'elle a formé sa demande
en liquidation, partage et licitation, aussitôt qu'elle a pu ;
qu'elle s'est même engagée par des conclusions expresses
que la justice a approuvées, et dont il lui a été donné acte,
à terminer toute opération dans le terme d'un an; que les
contradictions l'en ont empêchée, d'abord l'appel, et ensuite
la saisie immobilière, et qu'il serait injuste de lui opposer
un retard qui n'est que le fait de ses adversaires; persistant
au surplus dans les motifs de l'arrêt par défaut du 7 mai
1821, déboute Lefévre-Boucher, de Percy et consorts de
leur opposition audit arrêt; ordonne qu'il sera exécuté
selon sa forme et teneur ; condamne lesdits Lefévre-Boucher
et consorts aux dépens. (1)

---

(1) Voici les motifs de l'arrêt par défaut du 7 mai : « Attendu que, par
la sentence du tribunal de la Seine, du 11 avril 1820, et l'arrêt confirmatif de la Cour, le duc de Bourbon a été irrévocablement saisi de la
poursuite de la liquidation de la succession *Soubise* ; — que l'arrêt qui con-

. Du 20 septembre. 1821. — Ch. des vacations. — *Plaid.*
MM. Gairal et Caubert, av.

, *Nota.* Cet arrêt est en opposition formelle avec un arrêt
de la Cour de cassation , du 8 décembre 1814 *(J. A. , t.*
11 *, pag.* 322 *).* Ne serait-ce pas un inconvénient bien grave
de paralyser ou de suspendre l'exécution d'un titre sur la
foi duquel le créancier a contracté , de le livrer à toutes
les lenteurs d'une procédure nécessitée par l'acceptation
d'une succession sous bénéfice d'inventaire , et de l'exposer
lui-même par ces retards multipliés aux poursuites résultantes
de l'exécution de ses engagemens ! !

COUR DE CASSATION.

ÉVOCATION. — COUR ROYALE. — POLICE CORRECTIONNELLE. —
INCOMPÉTENCE.

Lorsqu'une cour royale saisie de l'appel d'un jugement
correctionnel annulle ce jugement, soit pour vice de

---

firme la sentence du 11 avril a été déclaré commun avec Lefévre-Boucher,
aujourd'hui poursuivant la saisie, et les créanciers intervenans ;. — attendu
que la succession Soubise a été acceptée sous bénéfice d'inventaire seulement, et qu'aux termes de l'article 803 du Code civil, l'héritier bénéficiaire est investi de l'administration des biens de la succession , à la charge
par lui de rendre compte aux créanciers ; — qu'aux termes des articles
805 du Code civil et 987 du Code de Procédure, l'héritier bénéficiaire
est en outre chargé spécialement de poursuivre la vente des immeubles dépendans de la succession ; — que l'économie des frais et l'intérêt des créanciers et héritiers ont déterminé le législateur à concentrer la poursuite dans
une même main; qu'il n'y a pas de négligence de la part du duc de Bourbon ; qu'il y a d'autant plus de motifs pour ordonner la discontinuation
de la saisie pratiquée par Lefévre, qu'il est jugé avec lui par l'arrêt du 7
mai que les biens de la succession Soubise seront licités à la requête du
duc de Bourbon.

forme, soit pour incompétence autre que celle en rai-
son du lieu du délit ou de la résidence du prévenu,
et celle résultante de ce que le fait imputé constituerait
un crime ou une simple contravention *, elle doit né-*
cessairement retenir et juger le fond, au lieu de ren-
voyer l'affaire devant un autre tribunal. (Art. 202
de la loi du 5 brumaire an 4, 1.ᵉʳ de la loi du 29 avril
1806, 213, 214 et 215 C. I. C.)

(Le ministère public C. Surand.)

Ainsi jugé par arrêt de la Cour de cassation.
Du 21 septembre 1821. — Sect. crim. — Cassation. —
Prés. M. le baron Barris. — *Rapp.* M. Ollivier.

———————

COUR ROYALE DE RIOM.

1.° EMPRISONNEMENT. — PROCÈS-VERBAL. — NULLITÉ.
2.° HUISSIER. — DOMMAGES-INTÉRÊTS. — EMPRISONNEMENT. —
NULLITÉ.

1.° *Un procès-verbal d'emprisonnement est nul, s'il a*
été commencé le 21 par la mention des noms du créan-
cier, etc., de la réquisition faite au juge de paix,
etc., et de l'ordonnance par laquelle ce magistrat dé-
clare qu'il accordera son assistance le lendemain, et
si, interrompu par l'huissier, il n'a été repris le 22
que pour constater l'arrestation et les diverses opéra-
rations y relatives, auxquelles il a procédé en présence
du juge de paix, sans répéter dans cette seconde partie
les formalités insérées dans la première. — Cette nul-
lité peut être invoquée par le détenu après une déten-
tion d'une année. (Art. 781, 783 et 794 C. P. C.)

2.° *En cas de nullité d'un emprisonnement, l'huissier qui l'a commise peut, selon les circonstances, n'être pas condamné à des dommages-intérêts.* (Art. 1031 C. P. C.)

(Reynard C. Fauque.)

L'huissier Picard, chargé d'arrêter le sieur Reynard, à la requête de Fauque, son créancier, pour 900 fr., commence, le 21 août 1817, son procès-verbal ; il y énonce le titre de créance, les nom, prénoms et domicile du créancier, et les autres mentions prescrites par l'article 783 C. P. C. ; il fait connaître ensuite que, le soin que prend le débiteur de se cacher chez lui rendant nécessaire l'intervention de la justice, il s'est transporté chez le juge de paix, qui a rendu une ordonnance indiquant son transport au domicile de Reynard pour le lendemain, cinq heures du matin. Cette ordonnance est relatée dans le procès-verbal, qui est interrompu pour être repris le lendemain. En effet l'acte est repris le lendemain ; mais l'huissier, jugeant inutile de répéter dans cette seconde partie les énonciations déjà consignées dans la première, se contente d'y faire mention de l'assistance du juge de paix et des témoins. Ensuite a lieu l'arrestation de Reynard, qui est écroué.

Une année s'était écoulée, lorsque celui-ci a demandé la nullité de son arrestation, en se fondant sur l'irrégularité du procès-verbal. Il soutient que l'huissier n'a pu procéder en deux temps à cette arrestation ; que, sa mission pour agir ne commençant que du moment où il a obtenu l'ordonnance du juge de paix, c'était alors seulement qu'il lui était permis de verbaliser, et que l'acte devait dès cette époque contenir toutes les formalités que l'article 783 C. P. C., dans cette matière où il s'agit du bien le plus précieux à l'homme, sa liberté, a prescrites à peine de nullité ; qu'ainsi le véritable procès-verbal est

l'acte qui a été dressé le 22, et qu'il faudrait par conséquent, pour que cet acte fût valable, qu'il contînt dans la
seconde partie l'ordonnance du juge de paix et toutes les
autres énonciations insérées dans la première partie, laquelle ne peut être qualifiée de procès-verbal, et ne doit
être regardée que comme une *réquisition* ou *requête* du
juge de paix à l'effet d'assister l'officier instrumentaire.

Le sieur Fauque répond que c'est une erreur de prétendre
que le droit de verbaliser ne commence que du moment
où l'huissier a obtenu l'ordonnance du juge de paix ; qu'en
effet on confond ici la faculté de verbaliser, qui appartient
à l'huissier en sa seule qualité d'officier ministériel, et le
droit d'opérer l'arrestation, lequel ne peut être exercé qu'avec
l'autorisation du juge ; que ce n'est pas avec plus de raison
qu'on soutient que toutes les formalités auraient dû être
reprises dans le procès-verbal, le 22, et que tout ce qui a
été fait la veille ne doit être regardé que comme une requête
adressée au juge ; que, d'un côté, un procès-verbal étant le
narré par écrit dans lequel un officier de justice rend témoignage de ce qu'il a vu, fait ou entendu (Dict. de l'Acad.),
l'exposé fidèle et historique en un mot des formalités qu'il
a remplies pour se conformer à la loi, la raison veut que
les faits dont il rend témoignage y soient énoncés dans
l'ordre où ils ont lieu ; que cela est indiqué par la liaison
naturelle des choses, et qu'aucun texte ne le défend ; que,
d'un autre côté, la loi n'a point exigé que l'huissier pré-
sentât requête au juge de paix à l'effet d'obtenir son ordonnance de transport dans la maison de celui qu'on veut
arrêter ; qu'il suffit qu'elle soit constatée, ainsi que tout ce
que fait et ordonne ce juge dans le procès-verbal que l'huissier
seul peut dresser (Voyez Pigeau, sur l'article 781, et Carré,
Analyse raisonnée, n.° 2443) ; que c'est ce qui a eu lieu
dans l'espèce ; que le procès-verbal forme un tout indivisible ; qu'une foule d'événemens peuvent obliger l'huissier à
l'interrompre, et qu'il serait tout-à-fait déraisonnable, ainsi

qu'on le prétend ici, de vouloir que tout ce qui a été fait fût recommencé, et que la première partie ne pût servir de complément à la seconde.

LA COUR, — en ce qni touche la demande en nullité d'emprisonnement; — considérant qu'aux termes de l'article 781 C. P. il ne peut être (à l'égard du débiteur qui est dans sa maison ou dans une maison tierce quelconque) usé du droit d'emprisonnement, qu'autant que le juge de paix requis l'a ainsi ordonné, lequel, audit cas, doit se transporter lui-même dans la maison avec l'officier ministériel; considérant que les termes de cette loi sont négatifs, prohibitifs pour le temps antérieur à l'ordonnance ou autorisation du juge de paix ; que l'officier ministériel ne pouvant procéder à l'arrestation, ne peut pas par conséquent verbaliser à l'effet de commencer un procès-verbal d'emprisonnement ; que tous les antécédens dont au cas présent l'officier ministériel a usé par son acte du 21 août, ne peuvent valoir que comme réquisition au juge de paix ; que dès-lors il devenait néces-saire, dans le seul et vrai procès-verbal d'emprisonnement du lendemain 22 août, de reprendre ou observer toutes les formalités prescrites par l'article 783 C. précité; que l'huissier ne l'ayant point fait, la peine de nullité, prononcée par l'ar-ticle 794 dudit Code, est applicable à l'emprisonnement dont il s'agit ; — en ce qui touche la garantie exercée contre l'huissier Picard, considérant que, si les procédures et actes annulés doivent, aux termes de l'article 1031 dudit Code, rester dans tous les cas à la charge de l'officier ministériel, il est laissé à la sagesse des cours et tribunaux de déterminer s'il y a lieu ou non à le condamner à des dommages-intérêts; considérant qu'au cas présent il n'y a pas lieu à inculper l'intention de l'huissier, et qu'il s'est au surplus, par le renvoi du juge de paix au lendemain, trouvé placé dans

une circonstance extraordinaire qui a pu l'induire en erreur :
Par ces motifs, émendant, déclare nul l'acte ou procès-
verbal d'emprisonnement, ainsi que l'écrou qui l'a suivi,
et, sur la demande en dommages-intérêts, met les parties
hors de cour.

Du 21 septembre 1821. — *Prés.* M. Deval. — *Plaid.*
MM. Allemand, Chirol et Thailhand, avocats.

COUR DE CASSATION.

1.° CAUTIONNEMENT. — LIBERTÉ PROVISOIRE. — CONFISCATION.
2.° JUGEMENT PAR DÉFAUT. — OPPOSITION. — CAUTIONNEMENT.

1.° *Le cautionnement exigé du prévenu d'un délit correctionnel, au cas de mise en liberté provisoire, n'est
point acquis au trésor par cela seul que le prévenu
fait défaut à la première sommation, s'il se représente plus tard et s'il subit la peine correctionnelle
à laquelle il est condamné (Art. 121 C. I. C.)*
2.° *Si un tribunal ordonne que le cautionnement donné
par un prévenu est acquis au fisc, faute par lui de
se représenter, ce jugement par défaut est, comme tout
autre jugement par défaut, susceptible d'opposition.
(Art. 187 C. I. C.)*

(Cauchois-Lemaire C. le ministère public.)

ARRÊT.

LA COUR, — vu les articles 120 et 121 C. I. C., attendu
que la peine d'emprisonnement à laquelle peut être soumis le délit qui est l'objet des poursuites ayant été déterminée dans l'article 119, conjointement avec l'amende et
les réparations civiles qui peuvent en être la suite, comme

la base sur laquelle doit être fixé le montant du cautionnement exigé pour la liberté provisoire, il s'ensuit que la
destination de ce cautionnement est de servir de gage,
non-seulement aux frais des poursuites, aux réparations
civiles et à l'amende, ainsi que le prescrit l'article 121, mais
encore à l'exécution de la peine d'emprisonnement, si elle
est prononcée par le jugement définitif;

Qu'il s'ensuit aussi, par une conséquence ultérieure, que,
lorsque, par le résultat des poursuites, il n'y a point eu
de condamnation à cette peine, ou bien lorsque le prévenu
qui avait fait défaut se représente lors de la notification
du jugement pour le subir, ou bien encore, lorsqu'étant
arrêté en exécution de l'article 125, il se trouve dans les
liens de la justice, ce qui reste sur le montant du cautionnement après le prélèvement des frais, des réparations civiles
et de l'amende, ne peut être réputé acquis au trésor public,
et doit être restitué à la caution ;

Qu'un prévenu reçu à caution, qui ne se présente pas
à tous les actes de la procédure, trompe la foi promise ;
qu'il commet une faute, mais qu'il ne se rend pas coupable
d'un délit ;

Que sa faute doit lui faire supporter les frais frustratoires
qui en sont résultés ; qu'elle donne ouverture à l'exécution
de la soumission prescrite par l'article 120 ; qu'elle le dépouille de la confiance de la loi et le soumet aux dispositions des articles 125 et 126; mais que là finissent les mesures de rigueur qu'elle lui fait encourir ;

Que ce prévenu peut être définitivement déclaré innocent
du délit pour lequel il est poursuivi ; que dans ce cas la
perte de son cautionnement serait contraire à l'équité ;

Que, s'il est déclaré coupable de ce délit, sa présence
pour l'exécution de sa condamnation désintéresse la vindicte
publique, qui ne peut avoir tout-à-la-fois le droit de le retenir dans les liens de la peine et celui de le priver du gage
qu'il avait fourni pour assurer l'exécution de cette peine;

que dans toutes les matières civiles et criminelles , les condamnations par défaut s'anéantissent par la comparution
dans les délais réglés par la loi ; qu'admettre qu'un prévenu,
par son défaut de se représenter à un acte de la procédure ,
aurait irrévocablement perdu son cautionnement, ce serait
refuser pour une simple faute l'application d'un principe
de justice et d'humanité admis même pour les crimes ;

Que les peines ne peuvent être établies par des expressions
équivoques , et que, si une loi présente des doutes dans. son
interprétation , elle doit être entendue dans le sens le plus
généreux et le plus moral ;

Mais aucun article du Code d'instruction criminelle ne
renferme de dispositions dont on puisse même induire que,
par le fait de la non-comparution du prévenu à un acte de
la procédure , le cautionnement fourni pour sa liberté provisoire soit acquis à l'Etat ;

Que d'après l'article 120 , lorsque le cautionnement a été
admis en immeubles et qu'ainsi il n'a pas été déposé en
espèces , la caution doit faire sa soumission de payer entre
les mains du receveur de l'enregistrement le montant du
cautionnement, en cas que le prévenu soit constitué en
défaut de se représenter ;

Que , d'après l'article 118 , le prévenu dans le même
cas d'un cautionnement en immeubles doit aussi faire la
même soumission avant sa mise en liberté, soit qu'un tiers
ait cautionné pour lui, soit qu'il ait été reçu à être sa propre
caution ;

Que sa non-comparution à un acte de procédure forme
contre lui la présomption qu'il ne se présentera pas non
plus pour l'exécution du jugement ; que dès-lors la loi a
voulu que , par le seul fait de cette non-comparution , le
trésor public fût nanti d'un gage certain et disponible, et
que c'est pour le recouvrement de ce gage qu'ont été ordonnées les dispositions de l'article 122 ;

Mais que la somme ainsi versée dans la caisse du rece-

veur de l'enregistrement, n'y entre pas comme la propriété
du fisc; qu'elle y conserve jusqu'après le jugement définitif la qualité de nantissement de dépôt;

Que, si l'article 120, en prescrivant l'obligation du versement dans les mains du receveur de l'enregistrement, a
employé l'expression de payer entre les mains de ce receveur,
c'est parce que, lorsque ce versement doit être fait, il
est obligatoire pour la caution; que la réalisation en espèces
de son cautionnement est devenue pour elle une dette
légale par le défaut de se représenter de la part du prévenu ;

Mais que de cette expression on ne peut faire résulter la
conséquence que ce versement soit fait au profit du trésor
public, et que la somme versée soit devenue sa propriété;

Qu'en effet l'article 121 est correlatif audit article 120;
qu'il se réfère aux sommes payées ou versées en vertu de
la soumission prescrite par cet article, comme à celles
qui auraient été versées lors de l'obtention de sa liberté provisoire par un cautionnement reçu en espèces ; qu'il ne
pourrait être restreint à ces dernières sommes, sans qu'on
dût faire une restriction semblable à l'égard du privilége
pour lequel il dispose, ce qui ne pourrait être admis;

Mais que cet article 121 qualifie de sommes déposées les
sommes sur lesquelles doivent s'exercer les priviléges qu'il
spécifie, et que par la nature de ses dispositions il leur reconnaît nécessairement ce caractère jusqu'à l'exécution du
jugement définitif;

Qu'il en résulte que les sommes formant le montant du
cautionnement, soit qu'elles aient été déposées, lors de
l'obtention de sa liberté provisoire, pour un cautionnement
en argent, soit qu'elles aient été versées ou payées dans
un cautionnement en immeubles, lorsque le prévenu a été
constitué en défaut de se représenter, et en exécution de sa
soumission de l'article 120, conservent le caractère de dépôt
jusqu'après le jugement définitif, et que ce n'est que par le

refus du prévenu de se représenter pour l'exécution de ce jugement qui l'aurait condamné à une peine d'emprisonnement, que ce qui reste de ces sommes après la distraction des créances auxquelles elles sont affectées par privilége peut devenir la propriété du trésor public;

Que du reste la loi ne s'est pas bornée à exiger qu'au cas de la non-comparution du prévenu à un acte de la procédure, le trésor public fût nanti d'un gage en espèces pour l'exécution des condamnations; qu'elle a aussi prescrit contre la personne de ce prévenu des mesures coactives qui doivent être exécutées simultanément avec celles relatives à ce gage;

- Qu'ainsi ce prévenu est privé par l'article 125 de la liberté provisoire qui lui avait été accordée, et qu'il doit être arrêté: que d'après l'article 126 il ne peut plus être reçu à l'avenir à demander de nouveau d'être mis en liberté moyennant caution;

- Et attendu, dans l'espèce, que le sieur Cauchois-Lemaire, à qui l'ordonnance du président qui avait fixé le 9 août pour le jugement avait été notifiée, ne se présenta pas; qu'il transmit ses motifs d'excuse, et demanda le renvoi de la cause;

Que la Cour d'assises rejeta ses excuses, déclara acquis définitivement au profit de l'Etat le cautionnement de 20,000 fr. déposé par lui pour sa liberté provisoire, et prononça qu'il serait passé outre au jugement par défaut sur le fond du procès;

Que, sur l'opposition formée par Cauchois-Lemaire envers cet arrêt, la Cour d'assises, après avoir procédé aux débats et au jugement du procès instruit contre lui, a entendu son défenseur sur ses moyens d'opposition; que celui-ci fit valoir, entre autres moyens, « que le prévenu s'était constitué volontairement prisonnier, et qu'il était présent à la barre de la Cour; »

. Que néanmoins la Cour d'assises, par son arrêt des 31

août et 1.er septembre, débouta Cauchois-Lemaire de son opposition, et ordonna que l'arrêt du 9 août serait exécuté selon sa forme et teneur;

Que cette Cour a ainsi violé l'article 121 et faussement appliqué l'article 120 du Code d'instruction criminelle;

D'après ces motifs, casse et annulle l'arrêt rendu par la Cour d'assises du département de la Seine, les 31 août et 1.er septembre dernier, qui a débouté Cauchois-Lemaire de son opposition envers l'arrêt par défaut du 9 dudit mois d'août;

Et, pour être prononcé conformément à la loi par nouvel arrêt sur cette opposition, renvoie ledit Cauchois-Lemaire et les pièces de la procédure devant la Cour d'assises du département de la Seine-Inférieure, pour ce déterminée par la délibération prise à la chambre du conseil.

Du 19 octobre 1821. — Cour de cassation. — Section crim. — Cass. — *Prés.* M. Barris. — *Rapp.* M. Cardonnel. — *Concl.* M. Hua, avocat général. — *Plaid.* M. Odilon Barrot, avocat.

COUR DE CASSATION.

CONTUMACE. — ARRÊT. — ACCUSÉ. — DÉCÈS. — COMPÉTENCE.

Lorsqu'un arrêt a été rendu par contumace contre un individu décédé, c'est devant la cour d'assises qui a rendu cet arrêt que les héritiers du condamné doivent recourir pour obtenir la nullité.

(Le ministère public C. Pillot.)

ARRÊT.

LA COUR, — reçoit l'intervention des veuve et enfans

Pillot, et y statuant, ainsi que sur le pourvoi du procureur, général ; considérant que la demande faite à la Cour d'assises du département de la Seine par les veuve et enfans de Jean-François Pillot, à ce qu'elle rapportât son arrêt du 23 juin 1820, rendu par contumace contre ledit Pillot, n'était fondée sur aucun des moyens de cassation ou de révision déterminés par le Code d'instruction criminelle ; que leur demande était uniquement motivée sur ce que le décès dudit sieur Pillot étant arrivé avant que ledit arrêt de contumace eût été rendu, cet arrêt était dépourvu de la matière substantielle qui devait lui servir de base et lui donner un caractère judiciaire ; — que ledit arrêt ayant été rendu par contumace, et conséquemment par défaut, était soumis aux règles générales relatives aux jugemens par-défaut, et qu'ainsi il était susceptible d'être rapporté par les juges qui l'avaient rendu ; — que la Cour d'assises du département de la Seine, en déclarant, dans les circonstances de l'affaire, son arrêt de contumace du 23 juin 1820 comme non-avenu, s'est donc conformée aux principes de la matière ; — d'après ces motifs, rejette.

Du 25 octobre 1821. — Sect. crim. — Rejet. — *Prés.* M. le baron Barris. — *Plaid.* M. Claveau, av.

COUR DE CASSATION.

CASSATION. — AMENDE. — HÉRITIERS. — INTÉRÊT.

Lorsque des parties ayant le même intérêt n'ont intenté qu'un seul et même pourvoi contre un seul et même arrêt, elles ont pu ne consigner qu'une seule amende.

(Daillet C. Leroy.)

Dans une contestation existante entre le sieur Leroy et

les héritiers Daillet, ceux-ci succombent : ils se pourvoient en cassation et consignent une seule amende.

Le sieur Leroy, défendeur à la cassation, a proposé contre ce pourvoi une fin de non-recevoir, et il a dit: L'un des demandeurs en cassation s'est désisté de son pourvoi : or l'amende unique consignée au nom de tous ne peut pas être appliquée à ceux qui restent en cause, plutôt qu'à celui qui s'est désisté; il n'y a donc pas d'amende consignée régulièrement; tous les demandeurs doivent donc être indistinctement déclarés non-recevables dans leur recours.

ARRÊT.

LA COUR, — attendu, *sur la fin de non-recevoir* opposée au pourvoi, que tous les demandeurs en cassation n'ayant intenté qu'un seul et même recours contre un seul et même arrêt, il n'a dû être consigné qu'une seule amende, et que ce qui s'est passé depuis cette consignation régulière n'a pu préjudicier aux demandeurs en cassation restés en cause, — *rejette la fin de non-recevoir ;* au fond, etc., etc.

Du 6 novembre 1821. — Sect. civ. — *Plaid.* MM. Odilon Barrot et Loiseau, av.

COUR DE CASSATION.

1.° EXPLOIT. — DÉSIGNATION. — ACTE D'APPEL. — NOMS.

2.° CASSATION. — DÉSIGNATION. — NOMS. — DÉFENDEUR. — POURVOI.

3.° POURVOI. — COHÉRITIERS. — INTÉRÊT COMMUN.

1.° *Les noms, profession et domicile du demandeur sont désignés d'une manière suffisante dans un exploit, s'ils sont désignés par relation à un autre acte, connu du défendeur et en son pouvoir.* (Art. 61 et 456 C. P. C.) (1)

2.° *Lorsque dans un pourvoi en cassation il est dit qu'il est dirigé contre un tel et autres dénommés dans l'arrêt dénoncé ; il y a désignation suffisante des défendeurs éventuels.* (Art. 7 du titre 1.er, et 3.e, partie 2 du titre 3 du réglement de 1738 ; loi du 1.er décembre 1790.)

3.° *L'héritier qui s'est pourvu en cassation en temps utile né relève pas de la déchéance le cohéritier qui a laissé expirer le délai du pourvoi.* (Rés. impl.)

(Waman C. Démalon.)

Il est inutile de détailler les faits de cette cause qui se trouvent retracés dans l'arrêt de la Cour suprême.

ARRÊT.

LA COUR, — attendu, à l'égard des huit demandeurs, qu'ils n'ont pas formé en temps utile leur demande en cassation, déclare ces huit demandeurs non-recevables dans leur pourvoi ;

Et statuant, en ce qui touche les autres demandeurs...; considérant que le pourvoi ayant été dirigé contre *Jacques Démalon*, *Pierre-Barnabé Dupuis et autres dénommés dans l'arrêt dénoncé*, cette désignation remplit suffisamment le vœu de la loi ; que par une suite cette fin de non-recevoir ne peut être admise ;

Vu les articles 61 et 456 C. P. C. ; — attendu que si, comme l'arrêt attaqué le décide, en assimilant l'acte d'appel à l'exploit d'ajournement, les articles exigent pour la validité de l'acte d'appel qu'il contienne les noms, pro-

---

(1) Voyez J. A., tom. 26, pag. 177.

fession et domicile de l'appelant, c'est uniquement afin de
faire connaître d'une manière précise à l'intimé l'individu
qui se rend appelant ; que ce but est également rempli,
soit que l'acte d'appel les exprime par une insertion littérale dans son contexte, soit qu'il les énonce seulement en
termes implicites, en se référant à cet égard à un autre
acte qui les contient, connu de l'intimé et étant en son
pouvoir, puisque, dans les deux cas, l'intimé est également
mis en état de connaître d'une manière constante celui qui
est appelant; que par une suite, en l'un des cas comme
en l'autre, l'acte d'appel est valable et ne peut être annulé ;

Et attendu que dans le fait l'acte d'appel dont il s'agit a
été rédigé dans les termes suivans: « A la requête de dame.
» Marie-Thérèse Drouin, veuve du sieur François Pailla,
» demeurante à Aubigny, et *de ses* consorts *dénommés au*
» *jugement du 8 juillet dernier, ci-après* repris...., ès
» noms et qualités qu'ils procèdent, d'héritiers de M. Jean-
» Baptiste Waman.... a été signifié..., etc. ; »

Que ce jugement contenait les noms, profession et domicile des appelans, et était nécessairement connu des intimés qui l'avaient fait signifier; que par suite, en annulant ledit acte sous prétexte qu'il ne remplit pas le vœu.
des articles précités, l'arrêt dénoncé viole ces articles et en
fait une fausse application à l'espèce ; — casse, etc.

Du 7 novembre 1821. — Sect. civ. — *Prés.* M. Minier.
— *Plaid.* MM. Cessac et Loiseau, av.

COUR ROYALE D'AMIENS.

ACTE D'APPEL. — JUGEMENT. — DATE. — ERREUR.

L'acte d'appel dans lequel le jugement attaqué est indi-

qui sous une fausse date, n'en est pas moins valable,
si ce jugement est suffisamment désigné dans le corps
de l'exploit. (Art 443 C. P. C.)

(Demailly C. Acloque d'Hocquincourt.)

Arrêt.

LA COUR, — en ce qui touche la question de savoir si
l'appel interjeté par Demailly doit être déclaré nul ou non-
recevable, parce qu'il attribue au jugement dont est appel là date du 21 mars, au lieu de celle du 23 mars
1821 ;

Considérant que, malgré cette erreur de date, l'acte
d'appel désigne suffisamment le jugement attaqué, soit par
l'énonciation de la date de son enregistrement et celle de
sa signification, soit parce que ce jugement est le seul qui
ait été rendu entre les parties par le tribunal civil de première instance d'Amiens ;

Déclare l'appel recevable, etc.

Du 9 novembre 1821. — Ch. civ. — *Prés.* M. de Malleville, p. p.

Nota. Plusieurs cours ont jugé dans ce sens, en suppléant
par le contexte de l'acte aux énonciations prises qui ne se
trouvaient pas dans les actes (Voyez J. A., tom. 26, 27
et 28, pag. 311, 157, 53 et 158); mais la Cour de Rennes
ne paraît pas vouloir adopter cette jurisprudence. (Voyez
J. A., tom. 28, pag. 157.)

———————

COUR ROYALE D'AMIENS.

ACTE D'APPEL. — AVOUÉ. — CONSTITUTION. — DOMICILE ÉLU.

Est nul l'acte d'appel qui ne contient qu'une élection de

*domicile chez un avoué. — Il faut une constitution
expresse. (Art. 61 et 456 C. P. C.)*

(De Rouzaud C. Espert.)

L'acte d'appel portait que *les appelans élisaient domicile en leurs maisons d'habitation, et encore dans la
ville d'Amiens chez M. Bourgonet, avoué près ladite
Cour royale;* mais cet acte ne contenait aucune mention
relative à l'avoué chargé d'occuper pour les appelans.

Arrêt.

LA COUR, — considérant qu'aux termes de l'article 456
C. P. C. tout acte d'appel doit contenir assignation, et par
conséquent remplir les formalités prescrites pour la validité
des assignations;

Considérant que l'article 61 du même Code veut que les
exploits d'ajournement ou assignation contiennent, à peine
de nullité, la constitution de l'avoué qui occupera pour le
demandeur;

Que cet article porte bien que l'élection de domicile sera
de droit chez l'avoué constitué, mais qu'il ne dit pas que
réciproquement l'élection de domicile chez un avoué dénommé dans l'exploit emportera de droit la constitution
ou le mandat de cet avoué;

Que cette conséquence est d'autant plus inadmissible que
le même article autorise le demandeur à faire élection de
domicile ailleurs que chez l'avoué constitué;

Considérant que dans l'espèce les exploits d'appel du 23
mars dernier ne contiennent pas constitution d'avoué qui
doive occuper pour les appelans;

Qu'on n'y trouve que la simple élection de domicile chez
l'un des avoués en la Cour y dénommé;

Déclare nul et de nul effet les exploits d'appel du 23

mars dernier; condamne les appelans en l'amende et aux
dépens.

Du 10 novembre 1821. — *Prés.* M. de Malleville, p. p.
Nota. La jurisprudence est unanime sur cette question.
On peut voir dans la Jurisprudence des Cours souveraines,
pages 301 et suivantes du tome 1.", deux arrêts des 15
juin et 5 août 1807, et un arrêt de la Cour de Colmar du
26 janvier 1816, dans le tom. 14, J. A., pag. 110.

COUR DE CASSATION.

ORDRE. — FOLLE ENCHÈRE. — ACQUIESCEMENT. — CHOSE JUGÉE.

L'ordre réglé après adjudication d'un immeuble doit être
maintenu après revente sur folle enchère et nouvelle
adjudication , même à l'égard d'un créancier qui
d'abord s'était laissé colloquer au dernier rang sans
contestation (le prix de la première adjudication étant
suffisant pour le payer) , et qui (le prix de la seconde
adjudication étant insuffisant) demande à faire valoir
ses droits pour obtenir un rang utile dans l'ordre. (Art.
1351 C. C. et 749 et 750 C. P. C.)

(Abbéma C. Lecerf.)

Les biens du sieur Lecerf, décédé, ont été adjugés à un
sieur Avenel , pour la somme de 54,675 fr. — Un ordre est
ouvert pour la distribution du prix , et la dame Lecerf, sans
aucune réclamation de sa part , n'est colloquée qu'au rang
de son inscription. — L'acquéreur ne payant pas son prix,
les biens sont revendus à la folle enchère et adjugés de nouveau ; mais seulement pour la somme de 43,900 fr. — Le
nouvel adjudicataire paie son prix entre les mains des

créanciers suivant l'ordre de leur collocation , conformément
à une clause spéciale du cahier des charges.

La dame Lecerf, voyant que les fonds manquaient sur
elle, demande la nullité de l'ordre, sur le motif que dans
le cas de revente sur folle enchère la première adjudication
et tout ce qui l'a suivie est nul et sans effet. En conséquence
elle forme tierce-opposition au jugement qui a prononcé la
seconde adjudication, en ce qu'il a réglé d'avance le mode
de paiement des adjudicataires à l'égard des créanciers ,
tandis qu'il ne pouvait l'être que par un nouvel ordre réguliè
rement introduit.

Les sieurs *Abbéma* et *Léger*, créanciers utilement colloqués, ont contesté cette prétention, et elle a été rejetée par
le tribunal civil d'Yvetot , qui a déclaré la dame Lecerf non-
recevable en toutes ses demandes ; mais sur l'appel arrêt de
la Cour de Rouen du 13 décembre 1817 qui infirme la sen -
tence des premiers juges , reçoit la tierce-opposition de la
dame Lecerf, annulle le premier ordre et en ordonne un
nouveau ; « attendu que la dame Lecerf n'a pas été partie
ni dûment représentée au jugement du 13 mai 1817 qui
maintient dans la revente sur folle enchère la collocation
faite sur la première vente; que ce jugement préjudicie à la
dame Lecerf par la disposition sus-énoncée , en ce qu'il la
prive de réclamer son rang d'hypothèque qu'elle soutien
devoir remonter à l'année 1770 et du droit de discuter les
hypothèques qui ont été colloquées antérieurement à la
sienne , ce qu'elle n'a pas eu lieu de contredire au premier
état , parce que par l'évaluation du prix de la première vente
elle se trouvait utilement colloquée ;

» Au fond, vu les articles 749 et 750 C. P. C. ; attendu
que dans le sens de ces articles, lorsqu'il y a eu vente publique
qui se trouve anéantie par une revente sur folle enchère
du premier adjudicataire, la collocation s'évanouit nécessairement avec la vente dont elle était la suite , faute de prix
sur lequel elle puisse s'exercer , ainsi qu'il a été jugé en la

cause de la veuve Tassin, par arrêt de la Cour du 4 février
1815, et qu'alors il y a lieu à une nouvelle ouverture d'ordre
sur la revente par folle enchère, sur-tout lorsqu'il y a une
différence notable entre le montant des deux ventes, et que;
comme dans l'espèce, le prix de la première vente, qui se
montait à 54,000 fr , se trouve réduit à 43,000 fr. ;

» Par ces motifs, reçoit la dame Lecerf opposante au
jugement d'adjudication, au chef qui maintient la collocation
faite sur la première vente; rapporte ledit jugement dans
cette partie ; ordonne que, sans s'arrêter à ladite collocation
qui sera regardée comme non-avenue, il sera procédé à un
nouvel ordre, etc., etc.

Pourvoi en cassation de la part des sieurs Abbéma et
Léger pour fausse application de l'article 474 C. P. C. , et
violation des articles 749 et 750 C. P. C.

M. Jourde, avocat général, a conclu à la cassation.

Arrêt.

LA COUR, — vu l'article 474 C. P. C. , et attendu, 1.°
qu'il résulte de cet article que la tierce-opposition ne peut
être admise qu'autant que le jugement préjudicie aux intérêts
de celui qui l'attaque par cette voie ;

Attendu, 2.° que les articles 749 et 750 ne sont applicables
qu'au cas de distribution à faire du prix d'une première
adjudication ;

Attendu, 3.° qu'aucune disposition du Code n'impose au
poursuivant l'obligation de notifier la revente sur folle
enchère aux créanciers colloqués dans l'ordre qui suit cette
première adjudication, dont le défaut de paiement donne
lieu à la revente ;

Attendu, 4.° qu'un ordre régulièrement fait sur le prix
de la première adjudication, et qui, par l'acquiescement
des créanciers colloqués , a acquis contre eux l'autorité de
la chose jugée ou consentie, n'est pas subordonné à l'exécution de l'adjudication par l'adjudicataire ;

D'où résulte que, si cette adjudication est suivie de folle enchère, faute par l'adjudicataire d'avoir satisfait au paiement de son prix, l'ordre jugé et consenti pour la distribution de ce prix doit recevoir son effet sur le prix de la nouvelle adjudication, et que telle est la conséquence des dispositions contenues dans les articles 755, 756 et 760 C. P. C. ;

Qu'ainsi la dame Lecerf n'était pas fondée à former tierce-opposition au jugement qui avait ordonné que l'ordre fait sur la distribution du prix de la première adjudication serait exécuté sur celui de la folle enchère, et que l'arrêt qui a fait droit à cette tierce - opposition a non-seulement fait une fausse application de l'article 474 C. P. C., mais en a de plus violé les dispositions ; casse, etc.

Du 12 novembre 1821. — Sect. civ. — *Prés.* M. Gandon. — *Plaid.* MM. Loiseau et Jacquemin, av.

COUR DE CASSATION.

ORDRE. — SIGNIFICATION. — APPEL. — DÉLAI. — FORCLUSION.

Le créancier poursuivant qui signifie un jugement d'ordre avec réserve d'en appeler fait courir le délai de l'appel contre lui-même, aussi bien que contre les autres parties auxquelles la signification a été faite. (Art. 763 C. P. C.)

(Schvorer C. Willibald-Watcher.)

L'arrêt de la Cour de Colmar, du 12 décembre 1816, avec tous les faits de cette cause, est rapporté au tome 15 du Journal des Avoués, page 119.

Nous nous contenterons de donner le texte de l'arrêt de la Cour de cassation, pour éviter les redites.

LA COUR, attendu que le Code de procédure civile a tracé d'une manière expresse et exceptionnelle les formalités relatives à la poursuite des ordres et à l'appel des jugemens qui peuvent intervenir sur ces poursuites;

Attendu que l'article 763 de ce Code restreint les délais de l'appel, et n'accorde que dix jours à compter de la signification du jugement à avoué; que cette disposition est générale pour la matière des ordres, et qu'elle s'applique à tout jugement, soit qu'il fasse l'ordre, soit qu'il prononce seulement sur une question pendante à cet ordre;

Attendu qu'il n'est pas permis de distinguer où la loi ne distingue pas, et qu'ainsi il ne peut être question d'examiner si c'est le poursuivant ou un autre créancier qui a fait signifier le jugement, ni si le jugement est favorable au contraire aux intérêts du poursuivant;

Attendu enfin que celui qui a fait signifier ce jugement ne peut pas invoquer la maxime commune qu'on ne se forclôt pas soi-même, parce qu'il s'agit d'une matière spéciale qui a ses règles particulières, dont l'objet évident est de soustraire cette matière à la longueur des procédures ordinaires; par ces motifs, rejette.

Du 13 novembre 1821. — Sect. civ. — Rejet. — *Prés.* M. Gandon. — *Plaid.* MM. Sirey et Loiseau, avocats.

ORDONNANCE DU ROI.

CONSCRIPTION. — REMPLACEMENT. — ENTREPRISE. — AUTORISATION.

Ordonnance qui contient des dispositions relatives aux entreprises ayant pour objet le remplacement des jeunes

...gens appelés à l'armée en vertu de la loi du 10 mars 1818.

LOUIS, etc.

Vu la loi du 10 mars 1818 sur le recrutement de l'armée ;

Vu les dispositions du Code civil et du Code de commerce sur les contrats et les sociétés ;

Vu les avis du conseil d'état des 1.er avril et 15 octobre 1809 sur les associations de la nature des tontines et sur les compagnies d'assurances qui intéressent l'ordre public ;

Vu l'avis de notre conseil d'état du 25 octobre dernier, qui établit :

Que la loi du 10 mars 1818 sur le recrutement n'ayant prévu ni réglé l'intervention des tiers isolés ou en société dans les stipulations particulières auxquelles peuvent donner lieu les remplacemens et les substitutions dans l'armée, cette intervention ne peut être régie que par la législation ordinaire ;

Que les règles du droit commun ont été modifiées par les avis approuvés du conseil d'état des 1.er avril et 15 octobre 1809, à l'égard des sociétés, des tontines et des compagnies qui intéressent l'ordre public ; qu'aux termes de ces avis ces sociétés, sous quelques formes et dénominations qu'elles se présentent, ne peuvent exister qu'avec l'autorisation du Roi ; qu'à plus forte raison cette autorisation est nécessaire aux entreprises, associations, agences et compagnies d'assurances pour le remplacement, les opérations de ces compagnies pouvant avoir une influence dangereuse sur la composition de l'armée ;

Considérant qu'il importe de prévenir et de réprimer toute entreprise qui aurait pour objet ou pour résultat d'altérer la composition de l'armée telle qu'elle a été déterminée par la loi du 10 mars 1818 ;

Que les entreprises pour le remplacement des jeunes gens

appelés à l'armée en vertu de cette loi présentent des com-
binaisons dont l'effet serait de détourner les jeunes gens
du service personnel, et de soumettre les remplaçans, après
leur admission dans les corps, à des influences étrangères
à l'administration militaire ; qu'il peut résulter de ces com-
binaisons de graves inconvéniens pour la bonne composition
et la discipline de l'armée ;

Que les familles ne peuvent vérifier, suivre et défendre
les garanties offertes par ces entreprises ;

Que, s'il est des entreprises de ce genre qui puissent
être admises, ce ne peut être que celles qui auront été autorisées par le Gouvernement après un sévère examen de
leurs statuts et de la nature de leurs opérations ;

Notre conseil d'état entendu,

Nous avons ordonné et ordonnons ce qui suit :

Art. 1.er Aucune entreprise ayant pour objet le remplacement des jeunes gens appelés à l'armée en vertu de la loi
du 10 mars 1818 ne pourra exister qu'avec notre autorisation.

2. Les autorisations seront accordées par nous sur le rapport de notre ministre secrétaire d'état de l'intérieur.

Notre ministre secrétaire d'état de la guerre donnera préalablement son avis.

3. Les préfets prendront toutes les mesures administratives et de police autorisées par les lois, à l'effet de pré-
munir nos sujets contre les actes irréguliers ou les entreprises illicites.

Ils déféreront à nos procureurs généraux et procureurs
près les tribunaux ceux desdits actes qui auraient les caractères d'un délit ou d'une contravention prévus par les
lois.

4. Notre garde des sceaux, etc., etc., etc.

Paris, 14 novembre 1821.   *Signé* LOUIS.

COUR DE CASSATION ET COUR ROYALE D'ORLÉANS.

1.° MOTIFS. — ARRÊTS. — QUESTIONS.

2.° HUISSIERS. — RESPONSABILITÉ. — SUBSTITUTION. — SAISIE MOBI-
LIÈRE.

1.° *Un arrêt n'est pas suffisamment motivé, si l'une des
questions posées est résolue sans qu'aucun des motifs
donnés lui soit applicable.* (Art. 141 C. P. C. , et 7
de la loi du 20 avril 1810.)

2.° *Un huissier chargé de faire une saisie mobilière
n'est pas responsable envers le saisi des faits de l'huissier qu'il s'est substitué.*

(Jubé C. Grozier.)

. La première question ne pouvait être différemment décidée par la Cour suprême ; car la loi ayant exigé que les
décisions des juges fussent motivées a voulu des motifs sur
chaque question qui leur était soumise.

Les faits de cette cause sont très-nombreux ; mais nous
ne rapporterons que ceux qui sont absolument nécessaires
pour l'intelligence des deux questions qui font l'objet de
cette notice.

. Le sieur Grozier, chargé de procéder à la saisie mobilière des sieur et dame Jubé, s'adresse au sieur Gosset son
confrère, du consentement de son client, pour opérer cette
saisie. — En l'absence des débiteurs, Gosset procède à la
saisie et établit un nommé Guiot gardien.

Rentrés chez eux, les sieur et dame Jubé s'aperçoivent
qu'ils ont été spoliés ; plainte est portée. — Arrêt de la
Cour d'assises de Paris qui condamne Guiot, et sur la demande des sieur et dame Jubé leur réserve l'action civile
contre les huissiers Grozier et Gosset.

Le tribunal civil de Paris admet cette action , et condamne Gosset. comme responsable des faits de Guiot, et Grozier , comme responsable des faits de Gosset. — Appel. — Arrêt qui confirme le jugement en ce qui concerne Gosset, et décharge Grozier des condamnations contre lui prononcées. — L'arrêt répondait bien au moyen tiré de la participation reprochée à Grozier dans la saisie , mais il ne disait rien sur le moyen pris de la substitution d'un huissier à un autre.

Pourvoi en cassation de la part des sieur et dame Jubé , pour violation de l'article 7 de la loi du 20 avril 1810.

ARRÊT.

LA COUR, — vu l'article 7 de la loi du 20 avril 1810 ainsi conçu : « Les arrêts qui ne contiennent pas les motifs sont déclarés nuls ; — Attendu qu'une des questions du procès posées par l'arrêt attaqué était de savoir si Grozier était garant, d'après l'article 1384 C. C., des faits de la négligence et des suites de la négligence de Gosset son substitué ; que l'arrêt a résolu cette question sans en donner de motifs, et a par suite déchargé Grozier de la demande ; qu'en cela l'arrêt a violé l'article 7 de la loi du 20 avril 1810 ci-dessus transcrit ; — Casse, etc.

Du 17 avril 1821. — Cour de cassation. — Sect. civ. — *Plaid* MM. Odilon Barrot et Loiseau , avocats.

La cause a été renvoyée devant la Cour royale d'Orléans, qui , sur les conclusions conformes de M. l'avocat général Deschamps, a rendu l'arrêt suivant.

ARRÊT.

LA COUR, — considérant en droit qu'un huissier chargé d'une saisie peut , de l'aveu du créancier poursuivant , se substituer valablement un de ses confrères ;

Considérant en fait qu'il résulte des élémens de la cause qu'il n'y a pas eu de désaveu de la part du créancier poursuivant contre une pareille substitution, qui d'ailleurs a été complétée par la remise faite par Grozier à Gosset des pièces d'après lesquelles la saisie devait être assise;

Considérant que, lorsqu'un huissier charge un autre huissier d'actes déterminés de son ministère, ces deux huissiers, égaux en droits et en attributions, ne peuvent être considérés au respect l'un de l'autre soit comme maître ou commettant, soit comme préposé ou domestique, et que dès-lors il n'y a aucune application à faire à l'espèce des dispositions de l'article 1384 C. C.;

Considérant qu'il ne résulte pas des faits de la cause que Grozier ait participé personnellement aux faits de prévarication, de négligence ou d'imprudence commis chez les sieur et dame Jubé, et que conséquemment il n'y a pas non plus lieu d'appliquer à l'espèce l'article 1383 du même Code :

Met l'appellation et ce dont est appel au néant; émendant, décharge l'appelant des condamnations prononcées contre lui, et ordonne que l'amende consignée sera restituée.

Du 14 novembre 1821. — Cour royale d'Orléans.

COUR DE CASSATION.

SURENCHÈRE. — CAUTION. — CONSIGNATION. — INSUFFISANCE. — OFFRE.

Lorsqu'il y a insuffisance de la caution offerte en immeubles par le créancier surenchérisseur, cette insuffisance ne peut être couverte que par une consignation effective faite dans les quarante jours, et non par des offres de consigner en écus le montant de la surenchère. (Art. 2185 C. C. et 832 C. P. C.)

(Héliot C. Thil.)

, Le ‘sieur Héliot, créancier inscrit sur le domaine de la *Grande-Mare* , vendu par la dame Gady de la Vigne au sieur Thil, exerce la surenchère du dixième autorisée par l'article 2185 Cod. civ. , et il offre pour caution le sieur Héliot , son frère.

_ Le sieur Thil cherche à écarter la surenchère par plusieurs' moyens, et notamment par le motif que la caution offerte n'était pas suffisante, attendu que les titres par elle déposés ne présentaient pas une valeur libre en immeubles égale au montant de la surenchère.

De son côté le sieur Héliot, surenchérisseur, soutient en fait que la caution est suffisantc ; au surplus *il offre de consigner en argent le montant de la surenchère.*

21 juillet 1819, jugement du tribunal de première instance de Rouen qui déclare la caution suffisante et la surenchère valable.

Appel de la part du sieur Thil. Il persiste à soutenir en fait que la caution est insuffisante, et en droit, que *l'offre de consigner* n'équivaut pas à une *consignation effective ;* qu'au surplus cette offre , fût-elle suffisante, serait tardive, attendu qu'aux termes de l'article 832 C. P. C. l'offre d'une caution suffisante doit être faite par l'acte même portant surenchère ; qu'il y a un puissant motif pour observer rigoureusement ces dispositions, afin que l'acquéreur qui a légitimement acquis ne soit pas tenu long-temps dans un état d'incertitude sur le sort de son acquisition.

23 mars 1820, arrêt de la Cour royale de Rouen qui déclare nulle la surenchère du sieur Héliot. Les motifs portent en substance que « la caution présentée n'est pas suffisante ; que l'offre de consigner au besoin en écus le montant de la surenchère était tardive, puisqu'elle aurait dû être énoncée dans l'acte de réquisition, même de mise aux enchè-

res , selon l'article 832 du C. P. C. ; que d'ailleurs une offre ou promesse de consigner n'équivaut pas une consignation effective , seul moyen de suppléer efficacement au cautionnement en immeubles libres, si impérieusement prescrit par la loi. »

Pourvoi en cassation de la part du sieur Héliot pour violation des articles 2185 C. C. et 832 C. P. C. , en ce que l'arrêt dénoncé a déclaré insuffisante la caution présentée , nonobstant l'offre faite (avant que la caution eût été déclarée insuffisante, c'est-à-dire en temps utile) de consigner en écus le montant de la surenchère.

Il soutenait que le vœu de l'article 2185 et de l'article 832 était rempli par l'offre de consigner ; qu'en effet ces articles avaient voulu , en obligeant le surenchérisseur à donner caution, procurer à tous ces intéressés la certitude que la surenchère ne serait pas exercée témérairement et sans moyen de payer le prix et les frais, et que dans l'espèce le surenchérisseur, en offrant de consigner en écus, donnait toute garantie à l'acquéreur, qui pouvait à chaque instant obliger le surenchérisseur à réaliser son offre ; qu'ainsi les articles cités avaient été violés par l'arrêt dénoncé.

Arrêt.

LA COUR , — vu les articles 2018, 1019, 2040 et 2185 C. C., et les articles 832 et 853 C. P. C. ;

Attendu qu'Héliot n'a suppléé à l'insuffisance reconnue par la Cour royale de Rouen, du cautionnement offert en immeubles , que par une simple promesse de consigner ;

Attendu qu'une *offre ou promesse de consigner* n'équivaut pas à une *consignation effective,* seul moyen de suppléer efficacement au cautionnement en immeubles libres requis impérieusement pour la validité de la surenchère ; attendu enfin que la surenchère connue étant insuffisante et incomplète , a dans l'espèce fait une juste application des lois de la matière ; rejette , etc.

Du 15 novembre 1821. — Sect. req. — Rejet. — *Plaid.*
M. Leroy de Neufvillette , av.

Nota. La Cour de cassation et plusieurs cours royales ont
souvent jugé qu'une simple offre de caution ne suffisait pas,
et qu'il fallait que la caution fût désignée et le cautionnement
effectué dans le délai prescrit. C'est maintenant un point de
jurispudence reconnu.

────────────

COURS ROYALES D'AMIENS ET DE GRENOBLE.

1.° AVOGAT. — HONORAIRES. — TAXE. — ACTION. — PRESCRI-
PTION.

2.° AVOUÉ. — AVOCAT. — HONORAIRES. — PAIEMENT. — PRESCRI-
PTION.

1.° *Les avocats ont contre leurs clients une action qui
dure trente ans, pour le paiement des honoraires qu'ils
croient convenable de leur demander , et qui ne peuvent
être réduits que par le conseil de discipline de leur
ordre. (* Art. 433 du décret du 14 décembre 1810 et 227
C. C. *)*

2.° *Les avoués qui paient aux avocats pour leur plaidoirie des honoraires excédant ceux qui sont alloués
par le tarif, peuvent-ils en faire la répétition contre
leurs clients, et leur action à cet égard dure-t-elle
trente ans ?* (1)

1.ʳᵉ ESPÈCE. — (Accarias C. Bosq.)

M.° Accarias invoquait plusieurs décisions rendues sous
l'ancienne jurisprudence et qui sont retracées dans le Ré-

────────────

(1) Cette question seulement a été soumise à la décision des deux
Cours.

pertoire de Jurisprudence au mot *honoraires*, où toute la législation ancienne sur ce point se trouve soigneusement résumée.

A R R Ê T.

LA COUR, — considérant que la prescription introduite par l'article 2273 du Code civil ne concerne que les avoués, et nullement les avocats ;

· Considérant que les avocats sont incontestablement en droit de réclamer le paiement de leurs honoraires, soit qu'il s'agisse d'écrits ou consultations, soit qu'il s'agisse de plaidoiries ;

Considérant que la fixation faite par l'article 80 du tarif des frais et dépens, renfermé dans le décret de 16 février 1807, pour la plaidoirie de l'avocat, n'a pour objet que la répétition qui compette à la partie qui a gagné son procès contre celle qui a été condamnée ;

Considérant que l'avoué qui a payé les honoraires de l'avocat dont il a employé le ministère est en droit de répéter contre sa partie ce qu'il a déboursé à sa décharge, et que son action dure aussi long-temps que celle de l'avocat dont il est devenu le cessionnaire ;

Considérant qu'aux termes de l'article 43 du décret du 14 décembre 1810, s'il survient des difficultés au sujet des honoraires des avocats, c'est le conseil de discipline de l'ordre qui doit d'abord les juger, sauf le recours de sa décision au tribunal ou à la Cour qui a connu du procès ;

Considérant que, dans l'espèce, le sieur Bosq, contestant les sommes portées aux quittances de M.rs Sappey et Accarias, avocats, qui ont plaidé pour lui, il y a lieu de renvoyer les parties devant le conseil de discipline, pour y faire statuer ;

. Considérant que, suivant l'article 151 du tarif, les avoués sont tenus de représenter les registres servant à inscrire les paiemens qui leur sont faits par leurs clients toutes les fois qu'ils en sont requis ;

Sans s'arrêter à l'exception de prescription proposée par Antoine Bosq, en ce qui concerne les honoraires de l'avocat qui a plaidé pour lui dans le procès jugé le 16 janvier 1816, de laquelle elle le déboute, et avant dire droit, ordonne, 1.° que les parties se retireront devant le conseil de discipline de l'ordre des avocats à Grenoble, à l'effet de faire statuer sur la réclamation dudit Accarias, en ce qui concerne les honoraires de M." Accarias et Sappey, avocats, qui ont plaidé pour le sieur Bosq devant la Cour ; 2.° que ledit Accarias représentera à Bosq, dans la quinzaine, le registre qui a servi à inscrire les paiemens à lui faits par les parties, soit chez M.° Bernard son avoué, soit au greffe de la Cour, au choix dudit Bosq, pour, la décision du conseil de discipline rapportée, être pourvu ce qu'il appartiendra.

Du 30 juillet 1821. — 1.º ch. civ. — *Prés.* M. Paganon. — *Plaid.* M.° Bernard et le sieur Bosq pour lui-même.

2.° ESPÈCE. — (Lenfant C. Beauvais et Leleu.)

ARRÊT.

LA COUR, — considérant que la première partie de la demande est justifiée ; mais qu'il n'en est pas de même de la deuxième, et que *Lenfan*t n'établit pas qu'il ait reçu de ses clients un mandat spécial à l'effet de payer à leur avocat une somme de 150 fr. pour honoraires de ses plaidoiries, outre les honoraires taxés ;

Donne défaut contre les sieurs de Beauvais et Leleu audit nom, et pour le profit les condamne à payer à Lenfant la somme de 651 fr. 51 cent., montant de l'exécutoire de dépens faits par Lenfant, avoué en la Cour, dans l'affaire des mineurs Lessieux contre Joseph Lecomte, meunier à Neslo-

l'Hôpital, ainsi qu'il est porté audit exécutoire décerné contre
ce dernier, à la requête desdits de Beauvais, etc., avec
intérêts à compter du jour de la demande; déboute l'enfant du surplus de sa demande, et condamne de Beauvais
et Leleu aux dépens.

  Du 17 novembre 1821. — Ch. civ. — *Prés.* M. de Malleville, premier président. — *Concl.* M. Bosquillon de Fontenay, avocat général.

———————

COUR ROYALE DE PAU.

1.º AVOUÉ. — REGISTRES. — TIMBRE.
2.º AVOUÉ. — ACTION — PRESCRIPTION. — CODE DE PROCÉDURE.
3.º AVOUÉ. — PRESCRIPTION. — PRÉSOMPTION. — SERMENT.

1.º *Il n'est pas nécessaire que les registres des avoués
    soient sur papier timbré pour qu'ils puissent être opposés en justice.* (Art. 151 du tarif.)
2.º *Avant le Code de procédure, dans le ressort du parlement de Toulouse, l'action des avoués pour leurs
    déboursés et honoraires ne se prescrivait que par trente
    ans.*
3.º *La prescription établie par l'article 2273 C. C. exclut
    toutes les présomptions contraires qui peuvent être opposées, et l'avoué n'a pour la combattre d'autre moyen
    que de déférer le serment à la partie qui l'invoque.*

(Benquez C. Dartiguenave.)

Si les avoués étaient forcés d'inscrire les sommes qu'ils
reçoivent sur papier marqué, pourquoi ne seraient-ils pas
obligés de faire enregistrer leurs registres quand ils les produisent en justice?

La loi a voulu que les répertoires des notaires fussent écrits sur du papier timbré et enregistrés, et on en sent la raison. Elle l'a dit alors.

Quant aux avoués, elle a gardé le silence, et cela suffit pour empêcher qu'on ne prive un officier ministériel des honoraires qui lui sont dus, par le motif qu'il n'aurait pas rempli une formalité qui ne se trouve prescrite par aucune loi.

La seconde question est locale.

Quant à la troisième, l'erreur dans laquelle les premiers juges étaient tombés était trop palpable pour que leur décision ne fût pas réformée par la Cour.

Il est inutile de rappeler les faits de cette cause; seulement nous ferons observer que la nullité qu'on voulait induire de l'irrégularité des registres n'a été proposée que devant la Cour.

Jugement du 4 février 1820, qui condamne Benquez au paiement des droits réclamés par Dartiguenave; « Attendu » que parmi les actes de poursuite et de postulation dont » il s'agit, il en est qui se rapportent à des procès com- » mencés avant l'émission du Code civil, mais dont les » premiers actes remontent à moins de trente années;

' » Attendu que, suivant la jurisprudence du parlement de » Toulouse qui seule régissait la matière avant l'émission » du susdit Code, l'action des procureurs ou avoués pour » frais de postulation était traitée comme une action ordi- » naire et ne se prescrivait que par trente ans; nulle dif- » ficulté par conséquent sur la partie de la demande de » M.ᵉ Dartiguenave qui se rattache aux droits de postu- » lation antérieurs audit Code;

» Attendu que d'autres droits réclamés par ledit Darti- » guenave se rapportent à des procès non-jugés et dont les » derniers actes remontent à plus de cinq années, d'au- » tres enfin à des procès jugés depuis plus de deux an- » nées;

» Attendu qu'en droit et aux termes de l'article 2273 C.
» C., l'action des avoués pour le paiement de leurs frais
» et salaires se prescrit, savoir: pour les procès jugés, dans
» deux ans à compter du jugement, et pour ceux non-
» jugés, dans le délai de cinq années des derniers actes ou
» poursuites ;

» Attendu qu'il n'y aurait pas à hésiter sur l'application
» de l'article 2273 précité, si les circonstancés qui environ-
» nent la cause ne commandaient de décider autrement ;

» Attendu que c'est un point de doctrine et une vérité
» incontestable en droit que les prescriptions de cinq ans
» et au-dessous, si on excepte celle relative aux arrérages
» de rentes, se fondent toutes sur la présomption de paie-
» ment; que cela s'induit de la faculté accordée au défen-
» deur à la prescription de déférer à celui qui l'oppose le
» serment sur la vérité du paiement ;

» Attendu que, s'il en est ainsi, et si tout concourt à
» écarter la présomption que *Benquez* ait payé les droits
» demandés par *Dartiguenave*, il ne saurait y avoir lieu
» d'appliquer la prescription. (Ici le tribunal énumère les
» circonstances qui le portent à penser que Benquez reste
» débiteur envers son avoué) ;

» Attendu que des diverses circonstances qui viennent
» d'être relevées, il résulte non-seulement que la présom-
» ption de ce paiement n'existe pas, mais encore que le
» sieur Benquez ne pourrait affirmer par serment qu'il a
» payé, sans se mettre en contradiction avec des vérités
» établies par les actes du procès; d'où il suit que le ser-
» ment ne peut pas lui être déféré, et il est hors de doute
» que le moyen de la prescription doit être rejeté moyen-
» nant le serment de Dartiguenave, que la somme qu'il ré-
» clame lui est légitimement due. »

Appel de la part du sieur Benquez.

Arrêt.

LA COUR, attendu que l'article 151 du tarif ne détermine pas le mode d'après lequel les avoués doivent tenir
leurs registres ; qu'il ne dit pas qu'ils seront sur papier
timbré ; d'où il suit que ceux présentés par M.ᵉ Dartiguenave ne sauraient être rejetés par cela qu'ils sont sur papier
libre ; vu sur-tout qu'ils sont reliés, écrits d'une suite et
visés par un des juges du tribunal civil de Tarbes ; dès-
lors c'est le cas de les maintenir ;

Attendu que le sieur *Benquez* ne saurait être privé du
droit d'opposer la prescription à M.ᵉ Dartiguenave, si elle
est acquise; et il y a lieu de débouter celui-ci des fins de
non-recevoir et de non-valoir opposées par lui au premier,
et fondées sur ce que divers procès ne seraient pas encore
jugés;

Attendu que dans le ressort du ci-devant parlement de
Toulouse les avoués avaient trente ans pour réclamer leurs
salaires, et que dès-lors c'est le cas de repousser la fin de
non-recevoir proposée par le sieur Benquez, et prise d'une
prescription moindre ;

Attendu que l'article 1353 du Code civil n'abandonne aux
lumières et à la jurisprudence des magistrats que les présomptions qui ne sont point établies par la loi, et qu'ils
ne doivent les admettre que lorsqu'elles sont graves, précises et concordantes, et dans le cas seulement où la loi
admet la preuve testimoniale ;

Attendu que la prescription établie par l'article 2273 du
même Code contre les avoués est fondée sur une présomption légale; que dès-lors il ne saurait être permis de substituer à la volonté du législateur des présomption dérivées
de certains faits, pour en tirer une conséquence différente
à celle établie par la loi, ce qui s'infère de la manière la
plus positive des dispositions de l'article 2275, qui assujettit

seulement la partie qui oppose cette prescription à jurer
qu'elle a payé les salaires qui lui sont demandés; dès-lors
c'est le cas de réformer le jugement dont est appel, et de
relaxer le sieur Benquez des demandes contre lui dirigées
relativement au montant des états 1, 3, etc., à la charge
d'affirmer sous la religion du serment qu'il en a fait raison
à M.ᵉ Dartiguenave ;

Par ces motifs, sans avoir égard à l'irrégularité prétendue
des registres de M.ᵉ Dartiguenave relevée par Benquez, et
l'en démettant, confirme la disposition du jugement relative au rejet de la prescription de deux ans pour les droits
réclamés par Dartiguenave, et qui concernent les procès et
les poursuites antérieurs au Code civil; réformant le jugement dans la disposition qui condamne Benquez au paiement des droits relatifs à des poursuites sur des procès
non-jugés remontant à plus de cinq ans, et à des procès
jugés depuis plus de deux ans, le relaxe de toutes demandes
à cet égard, etc.

Du 19 novembre 1821. — *Prés.* M. de Figarol, p. p.

———————

COUR DE CASSATION.

AUTORISATION. — COMMUNE. — RESPONSABILITÉ.

L'autorisation exigée pour plaider contre une commune
n'est pas nécessaire lorsqu'il s'agit d'une action formée
par un particulier contre une commune, comme res-
ponsable des dommages à lui causés, et en général lors-
qu'il s'agit de poursuites d'ordre public et de haute
police ordonnées par une loi spéciale. (Arrêté du 17
vendémiaire an 10; art. 1032 C. P. C.) (1)

———————

(1) Voyez un arrêt de la Cour de Grenoble, au tom. 28, pag. 273 de
ce Journal.

(Cazelles C. la commune de Montagnac.)

ARRÊT.

LA COUR , vu les articles 2 , 4 et 5 du titre 5 de la loi du 10 vendémiaire an 4 ; vu aussi l'arrêté du Gouvernement du 17 vendémiaire an 10 ;

Considérant que les délits dont se plaignit le demandeur vers la fin de 1815 furent alors constatés par l'autorité administrative , et successivement dénoncés par le juge de paix au procureur du Roi près le tribunal civil de Béziers ; qu'il fut aussi procédé administrativement , en vertu des ordres du préfet du département de l'Hérault , soit à l'audition des témoins, soit à l'estimation des dommages causés par ces délits ; que le préfet transmit ensuite lui-même les divers procès-verbaux au procureur général de la Cour de Montpellier , et l'invita à faire donner aux poursuites toute la célérité possible ; que le procureur du Roi et le tribunal civil de Béziers furent en effet saisis de cette affaire , en exécution de la loi du 10 vendémiaire an 4 , tant en vertu de la dénonciation du juge de paix , que par l'envoi des procès-verbaux et autres actes administrativement dressés dans cette affaire ; qu'il s'était néanmoins écoulé un délai de deux ans et demi sans que le tribunal civil de Béziers eût prononcé sur cette affaire ; que dans cet état de choses le sieur Cazelles fit citer , par exploit du 25 juillet 1818 , le maire de la commune de Montagnac devant le tribunal , afin de parvenir à faire condamner ladite commune au paiement des dommages déterminés par ladite loi ;

Considérant que cette citation que la loi n'interdisait pas ne fut réellement qu'accessoire aux poursuites dont le tribunal était saisi depuis long-temps, en vertu de l'envoi des procès-verbaux et des autres actes énoncés de l'autorité administrative ; que l'intervention et la citation n'avaient d'autre but que d'éveiller l'attention et d'exciter le zèle du ministère public et du tribunal ; que par conséquent, malgré cette citation, la poursuite principale, fondée sur ladite loi, conservait sa force et ses effets;

Considérant que les mesures prescrites par ladite loi sont de haute police , tant dans l'intérêt du Gouvernement sous le rapport de la sureté publique, que dans l'intérêt des particuliers lésés ; que cette loi , en ordonnant à l'autorité administrative de constater les délits et les dommages, et aux tribunaux de prononcer dans de très-courts délais, a établi un mode de procéder spécial totalement inconciliable avec l'édit de 1683 et l'arrêté du 17 vendémiaire an 10 ; que cet édit et cet arrêté, qui défendent, dans des contestations purement civiles , aux créanciers des communes de se pourvoir devant les tribunaux , sans avoir demandé la permission à l'autorité administrative, sont sans application à des poursuites d'ordre public et de haute police ordonnées par une loi spéciale , qui détermine à-la-fois les attributions de l'autorité administrative et celles des tribunaux ; qu'en décidant le contraire la Cour royale de Montpellier a faussement appliqué l'édit de 1683 et l'arrêté du 17 vendémiaire an 10, et violé les articles 2, 4 et 5 de la loi du 10 vendémiaire an 4 ; — casse et annulle l'arrêt de la Cour royale de Montpellier du 14 juin 1819.

Du 19 novembre 1821. — Sect. civ. — *Prés.* M. Brisson. — *Plaid.* MM. Loiseau et Gérardin, av.

Cette affaire a été renvoyée devant la Cour royale de Toulouse, qui a confirmé le jugement de première instance, comme l'avait fait la Cour de Montpellier. Voici les motifs de cet arrêt.

Arrêt.

LA COUR, attendu que, d'après les dispositions formelles des lois anciennes comme des lois nouvelles, les communes

ne peuvent être en jugement, tant en demandant qu'en
défendant, qu'après y avoir été autorisées par l'autorité
administrative, soit sur leur propre demande, soit sur celle
des tiers qui veulent introduire contre elles une action en
justice ; que les principes qui sont d'ordre public et qui
dérivent de l'état de minorité où sont placées les communes
et de la protection spéciale qui leur est due à ce titre, sont
consacrés par une jurisprudence constante et invariable, et
qu'il ne peut y être dérogé que dans les cas clairement et
expressément déterminés par des lois d'exception, et que
le sieur Cazelles a lui-même rendu hommage à ces principes,
lorsque dans l'exploit signifié à sa requête le 25 juillet 1818
à la commune de Montagnac, dans la personne de son
maire, il lui a donné un délai de quinzaine, afin qu'il eût
le temps d'obtenir l'autorisation administrative dont il conteste maintenant la nécessité ;

. Attendu que la commune de Montagnac n'a pas été autorisée à défendre à l'action introduite contre elle devant le
tribunal de Béziers par le sieur Cazelles le 15 juillet 1818 ;
qu'il résulte de l'exploit de ce dernier, en date dudit jour,
que le sieur Cazelles entendit agir et agit en effet de son chef
par voie principale et même en motivant son action sur ce
que le ministère public n'avait fait aucune des poursuites
auxquelles semblait l'obliger la loi du 10 vendémaire an 4 ;
qu'il intenta directement contre la commune de Montagnac
une action mobilière en paiement de sommes qu'il prétendit lui être dues à titre de restitution et de dommages-
intérêts, et dont il détermina lui-même le montant, sans
s'arrêter aux évaluations faites en 1815 par l'autorité administrative, comme étant inférieures aux pertes qu'il avait
éprouvées ; et que se présentant ainsi avec le caractère d'un
véritable créancier, il était tenu de se pourvoir, avant toute
poursuite, devant l'autorité administrative pour en obtenir
l'autorisation voulue par l'édit du mois d'avril 1683 et par
l'arrêté du 17 vendémiaire an 10 ;

Attendu qu'il n'y a pas moyen de soutenir que la citation
du 25 juillet 1818 n'ait pas introduit une instance nouvelle,
et qu'elle n'ait été qu'accessoire aux poursuites dont le
tribunal de Béziers était depuis long-temps saisi par suite de
l'envoi des procès-verbaux et des autres actes de l'autorité
administrative qui avait été fait en 1815 au procureur du Roi
près ledit tribunal; qu'il est bien vrai que cet envoi avait
pour but et paraissait devoir produire l'effet de provoquer
des poursuites d'office de la part du ministère public contre
la commune de Montagnac; mais que de là que le procureur
du Roi acquit par cet envoi les moyens de poursuivre,
on ne peut pas conclure que le tribunal de Béziers ait été
nanti desdites poursuites, lorsqu'il est prouvé que le procureur du Roi a gardé dans son cabinet les pièces qui lui
furent envoyées en 1815 sans en faire usage, et qu'il n'a
adressé au tribunal aucune demande, aucune réquisition
qui ait pu le saisir de l'affaire, et le mettre à même d'y
statuer; que l'inaction absolue du procureur du Roi est
reconnue par le sieur Cazelles lui-même, qui s'en est
plaint comme d'un déni de justice, et qui n'a pas eu d'autres motifs pour introduire de son chef une action que le
ministère public ne se mettait nullement en peine d'exercer;
que, lorsque, par suite de l'instance engagée directement par
le sieur Cazelles, le procureur du Roi a rompu le silence
absolu qu'il gardait depuis l'envoi des pièces administratives,
ce magistrat n'a parlé que pour réclamer en faveur de la
commune de Montagnac, défaillante, l'autorisation d'ester
en jugement, prescrite par les lois; qu'il n'existait donc
pas d'instance contre la commune de Montagnac devant
le tribunal de Béziers avant la citation du 25 juillet 1818,
et que le sieur Cazelles ne peut par conséquent couvrir le vice
de ses poursuites, qui résulte du défaut d'autorisation de
la commune de Montagnac, sur le fondement qu'il n'aurait
fait qu'intervenir dans une instance préexistante où cette
autorisation n'était pas requise;

Attendu que la circonstance prise de ce que le sieur Cazelles fondait sa demande sur les dispositions de la loi du
10 vendémiaire an 4, relative à la responsabilité civile des
communes, ne l'affranchissait pas de l'observation de la
formalité essentielle et d'ordre public qui est prescrite,
tant par l'édit de 1683 que par l'arrêté du 17 vendémiaire an 10, et cela par plusieurs raisons également dé-
cisives;

Qu'en premier lieu, sans rien préjuger sur l'existence ou
l'approbation de la loi du 10 vendémiaire an 4, question
qui appartient au fond de la cause, dont la Cour n'a pas
à s'occuper, et en supposant même que cette loi, toute
d'exception et de circonstance, soit encore en vigueur, il
faut reconnaître qu'elle détermine des formes spéciales de
procédure pour les poursuites d'office dont elle charge les
autorités administratives et judiciaires, mais qu'elle ne s'occupe nullement des formes à suivre dans le cas où la
partie lésée agit directement et en son nom contre la commune qu'elle veut rendre passible des réparations et dommages-intérêts résultans de délits commis sur son territoire;
que dès-lors dans ce dernier cas la partie lésée, ne trouvant rien dans la loi sur laquelle est basée l'action qu'elle
prétend exercer qui prescrive en ce qui la concerne des
formes particulières, est astreinte à suivre la marche de la
procédure ordinaire;

Qu'en second lieu la loi du 10 vendémiaire an 4, considérée comme loi spéciale et de haute police, est éminem-
ment une loi d'exception qu'on ne pourrait étendre à des
cas qu'elle n'a pas expressément prévus et déterminés, sans
violer ouvertement les principes les plus positifs et les plus
tutélaires de notre législation; or qn'on étendrait évidemment les dispositions déjà si rigoureuses, pour ne rien dire
de plus, de cette loi, si l'on soumettait les parties privées
à des formes de procédure qui n'ont été établies que pour
les poursuites d'office de la partie publique, et qui dérogent

d'une manière aussi essentielle au droit commun ; qu'à la vérité le conseil d'état, par un avis du 12 mai, approuvé le 1.er juin 1807, a décidé que, nonobstant l'article 1041 C. P. C., les formes de procédure établies par des lois spéciales doivent continuer d'être observées, quoique dérogeant aux lois générales ; mais qu'il résulte seulement de cet avis que les lois spéciales doivent être suivies, quant à la forme de procéder et dans l'intérêt du Gouvernement, lorsqu'elles déterminent elles-mêmes cette forme, et dans les seuls cas pour lesquels elles l'ont expressément prescrite; qu'ainsi, et à l'égard de la loi du 10 vendémiaire an 4, supposé qu'elle soit en vigueur, les autorités administratives et judiciaires, ayant en leur faveur l'application d'office, devraient se conformer au mode de procéder qu'elle détermine, et selon lequel il n'est certes pas besoin que les communes soient autorisées à ester en jugement, puisque, loin de les appeler en cause, on doit alors procéder contre elles en leur absence et sans qu'elles soient admises à se défendre ; mais qu'il n'en saurait être ainsi lorsque, comme dans l'espèce, la partie lésée, voyant que le ministère public demeure dans l'inaction, au lieu de provoquer l'exercice des poursuites d'office qui lui sont dévolues par le recours à l'autorité supérieure, se décide à engager de son chef une instance contre la commune responsable, et qu'exerçant dans ce cas une action purement privée et dans son intérêt seul, ne trouvant d'ailleurs dans la loi dont s'agit que le principe de cette action au fond, sans aucune forme spéciale relativement à son exercice, il est évident que la partie lésée doit se conformer au droit commun en fesant autoriser la commune contre laquelle il agit ;

Qu'en troisième lieu il est incontestable, et on en demeure d'accord, que, s'il était intervenu d'office et sur les seules réquisitions du ministère public un jugement de condamnation contre la commune de Montagnac, celle-ci aurait eu le droit, malgré le silence de la loi du 10 vendé-

miaire an 4 à cet égard, de former opposition à ce jugement ou d'en interjeter appel; qu'il est aussi incontestable
que la commune n'aurait pu faire usage de l'un ou de l'autre
moyen, sur-tout envers la partie lésée, qu'avec l'autorisation préalable du conseil de préfecture qu'elle aurait dû
provoquer dans ce cas en sa qualité de demanderesse ; mais
que, ces deux propositions étant admises, il serait bien
singulier et bien étonnant que le sieur Cazelles, poursuivant
lui-même le jugement avec la commune de Montagnac par
une instance régulière et privée, ait pu légitimement s'af-
franchir du recours préalable à l'autorité administrative, et
se dispenser, en attaquant la commune, de l'accomplissement d'une formalité sans laquelle la commune elle-même
n'aurait pu agir contre lui par voie d'opposition ou d'appel ;

Attendu enfin que la nécessité de l'autorisation des communes, même relativement à l'application de la loi du 10
vendémiaire an 4, a été formellement reconnue et consacrée par le conseil d'état, notamment par son arrêté du 12
brumaire an 11, relatif à deux jugemens du tribunal de
première instance de Fontenay, et plus récemment par une
ordonnance royale aussi rendue en conseil d'état le 8 juillet
1819 dans la cause du sieur Guy contre la commune
d'Agde ;

Attendu qu'il suit des motifs ci-dessus qu'il a été bien
jugé par le tribunal de Beziers, et que le jugement par lui
rendu dans la présente cause le 23 novembre 1818 doit
être confirmé ;

Par ces motifs, procédant en vertu du renvoi à elle fait
par l'arrêt de la Cour de cassation, en date du 19 novembre
1821, et vidant ledit renvoi, vidant aussi le renvoi au conseil, a démis et démet le sieur Cazelles de son appel du
jugement rendu par le tribunal de Béziers le 23 novembre
1818; a ordonné et ordonne que ledit jugement sortira son
plein et entier effet.

Du 15 mars 1822. — Cour royale de Toulouse. — Chamb.

civ. réunies. — *Prés.* M. Daldeguier. — *Plaid.* MM. Romiguière et Barrué, avocats.

Nota. V. MM. Brillon, verb. *communauté,* § *procès des communes ;* Guichard *dans sa Jurisprudence commerciale,* page 425, § 3 et suivans ; Fleurigeon *dans son Code administratif,* tome 1.er, 1.re partie, v.e *communes,* page 116, *et* Henrion de Pansey *sur le pouvoir municipal,* page 330 et suivantes.

COUR DE CASSATION.

SAISIE IMMOBILIÈRE. — NOTIFICATION. — HYPOTHÈQUE LÉGALE.

Il n'est pas nécessaire, à peine de nullité, que le créancier poursuivant la saisie immobilière fasse notifier le placard aux créanciers du saisi ayant sur les biens de ce dernier une hypothèque légale, mais non inscrite au moment des poursuites. (Art. 2194 C. C. et 695 C. P. C.)

(Brucker C. Freyss.)

Les faits et les moyens de cette cause sont rapportés à la page 53 du tome 21 du Journal des Avoués, avec l'arrêt de la Cour de Colmar du 6 novembre 1818. Nous nous contenterons de rapporter le texte de l'arrêt de la Cour de cassation.

M. Jourde, avocat général, a conclu au rejet.

ARRÊT.

LA COUR, — attendu que, loin qu'aucune loi assujettisse l'adjudicataire *sur expropriation forcée* à purger les hypothèques, dont pouvait être grévé l'immeuble qui lui a été adjugé,

. Il résulte, *en premier lieu*, de la combinaison du chapitre. 8 avec le chapitre 9 du titre 18 du Code civil, que ce Code, en traitant des hypothèques quelles qu'elles soient, légales ou autres, n'a eu en vue que la vente *volontaire* ou la *donation* de l'immeuble grévé ;

Il résulte, *en deuxième lieu*, des articles 749 et 750 du Code de procédure, que cet adjudicataire, après la signification du jugement d'adjudication ou de l'arrèt confirmatif, s'il y a eu appel, n'a plus rien à faire avant de requérir qu'il soit procédé à l'ordre et à la distribution du prix ;

Il résulte, *en troisième lieu*, et d'une manière expli cite, de l'article 775 du même Code, que l'article 2194 du Code civil n'est point applicable à l'expropriation forcée, puisque cet article 775 déclare positivement que ce n'est que dans le cas d'aliénation, *autre que celle par expropriation*, que l'ordre sera provoqué par l'acquéreur après l'expiration des trente jours qui suivront les délais prescrits par les articles 2185 et 2194 du Code civil ;

Attendu que l'on ne peut pas argumenter de ce qui se pratique dans le cas de la vente par licitation, ou de celle pour cause d'utilité publique, parce que ces ventes, quoique judiciaires, étant considérées comme volontaires, ne sont pas soumises à toutes les formalités requises pour les ventes par expropriation forcée ;

Attendu que l'exécution de toutes ces formalités suffit pour éveiller l'attention des créanciers qui ont une hypothèque légale indépendante de toute inscription, et que la multitude et la publicité de ces formalités, jointes à la longue durée de la procédure et au grand nombre de personnes chargées par la loi de prendre inscription pour les femmes et les mineurs, ont déterminé le législateur à regarder comme surabondantes et superflues, dans le cas de la vente

sur saisie immobilière, les formalités prescrites par l'article
2194 C. C. ;

Attendu enfin que la violation prétendue de l'article 474
C. P. C. concernant la tierce-opposition, n'aurait pu exister qu'autant que les autres moyens employés à l'appui
de la demande en cassation auraient été accueillis ; par
ces motifs, — rejette.

Du 21 novembre 1821. — Section civile. — *Prés.* M.
Gaudon. — *Plaid.* MM. Flacon-Rochelle et Guichard ,
avocats.

COUR DE CASSATION.

ENREGISTREMENT. — LIGITATION. — DONATION. — AVANCEMENT
D'HOIRIE. — COPROPRIÉTAIRES.

*Les licitations entre copropriétaires de biens immeubles
acquis par donation en avancement d'hoirie , ne sont
soumises qu'au droit de quatre pour cent, et non au
droit de cinq et demi pour cent. (Art. 69 , § 7, n.°
4 de la loi du 22 frimaire an 7; 54 de la loi du 28 avril
1816, et 883 C. C.)*

(D'Argence C. la régie de l'enregistrement.)

Arrêt.

LA COUR , — attendu que si l'article 69 , § 7 , n.° 1
et 4 de la loi du 22 frimaire an 7, assujettit également à
un droit proportionnel de mutation de quatre pour cent,
et les ventes d'immeubles proprement dites , et les acquisitions de parts indivises d'immeubles par voie de licitation ,
la loi du 28 avril 1816 , en imposant, par son article 52, sur les
ventes d'immeubles un droit additionnel d'un et demi pour

cent, ne contient pas une semblable disposition à l'égard des
licitations entre copropriétaires; qu'ainsi on ne peut pas induire de cet article 52 que ce droit additionnel soit applicable
à ce dernier genre d'acquisition, parce qu'en matière d'impôt
sur-tout on ne peut pas, par voie d'induction ou d'analogie, étendre d'un cas à un autre la disposition de la loi ;

Attendu qu'à la vérité l'article 54 de ladite loi du 28
avril 1816 applique en général la perception du droit additionnel à tous les actes sujets à la transcription ; mais que
cette disposition ne pourrait être appliquée dans l'espèce
à l'acte du 23 février 1818, par lequel la dame d'Argence
a acquis la part du sieur Danjou, son frère, dans l'immeuble dont, par ce même acte, la dame Danjou leur
mère, leur a fait donation en commun; parce que cette
donation n'étant pour les donataires qu'un avancement d'hoirie, ainsi que la donatrice le déclare expressément, la licitation que les donataires en ont faite entre eux au même instant
et par le même acte, rentre évidemment dans la disposition
de l'article 883 C. C. qui répute les partages entre cohéritiers
purement déclaratifs et non attributifs de propriété, d'où
il suit que cet acte n'est pas du nombre de ceux sujets
à transcription dans le sens de la loi du 28 avril 1816,
et passibles par suite du droit additionnel imposé par cette
loi ; qu'ainsi le jugement attaqué, qui en a approuvé la
perception sur l'acte du 23 février 1818, a fait une fausse
application de l'article 54 de la loi du 28 avril 1816, et
violé l'article 883 du Code civil ; — casse, etc.

Du 27 novembre 1821. — Sect. civ. — *Prés.* M. Gaudon.
— *Plaid.* MM. Piet et Huart-Duparc, avocats.

COUR ROYALE DE PARIS.

1.° SURENCHÈRE. — CAUTION. — ACTE DE MISE AUX ENCHÈRES. — DÉSIGNATION.

2.° SURENCHÈRE. — CAUTION SUPPLÉTIVE. — NULLITÉ.

3.° SURENCHÈRE. — CAUTION. — FORMALITÉS.

1.° *La caution que le surenchérisseur est tenu de fournir doit, à peine de nullité, être désignée dans l'acte de réquisition de mise aux enchères.* (Art. 2185 C. C. et 832 C. P. C.) (1)

2.° *Le surenchérisseur ne peut pas, après le délai accordé par la loi pour surenchérir, quoique le jugement n'ait pas encore été rendu, substituer ou adjoindre une caution nouvelle à celle qu'il a d'abord offerte.* (Art. 832 C. P. C.)

3.° *Les règles générales posées par l'article 518 C. P. C. sur les réceptions de caution, et particulièrement celle qui veut que la copie de l'acte de dépôt des titres soit jointe à l'exploit de présentation, s'appliquent à la caution de la surenchère.* (Art. 518 et 832 C. P. C.)

(Junin C. Rumland.)

Nous donnerons peu d'étendue à cette notice, parce que la jurisprudence parait maintenant fixée sur la solution des questions qui en sont l'objet.

Voici le jugement qui a été réformé :

« Le tribunal (de la Seine), attendu que l'article 2185 » C. C. a seulement établi en principe que le créancier » surenchérisseur serait tenu d'offrir caution en laissant au » Code de procédure à déterminer les formes suivant les-

---

(1) Voyez un arrêt du 8 juillet 1814, J. A., tom. 12, pag. 126.

» quelles cette caution serait offerte, contestée ou admise;

» Attendu que ces formes se trouvent exclusivement con-
» sacrées dans le titre 4 du livre 1.ᵉʳ C P. C. , intitulé *de*
» *la surenchère* sur aliénation volontaire, qui se trouve lui-
» même compris dans la deuxième partie intitulée des pro-
» cédures diverses; que dès-lors il n'y a pas lieu à revenir
» aux règles générales sur les réceptions de cautions ;

» Attendu que l'article 832 exige pour la validité de la
» surenchère que l'acte de réquisition dont parle l'article
» 2185 du Code civil, contienne l'offre de la caution avec
» assignation à trois jours pour sa réception à laquelle il
» doit être procédé sommairement; que ces dernières ex-
» pressions indiquent suffisamment le mode de procédure
» à suivre, puisque le Code contient des règles générales
» sur les procédures sommaires, et qu'il est inutile de re-
» courir aux règles tracées pour les réceptions de cautions
» en général et particulièrement à l'article 518 qui exige
» que la caution dépose ses titres de propriété et signifie
» acte de dépôt avec celui-qui renferme sa présentation ;

» Attendu qu'il résulte de là que, tant que les choses sont
» entières et qu'il n'a pas été prononcé sur le cautionne-
» ment, le surenchérisseur a le droit de justifier par les
» divers moyens qui sont en son pouvoir la suffisance du
» cautionnement qu'il est tenu d'offrir; et que par consé-
» quent le cautionnement peut être augmenté par des su-
» retés additionnelles, et même par présentation d'une nou-
» velle personne qui s'oblige solidairement avec la caution
» offerte ;

» Attendu que, si cette forme de procédure peut entraîner
» quelques longueurs et causer quelques inconvéniens à l'ac-
» quéreur de l'immeuble, il a les moyens de les prévenir,
» puisqu'à l'échéance des trois jours de la sommation à lui
» faite, il peut poursuivre l'audience. »

Appel de la part du sieur Junin.

ARRÊT.

LA COUR , — attendu qu'il résulte de la combinaison
des articles 2185 C. C. , 832, 518 et suivans C. P. C. , que
la caution en matière de surenchère doit être, à peine de
nullité, offerte et dénommée dans l'acte de réquisition de
mise aux enchères, et que la réception de cette caution
est soumise aux mêmes justifications et formalités que celle
des autres cautions; qu'à cette première caution, ainsi offerte et dénommée, on ne peut valablement en substituer
ou adjoindre une autre, hors des délais fixés par la loi pour
l'exercice de la faculté de surenchérir ;

Que, dans l'espèce, de la Bouterie ayant été offert par
Rumland pour caution de la surenchère faite par ce dernier le quarantième jour du délai, c'est dudit de la Bouterie seul qu'il a pu être question de discuter la solvabilité ; que la présentation de Dumont faite par ledit Rumland hors du délai légal, comme caution supplétive et solidaire, est irrégulière et nulle; que non-seulement les formalités prescrites par la loi n'ont pas été remplies pour la
réception dudit de la Bouterie comme caution de la surenchère de Rumland, mais que les titres produits depuis
et jusqu'à ce jour par de la Bouterie n'établissent pas sa
solvabilité ;

Fesant droit sur l'appel interjeté par Junin du jugement
rendu par le tribunal civil de la Seine le 8 février dernier,
met l'appellation et ce dont est appel au néant; émendant,
décharge Junin des condamnations contre lui prononcées;
au principal déclare la surenchère faite par Rumland, le
23 décembre 1820, nulle et de nul effet; déclare pareillement nulles et comme non-avenues les soumissions faites
au greffe du tribunal civil de la Seine par Rumland et Dumont, les 31 janvier et 12 février derniers.

Du 27 novembre 1821. — 2.ᵉ cham. civ. — Prés. M.
Agier.

COUR ROYALE DE METZ.

ORDRE. — APPEL. — GRIEFS. — NULLITÉ.

L'acte d'appel d'un jugement d'ordre qui ne contient pas l'énonciation des griefs est néanmoins valable. (Art. 763 C. P. C.)

(Billaudel C. veuve Briancourt.)

ARRÊT.

LA COUR, attendu que la déduction des griefs dans l'acte d'appel n'est point prescrite à peine de nullité par l'article 763 C. P. C. ;

Sans s'arrêter à la fin de non-recevoir, etc.

Du 29 novembre 1821. — Ch. civ. — *Prés.* M. Gérard d'Hannoncelles, p. p. — *Concl.* M. Pyrot, avocat général. — *Plaid.* MM. Oulif et Parant, avocats.

Nota. Jugé de même par la Cour royale de Metz, le 18 janvier 1822.

COUR ROYALE D'AMIENS.

1.° APPEL (ACTE D'). — APPELANT. — DOMICILE.
2.° COMMUNICATION DE PIÈCES. — NULLITÉ. — DÉCHÉANCE.

1.° *Est nul l'acte d'appel qui n'indique point le domicile de l'appelant.* (Art. 61 et 456 C. P. C.)
2.° *La nullité d'un acte d'appel n'est pas couverte par une demande en communication de pièces faite sous la réserve de tous moyens de nullité.* (Art. 173 et 188 C. P. C.)

(Boileau C. *Houy.*)

ARRÊT.

LA COUR, considérant que l'article 456 du Code de procédure civile veut que l'acte d'appel contienne, à peine
de nullité, assignation dans les délais de la loi, et par conséquent remplisse toutes les conditions essentielles pour la
validité d'une assignation ou ajournement ;

Qu'aux termes de l'article 61 du même Code, l'ajournement doit contenir, entre autres indications et à peine
de nullité, celle du domicile du demandeur ;

Qu'ainsi dans un exploit d'appel l'indication du domicile actuel de l'appelant est une formalité essentielle sans
laquelle cet exploit ne peut être maintenu ;

Considérant que dans l'espèce l'exploit signifié à la requête d'Houy ne fait qu'indiquer l'avoué en la Cour chez
lequel il élit domicile ; qu'il n'indique pas le domicile même
de la partie ; qu'à la vérité la suite de l'acte annonce que
ladite partie interjette appel du jugement rendu par le
tribunal civil de Soissons le 28 mars précédent, et *signifié*
à domicile le 4 dudit mois de mai ; mais que ce n'est pas
là indiquer le domicile actuel de l'appelant, d'autant que
ce domicile peut n'être plus le même qu'à l'époque de la
signification qui est rappelée ;

Considérant d'ailleurs que cette nullité n'a pas été couverte par la communication de pièces que l'avoué de l'intimé
a faite à celui de l'appelant sur la réquisition de ce dernier,
d'autant que cette communication n'a eu lieu que sous la
réserve des moyens de nullité ;

LA COUR, sans s'arrêter à la fin de non-recevoir proposée
contre les conclusions de l'intimé, déclare nul et de nul
effet l'acte d'appel d'Houy signifié le 14 mai 1821.

Du 30 novembre 1821. — Ch. civ. — *Prés.* M. de Malleville, p. p. — *Concl.* M. Bosquillon de Fontenay, 1.er avocat général.

COUR DE CASSATION.

APPEL. — AMÉNDE. — LOTERIE. — FIN DE NON-RECEVOIR.

L'administration de la loterie est non-recevable à inter-jeter appel d'un jugement qui a refusé de prononcer une amende contre un prévenu de délit de loterie clandestine.
(Art. 202 C. I. C.)

(L'administration de la loterie C. Michel.)

La femme Michel, accusée de délit de loterie clandestine, fut, sur la demande de l'administration, traduite, à la diligence du ministère public, devant le tribunal de première instance de Lyon.

Elle fut déclarée coupable ; mais le tribunal, usant de la faculté laissée par l'article 453 du Code pénal aux juges de modérer les peines, ne la condamna qu'à un mois de prison.

L'administration de la loterie interjeta appel de ce jugement, sur le motif que l'article 453 n'était pas applicable au délit de loterie clandestine, délit puni par des lois spéciales, et demanda que, réformant le jugement de première instance, la Cour condamnât la femme Michel à l'amende.

Il importe de remarquer que le ministère public n'avait point interjeté appel.

Arrêt de la Cour royale de Lyon, ainsi conçu :

« Attendu que d'après l'article 202 du Code d'instruction criminelle la poursuite d'un délit, dans l'intérêt public, appartient essentiellement au ministère public ;

Attendu qu'en matière de loterie l'administration n'a été

chargée , d'après les articles 7 et 8 de la loi du 9 germinal an
6 et le décret du 25 septembre 1813 , que de faire le recouvrement de l'amende qui est appliquée au profit des hôpitaux,
sauf la remise à faire à ceux qui ont indiqué le délit, ou
coopéré à sa découverte ;

» Qu'en assimilant cette administration aux parties civiles,
ses droits , d'après l'article 158 du décret du 18 juin 1811 ,
se trouvent toujours restreints à l'unique objet des frais de la
procédure ;

» Qu'aucune loi ne lui a confié le droit de poursuite ni de
réquisition pour l'application des peines d'amende et d'emprisonnement ;

» Que par le jugement dont est appel la femme Michel a
été condamnée aux dépens ; qu'ainsi l'administration n'a·
aucun intérêt comme partie civile, ni à titre d'intérêt civil ;

» Que la peine d'amende sur appel ne pourrait être prononcé-
cée qu'autant qu'il y aurait appel du ministère public, et qu'il
n'y en a aucun ;·

» Déclare l'administration de la loterie non-recevable. »

Pourvoi en cassation de l'administration, pour fausse interprétation de l'article 202 du Code pénal , de l'article 158 du
décret du 18 juin 1811 , et de la loi du 9 germinal an 6.

Arrêt.

LA COUR, attendu qu'en déclarant l'administration de
la loterie non-recevable dans son appel, la Cour de Lyon
n'a violé ni faussement interprété aucune loi ; — rejette.

Du 30 novembre 1821. — Sect. crim. — Rejet. — *Prés.*
M. Bartis. — *Rapp.* M. Ollivier. — *Concl.* M. Hua, av. gén.
— *Plaid.* M. Jacquemin, av.

COUR ROYALE DE BOURGES.

1.° EMPRISONNEMENT. — NULLITÉ. — MOYENS DU FOND. — DÉ-
CHÉANCE.

2.° EMPRISONNEMENT. — RÉFÉRÉ. — NULLITÉ.

1.° *Le débiteur incarcéré qui a conclu d'abord à sa mise*
en liberté par des moyens tirés du fond, est néanmoins
recevable à demander ensuite la nullité de son empri-
sonnement, lorsque les causes de nullité sont mention-
nées dans les premières conclusions : on ne peut pas dire
alors qu'il ait renoncé à la nullité. (Art. 173 C. P. C.)
2.° *L'emprisonnement est nul, si, malgré la réquisition*
du débiteur, l'huissier ne le conduit pas devant le juge
du référé. (Art. 786 et 794 C. P. C.)

(Flageol-Fleury C. la compagnie Tur.)

ARRÊT.

LA COUR, considérant que les adversaires du sieur Flageol-
Fleury prétendent qu'il n'est pas recevable à proposer des
moyens de nullité contre son emprisonnement, parce que,
dans une requête présentée au président du tribunal de San-
cerre, immédiatement après son incarcération, à l'effet
d'obtenir son élargissement, il a motivé sa demande sur ce
qu'on l'avait emprisonné en vertu d'un jugement par défaut
auquel il avait formé opposition ; d'où ils concluent qu'ayant
agité le fond de la question, Flageol-Fleury aurait couvert
les nullités, s'il en eût été commis lors de son incarcération ;

Considérant qu'à la vérité Flageol-Fleury présenta ce motif
dans sa requête, mais que ce ne fut pas le seul ; qu'il s'y
plaignit aussi de ce qu'ayant demandé à être conduit en référé

devant le président du tribunal, on l'avait emprisonné sans avoir égard à sa demande; qu'ainsi on ne peut pas dire qu'il ait renoncé au moyen de nullité :

Considérant qu'en assujettisant le débiteur à la peine rigoureuse de la contrainte par corps, le législateur a voulu lui ménager tous les moyens qu'il pourrait avoir pour conserver sa liberté; qu'il a ordonné, article 786 C. P. C., que si le débiteur requérait qu'il en fût référé, il fût aussitôt conduit devant le président du tribunal de première instance du lieu où l'arrestation aurait été faite, lequel statuerait en état de référé :

Que, dans le cas où sa réclamation serait rejetée, il lui a donné le droit de demander la nullité de son emprisonnement ;

Considérant qu'il est constant au procès que Flageol-Fleury a demandé, avant la clôture du procès-verbal de son arrestation, qu'il en fût référé au président du tribunal, et qu'en refusant de le conduire devant ce magistrat, on a usé à son égard d'une rigueur que la loi condamne ;

Considérant que la Cour doit aux principes de déclarer irrégulier et nul l'emprisonnement du sieur Flageol-Fleury ; mais que ce débiteur n'a aucun titre pour réclamer des dommages et intérêts contre des créanciers malheureux auxquels il fait perdre la totalité d'une créance dont il ne conteste pas la validité ;

A mis l'appellation et le jugement au néant ; émendant, déclare irrégulier et nul l'emprisonnement du sieur Flageol-Fleury ; ordonne en conséquence qu'il sera sur-le-champ mis en liberté, etc.

Du 30 novembre 1821. — 2.° ch. civ. — *Prés.* M. de la Méthérie, p. — *Plaid.* MM. Mater et Mayet - Génétry, avocats.

Lorsque le tribunal compétent pour connaître d'une de-
mande est détruit ou rendu inaccessible par des événe-
mens de force majeure, c'est à la Cour de cassation
qu'il appartient d'indiquer d'autres juges aux parties.
(Art. 59 C. P. C.)

(Duvau C. Dufou.)

Le tribunal de Nantes s'était déclaré incompétent et avait
condamné le demandeur aux dépens.

Arrêt.

LA COUR, considérant que la succession du sieur Jogues
s'étant ouverte aux Cayes, île Saint-Domingue, l'action
dont il s'agit aurait dû être portée au tribunal de ce lieu;
mais que l'état où se trouve cette colonie ne permettant
pas que le tribunal des Cayes soit saisi de la contestation,
il est naturel qu'elle soit soumise au tribunal de Nantes,
dans le ressort duquel les parties sont d'ailleurs domiciliées;

Procédant par voie de réglement de juges, renvoie la
cause et les parties devant le tribunal civil de Nantes, et,
en cas d'appel, devant la Cour royale de Rennes.

Du 4 décembre 1821. — *Plaid.* M. Garnier, av.

COUR ROYALE DE BOURGES.

1.° APPEL. — JUGEMENT CORRECTIONNEL. — AVOUÉ. — QUALITÉ.
2.° ASSIGNATION. — PROCÈS-VERBAL. — COPIE.

1.° *L'avoué qui a défendu devant un tribunal correctionnel; a qualité pour faire une déclaration d'appel au
nom de ses clients.* (Art. 202 et 204 C. I. C.)

2.° *Une assignation au correctionnel n'est pas nulle
parce qu'elle ne contient pas copie du procès-verbal
constatant le délit ; il suffit qu'elle donne au prévenu
connaissance des faits dont il est inculpé.* (Art. 183
C. I. C.)

3.° *Est nul le procès-verbal d'un garde-forestier , qui
n'est point écrit de la main du garde qui l'a signé ,
ou de celle du greffier de la justice de paix du canton.*
(Art. 3 , tit. 4 de la loi du 29 septembre 1791 ; art.
6, tit. 1.ᵉʳ de la loi du 6 octobre 1791 ; loi du 19 décembre 1790 ; art. 16 C. I. C.)

4.° *Le plaignant doit être admis à faire la preuve par
témoins d'un délit constaté par un procès-verbal annulé
pour défaut de forme.* (Art. 154 C. I. C.)

(De Montagu C. Galbrun et autres.)

Le 26 février 1821 , procès-verbal du garde de M.' et
mademoiselle de Montagu , qui constate qu'il a trouvé chez
les sieurs Galbrun et autres , des bois par eux coupés dans
la forêt de Bessac, appartenant aux sieur et demoiselle de
Montagu. Par suite de ce procès-verbal , Galbrun et autres
sont assignés devant le tribunal correctionnel de Guéret.

Les prévenus argüent de nullité les assignations, comme
ne contenant pas copie du procès-verbal : ils soutiennent en
outre que le procès-verbal lui-même est nul , comme n'ayant
pas été écrit par le garde, ou par le greffier de la justice
de paix. Les demandeurs, après avoir combattu les moyens

de nullité, offrent la preuve testimoniale des faits énoncés
au procès-verbal. Mais, le 7 avril 1821, jugement qui
renvoie les prévenus de la plainte, délaissant les sieur et
demoiselle de Montagu à se pourvoir par action nouvelle.

Une déclaration d'appel de ce jugement est faite au nom
des sieur et demoiselle de Montagu par M.ᵉ Poujaud, avoué,
qui avait soutenu leurs intérêts en première instance. —
Arrêt de la Cour royale de Limoges qui déclare cet appel
non-recevable, sur le motif qu'il n'avait été déclaré au greffe
que par l'avoué ; mais cet arrêt a été cassé le 17 août 1821,
et les parties ayant été renvoyées devant la Cour de Bourges,
l'arrêt suivant y a été rendu.

ARRÊT.

LA COUR, — considérant que l'appel du jugement de
Guéret a été interjeté au nom des sieur et demoiselle de
Montagu-Laumagne par le sieur Poujaud, leur avoué : qu'en
cette qualité, il était, jusqu'à révocation, leur mandataire
spécial ; — que, comme l'a justement observé la Cour de
cassation, on peut d'après le droit commun, et quand
une loi formelle ne le défend pas, faire par un fondé
de pouvoir spécial tout ce qu'on est autorisé à faire par
soi-même ;

Considérant qu'aucun article de loi n'exige que la copie
d'un procès-verbal constatant un délit forestier soit donnée
en tête de l'assignation au prévenu ; que seulement, aux
termes de l'article 183 du Cod. d'inst. crim., il doit avoir
connaissance des faits pour lesquels on l'appelle en justice,
et que la citation donnée aux prévenus les a suffisamment
instruits à cet égard ;

Considérant que le procès-verbal n'est point écrit de la
main du garde qui l'a signé ; que, quoiqu'il présente la
signature du maire et de deux gendarmes en présence desquels il est énoncé avoir été fait, la disposition de la loi

n'a pas moins été violée ; qu'elle n'ajoute foi qu'au procès-verbal écrit de la main même du garde, et, dans le cas où il ne le pourrait pas, de celle du greffier du juge de paix du canton ; qu'ainsi ce procès-verbal doit être rejeté ;

Considérant que l'article 154 du Code d'instruction criminelle porte que les contraventions pourront être prouvées, soit par procès-verbaux ou rapports, soit par témoins, à défaut de rapports et procès-verbaux, ou à leur appui ; — que, dans l'espèce, le procès-verbal du 26 février 1821 ne pouvant être admis, les sieur et demoiselle dé Montagu doivent avoir la faculté de prouver par témoins l'existence du délit qu'eût dû constater le procès-verbal de leur garde ;

Sans s'arrrêter ni avoir égard au moyen de nullité proposé par Pierre Galbrun et autres contre l'appel interjeté par les sieur et demoiselle de Montagu, reçoit ledit appel, et, y fesant droit, a mis et met l'appellation et ce dont est appel au néant; émendant, déclare la citation donnée auxdits Galbrun et autres régulière et valable ;

Déclare nul le procès-verbal du 26 février 1821 ; — autorise les sieur et demoiselle de Montagu à faire entendre dans le mois, à compter de la signification du présent arrêt, à personne ou domicile, tels témoins que bon leur semblera.

Du 6 décembre 1821. — Ch. correct. — *Prés.* M. de la Méthérie, président. — *Concl.* M. de Ligny, subst. — *Plaid.* MM. Chénon et Thiot-Varenne, avocats.

COUR DE CASSATION.

ÉVOCATION. — SENTENCE ARBITRALE. —, INCOMPÉTENCE.

Lorsque des arbitres forcés, nommés conformément à l'article 51 du Cod. com., statuent non-seulement sur des contestations entre associés, mais sur l'existence

*même de la société, la cour à laquelle la décision est
portée peut évoquer le fond et le juger, en annulant
pour cause d'incompétence le jugement arbitral.* (Art. 51
Cod. com. et 473 C. P. C.)

(Lefeuve C. Dumolard.)

Arrêt.

LA COUR, attendu que les actes des arbitres nommés
sur compromis *volontaires* participant de la nature des
actes privés, il est bien vrai que c'est par la voie de nullité,
poursuivie devant les juges de première instance, qu'ils
peuvent et doivent être attaqués dans les cas prévus par
l'article 1028 du Code de procédure ; qu'il en est autrement
à l'égard des décisions des arbitres forcés, rendues en exécution de l'article 51 du Cod. de com. ; qu'à l'égard de ces
dernières, l'article 52 du même Code dit d'une manière
générale que les voies d'appel et de cassation sont ouvertes
suivant la nature de ces jugemens ;

Attendu que dans l'espèce le tribunal arbitral constitué
en vertu du jugement du tribunal de commerce de Paris,
du 16 juillet 1819, avait eu pour mission de statuer sur une
contestation entre associés, et pour raison de la société ;
qu'ainsi ce tribunal occupait la place d'un tribunal de première
instance, et remplissait ce premier degré de juridiction ;
qu'à ce titre la Cour d'appel était compétente pour connaître
en deuxième degré de l'appel du jugement arbitral, et ce
dans toute la latitude de pouvoir qui lui appartient, à l'égard
de tous jugemens de première instance :

Attendu qu'aux termes de l'article 473 du C. P. C. la Cour
royale, ayant à statuer sur l'appel d'un jugement qui avait
prononcé définitivement sur le fond, pouvait, soit pour vices
de forme, soit pour toute autre cause, ce qui comprend
même les cas d'incompétence, évoquer et statuer sur le fond ;

qu'ainsi la Cour royale de Paris, ayant trouvé la matière disposée à recevoir une décision définitive, ne pouvait pas soumettre les parties à une seconde épreuve du premier degré de juridiction, et pouvait au contraire, ainsi qu'elle l'a fait, régler la contestation au fond ; que, loin de violer la loi de mai 1790 et l'article 473 du Code de procédure, elle en a fait au contraire une juste application ; . . . rejette.

Du 6 décembre 1821. — Sect. des requêtes. — *Plaid.* M. Loiseau, av.

Nota. La question de savoir si une cour, en annulant la décision des premiers juges comme incompétemment rendue, peut évoquer le fond, avait d'abord souffert beaucoup de difficultés ; mais la solution en est maintenant fixée d'une manière invariable par la jurisprudence.

COUR ROYALE DE ROUEN.

JUGEMENT PAR DÉFAUT. — JONCTION. — OPPOSITION.

Lorsqu'en cas de non-comparution de quelqu'une des parties assignées, le profit du défaut est joint, le second jugement qui intervient ensuite est non-susceptible d'opposition à l'égard de toutes les parties. (Art. 153, 157 et 165 C. P. C.) (1)

(Heudron C. Ferras et Langevin.)

ARRÊT.

LA COUR, attendu que la disposition de l'art. 153 C. P. C. est conçue en termes généraux ; que cet article prévoit le

---

(1) Voyez J. A., tom. 28, pag. 49.

cas de deux ou plusieurs parties assignées, dont l'une fait
défaut et l'autre comparaît ; que dans ce cas après le jugement de défaut-joint il est statué par un seul jugement qui
n'est pas susceptible d'opposition ; que l'article 153, quant
à l'opposition, ne distingue point entre la partie qui a fait
défaut et celle qui a comparu ; qu'ainsi celle-ci ne peut pas
plus que celle-là former opposition à un jugement rendu après
un jugement de défaut-joint ; que c'est même particulièrement contre la partie qui a d'abord comparu que s'applique
la dernière disposition de l'art. 153, puisque, d'après le principe général rappelé par l'art. 165, *opposition sur opposition*
ne vaut, et qu'ainsi cette dernière disposition eût été inutile
par rapport à la partie originairement défaillante ; attendu
d'autre part que ce serait aller contre le vœu bien manifeste
de l'art. 153, que d'admettre l'opposition de plusieurs parties
qui laisseraient tour-à-tour prononcer défaut-joint, ce qui
entraînerait des frais et des lenteurs que le législateur a voulu
prévenir ; attendu enfin que les articles 157 et 165 ne s'appliquant qu'aux cas les plus ordinaires, ils ne sont relatifs qu'aux
défauts prononcés entre deux parties (le demandeur et le
défendeur); mais que l'article 153 le rapporte aux défauts-
joints, lorsqu'il existe plusieurs parties assignées, ce qui se
rencontre dans l'espèce ; — infirme.

Du 8 décembre 1821. — *Plaid.* MM. Thil et Chéron, av.

COUR DE CASSATION.

AVOUÉS. — DOUANES. — RÉGIE. — PLAIDOIRIES.

Lorsque l'administration des douanes se présente par un
de ses agens pour prendre des conclusions et pour plai-
der, elle doit alors employer le ministère des avoués,
qui ne lui est inutile qu'autant qu'elle se borne à une

Instruction sur simple mémoire. (Art. 17 , tit. 6 de la
loi du 4 germinal an 2 ; 75 et 85 C. P. C.)

(L'administration des douanes C. Kundsen.)

Ainsi l'a décidé le tribunal civil de Rouen , dont le juge‑
ment a été confirmé par l'arrêt dont voici la teneur.

Arrêt.

LA COUR , — attendu que , si l'article 17 de germinal
dispense l'administration des douanes d'employer le mini‑
stère des avoués lorsqu'elle se borne à une instruction sur
simple mémoire et sans frais , il n'en résulte pas que , lors‑
qu'elle renonce elle-même au mode indiqué par cet article ,
et qu'elle se décide à recourir à la voie de la plaidoirie ,
qui ne lui est pas interdite par sa législation spéciale , elle
puisse se présenter par ses agens à la barre des tribunaux ,
depuis le rétablissement des avoués , sans se servir de leur
ministère ; qu'elle se constitue alors elle-même dans les termes
du droit commun , et qu'elle doit suivre les mêmes règles
que les autres parties ; — et attendu que dans l'espèce il
n'est pas méconnu qu'il n'avait été produit aucun mémoire
de la part de l'administration , mais que ses agens se pré‑
sentèrent au tribunal pour y prendre des conclusions et y plai‑
der ; qu'en jugeant dans les circonstances que la régie ne
pouvait être légalement représentée que par un avoué , le
tribunal de Rouen n'a pu violer aucune loi par le motif
énoncé par l'un de ses jugemens ; qu'elle ne présentait au‑
cune loi qui autorisât ce mode de procéder , etc. , etc.;
par ces motifs , — rejette.

Du 10 décembre 1821. — Sect. civ. — *Plaid.* MM. Vildé
et Scribe, av.

COUR ROYALE DE LIMOGES.

APPEL. — BIENS PARAPHERNAUX. — FEMME. — MARI. — COPIES DISTINCTES.

L'appel d'un jugement relatif aux biens paraphernaux d'une femme est nul, s'il n'est signifié par deux copies séparées au mari et à la femme. (Art. 1576 C. C.)

1.re ESPÈCE.

(Chèse C. Barthoumyras et Bastié.)

ARRÊT.

LA COUR , attendu que les créances , objet de la con-testation , font partie des biens paraphernaux des épouses Barthoumyras et Bastié ; qu'elles sont parties dans la cause , et que leurs maris n'y ont été appelés que pour les autoriser ; que dès-lors la copie de l'acte d'appel devait être notifiée séparément à chacune des quatre parties contre lesquelles il était interjeté , l'épouse Barthoumyras et son mari, l'épouse Bastié et son mari ; qu'il n'en a été signifié qu'une copie aux époux Barthoumyras et aux époux Bastié ;

Déclare l'appel interjeté par la partie d'Etienne-Larivière (J.-B. Chèse) nul et de nul effet.

Du 2 décembre 1821. — 3.e ch. — *Prés.* M. Rochou de Vallette. — *Plaid.* MM. Larivière et Jouaud , avocats.

2.e ESPÈCE.

(Térion C. les époux Gorce.)

ARRÊT.

LA COUR , attendu qu'il doit être signifié autant de copies

d'exploit qu'il y a de parties en cause ayant des intérêts différens ;

Attendu que les biens pour lesquels la dame Gorce, née Térion, est en cause, sont des biens paraphernaux:

Attendu qu'il suit de là qu'elle, et son mari avaient, relativement à ces biens, des intérêts différens; que par conséquent il devait être signifié des copies d'exploit et au mari et à la femme :

Attendu néanmoins que l'exploit déclaratif d'appel de la part de Térion, en date du 2 octobre 1820, n'a été signifié qu'à la dame Gorce, née Térion, et point à son époux ;

Déclare l'appel nul.

Du 10 décembre 1821. — Ch. civ. — *Prés.* M. le baron de Gaujal , p. p. — *Plaid.* MM. Dulac et Dumont, av.

COUR DE CASSATION.

OPPOSITION. — VENTE. — RÉCIE. — DOMICILE ÉLU.

Lorsqu'un receveur de l'enregistrement a fait saisir les fruits d'un redevable , la vente des fruits saisis ne peut être arrêtée par une opposition du redevable signifiée au directeur ; il faut que l'opposition soit signifiée au domicile élu par le receveur dans le commandement qui a précédé la saisie. (Art. 584 et 634 C. P. C. , 64 de la loi du 22 frimaire an 7.)

(Pinard C. la régie de l'enregistrement.)

Le sieur Pinard était débiteur de la régie d'une somme de 747 fr. : une contrainte lui est décernée, et, après un second commandement, une saisie-brandon est pratiquée sur la récolte d'un pré à lui appartenant.

Cette saisie est faite à la requête du receveur de l'enregistrement de Recologne, avec élection de domicile chez ce
receveur.

Sur la notification de cette saisie, le sieur Pinard forme
opposition tant à la contrainte qu'au commandement, et la
signifie en la personne et au domicile du directeur de l'administration à Besançon. — Au mépris de cette opposition, il
est passé outre à la vente des fruits.

10 août 1819, jugement qui rejette la demande en nullité
de la vente; attendu que l'opposition du sieur Pinard n'avait
pu y faire obstacle, puisque cette opposition n'était pas régulière, en ce qu'au lieu d'être signifiée au domicile élu par
le saisissant, elle l'avait été au domicile du directeur de
Besançon, contrairement à l'article 634 C. P. C. qui déclare
applicable à la procédure sur saisie-brandon les formes de
la saisie-exécution.

Pourvoi en cassation de la part du sieur Pinard pour contravention à l'article 64 de la loi du 22 frimaire an 7, en ce
que ce jugement avait validé la vente de fruits faite au mépris de son opposition.

M. Jaubert, avocat général, a conclu au rejet.

Arrêt.

LA COUR, attendu que l'opposition du demandeur à la
saisie pratiquée sur les fruits de son domaine n'ayant pas
été notifiée au domicile élu par le saisissant, aux termes
de l'article 634 C. P. C., elle ne pouvait faire obstacle à
la vente des fruits saisis; qu'ainsi le jugement attaqué, en
validant cette vente, n'a pas contrevenu à l'article 64 de la
loi du 22 frimaire an 7...; rejette.

Du 10 décembre 1821. — Sect. civ. — Rejet. — *Plaid.*
MM. Royer et *H*uart-Duparc, av.

COUR ROYALE DE METZ.

DÉLIT FORESTIER. — PRÉPOSÉS. — APPEL. — AUTORISATION,

Les préposés de l'administration forestière peuvent inter-
jeter appel des jugemens rendus sur leurs poursuites,
sans avoir une autorisation spéciale à cet égard. (Art.
17, tit. 9 de la loi du 29 septembre 1791 ; art. 192 ,
tit. 2 de la loi de brumaire an 4; art. 202 C. I. C.)

(L'administration forestière C. la commune de Ham.)

ARRÊT.

LA COUR, — sur la fin de non-recevoir opposée à l'appel
de l'inspecteur forestier,

Attendu que l'obligation imposée par l'article 17 du titre
9 de la loi de 1791 , aux préposés de la conservation , de
se pourvoir de son autorisation pour interjeter appel des
jugemens rendus sur leur poursuite , a été abrogée implicitement par l'article 192, titre 2 de la loi de brumaire an
4 , et depuis par l'article 202 du Cod. d'inst. crim. de
1810 ; que la faculté d'appeler , attribuée par ces lois à
l'administration forestière , serait en effet illusoire, si, dans
le délai très-court qu'elles fixent pour se pourvoir, l'inspé-
cteur était astreint à la mesure que prescrit la loi de 1791 ,
puisque le délai de dix jours serait le plus souvent expiré
avant que ce préposé ait eu le temps de recevoir l'autorisation
dont il s'agit, autorisation qui d'ailleurs ne paraît n'avoir
été exigée par la loi d'organisation que dans l'intérêt de
l'Etat ;

Attendu , dans la cause , que sur la fin de non-recevoir
opposée à la dernière audience par la commune de Ham,
l'inspecteur forestier s'étant adressé au conservateur , il a
été justifié à l'audience de ce jour d'un pouvoir suffisant ,

d'où il su't que, sous tous les rapports, ladite fin de non recevoir doit être écartée, etc., etc.

Du 10 décembre 1821. — Ch.- correct. — *Prés.* M. de Julvécourt, président. — *Concl.* M. Julien, premier avocat général. — *Plaid.* M. Charpentier, avocat.

CUUR ROYALE D'AMIENS.

APPEL INCIDENT. — SOLIDARITÉ. — APPEL PRINCIPAL. — POURSUITES.

L'appel principal profitant à tous les consorts solidaires autorise contre eux l'appel incident de la part de celui- là même qui aurait commencé des poursuites contre l'un d'eux en vertu du jugement dont appel.-(Art. 443 C. P. C.)

(Gaillet C. Sueur et Coulombel.)

La dame Gaillet demande une pension alimentaire aux sieur et dame Coulombel et aux demoiselles Sueur ses enfans et petits-enfans.

Jugement qui fixe la quotité de la pension et condamne tous les enfans et petits-enfans à la payer solidairement.

Ce jugement est signifié par la dame Gaillet avec commandement de l'exécuter sans aucune réserve.

Appel de la part des sieur et dame Coulombel.

Appel incident dirigé par la dame Caillet tant contre les sieur et dame Coulombel que contre les demoiselles Sueur. — Celles-ci soutiennent devant la Cour que cet appel incident ne peut être dirigé que contre les appelans principaux, et non contre elles, puisqu'elles n'ont pas interjeté appel principal; que d'ailleurs la dame Caillet ne peut appeler principalement, puisqu'elle leur a signifié le jugement avec commandement de l'exécuter et sans aucune réserve.

Arrêt.

LA COUR, en ce qui touche la fin de non-recevoir opposée par les demoiselles Sueur contre l'appel incident de la
veuve Caillet, considérant que le jugement dont est appel
ayant condamné solidairement les sieur et dame Coulombel
et les demoiselles Sueur, l'appel interjeté par Coulombel
et sa femme étant de droit utile aux demoiselles Sueur, la
veuve Caillet a pu, nonobstant tous actes de poursuites
dirigées contre les demoiselles Sueur, se rendre incidemment appelante, même former un appel principal à l'en-
contre d'un appel principal qui pouvait lui préjudicier;

Sans avoir égard à la fin de non-recevoir opposée à l'appel
incident de la veuve Caillet, — confirme.

Du 11 décembre 1821. — *Prés.* M. de Monchy.

ORDONNANCE DU ROI.

INTERVENTION. — CONFLIT. — TRIBUNAUX. — ADMINISTRATION.

*Ordonnance du Roi ayant pour objet de faire cesser les
difficultés qui se sont élevées sur l'intervention des
parties au jugement des conflits entre les tribunaux
et l'administration.*

LOUIS , etc. , etc.

Voulant faire cesser les difficultés qui se sont élevées sur
l'intervention des parties au jugement des conflits entre les
tribunaux et l'administration ;

Vu la loi du 21 fructidor an 3 (7 septembre 1795) et
l'arrêté du 13 brumaire an 10 (4 novembre 1801), relatifs
aux conflits d'attribution ;

Notre conseil d'état entendu,

Nous avons ordonné et ordonnons ce qui suit :

Art. 1.ᵉʳ Lorsque, conformément aux articles 3 et 4 de l'arrêté du 13 brumaire an 10 (4 novembre 1801), le préfet aura élevé le conflit, il transmettra dans les trois jours expédition de son arrêté à notre procureur près le tribunal saisi de l'affaire et à notre garde des sceaux, ministre secrétaire d'état de la justice, ainsi qu'à notre ministre de l'intérieur.

2. Dans les trois jours de la réception de l'arrêté de conflit, notre procureur informera par lettres les avoués des parties, ou les parties elles-mêmes, lorsqu'il n'y aura pas d'avoué constitué, de l'existence du conflit, en les avertissant qu'elles peuvent prendre communication de cet arrêté à la préfecture et s'en faire délivrer sans frais expédition. Il fera constater la remise de ses lettres par certificat de réception des avoués, des parties, ou du maire de leur domicile.

3. Dans la huitaine notre procureur en rendra compte à notre garde des sceaux, et lui adressera le jugement intervenu, ou la citation, s'il n'a pas été rendu de jugement, et les certificats de réception de ses lettres d'avis aux parties.

4. Les parties qui croiraient devoir présenter des observations sur le conflit les adresseront, avec les pièces à l'appui, au secrétaire général de notre conseil d'état, dans les délais déterminés par l'article 4 du réglement du 22 juillet 1806.

5. Les observations seront fournies par simple mémoire signé de la partie ou d'un avocat en nos conseils. Lorsque la partie signera seule, sa signature sera légalisée par le maire de son domicile.

6. Faute par les parties d'avoir, dans le délai fixé, remis leurs observations et leurs documens à l'appui, il sera passé outre au jugement du conflit, sans qu'il y ait lieu à opposition ni à révision des ordonnances intervenues.

7. Il ne sera prononcé sur ces observations, quelque ju-

gement qui intervienne, aucune condamnation de dépens.

8. En ce qui concerne les réglemens de juges entre l'administration et les tribunaux, qualifiés de conflits négatifs, il y sera procédé comme par le passé.

9. Notre garde des sceaux, etc., etc.

Paris, 12 décembre 1821.　　*Signé* LOUIS.

COUR ROYALE DE CAEN.

DERNIER RESSORT. — FAUX INCIDENT.

Est en dernier ressort le jugement qui statue sur une inscription de faux incident, si l'objet de la demande principale n'excède pas 1,000 fr. (Loi du 24 août 1790.)

(Lemaître C. Lemaitre.)

ARRÊT.

LA COUR, — la cause offrant la question de savoir si Jacques Lemaitre est recevable dans son appel; — considérant, 1.º que l'objet de la demande originaire est une somme de 480 fr. stipulée pour soulte dans les lots; — 2.º que c'est l objet de la demande qui détermine la compétence des tribunaux, et non les moyens que les parties font valoir pour faire réussir cette demande ou pour s'en défendre; — 3.º qu'il suit de là qu'il n'importe que dans le cours de l'instance principale les lots aient été argués de faux, parce que ce genre de défense n'est qu'un moyen qui ne change point l'objet de la demande, ni la nature de l'affaire; — que, si la généralité de ce principe pouvait faire quelque difficulté, il n'y en aurait point dans le cas particu-

lier où Jean-Jacques Lemaitre n'a contesté les lots que
sous le rapport de la somme de 480 fr. dont il s'agit,
et non dans leurs autres effets, ce qu'il n'aurait pu faire
qu'en appelant au procès les autres copartageans qui n'ont
pas été appelés ; d'où il résulte que le jugement entre eux
ne peut avoir l'effet de la chose jugée qu'entre les parties
qui y ont figuré, et pour l'objet contesté entre elles ;

Par ces motifs et conformément aux conclusions de M.
Pigeon-Saint-Pair, avocat général, déclare l'appel non-
recevable.

Du 14 décembre 1821. — 2.ᵉ ch. — *Prés.* M. Lefollet.

COUR ROYALE D'AMIENS.

APPEL INCIDENT. — DÉSISTEMENT. — APPEL PRINCIPAL.

*L'intimé a le droit d'interjeter appel incident, quoique
l'appelant se soit désisté de son appel ; mais, en cas
d'appel incident par l'intimé, l'appelant principal
rentre dans le droit de donner suite à son appel. (Art.
443 C. P. C.) (1)*

(Lachèvre C. Lefebvre.)

ARRÊT.

LA COUR, — en ce qui touche l'appel incident de Lefebvre et autres, et sur la question de savoir s'il est recevable ;

Attendu que l'article 443 du Code de procédure civile,
après avoir posé en règle générale que le délai de l'appel

(1) Voyez J. A., tom. 26, pag. 12.

serait de trois mois, ajoute que l'intimé pourra néanmoins interjeter appel en tout état de cause ;

Que Lefebvre et autres, par cette disposition de la loi, se sont trouvés investis du droit d'émettre un appel incident à toutes les époques de l'instance ouverte en la Cour par Lachèvre ;

Qu'à la vérité Lachèvre, cinq mois après que le jugement du 22 avril 1817 lui avait été signifié, s'est désisté de son appel, et prétend qu'au moyen de ce désistement l'appel principal ayant cessé d'exister, Lefebvre et autres n'ont pas eu le droit d'interjeter un appel incident ;

Que, si ce système était admissible, l'appelant principal ayant cessé d'exister, Lefebvre et autres n'ont pas eu droit d'interjeter appel incident ;

Que, si ce système était admissible, l'appelant principal pourrait toujours ravir à l'intimé qui aurait laissé passer les trois mois sans appel, la faculté que lui a accordée la loi d'appeler incidemment, en donnant, sur la fin du dernier jour des trois mois, un désistement d'appel, ce qui serait dérisoire ;

Mais qu'il n'en est point ainsi ;

Que le droit que la loi attribue aux intimés est sans exception ni condition ;

Qu'une fois acquis, il est à l'abri des atteintes de l'appelant principal ;

En sorte que Lefebvre et autres ont pu l'exercer après comme avant le désistement :

En ce qui touche la question de savoir si l'appel incident de Lefebvre et autres, du jugement du 22 avril 1817, relève Lachèvre de son désistement d'appel principal du même jugement ;

Attendu que le désistement de Lachèvre n'est fondé que sur la supposition que Lefebvre et autres acquiesceraient audit jugement ;

Que Lefebvre et autres n'y ont point acquiescé ;

Qu'iis en ont au contraire appelé le 28 juin dernier ;

Que la condition tacite apposée par Lachèvre à son dé-sistement disparaissant, le désistement disparaît, et l'appel de Lefebvre et autres fait rentrer Lachèvre dans son droit de poursuivre l'instance sur l'appel qu'il avait précédemment émis ;

Au fond.... ;

Sans avoir égard aux fins de non-recevoir élevées par Lefebvre et autres contre l'appel principal interjeté par La-chèvre, par exploit du 8 juillet 1817, du jugement du tri-bunal civil d'Amiens du 22 avril précédent, aux chefs qu'il prétend lui faire grief, lui donne acte de ce qu'il révoque le désistement par lui signifié par acte d'avoué à avoué du 16 décembre 1817; déclare lesdites fins de non-recevoir mal fondées, et reçoit ledit Lachèvre appelant dudit jugement, sans pareillement avoir égard aux fins de non-recevoir pro-posées par ledit Lachèvre contre l'appel incident interjeté par Lefebvre et autres, par leur requête du 28 juin der-nier, du jugement dudit jour 22 avril 1817, aux chefs qu'il prétend leur faire griefs, lesquelles fins de non-recevoir sont déclarées mal fondées; reçoit également lesdits Lefebvre et autres appelans dudit jugement, en ce qui touche le fond, etc.

Du 15 décembre 1821. — *Prés.* M. de Malleville, p. p.

———————

COUR DE CASSATION.

1.° JUGEMENT PAR DÉFAUT. — AGRÉÉ. — PÉREMPTION.
2.° CASSATION. — MOYEN DE DROIT.

1.° *Quand le fondé de pouvoirs ou l'agréé d'une partie citée devant le tribunal de commerce se présente à l'au-dience pour demander la remise de la cause qu'il n'ob-*

*tient point, le jugement qui intervient contre cette
partie, faute de défendre, n'est point susceptible d'être
périmé.* (Art. 156 C. P. C.)

2.° *Lorsqu'un arrêt déclare périmé à défaut d'exécution
dans les six mois un jugement par défaut, énonçant
qu'il est rendu* faute de plaider, *on peut présenter comme
moyen de cassation que le jugement n'est pas sujet à la
péremption, en ce qu'il a été rendu* faute de plaider; *peu
importe que devant les juges du fond on se soit borné à
dire que le jugement n'était pas périmé.*

(Fumagalli C. Crémieux.)

La première question n'offre plus aucune difficulté sérieuse.
(V. J. A. , tom. 26 , pag. 279 et 283.)

Quant à la seconde question, si le système contraire avait
été consacré par la Cour suprême, il n'aurait plus été permis
de proposer devant elle d'autres moyens que ceux déjà
soumis à la cour dont on aurait voulu faire casser la décision. Ce serait étendre la disposition rigoureuse qui concerne les moyens de nullité qu'un saisi peut proposer à l'adjudication préparatoire contre une saisie immobilière. (Art.
736 C. P. C.)

Arrêt.

LA COUR, — vu l'article 156 C. P. C. et l'article 643
Cod. com. ; — attendu qu'aux termes de ces articles les jugemens par défaut faute de comparaître sont seuls réputés
non-avenus, faute d'exécution dans les six mois de leur
date ;

Que le jugement du 8 avril 1816 n'est point de cette
nature, et est au contraire faute de défendre, puisqu'il a
été rendu sur la comparution d'un procureur fondé, qui,
après avoir proposé une remise dont il a été débouté, a

refusé de défendre au fond ; que par une suite il n'a pu être réputé périmé sans violer ces articles ;

Qu'on ne peut écarter ce moyen sous prétexte qu'il n'a pas été proposé, puisque la masse Fumagalli a constamment soutenu, dans le cours de l'instance, que ce jugement n'est point périmé et qu'il a force de chose jugée; ce que comprend essentiellement l'exception résultant de sa nature de jugement faute de défendre ; que d'ailleurs les juges étaient tenus de suppléer les moyens de droit, et, dans le fait, ils n'ont pu méconnaître que ce jugement était rendu faute de défendre, puisqu'il en était fait mention expresse dans son dispositif qui était attaqué et qu'ils n'ont pu apprécier sans le connaître ;

Par ces motifs, casse et annulle l'arrêt rendu par la Cour royale de Paris le 4 juin 1818, dont est question, etc.

Du 26 décembre 1821. — Sect. civ. — *Prés.* M. Brisson. — *Plaid.* MM. Delagrange et Nicod, av.

COUR ROYALE DE GRENOBLE.

1.° SURENCHÈRE. — DÉLAI. — HYPOTHÈQUE LÉGALE.
2° SURENCHÈRE. — MINEUR. — DÉCHÉANCE.

1.° *Les créanciers à hypothèque légale non-inscrits doivent, à peine de déchéance, exercer la surenchère dans le délai de deux mois à compter de l'exposition du contrat dans l'auditoire du tribunal. (Art. 2194 C. C.)*

2.° *Les déchéances en matière de surenchère sur vente volontaire sont applicables aux mineurs. (Art. 2252 C. C.)*

(Brun C. Favier.)

16 août 1820, jugement du tribunal de Valence qui dé-

clare les mineurs Brun non-recevables dans leurs poursuites : « Attendu que le mode indiqué par l'article 2194
» C. C. pour purger les hypothèques légales non-inscrites
» a pour effet de suspendre, pendant deux mois seulement,
» en faveur d'une certaine classe de créanciers, la clause
» résolutoire, dont l'exercice appartient à tout créancier
» inscrit au moyen de la surenchère du dixième du prix,
» et qu'à l'expiration de ce délai le contrat devient parfait
» et le prix stipulé définitivement fixé, puisque le prix
» peut à l'instant être payé aux créanciers qui sont placés
» en ordre utile ;

» Attendu que dès-lors on ne peut étendre au-delà de
» ce délai la faculté de surenchérir, qui compette sans au-
» cun doute aux créanciers ayant une hypothèque légale
» inscrite ; mais qu'il faut la restreindre dans les limites
» que la loi a posées ;

» Qu'en interprétant les dispositions de la loi d'une ma-
» nière différente, on aurait de véritables antinomies que
» le législateur a eu certainement l'intention d'éviter ; ce
» serait ainsi que, l'acquéreur étant déclaré libéré par l'ar-
» ticle 2195 alors qu'il a payé son prix après l'expiration
» du délai indiqué par l'article 2194, il serait néanmoins
» encore exposé aux chances d'une surenchère, et par
» conséquent à voir son contrat résolu ou son prix augmenté,
» si, d'après l'extension qu'on veut donner aux articles
» 2184, 2183 et 2185, les créanciers ayant une hypothèque
» légale inscrite pouvaient provoquer la notification pré-
» scrite par ces articles, et faire ainsi courir pour la suren-
» chère un nouveau délai de 40 jours ; ainsi l'article 775
» C. P. C., qui permet de faire procéder à l'ouverture de
» l'ordre 30 jours après l'expiration du délai porté par l'ar-
» ticle 2194, serait également en contradiction avec l'in-
» terprétation donnée à l'article 2185, puisque la procédure
» commencée sur la foi d'une disposition de la loi pourrait
» devenir frustratoire ;

25.

» Attendu que, si le Code civil ne contient aucune dispo-
» sition réglementaire pour l'espèce de surenchère dont
» il s'agit, on trouve néanmoins un motif suffisant dans
» l'article 835 du Code de procédure civile pour décider que
» les notifications prescrites par les articles 2183 et 2184
» sont suppléées par des formalités que le législateur a ju-
» gées équivalentes ; de même que les créanciers hypothé-
» caires non-inscrits à l'époque de la vente seront exceptés
» des notifications prescrites, par la raison que le fait qu'ils
» ont pris inscription depuis la transcription donne la certi-
» tude qu'ils ont eu connaissance du contrat, et qu'ils ont
» pu en conséquence former une surenchère; de même les
» créanciers dont s'occupe l'article 2194 sont suffisamment
» avertis par les formalités que prescrit cet article, et doi-
» vent aussi former leur surenchère pendant ce délai dont
» l'expiration rend la vente parfaite ;

Attendu que la déchéance qui résulte de l'expiration de
» ce délai n'est point une prescription de la nature de celles
» dont s'occupent les articles 2219 et suivans, mais une
» règle de procédure dont aucune incapacité personnelle
» ne peut suspendre l'effet, puisque les lois de la procédure
» ne reçoivent d'exception pour aucun ordre de personnes,
» et que les déchéances qu'elles prononcent ne sont jamais
» comminatoires. »

Appel des mineurs Brun.

Arrêt.

LA COUR, adoptant les motifs des premiers juges, met
l'appel au néant; ordonne que ce dont est appel sortira
son plein et entier effet, etc., etc.

Du 27 décembre 1821. — *Plaid.* MM. Gaultier et Fluchèr,
avocats.

COUR ROYALE DE RIOM.

APPEL. — DÉLAI. — SIGNIFICATION. — DOMICILE. — AVOUÉ.

Quoique la signification d'un jugement à domicile ne contienne pas la mention de la signification précédemment faite à avoué, elle fait cependant courir le délai d'appel. (Art. 147 C.. P. C.)

LA COUR de Liége le 22 décembre 1808 , et la Cour de Bruxelles le 29 juillet 1809 (Jurisp. des Cours souver. , tom. 5 , page 470) , ont été plus loin que la Cour de Riom ; car elles ont décidé que l'article 147 C. P. C. ne concerne que l'exécution du jugement; qu'il n'a aucun rapport au cours du délai de l'appel, et qu'ainsi la signification d'un jugement contradictoire donnée à la partie fait courir les délais d'appel encore que le jugement n'ait pas été signifié à l'avoué. — Ce systeme, qui est contraire à l'opinion des auteurs du Praticien français, tom. 3 , page 199, et à celle de M. Pigeau, tom. 1.er, page 562 , a été adoptée par M. Carré, *Analyse raisonnée*, tom. 2 , question 1424, et par M. Bériat-Saint-Prix, page 375 , note 42 , qui fait remarquer que cette doctrine « paraît » plus conforme aux principes et à la loi, puisqu'elle ne » parle point de signification préalable. » — Voici deux arrêts de la Cour de Riom qui ont jugé la question posée en tête de cette notice.

1.re ESPÈCE.   2.e ESPÈCE.

(Fagon et consorts. C. Pastres.)   (Chabanette C. Costes.)

ARRÊT.

LA COUR, attendu que les appelans ne se sont pas pourvus par appel, dans les trois mois de la signification du jugement

de première instanee, à domicile, ainsi que l'exige l'article
147 du Code de procédure, de la copie fournie à l'avoué des
appelans;

Attendu que cet article ne commande point cette mention
à peine de nullité;

Attendu que l'article 1030 du même Code, porte qu'aucun
exploit ou acte de procédure ne pourra être déclaré nul, si
la nullité n'en est pas formellement prononcée par la loi;

Attendu que dans l'espèce il s'agit d'une simple omission
pour laquelle le même article 1030 ne donne ouverture qu'à
une amende envers l'officier ministériel;

Déclare les appelans non-recevables dans leur appel, etc.
Du 27 décembre 1808. — Du 14 février 1821.

COUR ROYALE DE MONTPELLIER.

1.º ACTES RESPECTUEUX. — TÉMOINS. — SIGNATURE. — ORIGINAL.

2.º ACTES RESPECTUEUX. — MAISON. — AMANT. — NULLITÉ.

3.º ACTES RESPECTUEUX. — MAISON. — CONSEILS.

1.º *Les actes respectueux ne sont pas nuls par cela que
les copies laissées aux ascendans ne sont signées que
par le notaire, si les témoins qui l'ont assisté ont
signé les originaux.* (Art. 154 C. C.)

2.º *Les actes respectueux faits par une fille qui s'est
retirée dans la maison de son amant, doivent être annulés comme n'étant pas l'effet de la volonté libre de
cette fille.* (Art. 151 C. C.) (1)

3.º *Les tribunaux peuvent ordonner qu'une fille dont ils
annulleront les actes respectueux sera tenue de se retirer dans une maison qui lui est désignée par ses*

---

(1) Voyez J. A., tom. 28, pag. 205.

père et mère opposans à son mariage, et d'y rester un
certain temps pour y recevoir leurs conseils. (V. *suprà.*)

(L... C. ses père et mère.)

Aʀʀᴇᴛ.

LA COUR, — attendu que les originaux des actes par
lesquels la demoiselle Marie L... a demandé conseil à ses
père et mère sur le projet de mariage à M..., sont signés
du notaire et des témoins qui en ont fait la notification ;
qu'à la vérité les copies de ces mêmes actes ne portent que
la signature du notaire, mais qu'on ne peut induire des
termes de l'article 154 du C. C. que le défaut de celles
des témoins sur ces copies constitue une nullité ; d'où il
suit que le premier moyen présenté par les mariés L... à
l'appui de leur appel ne peut point être pris en considération ; — mais, attendu qu'il est constant en fait que, depuis qu'elle a quitté la maison paternelle, Marie L... n'a
cessé d'habiter dans le domicile du sieur M..., et qu'outre
que par là elle a insulté l'autorité paternelle, elle a choqué
les bonnes mœurs, et elle a renoncé à toute liberté par
l'ascendant qu'elle a laissé prendre sur sa volonté audit M... ;
attendu que les actes faits sans liberté ne peuvent être valables, et qu'ils doivent être considérés comme non-avenus ;
attendu qu'il est conforme à la décence que Marie L... quitte
le domicile où elle est retenue, pour se retirer dans celui que
ses père et mère lui indiqueront, et où ils auront la liberté
de la voir et de lui donner leurs conseils ; — par ces motifs,
disant droit sur l'appel des mariés L..., *infirme* le jugement
du tribunal de Montpellier du 10 mai 1821, déclare nuls
et comme non-avenus les actes signifiés à la requête de
Marie L... ; la déboute de sa demande en main-levée de
l'opposition ;... — ordonne qu'à dater du jour de la signification du présent arrêt, elle sera tenue de quitter le do-

_micilé de Jacques M..., de se retirer dans celui qui lui sera désigné par ses père et mère, et d'y résider pendant trois mois; que pendant ce temps il sera libre aux mariés L... d'y voir léur fille et de lui donner leurs conseils, et à ladite Marie L.... d'user du droit que lui donnent les articles 151 et 152 du Code civil; que ledit L.... et son épouse seront tenus de fournir aux frais de logement, de nourriture et d'entretien de leur fille; compense les dépens.

Du 31 décembre 1821. — *Plaid.* MM. Rodier et Chara-maule, avocats.

COUR DE CASSATION.

1.° JUGE DE PAIX. — DERNIER RESSORT. — JUGEMENT. — APPEL.
2.° DERNIER RESSORT. — DOMMAGES-INTÉRÊTS. — DESTRUCTION DE NOUVEL ŒUVRE.

1.° *Sous l'empire du Code de procédure les jugemens de justice de paix, quoique qualifiés en dernier ressort dans une matière où le juge ne pouvait prononcer qu'en premier ressort, sont susceptibles d'être attaqués par la voie d'appel.* (Art 453 et 471 C. P. C.)

2.° *On peut attaquer par la voie de l'appel le jugement d'un juge de paix qui a statué sur une action tendante à la destruction d'un nouvel œuvre, quoique le demandeur n'ait conclu qu'à 50 fr., tant pour dommages-intérêts que pour frais de destruction du nouvel œuvre.* (Art. 10, tit. 3 de la loi du 24 août 1790.)

(Duplessis et Frizon C. Guillaud.)

Quant à la première question, nous dirons, comme notre savant prédécesseur M. *Coffinières,* qu'elle ne peut présenter aucune difficulté: l'article 471 en est la plus forte preuve. (V. un arrêt du 5 février 1810, J. A., tom. 1.er, p. 226.)

Quant à la seconde, une décision contraire à celle
qui a été rendue eût pu avoir les conséquences les plus
funestes ; car, si on ne prenait pas en considération la
valeur de l'objet dont la destruction serait demandée, un
juge de paix pourrait connaître d'une action tendant à la
démolition d'un édifice de la plus grande valeur, s'il plaisait
au demandeur de réduire à 50 fr. la somme qu'il jugerait
nécessaire pour la démolition du nouvel œuvre.

Il est inutile de détailler les faits de cette cause.

M. Jourde, avocat général, a donné des conclusions conformes à l'arrêt dont la teneur suit.

Arrêt.

LA COUR, considérant, sur le premier moyen, que si
on a jugé autrefois, d'après les articles 7 et 77 de la loi du
27 ventôse an 8, que l'appel des jugemens énoncés rendus
en dernier ressort ne pouvait être reçu, et qu'il n'y avait de
recours ouvert contre ces jugemens que celui de la demande
en cassation, on a dû cesser de juger ainsi depuis la promulgation du Code de procédure civile, qui dans son
article 453 dispose que « sont sujets à l'appel les juge-
» mens qualifiés en dernier ressort, lorsqu'ils auront été ren-
» dus par des juges qui ne pouvaient prononcer qu'en pre-
» mière instance; » disposition qui est générale et qui comprend les juges de paix comme les tribunaux ordinaires ;

Considérant, sur le second moyen, qu'il serait inutile
de s'en occuper, attendu que le second motif du jugement
rendu par le tribunal de Vienne suffit pour maintenir ce
jugement, second motif contre lequel est dirigé le troisième
moyen de cassation ;

Et considérant, sur le troisième moyen, que, pour qu'une
demande en maintenue ou réintégrande soit susceptible du
dernier ressort devant le juge de paix, il ne suffit pas de
n'avoir conclu qu'à 50 fr. de dommages-intérêts ; il faut

qu'aucune autre demande ne soit jointe à celle-là ; or, lorsqu'on conclut, d'un côté, à 50 fr. de dommages-intérêts, il
y a deux demandes distinctes, et la valeur de chacune d'elles
doit être prise en considération : la première elle-même d'une
valeur indéterminée ; car sa valeur n'est pas, comme le disent
les demandeurs (et comme il faudrait le dire dans leur
système), la somme nécessaire pour la destruction du
nouvel œuvre, mais bien la somme qu'il a fallu dépenser
pour établir ce nouvel œuvre, objet presque toujours supérieur
à la compétence du juge de paix pour prononcer en dernier
ressort, et difficilement susceptible d'être déterminé sans le
consentement du défendeur ; ... par ces motifs, rejette...

. Du 31 décembre 1821. — Sect. civ. — *Prés.* M. Brisson. —
Plaid. M. Odilon Barrot, av.   .

~~~~~~~~~~~~~~~~~~~~~~~~~~~~

ADDITION.

ORDONNANCÉ DU ROI.

ÉTAT. — PLACES DE GUERRE. — INDEMNITÉS. —. SERVITUDES.

Ordonnance du Roi qui fixe le mode d'exécution de la loi du 17 juillet 1819 sur les servitudes imposées à la propriété pour la défense de l'Etat.

LOUIS, etc. , etc.

Sur le rapport de notre ministre secrétaire d'état au département de la guerre ;

Vu l'ordonnance du 9 décembre 1713, portant défense de construire en maçonnerie dans le rayon de deux cent cinquante toises des places de guerre, et les ordonnances subséquentes, notamment celle du 31 décembre 1776 sur la composition et le service du corps royal du génie ;

Vu, en ce qui concerne la conservation et le classement des places et postes de guerre, la loi du 10 juillet 1791 et le décret du 9 décembre 1811, qui en avait étendu les dispositions, ainsi que la loi du 17 juillet 1819, relative aux servitudes imposées à la propriété pour la défense de l'Etat ;

Vu la loi du 19 mai 1802 sur les contraventions en matière de grande voirie, et la loi du 29 mars 1806, qui assimile les gardes du génie aux gardes forestiers et champêtres et autres agens conservateurs ;

Vu aussi l'article 10 de la Charte constitutionnelle et les dispositions non-abrogées de la loi du 8 mars 1810 sur les expropriations pour cause d'utilité publique ;

Considérant qu'il importe également à la défense des places de guerre et à l'intérêt des propriétés qui les avoi-

sinent què l'exécution des lois relatives aux servitudes militaires soit rámenée à un mode uniforme, et qu'il soit
donné sur tous les points des bases régulières à l'application de ces mêmes servitudes, par la publication dans les
formes légales d'un tableau de classement des places et
postes de guerre;

Qu'en conséquence il est nécessaire,

1.° De rapprocher plusieurs des dispositions de la loi du
17 juillet 1819 de celles des lois antérieures. auxquelles il
n'a pas été dérogé par ladite loi, et que l'article 16 maintient en vigueur;

2.° De régler les formes à suivre dans l'action de l'autorité militaire sur la propriété privée, en coordonnant
ceux des articles de la loi du 17 juillet 1819 qui sont relatifs aux prohibitions, à la répression des contraventions,
ainsi qu'à la fixation et au paiement des indemnités résultant de dépossession ou de simple privation de jouissance,
avec les lois d'exécution auxquelles lesdits articles se réfèrent
expressément;

3.° De désigner spécialement les localités dans lesquelles
il devient indispensable pour la sureté de l'Etat que l'u-
sage de la propriété soit légalement soumis, par la publication du tableau de classement ci-dessus mentionné, aux
restrictions que comporte l'application des servitudes militaires;

A ces causes, et de l'avis de notre conseil d'état,

Nous avons ordonné et ordonnons ce qui suit:

TITRE I.er

Servitudes imposées à la propriété pour la défense des
places.

SECTION PREMIÈRE.

Prohibitions.

Art. 1.er Dans l'étendue de *deux cent cinquante mètres* au-

tour des places de guerre de toutes les classes et des postes
militaires, il ne sera bâti aucune maison ni clôture de construction quelconque, à l'exception des clôtures en haies
sèches ou en planches à claire-voie, *sans pans de bois ni
maçonnerie ;* lesquelles pourront être établies librement
entre ladite limite et celle du terrain militaire.

Les reconstructions totales de maisons, clôtures et autres
bâtisses sont également prohibées dans la même zône de
servitudes. quelle qu'ait pu ou que puisse être à l'avenir la
cause de leur destruction.

2. Dans l'étendue de quatre cent quatre-vingt-sept mètres
(deux cent cinquante toises) autour des places de première et de seconde classe, il ne sera bâti ni reconstruit
aucune maison ni clôture de *maçonnerie;* mais, au-delà
de la première zône de deux cent cinquante mètres, il
sera permis d'élever des bâtimens et clôtures en *bois* et en
terre , sans y employer de pierres ni de briques, même de
chaux ni de plâtre, autrement qu'en crépissage, et avec la
condition de les démolir immédiatement et d'enlever les
décombres et matériaux sans indemnité, à la première réquisition de l'autorité militaire, dans le cas où la place, déclarée en *état de guerre,* serait menacée d'hostilité.

3. Autour des places de troisième classe et des postes militaires, il sera permis d'élever des bâtimens et clôtures de
construction quelconque , au-delà de la distance de deux
cent cinquante mètres.

Le cas arrivant où ces places et postes seraient déclarés
en *état de guerre,* les démolitions qui seraient jugées nécessaires à la distance de quatre cent quatre-vingt-sept mètres ne donneront lieu à aucune indemnité en faveur des
propriétaires.

4. Dans l'étendue de *neuf cent soixante-quatorze mètres* (cinq cents loises) autour des places de guerre, et
de *cinq cent quatre-vingt-quatre mètres* (trois cents
toises) autour des postes militaires, il ne sera fait aucun

chemin , levée ou chaussée, ni creusé aucun fossé , sans
que leur alignement et leur position aient été concertés avec
les officiers du génie ; et , d'après ce concert, notre ministre de la guerre déterminera et au besoin nous *proposera*
de déterminer les conditions auxquelles ces divers travaux
devront être assujettis dans chaque cas particulier , afin
de concilier les intérêts de la défense avec ceux de l'indu-
strie, de l'agriculture et du commerce.

, Dans la même étendue, les décombres provenant des bâtisses et autres travaux quelconques ne pourront être déposés que dans les lieux indiqués par les officiers du génie.
Sont exceptés de cette disposition ceux des détrimens qui
pourraient servir d'engrais aux terres , et pour les dépôts
desquels les particuliers n'éprouveront aucune gêne, pourvu
qu'ils évitent de les entasser.

Dans la même étendue , il est défendu d'exécuter aucune
opération de topographie , sans le consentement de l'autorité militaire ; ce consentement ne pourra être refusé lorsqu'il ne s'agira que d'opérations relatives à l'arpentage des
propriétés.

. 5. Les ouvrages détachés auront sur leur pourtour, suivant leur degré d'importance et les localités , des rayons
égaux, soit aux rayons de l'enceinte des places et des ouvrages qui en dépendent, immédiatement, soit à ceux des
simples postes militaires. Cette fixation sera déterminée par
nous pour chaque localité.

Seront considérés comme ouvrages détachés , les ouvrages
de fortifications qui se trouveraient à plus de *deux cent
cinquante mètres* des chemins couverts de la place à laquelle ils appartiennent.

Les digues qui servent à soutenir les inondations d'une
place, seront également considérées comme ouvrages détachés , lorsqu'elles auront en même temps un but et des formes défensifs.

. 6. Les citadelles et les châteaux auront à l'extérieur les

mêmes limites de prohibition que celles des places fortes
dont les unes et les autres font partie Les limites de leurs
esplanades du côté des villes pourront être réduites, selon
les localités, par des fixations spéciales que nous nous ré-
servons d'arrêter sur la proposition de notre ministre de la
uerre.

SECTION II.

Exceptions.

7. Notre ministre de la guerre pourra permettre, par
exception aux articles précédens, la construction de *mou-
lins et autres semblables usines* en bois et même en maçonnerie, à condition que lesdites usines ne seront composées
que d'un rez-de-chaussée, et à charge par les propriétaires
de ne recevoir aucune indemnité pour démolition en cas
de guerre. Les permissions de cette nature ne pourront
toutefois être accordées qu'après que le chef du génie, l'in-
génieur des ponts et chaussées et le maire auront reconnu
de concert et constaté par procès-verbal que l'usine qu'on
se propose de construire est d'utilité publique, et que son
emplacement est déterminé par quelque circonstance locale
qui ne peut se rencontrer ailleurs.,

8. La tolérance spécifiée par l'article précédent pourra,
lorsqu'il n'en résultera aucun inconvénient pour la défense,
s'étendre à toute espèce de bâtimens ou clôtures situés hors
des places ou postes, ou sur l'esplanade des citadelles ou
châteaux, sous les conditions qui seront déterminées par
nous, relativement à la nature des matériaux et à la dimension des constructions.

La présente exception ne pourra être appliquée qu'aux
terrains que nous aurons déterminés pour chaque place
ou poste, selon les localités, et qui seront limités par des
bornes.

9. Les administrations, les communes ou les particuliers qui désireront obtenir des *permissions spéciales* en vertu des deux articles précédens, adresseront leur demande à notre ministre de la guerre, lequel, après avoir pris l'avis du directeur des fortifications, accordera, s'il y a lieu, les permissions demandées, en prescrivant aux pétitionnaires toutes les conditions qu'il jugera convenables pour que les constructions ne puissent nuire à la défense de la place.

10. Les permissions accordées immédiatement ou subséquemment d'après les exceptions prévues par les articles 7 et 8 ne pourront avoir leur effet, et les constructions nouvelles autorisées conditionnellement par les articles 1.er, 2 et 3 de la présente ordonnance ne pourront être entreprises qu'après que les administrations, les communes ou les particuliers auront souscrit l'engagement de remplir les conditions qui leur seront prescrites, et notamment celle de démolir immédiatement à leurs frais les constructions autorisées, ou d'en supporter la démolition sans indemnité, dans les cas prévus par les articles 2 et 3.

Ces soumissions seront conformes au modèle n.° 1.er annexé à la présente ordonnance. Elles seront faites sur papier timbré, et enregistrées moyennant le droit fixe d'un franc. Il en sera fourni, aux frais de la partie intéressée, trois expéditions authentiques au chef du génie de la place: l'une de ces expéditions restera déposée dans les archives du génie de ladite place; la seconde sera déposée aux archives de la direction, et la troisième sera transmise à notre ministre de la guerre.

11. Dans les vingt-quatre heures qui suivront l'accomplissement des formalités ci-dessus prescrites, le chef du génie délivrera à la partie intéressée, pour le cas de *permission spéciale*, copie certifiée de la lettre de notre ministre de la guerre, contenant l'énoncé des clauses et conditions de ladite permission; et pour le cas d'autorisation générale, un certificat conforme au modèle n.° 2, afin de constater que

toutes les conditions desquelles résulte ladite· autorisation ont été remplies.

Mode de détermination des limites.

12. Les distances mentionnées dans les divers articles qui précèdent, seront comptées à partir de la crête des parapets des chemins couverts les plus avancés, ou des murs de clôture, lorsqu'il n'y aura pas de chemins couverts, ou enfin, lorsqu'il n'y aura ni chemins couverts ni murs de clôture, à partir de la crête intérieure du parapet des ouvrages.

13. Ces distances seront mesurées sur les capitales de l'enceinte et des dehors. Leurs points extrêmes, pour celle de *deux cent cinquante mètres*, comme pour celle de *quatre cent quatre-vingt-sept mètres*, seront fixés par des bornes qui, réunies de proche en proche par des lignes droites, serviront de limites extérieures aux terrains soumis aux prohibitions respectivement déterminées pour ces deux distances.

Les capitales sur lesquelles seront prises ces mesures, seront choisies de manière que les lignes qui réuniront leurs extrémités, forment des polygones le moins irréguliers possible, et que nulle part les limites ne se trouvent sensiblement plus rapprochées d'aucun point des chemins couverts, murs de clôture ou parapets, que les distances respectivement fixées par la loi pour les trois limites.

14. Les points qui déterminent la troisième limite ne seront point marqués par des bornes ; mais il seront, ainsi que les bornes qui déterminent les deux premières limites, rattachés à des points fixes et rapportés sur un plan spécial de circonscription.

15. Ce plan sera fait à l'échelle d'*un millième*, sur plusieurs feuilles se rattachant par des lignes communes. Il

comprendra tout le terrain soumis aux servitudes et prohibitions mentionnées dans les articles précédens. Il comprendra en outre tout le terrain militaire, tant intérieur
qu'extérieur, en distinguant celui qui appartient à l'Etat de
celui qui serait à acquérir ou à revendiquer, d'après les
limites prescrites par les articles 15, 16, 17, 19, 20 et 21 de
la loi du 10 juillet 1791.

Ledit plan ne contiendra d'ailleurs aucune indication
du tracé des fortifications, non plus que de la forme et des
accidens du terrain.

16. Les trois limites de *deux cent cinquante mètres*, de
quatre cent quatre-vingt-seut mètres, et de *neuf cent
soixante-quatorze* ou de *cinq cent quatre-vingt-quatre
mètres*, selon qu'il s'agit d'une place ou d'un poste, ainsi
que les limites des ouvrages détachés et des digues d'inon-
dation, et celles des citadelles et châteaux, seront tracées
sur ledit plan spécial de circonscription, sur lequel le terrain
d'exception mentionné dans l'article 8 sera également rapporté et indiqué par une couleur particulière.

17. Les bâtimens, clôtures et autres constructions, existant en dedans des deux premières limites, ainsi que toutes
les bâtisses et constructions qui seront faites en vertu des
autorisations ou des exceptions ci-dessus spécifiées, seront
rapportées avec un numéro d'ordre sur ledit plan de circonscription.

Ce plan sera accompagné d'un état descriptif des dimensions et de la nature desdites constructions, et fesant connaître
leur origine et les conditions auxquelles elles ont été élevées.
Les numéro d'ordre du plan, relatés dans cet état, établiront
la correspondance entre ces deux pièces.

18. Une expédition du plan et de l'état descriptif qui doit
l'accompagner, sera déposée dans le bureau du chef du
génie de chaque place : une autre expédition de chacune
ces deux pièces sera déposée à la sous-préfecture ; une

troisième sera adressée à notre ministre secrétaire d'état ·de la guerre.

Il est défendu, sous les peines portées par les lois et ordonnances, aux sous-préfets et à leurs agens, de laisser, par quelque motif et sous quelque prétexte que ce soit, déplacer lesdits plans et d'en laisser prendre aucune copie ou extrait.

En temps de guerre, si le chef-lieu de la sous-préfecture est dans une ville ouverte, ledit plan sera transporté dans la place de guerre la plus voisine, et déposé dans le bureau du chef du génie. Il en sera de même, en cas de siége, pour les plans qui seraient habituellement déposés dans une sous-préfecture située dans une place de guerre.

19. Sur l'invitation des directeurs des fortifications, les maires des communes devront prêter appui à toutes les opérations relatives à la confection du plan spécial de circonscription et de l'état descriptif qui doit l'accompagner.

En conséquence ils fourniront aux agens de l'autorité militaire toutes les indications et documens qui pourraient être réclamés.

20. Les propriétaires des bàtimens, clôtures et autres constructions existant dans les zônes de servitudes, seront dûment requis d'assister à la vérification qui sera faite, en présence du maire, de la nature et des dimensions desdites constructions.

Leur origine et les conditions auxquelles elles ont été élevées, seront portées, respectivement à leur numéro d'ordre, sur l'état descriptif, d'après la simple déclaration affirmée de chacun des propriétaires, sans préjudice toutefois du droit réservé au département de la guerre de contredire lesdites déclarations, ou d'en poursuivre à tout besoin la justification sur titres et preuves judiciaires.

21. Après la confection du plan et de l'état descriptif, les détails en seront relevés et notifiés à chaque partie inté-

ressée par l'intermédiaire des gardes du génie dûment assermentés.

Les notifications seront faites par écrit et dûment enregistrées, afin de leur donner une date certaine : elles relateront
exactement la distance et les dimensions extraites du plan et
de l'état descriptif. Il en sera fait deux expéditions, qui seront
visées et certifiées par le chef du génie, et dont l'une sera
remise à la partie intéressée : l'autre expédition sera classée
aux archives de la direction , et la minute restera déposée au
bureau du génie de la place.

22. Si, dans les trois mois de ladite notification, les propriétaires intéressés réclament contre l'application des limites
légales, il sera statué à cet égard (sauf tout recours de
droit), comme en matière de grande voirie , d'après une
vérification faite sur les lieux par les ingénieurs civils et
militaires.

Les propriétaires intéressés y seront présens ou dûment
appelés, et pourront s'y faire assister par un arpenteur. Leurs
avis et observations seront consignés au procès-verbal.

23. Les opérations de bornage et de détermination des
limites ne seront faites qu'à l'expiration du délai de trois
mois ci-dessus fixé pour les réclamations. Il y sera procédé
contradictoirement avec les maires et les propriétaires présens ou dûment appelés, qui n'auraient point élevé de réclamations. L'opération se poursuivra, relativement aux récla-
mans, au fur et à mesure des décisions qui seront rendues.

L'opération du bornage sera exécutée aux frais du Gouvernement.

24. Après l'exécution complète de cette opération , le plan
spécial de circonscription et l'état descriptif rectifié , si les
réclamations et décisions y ont donné lieu, seront définitivement arrêtés et homologués par une ordonnance spéciale
qui les rendra exécutoires.

SECTION IV.

Réparations et entretien des bâtisses existantes.

25. Les bâtisses, clôtures et autres constructions en bois
et en terre, quelle que soit leur distance de la fortification
autour des places de toutes les classes et des postes militaires, pourront être entretenues, *dans leur état actuel,*
par des réparations et des reconstructions partielles, mais
sans aucun changement dans leurs dimensions extérieures,
et sous la condition expresse,

1.° Que les matériaux de réparation ou de reconstruction
partielle seront de même nature que ceux précédemment
mis en œuvre ;

2.° Que la masse des constructions existantes ne sera point
accrue par des bâtisses faites dans des cours, jardins et
autres lieux clos, à ciel ouvert.

26. Les dispositions de l'article précédent s'appliqueront
aux maisons, clôtures et autres constructions en maçonnerie situées au-delà de la première zône de deux cent cinquante mètres des places de troisième classe et des postes
militaires, ou qui seraient comprises, quelle que soit d'ailleurs
la classe de la place, dans le terrain d'exception que nous
aurons spécialement déterminé.

27. Les bâtimens, clôtures et autres constructions en maçonnerie, qui ne seraient pas compris dans le terrain d'excé-
ption dont il vient d'être parlé, ou qui seraient situés,
soit dans la première zône de deux cent cinquante mètres
des places et postes, soit sur l'esplanade que nous aurons
spécialement déterminée pour les citadelles et les châteaux,
soit dans la seconde zône des places des deux premières
classes, ne pourront être entretenues qu'avec les restrictions
légalement prescrites en matière de voirie urbaine, c'est-
à-dire sous la condition expresse de ne point faire à ces con-

structions de reprises en sous-œuvre, ni même de grosses réparations, ou toute autre espèce de travaux confortatifs,

Soit à leurs *fondations* et à leur *rez-de-chaussée*, s'il s'agit de *bâtimens d'habitation ;*

Soit, pour les *simples clôtures*, jusqu'à *moitié* de leur hauteur, mesurée sur leur parement extérieur ;

Soit, pour *toutes autres constructions,* jusqu'à t*rois mètres* au-dessus du sol extérieur.

28. Les restrictions prescrites par l'article précédent seront appliquées aux maisons, bâtimens et clôtures (autres que celles en haies sèches ou en planches à claire-voie), qui, dans l'intérieur des places de toutes les classes et des postes militaires, se trouvent entièrement ou partiellement sur le terrain de la rue militaire établie ou à établir pour la libre communication le long du rempart ou du mur de clôture.

Dans le second cas, les restrictions ne porteront que sur les parties de bâtimens ou de clôtures qui dépassent l'alignement de ladite rue.

29. Toute construction quelconque, quelle que soit d'ailleurs sa situation dans l'une ou l'autre des deux zônes extérieures de servitudes, ou par rapport à l'alignement de la rue militaire, pourra néanmoins être entretenue dans son état actuel, sous les seules restrictions que comporte l'article 25 ci-dessus, si le propriétaire fournit la preuve légale, lors de la vérification prescrite par les articles 22 et 23, savoir :

Pour les *bâtisses extérieures,* que ladite construction existait dans sa nature et ses dimensions actuelles, avant la publication de l'ordonnance du 9 décembre 1713, ou qu'à l'époque de son érection elle se trouvait à plus de *quatre cent quatre-vingt-sept mètres* de l'un des points fixés par l'article 12 ci-dessus ;

Pour les *bâtisses intérieures,* avant la publication de la loi du 10 juillet 1791, qui a prescrit l'établissement de la rue militaire parallèlement au pied du talus du rempart,

ou du parement intérieur du parapet ou mur de clôtures.
Dans l'un et l'autre cas, le propriétaire qui n'aura pu
fournir la preuve légale, jouira de la même faculté pour
l'entretien de sa construction, s'il justifie d'une permission
spéciale en vertu de laquelle il l'aurait établie dans sa nature
et ses dimensions actuelles, *à la charge de démolition,*
ou s'il souscrit la soumission de remplir cette condition à
ses frais et sans indemnité, dans le même cas que celui
prévu par l'article 2 de la présente ordonnance.

3o. Tout propriétaire d'un bâtiment, maison, clôture ou
autre construction quelconque existant dans l'une des zônes
de servitudes, ou en-deçà de l'alignement de la rue militaire, qui voudra y faire exécuter des réparations, sera tenu
d'en faire préalablement la déclaration au chef du génie,
et ne pourra les faire commencer qu'après que celui-ci lui
aura délivré un certificat portant qu'elles sont dans l'un des
cas où l'exécution en est autorisée par la présente ordonnance. Ce certificat sera conforme au modèle n.° 3.

TITRE II.

Répression des contraventions.

31. Les contraventions aux dispositions du titre précédent
seront constatées par les procès-verbaux des gardes du génie,
et réprimées conformément à la loi du 19 mai 1802 (29
floréal an X), relative aux contraventions en matière de
grande voirie.

A cet effet les gardes du génie, dûment assermentés,
agiront comme officiers de police judiciaire : leurs procès-
verbaux feront foi jusqu'à inscription de faux.

32. Lorsque les gardes du génie auront connaissance d'une
construction ou d'une réparation indûment faite dans l'intérieur d'un enclos ou d'un bâtiment, ils en rendront compte
sur-le-champ au chef du génie, qui requerra, soit le juge.

de paix ou son suppléant, soit le commissaire de police, soit le maire ou l'adjoint du lieu, d'accompagner dans sa visite le garde chargé de constater la contravention. Le procès-verbal dressé à cette fin sera signé par l'officier de police civile en présence duquel il aura été dressé.

33. Avant de dresser les procès-verbaux de contravention, les gardes du génie feront viser pour timbre le papier destiné à ces actes, lesquels; après leur rédaction, seront enregistrés en débet.

34. Les gardes du génie mentionneront exactement, en tête du procès-verbal, la date de leur commission, ainsi que celle du jour et du lieu de l'enregistrement de cette commission et de leur prestation de serment.

Cet enregistrement doit avoir lieu à chaque changement de résidence, tant au greffe du tribunal de l'arrondissement qu'à la mairie du lieu de l'exercice actuel de leurs fonctions.

Les procès-verbaux seront conformes au modèle n.° 4.

35. Les procès-verbaux de contravention resteront déposés entre les mains du chef du génie. Les gardes du génie en dresseront copie, et la notifieront au domicile du contrevenant, avec sommation de rétablir l'ancien état des lieux dans le délai que le chef du génie aura fixé.

La copie et la sommation seront expédiées à la suite l'une de l'autre, sur du papier que les gardes du génie feront préalablement *viser pour timbre*, ainsi qu'il a été dit pour la rédaction de la minute du procès-verbal.

La notification du procès-verbal de contravention, ainsi que la sommation dont cette notification doit être suivie, seront conformes au modèle n.° 5.

36. Dans le cas où, nonobstant la notification faite, par les gardes du génie, des procès-verbaux de contravention, les contrevenans ne rétabliraient par l'ancien état des lieux dans le délai fixé par la sommation, le directeur des fortifications, après avoir visé lesdits procès-verbaux, les transmettra au préfet du département; il y joindra un fragment

du plan de circonscription et un extrait de l'état descriptif, relatifs aux lieux contentieux, ainsi qu'un mémoire sommaire de discussion, pour être sur le tout statué en conseil de préfecture, sauf les vérifications qui pourraient être ultérieurement nécessaires.

37. Si, après la notification du procès-verbal de contravention, les propriétaires poursuivaient leur infraction, le préfet, sur l'avis que lui en donnera le directeur des fortifications, assemblera le conseil de préfecture, lequel ordonnera sur-le-champ la suspension des travaux. Le préfet assurera l'exécution de cet arrêté par tous les moyens de droit.

38. Outre la démolition de l'œuvre nouvelle aux frais des contrevenans, ils encourront, selon les cas, les peines applicables aux contraventions analogues en matière de grande voirie.

39. Tout jugement de condamnation fixera le délai dans lequel le contrevenant sera tenu de démolir, enlever les décombres et rétablir à ses frais l'ancien état des lieux. Il sera notifié à la partie intéressée, avec *sommation d'exécuter*.

40. Les gardes du génie seront chargés de la notification des jugemens de condamnation. Elle aura lieu dans les formes prescrites ci-dessus pour la notification des procès-verbaux de contravention.

La notification du jugement de condamnation, et la sommation dont cette notification doit être suivie, seront conformes au modèle n.° 6.

41. A défaut d'exécution par la partie condamnée, après l'expiration des délais fixés par le jugement, il y sera procédé d'office à la diligence de l'autorité militaire, en présence du maire ou de son adjoint, requis à cet effet.

En conséquence le chef du génie se concertera sur les moyens et l'époque de l'exécution avec le commandant de la place. Il préviendra ensuite par écrit le maire de la commune du jour et de l'heure où le jugement devra être exécuté d'office en présence de la partie condamnée, laquelle y sera dûment appelée par la notification qui lui sera faite à domicile d'y assister, par un garde du génie.

42. Les démolitions, déblais et remblais et transports seront effectués et la dépense constatée dans les formes établies pour les travaux des fortifications. Le compte des dépenses et frais de l'exécution du jugement de condamnation sera déterminé par un procès-verbal que le sous-intendant militaire dressera conjointement avec le chef du génie, en présence du maire et de la partie condamnée, si elle assiste à l'opération.

43. A défaut par la partie condamnée d'acquitter le montant des dépenses portées au procès-verbal, sur la présentation qui lui en sera faite par le sous-intendant militaire, le directeur des fortifications transmettra le compte desdites dépenses au préfet du département, lequel en fera poursuivre le recouvrement, conformément à la loi du 19 mai 1802;

Le tout sans préjudice des poursuites relatives au paiement des amendes, s'il y avait lieu.

44. Toutes les fois que, dans le cas d'hostilité prévu par l'article 2 de la présente ordonnance, le Gouvernement aura fait procéder d'office à la démolition d'une construction autorisée par ledit article ou par l'article 3, ou d'une construction permise par exception, en vertu des articles 7 et 8, les frais de cette démolition seront constatés, et le recouvrement en sera poursuivi ainsi qu'il est prescrit par les articles 42 et 43.

TITRE III.

Indemnités.

SECTION I.re

Des circonstances qui donnent lieu à indemnité.

45. Les travaux et opérations relatifs aux places de guerre

on postes militaires peuvent donner lieu à indemnité, soit pour cause de dépossession, soit pour démolition d'édifices, soit pour privation de jouissance.

46. Il y a lieu à indemnité pour cause de *dépossession*, lorsque des constructions nouvelles de places de guerre ou postes militaires, des changemens ou augmentations dans ceux actuellement existans, des réunions nécessaires pour donner au terrain militaire, intérieur et extérieur, l'étendue qui lui est légalement assignée, mettent le domaine militaire dans le cas d'exiger la cession de propriétés particulières.

47. Il y a lieu à indemnité, pour *démolition d'édifices*, lorsque, pour la sureté d'une place de guerre, l'autorité militaire requiert la destruction d'une bâtisse située dans une des zônes de servitudes légales, pourvu toutefois qu'il soit justifié, sur titres, que cette bâtisse existait antérieurement à la fixation du rayon militaire qui a soumis à prohibition l'étendue de la zône dans laquelle son sol se trouve compris.

L'indemnité, dans ce cas, ne se réglera que sur la valeur des constructions, sans y comprendre l'estimation du sol, lequel ne sera point acquis par le demaine militaire, si ces constructions ne sont que l'accessoire d'une propriété territoriale : dans le cas contraire, et lorsque le sol tout entier sera couvert par les constructions ou sera employé pour leur service, l'indemnité pourra comprendre la valeur du sol.

48. Il y a lieu à indemnité pour *privation de jouissance*, toutes les fois que, par suite de travaux ou d'opérations relatives à la défense d'une place de guerre, l'autorité militaire occupe temporairement une propriété privée, de manière à y porter dommage, ou à en diminuer le produit.

SECTION II.

Du réglement des indemnités.

49. Les indemnités à payer par le Gouvernement, dans les cas qui viennent d'être déterminés, s'arbitreront d'abord par expertise contradictoire ; elles se régleront ensuite définitivement, soit à l'amiable, en cas d'accord entre le ministre de la guerre et les propriétaires, soit pour voie judiciaire, en cas de dissentiment.

5o. Dans les cas prévus par les articles 46 et 47 de la section précédente, l'Etat exigeant le sacrifice d'une propriété pour cause d'intérêt public, il y a lieu, aux termes de l'article 10 de la Charte constitutionnelle, à une indemnité préalable.

En conséquence, les formalités d'expertise contradictoire et de réglement définitif de l'indemnité, soit à l'amiable, soit par voie judiciaire, telles qu'elles seront déterminées par la section III du présent titre, devront précéder tout acte de propriété de la part du domaine militaire.

Il en sera de même du paiement intégral de l'indemnité ; sauf les justifications à la charge des propriétaires, conformément à ce qui sera déterminé à la section IV du présent titre.

51. Dans le cas prévu par l'article 48, d'une privation temporaire de jouissance qui n'emporte point le sacrifice d'une propriété, l'indemnité doit avoir pour base d'évaluation la durée de cette privation et la reconnaissance du dommage qui en est résulté : en conséquence elle ne sera réglée qu'à l'époque où le propriétaire sera rentré dans sa jouissance.

Toutefois, lorsque l'occupation d'une propriété par l'autorité militaire se prolongera au-delà de la rentrée ordinaire des revenus, l'indemnité devra se régler et s'acquitter,

Tous les six mois, si elle s'applique à une propriété bâtie;
Et chaque année, s'il s'agit d'une propriété rurale.

52. Il n'est point dérogé aux clauses et conditions portées
dans les baux souscrits par les fermiers et locataires des
terrains et bâtimens militaires. En conséquence les indemnités de non-jouissance auxquelles lesdits fermiers pourraient
avoir droit, donneront lieu seulement à ce qu'il soit fait,
sur le prix de leurs baux, une déduction égale au dédom-
magement estimé. Ces conditions continueront à être sti-
pulées dans les baux qui seront passés à l'avenir par le
département de la guerre.

SECTION III.

Des expertises de la cession volontaire ou forcée.

53. Toutes les fois que, dans l'intérêt de la défense des places
de guerre, la réunion au domaine militaire, d'une ou plusieurs propriétés particulières, ne pourra s'effectuer que par
voie d'expropriation, une ordonnance spéciale, rendue sur
le rapport de notre ministre de la guerre, constatera *l'u-
tilité publique*, par la spécification des motifs de l'expropriation et la désignation précise des terrains ou édifices
dont l'acquisition devra se faire dans les formes ci-après
déterminées.

Cette ordonnance sera publiée et affichée dans les communes intéressées.

34. Le directeur des fortifications fera lever un plan ter-
rier, lequel devra figurer l'étendue des propriétés bâties
ou non bâties dont la cession aura été ordonnée, sans
contenir aucune indication sur le tracé des ouvrages de
défense.

Ce plan, indicatif des noms de chaque propriétaire et
certifié par le directeur des fortifications, sera envoyé par
lui au préfet du département.

55. Le préfet, pour en donner communication aux parties intéressées, transmettra ledit plan au maire de la commune où les propriétés cessibles sont situées. Il restera déposé pendant huit jours à la mairie, afin que chacun puisse en prendre connaissance.

Le délai de huitaine ne courra qu'à dater de l'avertissement qui aura été collectivement donné aux parties intéressées de prendre communication du plan

Cet avertissement sera publié à son de trompe ou de caisse dans la commune, et affiché tant à la principale porte de l'église du lieu qu'à celle de la mairie ; lesdites publications ou affiches seront certifiées par le maire.

56. A l'expiration du délai, et pour procéder à l'estimation des propriétés cessibles, il sera nommé des experts contradictoires pour le Gouvernement et les propriétaires.

L'expert du Gouvernement sera choisi par le sous-intendant militaire entre deux personnes de l'art présentées par le chef du génie.

57. Les propriétaires pourront désigner collectivement un seul et même expert, ou les nommer individuellement, suivant que chacun d'eux le jugera convenable.

Dans l'un ou l'autre cas, ils devront notifier conjointement ou séparément, au maire de la commune, le choix qu'ils auront fait, dans le délai de huitaine à compter de l'expiration du délai de publication.

58. Faute par les propriétaires de satisfaire à cette dernière disposition, le préfet y pourvoira d'office par le choix d'une personne de l'art, qui opérera pour les propriétaires en défaut.

59. Les personnes que les deux parties auront commises à l'estimation, seront tenues de justifier préalablement de leur prestation de serment par-devant le juge de paix du canton

60. Les experts s'entoureront de tous les documens qui tendront à éclairer leur opération. Ils seront tenus de relater

avec précision, dans leurs rapports, et comparativement
entre elles, les différentes bases d'évaluation qu'ils auront
suivies.

61· Le préfet, après avoir visé les procès-verbaux d'expertise, en fera l'envoi au directeur des fortifications, lequel
fera dresser deux tableaux séparés, dans les formes ci-après
déterminées.

Le premier présentera sommairement les résultats des
estimations sur lesquelles les experts seront d'accord : il y
sera réservé trois colonnes, dont deux seront destinées à
l'insertion des avis du chef du génie et du sous-intendant
militaire sur les divers motifs de l'adoption des expertises ,
ou des réductions qu'ils jugeraient convenable de proposer.

Le second tableau présentera les résultats des estimations
sur lesquelles les experts seraient en dissidence, soit par
rapport au métrage des propriétés, soit relativement aux
bases d'évaluation, soit pour tous autres motifs ; il aura
la même forme que le premier, et sera revêtu des mêmes
avis, motivés.

Le directeur des fortifications , après avoir rempli la troisième colonne de ses observations , transmettra ces tableaux
à notre ministre de la guerre , en les accompagnant d'extraits , dûment légalisés par le préfet , des procès-verbaux
d'expertise qui se rapportent à chacun d'eux.

62. Lorsque notre ministre de la guerre , sur l'examen
du premier tableau , aura approuvé les fixations d'indemnité établies d'accord entre les experts, il fera connaître au
préfet sa décision , à l'effet d'acquérir aux conditions déterminées.

63. Notre ministre de la guerre fera aussi faire des offres
relativement aux résultats du second tableau.

Le préfet mettra chaque propriétaire en demeure d'accepter ou de refuser l'offre du ministre de la guerre.

64. Lorsque les parties seront d'accord, l'acte de vente

sera immédiatement passé, par-devant notaires, entre le préfet er les propriétaires, en présence du chef du génie. ,

L'acte de vente sera toutefois passé par le préfet, quand il s'agira d'immeubles qui, sans avoir été précédemment des *propriétés privées*, appartiendraient à des communes ou au département, à des hospices ou à tout autre établissement public. Le département de la guerre sera représenté, en ces cas, par le sous-intendant militaire, assisté du chef du génie.

Dans l'un et l'autre cas, le contrat sera *visé pour timbre et enregistré gratis;* la grosse exécutoire, s'il en a été délivré, et, dans le cas contraire, une expédition du contrat avec mention au bas qu'il n'a pas été délivré de grosse, sera déposée aux archives de la préfecture.

65. Si les propriétaires n'acceptent point l'offre du ministre, il sera passé outre au réglement des indemnités et à l'expropriation par voie judiciaire.

66. Dans tous les cas où le réglement d'indemnité devra être porté devant les tribunaux, par le refus de traiter à l'amiable, soit du ministre de la guerre, soit des propriétaires, le préfet, sur les ordres de notre ministre et au nom du département de la guerre, fera poursuivre l'instance selon ce qui est ordonné par les articles 16, 17 et 18 de la loi du 8 mars 1810, lesquels doivent également s'appliquer, par analogie, au réglement des indémnités dues pour simple privation de jouissance.

SECTION IV.

De la purgation d'hypothèques et du paiement.

67. A dater du jour où le jugement du tribunal sera signifié à la partie intéressée, elle aura quatre-vingt dix jours pour produire un certificat de radiation ou de non-existence d'hypothèques judiciaires ou conventionnelles.

Le délai sera le même relativement aux cessions volontaires.

68. Dès que les propriétaires auront satisfait à ladite justification, et que les hypothèques légales auront été purgées, ainsi qu'il sera dit ci-après, le montant intégral de l'indemnité, tel qu'il aura été stipulé au contrat ou réglé par le tribunal, devra leur être acquitté par le département de la guerre, sauf les atermoiemens dont les parties pourraient convenir à l'amiable, moyennant le paiement des intérêts légaux.

69. Si, après le délai de quatre-vingt-dix jours, les propriétaires n'ont pu faire la justification demandée, ou s'il existe des saisies-arrêts ou oppositions formées par des tiers à la délivrance des deniers, le montant de l'indemnité sera versé à la caisse des dépôts et consignations, pour être ultérieurement pourvu à son emploi ou distribution, dans l'ordre et suivant les règles du droit commun.

70. Immédiatement après la passation de l'acte de vente, si la cession est volontaire, et le jugement du tribunal, si elle est forcée, le préfet devra requérir le procureur du Roi de faire purger d'office, au nom et pour le compte du Gouvernement, les hypothèques légales sur tous les biens acquis au domaine militaire, suivant les formalités prescrites par le Code civil.

SECTION V.

Dispositions générales.

71. Lorsque nous aurons ordonné, soit des constructions nouvelles de places de guerre ou postes militaires, soit la suppression ou démolition de ceux actuellement existans, soit des changemens dans le classement ou dans l'étendue desdites places ou postes, les effets qui résulteront de ces mesures dans l'application des servitudes imposées à la propriété pour la défense de l'Etat, par les lois des 10 juillet 1791 et 17 juillet 1819, ne pourront avoir lieu qu'en vertu d'une ordonnance spéciale rendue sur le rapport de notre

ministre de la guerre, et qui sera publiée et affichée dans les communes intéressées.

72. Si, par le résultat des dispositions qui précèdent, il y a *création* de servitudes ou *extension* de celles déjà existantes, le directeur des fortifications fera dresser ou rectifier le plan spécial de circonscription de la manière et suivant les diverses formalités prescrites par la section 3 du titre I." de la présente ordonnance, sauf néanmoins les modifications à faire dans l'application des articles 17 et 20, l'état descriptif à joindre au plan de circonscription ne pouvant avoir pour objet, dans l'un ou l'autre des cas ci-dessus énoncés, que de constater la nature et les dimensions des constructions comprises dans les nouveaux rayons de servitudes ou dans l'extension que ceux préexistans auraient reçue.

73. Toutes les questions de propriété entre le domaine militaire et les particuliers, et toutes contestations qui pourraient s'élever sur la preuve légale de la priorité d'existence des contructions situées dans les zônes de prohibition intérieure et extérieure, soit à la création, soit à l'augmentation de la place ou du poste, soit à la promulgation de la loi du 10 juillet 1791, doivent être portées devant les tribunaux.

74. Les directeurs des fortifications ne provoqueront aucune action en justice, sans en avoir préalablement référé à notre ministre de la guerre. Ils lui rendront compte d'urgence de celles qui seraient intentées contre le département de la guerre.

75. Toutes les fois qu'il y aura lieu de recourir aux tribunaux, la procédure s'instruira sommairement comme en matière domaniale. L'enregistrement des actes qui y sont sujets, aura lieu gratis.

Notre procureur près le tribunal interviendra exclusivement pour l'Etat, sur les mémoires et conclusions du préfet, qui les établira d'après les plans, rapports et autres documens que le directeur des fortifications devra lui transmettre.

Il sera toujours entendu avant les jugemens tant préparatoires que définitifs.

76. Pour assurer la défense de l'Etat dans le juste degré
de ses besoins réels, et afin de déterminer spécialement les
localités dans lesquelles la propriété doit être soumise à l'application des servitudes militaires suivant les règles qui
précèdent, le tableau général de classement des places et
postes de guerre, annexé à la présente ordonnance, sera
publié et affiché par extraits dans les communes intéressées
de chaque département, à la diligence des préfets, selon ce
qui est prescrit par l'article 1.er de la loi du 17 juillet 1819,
et prévu par la présente ordonnance.

77. Nos ministres secrétaires d'état sont chargés, chacun en
ce qui le concerne, de l'exécution de la présente ordonnance,
qui sera insérée au Bulletin des lois.

Saint-Cloud, 1.er août 1821.   *Signé* LOUIS.

FIN DU TOME XXIII.

TABLE CHRONOLOGIQUE

DES MATIÈRES

contenues dans le tome 23 (année 1821) du Journal des Avoués.

TABLE DES ARTICLES

des Codes et Lois sur le sens desquels il y a décision dans le tome 23 du Journal des Avoués.

CODE CIVIL.

CODE DE PROCÉDURE CIVILE.

Articles.	Pages.	Articles.	Pages.
464	65.	710	150.
464	93.	712	123.
464	142.	713	150.
471	392.	715	225.
473	33.	717	160.
473	91.	736	150.
473	252.	737	225.
473	285.	744	225.
473	369.	749	326.
474	168.	750	326.
474	252.	756	299.
474	257.	757	293.
480	25.	763	329.
518	357.	763	360.
551	111.	771	225.
583	33.	781	310.
583	111.	783	310.
584	83.	786	364.
584	375.	794	310.
634	375.	794	364.
662	58.	800	289.
662	279.	802	293.
673	136.	805	293.
673	287.	831	264.
677	31.	832	335.
680	31.	832	357.
681	31.	879	20.
682	160.	881	20.
683	160.	898	153.
688	11.	899	153.
689	11.	900	153.
692	11.	901	153.
692	31.	902	153.
695	353.	954	211.
710	42.	964	211.
710	62.	972	211.
710	123.	1005	1.

~~~~~~~~~~~~~~~~~~~~~~~~~~~~~~~~~~~~~

TABLE ALPHABÉTIQUE

DES NOMS DES PARTIES

entre lesquelles il y a décision dans le tome 23
(année 1821) du Journal des Avoués.

———————

TABLE ALPHABÉTIQUE

DES MATIÈRES

CONTENUES DANS LE TOME XXIII (1821)

DU JOURNAL DES AVOUÉS.

N. B. Le chiffre indique la page.

A

ABSENCE.

(*Déclaration. — Créancier. — Qualité.*) Le créancier de l'héritier d'un absent présumé n'a pas qualité pour demander, du chef de cet héritier, la déclaration d'absence et l'envoi en possession des biens; ce droit n'appartient qu'aux héritiers présomptifs. 48.

V. *Actes respectueux.*

ABSENT.

(*Débiteur. — Intervention.*) Le débiteur d'une personne présumée absente, dont la dette est subordonnée pour son échéance à l'envoi en possession, a le droit d'intervenir sur la demande en déclaration d'absence et de la contredire, s'il croit le poursuivant mal fondé à se faire envoyer en possession. 48.

V. *Actes respectueux.*

ACCUSÉ. V. *Conseil, Contumace,* et *Jury.*

ACQUIESCEMENT.

1. *(Conseil de famille.* — *Composition.* — *Nullité.* — *Ordre public.)* La nullité provenant de l'inobservation des dispositions de l'article 407 C. C. est d'ordre public, et ne peut être couverte par l'acquiescement des parties. 115.

2. *(Fin de non-recevoir.* — *Plaidoirie au fond.)* Lorsqu'une partie, après avoir succombé dans une fin de non-recevoir, reste en cause et plaide sur le fond de la contestation, sa conduite équivaut à un acquiescement formel donné par elle au jugement qui a rejeté sa fin de non-recevoir, et la rend non-recevable à en interjeter appel. 81.

3. *(Inscription hypothécaire.* — *Juge de paix.* — *Jugement.* — *Incompétence.)* Le jugement rendu par un juge de paix sur un intérêt qui excède les limites de sa compétence et sans une prorogation formelle de juridiction, peut être validé par l'acquiescement de la partie condamnée, et l'inscription prise en vertu de ce jugement est valable. 59.

4. *(Jugement.* — *Reproches.* — *Témoins.)* La partie qui, après avoir proposé des reproches contre certains témoins invoqués contre elle, a plaidé sur le fond sans faire aucunes protestations ni réserves contre le jugement qui a rejeté ces reproches, n'est pas censée avoir acquiescé à ce jugement. 20.

5. *(Partage.* — *Lois.* — *Tirage au sort.)* Le copartageant qui tire au sort les lots fixés par un jugement, ou qui alloue tout ou partie du lot qui lui est échu, est censé avoir acquiescé au jugement qui a ordonné le partage. 135.

6. *(Plaidoirie au fond.)* La partie qui plaide au fond à l'instant même du jugement qui le lui ordonne, sans faire aucunes protestations ni réserves, est censée acquiescer à ce jugement, et ne plus par conséquent en appeler. 165.

7. *(Scellés. — Réserve.)* Lorsqu'un héritier qui avait
d'abord requis, contre le légataire à titre universel du
mobilier, l'apposition des scellés sur les meubles, titres
et papiers de la succession, restreint ensuite sa réquisition
aux titres et papiers, et exécute le jugement qui a statué
en conséquence de cette restriction, il est non-recevable
à demander ultérieurement l'apposition des scellés sur les
meubles, sous le prétexte que ce jugement contient réserve de tous les droits, moyens et actions des parties. 45.

V. *Appel, Appel incident, Arrêt,* et *Ordre.*

ACTES AUTHENTIQUES. V. *Inscription de faux.*

ACTES DE MISE AUX ENCHÈRES. V. *Surenchères.*

ACTES RESPECTUEUX.

1. *(Ascendans. — Absens. — Notification.)* Il n'est
pas nécessaire à peine de nullité, que les actes respectueux
soient signifiés à la personne même des père et mère. 259.

2. *(Comparution. — Jugement. — Opposition à
mariage.)* Un tribunal, avant de statuer sur l'opposition
formée par une mère au mariage de sa fille, n'a pas
le droit d'ordonner leur comparution dans une audience
à huis clos pour les entendre sur la proposition de l'acte
respectueux de l'une et sur les conseils de l'autre, sur-tout
lorsque, par cet avant faire droit, le jugement du fond
se trouve reculé au-delà du délai dans lequel le tribunal
est tenu de prononcer définitivement. 13.

3. *(Consentement. — Conseil.)* Les actes respectueux
par lesquels l'enfant demande le consentement, et non le
conseil des père et mère, ne sont pas nuls. 259.

4. *(Maison. — Amant. — Nullité.)* Les actes respectueux faits par une fille qui s'est retirée dans la maison
de son amant, doivent être annulés comme n'étant pas
l'effet de la volonté libre de cette fille 590.

5. *(Maison. — Conseils.)* Les tribunaux peuvent ordonner qu'une fille dont ils annulleront les actes respéctueux sera tenue de se retirer dans une maison qui lui

est désignée par ses père et mère opposans à son mariage *
et d'y rester un certain temps pour y recevoir leurs conseils.
390.

6. (· Notification. — Enfans. — Ascendans. — Absence.) Il n'est pas nécessaire, à peine de nullité, que
les actes respectueux soient signifiés à la personne même
des ascendans dont le consentement doit être demandé,
ni que les enfans soient présens à leur notification. 177.

7. (Témoins. — Signature. — Original.) Les actes
respectueux ne sont pas nuls par cela que les copies
laissées aux ascendans ne sont signées que par le notaire,
si les témoins qui l'ont assisté ont signé les originaux.
390.

8. (Conseil judiciaire. — Assistance.) L'appel d'un
jugement portant nomination d'un conseil judiciaire a un
effet suspensif, tel que l'individu placé sous l'assistance
de ce conseil peut, sans son assistance, faire des sommations respectueuses à son père pour obtenir son consentement à son mariage. 28.

V. *Jugement,* et *Opposition.*

ACTE D'APPEL.

1. (Avoué. — Constitution. — Domicile élu.) Est
nul l'acte d'appel qui ne contient qu'une élection de domicile chez un avoué. Il faut une constitution expresse. 524.

2. (Jugement. — Date. — Erreur.) L'acte d'appel
dans lequel le jugement attaqué est indiqué sous une
fausse date, n'en est pas moins valable, si ce jugement
est suffisamment désigné dans le corps de l'exploit. 323.

3. V. *Domicile élu,* et *Exploit.*

ACTE SOUS SEING PRIVÉ. V. *Titre exécutoire.*

ACTION.

(Adoption. — Nullité. — Tierce-opposition.) La
nullité d'une adoption peut être poursuivie par voie d'action

principale , et sans qu'il soit besoin de former tierce-
opposition à l'arrêt qui a consacré l'adoption. 252.

V. *Avocat , Avoué , Ministère public , et Revendication.*

Action civile. **V.** *Action publique , et Faillite.*

Action possessoire.

(*Titres.* — *Possession annale.*) Le juge de paix ,
en statuant sur une action possessoire , peut consulter les
titres comme simples indicateurs pour éclairer le possessoire ; il le doit même lorsque , de deux acquéreurs du
même bien , aucun n'a de son chef la possession annale. 9.

Action publique.

(*Action civile.* — *Réserves.*) L'action publique concernant des faits qui ont déjà donné lieu à une instance civile,
n'est pas non-recevable après le jugement au civil , par
cela seul que dans le cours de l'instance il n'a pas été fait de
réserves par le ministère public , ou que le tribunal ne
les a pas prononcées d'office. 104.

Adjudicataire.

1. (*Bail.* — *Fol enchérisseur.* — *Résiliation.*) L'adjudicataire sur folle enchère est tenu à l'entretien des baux
consentis de bonne foi par le fol enchérisseur. 131.

V. *Surenchérissement.*

Administration. **V.** *Commune , et Intervention.*

Adoption. **V.** *Action.*

Affiches. **V.** *Saisie immobilière.*

Affirmation. **V.** *Roulage.*

Agens de la faillite. **V.** *Revendication.*

Agréé. **V.** *Jugement par défaut.*

Aix. **V.** *Avoué.*

Amant. **V.** *Actes respectueux.*

Amende.

1. (*Pourvoi en cassation.* — *Intérêt.*) La consignation
d'une seule amende suffit, lorsque deux parties se pourvoient
en cassation contre un arrêt ou un jugement qu'elles ont

le même intérêt à faire annuler, quoique le pourvoi de chacune d'elles soit fondé sur des moyens différens. 6.

2. (*Témoin.* — *Appel.*) Le jugement d'un tribunal correctionnel qui, conformément à l'article 157 C. I. C. , condamne un témoin défaillant à l'amende prononcée par l'article 80 du même Code , est sujet à l'appel. 277.

V. *Appel , Conflit , et Voitures.*

AMIABLES COMPOSITEURS. V. *Contrainte par corps.*

AMIS. V. *Conseil de famille.*

ANNULLATION. V. *Inscription de faux.*

APPEL.

1. (*Acquiescement.*) Celui qui a déclaré s'en rapporter à la prudence du tribunal est non-recevable à appeler du jugement qui l'a condamné. 107.

2. (*Amende.* — *Loterie.* — *Fin de non-recevoir.*) L'administration de la loterie est non-recevable à interjeter appel d'un jugement qui a refusé de prononcer une amende contre un prévenu de délit de loterie clandestine. 362.

3. (*Biens paraphernaux.* — *Femme.* — *Mari.* — *Copies distinctes.*) L'appel d'un jugement relatif aux biens paraphernaux d'une femme est nul , s'il n'est signifié par deux copies séparées au mari et à la femme. 374.

4. (*Contributions indirectes.* — *Saisie.* — *Signification.*) En matière de contributions indirectes , l'appel d'un jugement sur saisie doit être notifié dans les huit jours de la signification du jugement. 148.

5. (*Délai.* — *Signification.* — *Domicile.* — *Avoué.*) Quoique la signification d'un jugement à domicile ne contienne pas la mention de la signification précédemment faite à avoué , elle fait cependant courir le délai d'appel. 389.

6. (*Jugement correctionnel.* — *Avoué.* — *Qualité.*) L'avoué qui a défendu devant un tribunal correctionnel , a qualité pour faire une déclaration d'appel au nom de ses clients 367.

7. (*Mineur.* — *Délai.* — *Signification.*) Sous l'empire

de la loi du 24 août 1790 , le delai de trois mois pour interjeter appel courait contre les mineurs. 129.

8. (*Obligation divisible.*) L'appel interjeté par une
partie , dans une affaire commune à plusieurs, mais divisible de sa nature , ne profite pas aux autres obligés. 5:

9. (*Ordre.* — *Domicile élu.*) En matière d'ordre, l'appel signifié au domicile élu dans l'inscription est valable. 246

10. (*Père.* — *Mineur.* — *Autorisation.* — *Matière
correctionnelle.*) Un père a qualité pour interjeter appel
des jugemens de condamnation rendus contre ses enfans
mineurs en matière correctionnelle. 204.

11. (*Signification.* — *Cour royale.* — *Fin de non-
recevoir.*) Une cour royale saisie d'un appel tardif ne peut
le déclarer recevable en se fondant sur l'irrégularité de
la signification du jugement dont est appel, résultante du
défaut de qualité-dans l'auteur de la signification , lorsque
d'ailleurs l'auteur de la signification a procédé en la qualité
que lui attribue le jugement ; ce serait de la part de la cour
s'occuper des moyens de fond. 129.

12. (*Tribunal de police.* — *Evocation.*) L'article
473 du Code de procédure civile est applicable au cas où
un tribunal correctionnel infirme pour vice de forme un
jugement d'un tribunal de simple police. 92.

V. *Amende , Appointemens , Copie , Délits forestiers ,
Demande nouvelle , Dernier ressort , Enquête , Garantie , Jugement , Juge de paix , Matière correctionnelle , Ministere public , Ordre , et Surenchères.*

APPEL (ACTE D').

(*Intimé.* — *Domicile.* — *Equipollence.*) Un exploit
d'appel n'est pas nul , parce qu'on aurait omis d'y mentionner le domicile de l'intimé , si cette omission est réparée
par d'autres énonciations de l'acte. 255.

APPEL INCIDENT.

1. (*Conclusions.* — *Acquiescement.*) L'intimé , qui
en signifiant le jugement de première instance a fait des

réserves d'interjeter appel incident , peut prendre cette
voie , même après avoir fait signifier des conclusions dans,
lesquelles il se bornerait à demander la confirmation pure
et simple du jugement. 200.

2. *(Désistement. — Appel principal.)* L'intimé a le
droit d'interjeter appel incident , quoique l'appelant se soit
désisté de son appel; mais , én cas d'appel incident par
l'intimé , l'appelant principal rentre dans le droit de donner suite à son appel. 382.

3. *(Exécution.)* On peut appeler incidemment après
avoir exécuté le jugement. 107.

4. *(Solidarité. — Appel principal. — Poursuite.)*
L'appel principal profitant à tous les consorts solidaires ,
autorise contre eux l'appel incident de la part de celui-
là même qui aurait commencé des poursuites contre l'un
d'eux en vertu d'un jugement d'appel. 378.

V. *Incident.*

APPEL PRINCIPAL. V. *Appel incident.*

APPELANT. V. *Compétence.*

APPLICATION. V. *Compétence.*

APPOINTEMENS.

1. *(Commis. — Tribunal de commerce. — Compétence. — Appel. — Dépens.)* La demande en paiement
d'appointemens , formée par un commis contre le marchand
qui l'a employé , n'est pas de la compétence des tribunaux
de commerce. Cette incompétence peut être opposée pour
la première fois en cause d'appel ; mais dans ce cas il y a
lieu de compenser les dépens. 165.

2. *(Commis. — Tribunal de commerce. — Compétence.)* L'action des syndics d'une faillite contre le commis du failli , à l'effet de l'obliger au rapport des sommes
qu'il a puisées dans la caisse de son commettant pour appointemens qu'il prétend lui être dus , est de la compétence des tribunaux de commerce. 300.

ARBITRAGE. V. *Contrainte par corps.*

ARBITRES. V. *Chose jugée.*

ARRÊT.

1 *(Acquiescement. — Dépens. — Recours.)* La partie condamnée aux dépens, qui a acquiescé à l'arrêt, est néanmoins passible du coût de la levée et de la signification de cet arrêt, quoique postérieures à son acquiescement, s'il y avait en cause des parties intervenantes qui n'ont point acquiescé et auxquelles il a été nécessaire de faire cette signification. La partie n'a même pas de recours contre les intervenans pour le recouvrement des frais de levée et de signification. 179.

2. *(Colonie. — Motifs.)* Les arrêts rendus dans l'île de Cayenne ou la Guiane française doivent, à peine de nullité, contenir les noms des juges, la mention de la publicité, l'exposé des points de fait et des points de droit, et être motivés. Le Code de procédure est en vigueur dans cette colonie depuis le 25 janvier 1818. 236.

3. *(Expédition. — Signature.)* L'expédition d'un arrêt qui ne fait que relater les signatures du président et du greffier, au lieu de les transcrire littéralement, n'est pas nulle, quoiqu'elle soit irrégulière. 194.

4. *(Juges. — Plaidoiries. — Plumitif. — Nullité.)* Lorsqu'il est constant que l'un des juges qui ont concouru à la confection d'un arrêt, n'a pas assisté à la première audience de la cause, le jugement est nul, si les feuilles d'audience, ou, à défaut de ces feuilles, aucun renseignement légal ne constate qu'à l'une des audiences postérieures les plaidoiries aient été recommencées, ou les conclusions prises de nouveau. 185.

5. *(Nullité — Magistrats honoraires. — Voix délibérative. — Autorisation.)* Un arrêt est nul s'il a été rendu, même en audience solennelle ; avec le concours de magistrats honoraires qui n'auraient pas reçu du Roi des lettres leur accordant expressément le droit de remplir dans certains cas les fonctions de juges. 4.

6. *(Partage. — Défaut.*) Lorsqu'après un arrêt de
partage, et devant les conseillers appelés pour le vider,
l'une des parties refuse de plaider, l'arrêt qui intervient
ne peut être que par défaut. 242.

V. *Chose jugée, Coutumace, Dépens,* et *Motifs.*

ARRÊT PAR DÉFAUT. V. *Opposition.*

ARRÊTÉS. V. *Représentant du peuple.*

ASCENDANS. V. *Actes respectueux.*

ASSIGNATION.

1. *(Délai.*) Est valable l'assignation donnée pour
comparaître dans le délai de la loi. 89.

2. *(Procès-verbal. — Copie.*) Est nul le procès-verbal
d'un garde forestier, qui n'est point écrit de la main du
garde qui l'a signé, ou de celle du greffier de la justice
du canton. 567.

V. *Cession de biens,* et *Légitimité.*

ASSISTANCE. V. *Actes respectueux.*

AUDIENCE. V. *Jugement.*

AUDIENCE SOLENNELLE.

1. (*Nombre de juges. — Erreur.—Nature de la cause.*)
Lorsque dans une affaire qui par sa nature n'était pas
assujettie à être jugée en audience solennelle, l'arrêt constate qu'il a été rendu en audience solennelle, et par sept
juges seulement, il n'est pas nul pour insuffisance de
nombre de juges, parce qu'alors il est présumé, 1.° que
les deux chambres n'ont pas été réunies; 2.° que seulement des membres de la chambre correctionnelle ont
été appelés pour compléter la chambre civile ; 3.° que
c'est par erreur que le greffier a énoncé que l'arrêt a
été rendu en audience solennelle. 30.

2. *(Nombre de juges. — Insuffisance.*) L'arrêt rendu
en audience solennelle par les deux chambres civiles d'une
Cour royale est nul si le nombre des conseillers était au-
dessous de quatorze. 254.

AUTORISATION.

1. (*Communes.* — *Matière* co*rrectionnelle* — *Juge-mnement.* — *Exécution.*) Les communes n'ont besoin d'autorisation ni pour plaider en matière de justice répressive, ni pour faire exécuter les jugemens qu'elles ont obtenus, soit au civil, soit au criminel. 69.

2. (*Commune.* — *Responsabilité.*) L'autorisation exigée pour plaider contre une commune n'est pas nécessaire lorsqu'il s'agit d'une action formée par un particulier contre une commune, comme responsable des dommages à lui causés, et en général lorsqu'il s'agit de poursuites d'ordre public et de haute police ordonnées par une loi spéciale. 345.

3. (*Cours royales.* — *Conseillers.* — *Poursuite.*) Lorsqu'un membre d'une cour royale commet un délit, il ne peut être jugé qu'après une autorisation préalable de la Cour de cassation ; mais l'instruction peut se commencer avant cette autorisation, pourvu qu'il ne soit décerné contre le magistrat aucun mandat, ni procédé à aucun interrogatoire. 145.

V. *Appel, Arrêt, Autorité administrative, Conscription, Délit forestier,* et *Privilége.*

AUTORITÉ ADMINISTRATIVE.

1. (*Autorisation, Chose jugée.*) L'arrêté d'un conseil de préfecture qui autorise une commune à plaider devant les tribunaux, ne lie point les tribunaux et ne leur attribue point juridiction sur ce qui fait l'objet de la contestation. 255.

2. (*Autorité judiciaire.* — *Compétence.*) L'incompétence de l'autorité judiciaire, pour connaître des matières qui sont dans les attributions de l'autorité administrative, peut être proposée pour la première fois en cause d'appel. 255.

3. (*Interprétation.* — *Enquête.*) C'est à l'autorité administrative seule qu'il appartient d'interpréter les actes qui émanent d'elle ; l'autorité judiciaire est incompétente à

cet égard , à moins' que cette interprétation ne dépende
d'une enquête. 255.

V. *Compétence , et Conflit.*

AUTORITÉ JUDICIAIRE. V. *Autorité administrative.*

AVANCEMENT. V. *Enregistrement.*

AVOCAT.

(*Honoraires. — Taxe. — Action. — Prescription.)*
Les avocats ont contre leurs clients une action qui dure
trente ans , pour le paiement des honoraires qu'ils croient
convenable de leur demander , et qui ne peuvent être
réduits que par le conseil de leur ordre. 558.

V. *Avoué, Jugement , et Tribunal.*

AVOUÉ.

1. (*Action. — Prescription. — Code de procédure.)*
Avant le Code de procédure , dans le ressort du Parlement
de Toulouse , l'action des avoués pour leurs déboursés et
honoraires ne se prescrivait que par trente ans. 341.

2. (*Aix. — Condition. — Réception.)* Ordonnance
du Roi qui statue qu'à l'avenir nul ne pourra être élu
membre de la chambre des avoués de la Cour royale d'Aix,
s'il n'exerce depuis plus de six ans les fonctions d'avoué.
225.

3. (*Avocat. — Honoraires. — Paiement. — Prescription.)* Les avoués qui paient aux avocats pour leur
plaidoirie des honoraires excédant ceux qui sont alloués
par le tarif, peuvent-ils en faire la répétition contre leurs
clients , et leur action à cet égard dure-t-elle trente ans ?
338.

4. (*Discipline. — Suspension.)* Un avoué ne peut
être condamné à des peines de discipline , pour fautes
commises et découvertes à l'audience , que par les magistrats
devant lesquels elles ont été commises. 302.

5. (*Douanes. — Régie. — Plaidoiries.)* Lorsque l'administration des douanes se présente par un de ses agens pour prendre des conclusions et pour plaider , elle doit alors employer

le ministère des avoués , qui ne lui est inutile qu'autant qu'elle se borne à une instruction sur simple mémoire. 372. -

6. (*Huissier.* — *Notification.* — *Créanciers inscrits.*) L'avoué chargé par l'acquéreur de notifier le contrat aux créanciers inscrits , est responsable de l'irrégularité des notifications , même pour les actes qui sont du ministère de l'huissier , sur-tout si celui-ci les a soumis à son examen. 119.

7. (*Huissier.* — *Nullité.* — *Responsabilité.* — *Saisie immobilière.*) L'avoué chargé d'une poursuite en saisie immobilière n'est pas responsable de la nullité des actes faits par l huissier qu'il a choisi, quoiqu'il soit constant en fait que l'exploit déclaré nul a été rédigé dans l'étude de l'avoué , et que la nullité provienne d'une rédaction vicieuse. 55.

8. (*Prescription.* — *Présomption.* — *Serment.*) La prescription établie par l'article 2273 C. C. exclut toutes les présomptions contraires qui peuvent être opposées , et l'avoué n'a pour les combattre d'autre moyen que de déférer le serment à la partie qui l'invoque. 341.

9. (*Registres.* — *Timbre.*) Il n'est pas nécessaire que les registres des avoués soient sur papier timbré pour qu'ils puissent être opposés en justice. 341.

V. *Acte d'appel , Appel ,* et *Contributions indirectes.*

B

BAIL. V. *Adjudicataire.*
BANQUEROUTE. V. *Faillite.*
BIENS NATIONAUX. V. *Compétence.*
BIENS PARAPHERNAUX. V. *Appel ,* et *Dépens.*
BILAN. V. *Cession de biens.*

C

CALENDRIER GRÉGORIEN. V. *Emprisonnement.*

CASSATION.

1. (*Amende.* — *Héritiers.* — *Intérêt.*) Lorsque des parties ayant le même intérêt n'ont intenté qu'un seul et même pourvoi contre un seul et même arrêt, elles ont pù ne consigner qu'une seule amende. 320.

2. (*Motif.* — *Erreur.*) L'énonciation d'un motif erroné ne peut pas donner ouverture à la cassation d'un arrêt qui se justifie d'ailleurs par d'autres motifs conformes à la loi. 248.

3. (*Moyen de droit.*) Lorsqu'un arrêt déclare périmé à défaut d'exécution dans les six mois un jugement par défaut énonçant qu'il est rendu faute de plaider, on peut présenter comme moyen de cassation que le jugement n'est pas sujet à la péremption, en ce qu'il a été rendu faute de plaider; peu importe que devant les juges du fond on se soit borné à dire que le jugement n'était pas périmé. 384.

4. (*Désignation.* — *Noms.* — *Défendeur.*) Lorsque dans un pourvoi en cassation il est dit qu'il est dirigé contre un tel et autres dénommés dans l'arrêt dénoncé, il y a désignation suffisante de défendeurs éventuels. 321.

5. (*Signification.* — *Appel.* — *Délai.* — *Forclusion.*) Le créancier poursuivant qui signifie un jugement d'ordre, avec réserve d'en appeler, fait courir le délai de l'appel contre lui-même, aussi bien que contre les autres parties auxquelles la signification a été faite. 329.

V. *Commerçant*, *Compétence*, *Cour royale*, et *Dépens.*

CAUSE. V. *Licitation.*

CAUTION. V. *Régie*, et *Surenchère.*

CAUTION JUDICATUM SOLVI.

1. (*Dépens.*) Le jugement qui ordonne la caution *judicatum solvi* n'étant qu'un préparatoire, ne peut prononcer de condamnation définitive aux dépens. 41.

2. (*Etranger.* — *Frais.* — *Principal.*) La caution *ju-*

dicatum solvi doit être limitée aux frais et dommages-
intérêts. 41.

CAUTION SUPPLÉTIVE. V. *Surenchère.*

CAUTIONNEMENT.

1. *(Huissiers. — Commissaires-priseurs.)* Ordonnance
du, Roi relative au remboursement des cautionnemens des
commissaires-priseurs et des huissiers. 283.

2. *(Liberté provisoire. — Confiscation.)* Le cautionnement exigé du prévenu d'un délit correctionnel, au cas
de mise en liberté provisoire, n'est point acquis au trésor
par cela seul que le prévenu fait défaut à la première
sommation, s'il se présente plus tard et s'il subit la peine
correctionnelle à laquelle il est condamné. 314.

3. *(Officiers ministériels. — Créanciers. — Intérêts.)*
Les créanciers d'un officier ministériel peuvent poursuivre
leur paiement sur le capital de son cautionnement, sans
attendre la vacance de l'office par démission ou par toute
autre cause. 105.

V. *Enregistrement ,* et *Jugement par défaut.*

CAUTIONNEMENT *JUDICATUM SOLVI.*

(Matière commerciale. — Incident.) Lorsque le fond
d'une instance est commerciale, mais que par suite d'une
exception du demandeur, telle qu'une dénégation d'écriture, les parties sont renvoyées par le tribunal de commerce devant les juges civils pour le jugement de l'incident, l'étranger demandeur n'est pas tenu de fournir la
caution *judicatum solvi* pour les frais de l'incident. 107.

CERTIFICAT. V. *Témoin.*

CESSION DE BIENS.

1. *(Failli. — Emprisonnement.)* Le tribunal saisi
de la demande en cession de biens ne peut, si le débiteur
est détenu, ordonner sa mise en liberté avant que ce débiteur, extrait de sa prison avec les précautions accoutumées,
ait retiré sa cession en personne, à l'audience du tribunal
de commerce. 153.

2. (*Failli.* — *Créanciers.* — *Assignation.*) Le demandeur en cession de biens n'est pas tenu de mettre en
cause ses créanciers lors de sa demande en admission. 153.

3. (*Failli.* — *Titres.* — *Bilan.* — *Dépôt.*) La demande en cession d'un failli ne peut être rejetée par le
motif que le demandeur n'a pas effectué au greffe du
tribunal où la demande est portée le dépôt de titres
actifs, livres et bilan, s'il justifie qu'il n'a pas ces objets
en sa possession 153.

CESSIONNAIRE.

(*Tiers détenteur.* — *Signification.* — *Titres.* — *Sommation.*) Le cessionnaire qui a fait signifier son transport
au débiteur originaire n'est pas obligé de donner copie
du transport et de sa signification dans la sommation
qu'aux termes de l'article 2169 C. C. il est tenu de faire
au tiers détenteur, avant de poursuivre sur lui la vente
de l'immeuble hypothéqué. 136.

V. *Saisie immobilière.*

CHOIX. V. *Dernier ressort.*

CHOSE JUGÉE.

1. (*Conclusions.* — *Objets.* — *Motifs.* — *Arrêt.*)
Pour qu'il y ait chose jugée sur un point, il ne suffit
pas que les juges l'aient examiné et aient émis leur opinion
dans les motifs du jugement; il faut qu'il ait été l'objet
de conclusions prises par les parties, ou qu'une disposition
du jugement en prononce le rejet ou l'admission. 207.

2. (*Moyens.* — *Arbitres.* — *Ordonnance d'exequatur.*
— *Nullité.*) L'identité des moyens n'est pas nécessaire pour
constituer l'exception de chose jugée. Ainsi il y a violation
de la chose jugée lorsqu'après avoir rejeté par un premier
arrêt l'opposition à l'ordonnance d'*exequatur* d'un jugement
arbitral, fondée sur ce que les arbitres n'auraient pas
prononcé dans le délai légal, les mêmes juges décident,
par un nouvel arrêt, que cette ordonnance d'*exequatur*
doit être annulée comme ayant été délivrée par un membre

de la Cour d'appel, au lieu de l'avoir été par le président du tribunal de première instance. 25.

V. *Autorité administrative*, et *Ordre*.

CITATION.

(*Matière correctionnelle*. — *Délal*. — *Jugement*. — *Nullité*.) Lorsqu'en matière correctionnelle la citation est donnée à un trop court délai, elle n'est pas nulle ; mais le jugement obtenu par défaut avant l'expiration du délai voulu par la loi est nul, et si avant le jugement le prévenu comparaît, il peut obtenir un délai convenable pour préparer sa défense. 46.

CODE DE PROCÉDURE. V. *Avoué*, *Loi*, et *Présomption*.

COHÉRITIERS. V. *Pourvoi*.

COLONIES.

(*Commerce étranger*.—*Compétence*.—*Commission spéciale*. — *Conseil supérieur*. — *Ordre public*.) Les affaires relatives au commerce étranger dans les colonies, qui doivent être portées en appel devant une commission spéciale, n'ont pu être soumises au conseil supérieur de la Martinique même à l'époque où la commission n'était pas encore organisée, et l'incompétence du conseil supérieur peut être proposée pour la première fois devant la Cour de cassation. 263.

V. *Arrêt*.

COMMANDEMENT.

(*Date*. — *Erreur*. — *Jugement*. — *Nullité*.) La signification d'un jugement et le commandement de payer en vertu de ce jugement ne sont pas nuls, quoique l'hui-sier se soit trompé dans l'énonciation de la date de ce même jugement. 33.

V. *Saisie-exécution*, et *Saisie immobilière*.

COMMERÇANT.

(*Qualification*. — *Contrainte par corps*. — *Cassation*.) Lorsqu'un individu non négociant est qualifié commerçant dans tous les actes de la procédure, sans réclamation de sa part, et sur-tout dans les qualités d'un arrêt, sans qu'il y ait formé opposition, il ne peut pas proposer comme moyen de cassation l'incompétence de la juridiction commerciale fondée sur sa qualité de non négociant. 74.

COMMERCE ÉTRANGER. V. *Colonies.*

COMMIS. V. *Appointemens.*

COMMISSAIRE DE LA MARINE. V. *Compétence.*

COMMISSAIRES-PRISEURS. V. *Cautionnément.*

COMMISSION SPÉCIALE. V. *Colonies.*

COMMUNES.

(*Administrations. — Villes.*) Ordonnance du Roi qui contient des modifications aux règles actuelles de l'administration des villes et communes du royaume. 268.

V. *Autorisation*, et *Question préjudicielle.*

COMMUNICATION DE PIÈCES.

1. (*Délai. — Nullité.*) En toute matière, la communication de pièces ne peut être refusée par le motif qu'elle n'aurait pas été demandée dans les trois jours à compter de la constitution d'avoué ou de la production des pièces. 180.

2. (*Nullité. — Déchéance.*) La nullité d'un acte d'appel n'est pas couverte par une demande en communication de pièces faite sous la réserve de tous moyens de nullité. 360.

COMMUTATION DE PEINE. V. *Frais.*

COMPARUTION. V. *Actes respectueux.*

COMPÉTENCE.

1. (*Autorité administrative. — Biens nationaux. — Application. — Interprétation.*) Les difficultés qui s'élèvent sur l'application des procès-verbaux de ventes nationales ne sont de la compétence de l'autorité administrative que dans le cas où leur solution résulterait nécessairement de l'acte d'adjudication lui-même, et non quand il est nécessaire de recourir pour cet effet à d'autres actes. 80.

2. (*Contrainte.* — *Tribunal de commerce.* — *Ordre public.*) Les tribunaux de commerce sont incompétens, pour connaître des actions de la régie des douanes exercées par voie de contrainte, et cette incompétence peut être proposée en tout état de cause, même sur l'appel. 285.

3. (*Faillite.* — *Saisie-revendication.*) Lorsque des marchandises ont été expédiées par un négociant a un autre, négociant pour le compte d'un tiers qui se trouve en faillite, et que ces marchandises sont encore en route, la demande en revendication formée par l'un de ces négocians peut être portée devant le tribunal du domicile du négociant-commissionnaire, lorsque la faillite demeure étrangère à la contestation et qu'il ne s'élève de débats qu'entre les deux négocians pour le privilége qu'ils prétendent respectivement leur appartenir. 263.

4. (*Frais de justice.* — *Condamné.* — *Privilége.* — *Domaine.* — *Créanciers.*) Lorsqu'il s'élève une question de privilége entre le domaine et le créancier particulier, à raison de l'application du produit de la vente des biens d'un condamné, c'est aux tribunaux à en connaître. 98.

5. (*Navire.* — *Echouemens.* — *Tribunal de commerce.* — *Commissaire de la marine.*) La question de savoir si un navire échoué est ou n'est pas en état de navigabilité, n'est pas du ressort du commissaire de la marine, mais elle doit être jugée par le tribunal de commerce. 123.

6. (*Cour.* — *Appelant.* — *Cassation.*) L'incompétence d'une cour à raison du domicile n'est que relative, et l'appelant est non-recevable à s'en faire un moyen de cassation contre l'arrêt qu'elle a rendu. 182.

V. *Autorité administrative, Appointemens, Compétence, Colonies, Créanciers, Coutumace, Dépens, Litispendance, Ordre, Question préjudicielle, Tarif, et Tribunal de commerce.*

Composition V. *Conseil de famille,* et *Tribunal.*

COMPROMIS.

(*Preuve.* — *Existence.* — *Enregistrement.*) Un juge-ment arbitral est valable, quoique le compromis ne soit pas représenté, si la preuve de cet acte résulte tant de l'enregistrement du compromis que de sa transcription au jugement même et des conclusions prises par les parties devant les arbitres. 1.

V. *Concordat.*

COMPTE. V. *Dernier ressort.*

CONCLUSIONS. V. *Appel incident, Chose jugée,* et *Ministère public*

CONCORDAT.

1. (*Compromis.* — *Délai.*) Un concordat qui nomme des arbitres pour juger les difficultés qui pourraient naître à son occasion, vérifier les créances, etc., n'est pas un compromis en ce sens que, s'il ne fixe pas un délai pen-dant lequel durera le pouvoir des arbitres, ce pouvoir doive expirer au bout de trois mois. L'intention contraire des parties est présumée d'après la longueur des opérations confiées aux arbitres. 35.

2. (*Homologation.* — *Créancier.* — *Nullité.* — *Op-position.*) Les créanciers qui n'ont pas fait vérifier leurs créances, quoique légalement mis en demeure, ne peuvent pas former opposition au concordat, quand bien même ils voudraient l'attaquer de nullité. 223.

CONDAMNATION. V. *Dépens.*

CONDAMNATION SOLIDAIRE. V. *Jugement par défaut.*

CONDAMNÉ. V. *Compétence.*

CONDITION. V. *Avoué.*

CONFLIT.

(*Autorité administrative.* — *Pourvoi en cassation.* — *Amende.*) Lorsqu'un conflit a été élevé dans une con-testation jugée par un arrêt de Cour royale contre lequel il y avait recours en cassation, et que l'arrêt est annulé par le Roi en confirmation du conflit, la Cour de cassation décide alors qu'il n'y a plus lieu de statuer sur le pourvoi en cassation, et elle ordonne la restitution de l'amende, pourvu toutefois que le pourvoi soit régulier dans la forme. 78.

V. *Intervention.*

CONSCRIPTION.

(*Remplacement.* — *Entreprise.* — *Autorisation.*) Ordonnance qui contient des dispositions relatives aux entreprises ayant pour objet le remplacement des jeunes gens appelés à l'armée en vertu de la loi du 10 mars 1818. 330.

CONSEIL.

(*Accusé.* — *Témoins.*) Lorsque le conseil de l'accusé est appelé comme témoin aux débats, l'accusé doit, à peine de nullité, pendant l'audition de ce témoin, être assisté d'un autre conseil, soit choisi par lui, soit nommé par le président. 2.

V. *Actes respectueux.*

CONSEIL DE FAMILLE.

. (*Composition.* — *Nullité.* — *Amis.* — *Parens.*) L'inobservation des formalités exigées pour la composition d'un conseil de famille entraîne la nullité de ses délibérations. 115.

V. *Tuteur.*

CONSEIL JUDICIAIRE. V. *Actes respectueux.*

CONSEIL SUPÉRIEUR. V. *Colonies.*

CONSEILLERS. V. *Autorisation.*

CONSENTEMENT. V. *Actes respectueux.*

CONSIGNATION. V. *Surenchères.*

CONSIGNATION D'ALIMENS. V. *Emprisonnement.*

CONSTITUTION. V. *Actes d'appel.*

CONTESTATION. V. *Légitimité.*

CONTRAINTE. V. *Compétence*, et *Désistement.*

CONTRAINTE PAR CORPS.

(*Arbitrages.* — *Amiables compositeurs.*) Dans les

matières.où la.contrainte par corps est autorisée.par la loi,,
les arbitres volontaires et amiables compositeurs peuvent.
l'appliquer comme les tribunaux. 237.

2. (*Femme.* — *Dommages-intérêts.*) La contrainte
par corps pour raison de dommages-intérêts au-dessus
de 300 francs ne peut être prononcée contre les femmes.
152.

3. (*Notaire.* — *Créanciers.*) Le notaire qui volontairement a versé des deniers par lui perçus pour son
client à des créanciers chirographaires de celui-ci, peut.
être contraint par corps à la restitution de ces deniers,
sans qu'il puisse obtenir une action en répétition contre
ceux auxquels il les a donnés. 243.

V. *Commerçant, et Dommages-intérêts.*

CONTRAT. V. *Demande incidente.*

CONTRAVENTION. V. *Tarif.*

CONTRIBUTION. V. *Enregistrement.*

CONTRIBUTIONS INDIRECTES.

(*Plaidoiries* —. *Avoué.*) Cette énonciation, ouïs les
avoués des parties, insérée dans un jugement en matière
de contributions indirectes, ne suffit. pas .pour constater
que ce jugement a été rendu sur plaidoiries et par conséquent en contravention à la loi. 249.

CONTUMACE.

(*Arrêt.* — *Accusé.* — *Décès.* — *Compétence.*) Lorsqu'un arrêt a été rendu par contumace contre un individu
décédé , c'est devant la cour d'assises qui a rendu cet
arrêt que les héritiers du condamné doivent recourir pour
obtenir la nullité. 319.

COPIES.

(*Exploit.* — *Héritier.* — *Appel.*) Un acte d'appel
interjeté contre plusieurs cohéritiers ayant un intérêt distinct
et séparé est nul à l'égard de tous, s'il n'en a été laissé
qu'une seule copie, sans désigner aucun d'eux individuellement quoiqu'ils aient tous constitué le même avoué, élu

le même domicile et déclaré faire cause commune. 83.

V. *Assignation*, et *Exploit.*

COPIES DISTINCTES. V. *Appel.*

COPROPRIÉTAIRE. V. *Enregistrement.*

COUR DE CASSATION. V. *Réglement de juges*

COUR ROYALE.

(*Exploit.* — *Validité.* — *Cassation.*) Les cours royales jugent souverainement la question de savoir s'il résulte ou non des termes d'un exploit qu'il en a été donné une ou plusieurs copies. 83.

V. *Appel*, *Représentant du peuple*, *Autorisation*, et *Evocation.*

CRÉANCIERS.

(*Ordre.* — *Intérêts.* — *Paiement.* — *Suspension.*) Tout créancier hypothécaire, colloqué sur le prix d'un immeuble, doit l'être au même rang pour tous les intérêts échus depuis la clôture de l'ordre, lorsque le paiement a été différé par une cause indépendante de son fait ou de sa volonté. 294.

(*Faillite.* — *Syndics.* — *Compétence.*) Lorsque dans une faillite le créancier de la masse, déclaré tel par jugement du tribunal de commerce, a formé saisie-arrêt entre les mains du syndic caissier, c'est devant le tribunal civil que doit être portée la demande en validité. 227.

(*Succession.* — *Héritiers bénéficiaires.* — *Saisie immobilière.*) La voie de la saisie immobilière est interdite aux créanciers d'une succession, quoiqu'ils soient porteurs de titres exécutoires, si la succession a été acceptée sous bénéfice d'inventaire, et si l'héritier n'est pas en retard de vendre les biens qui la composent. 306.

V. *Autorisation*, *Evocation*, *Cautionnement*, *Cession de biens*, *Compétence*, *Concordat*, *Contrainte par corps*, *Faillite*, et *Surenchères.*

CRÉANCIERS INSCRITS. V. *A*...

D

est poursuivi, quoiqu'on se soit borné en première instance à en demander la nullité. 93.

DEMANDE INCIDENTE.

(*Ordre.* — *Résolution.* — *Contrat.*) Une demande en résolution de la vente d'un immeuble peut être formée incidemment dans l'instance d'ordre du prix de cet immeuble. 101.

DEMANDE RECONVENTIONNELLE.

(*Défense.* — *Essai de conciliation.*) Toute demande reconventionnelle qui est une défense à l'action principale est dispensée du préliminaire de la conciliation. 16.

V. *Dernier ressort.*

DÉPENS.

1. (*Compétence.* — *Arrêt.* — *Cassation.* — *Réglement de juges.*) Lorsqu'un arrêt est cassé sur un chef et maintenu sur un autre, et que l'exécution de chaque chef a été poursuivie devant les cours qui devaient en connaître, s'il s'élève quelques contestations sur les dépens, elles doivent être portées devant les cours qui ont connu des chefs qui y ont donné lieu. 189.

2. (*Défaut.* — *Condamnation.*) Les dépens qu'occasionne une partie par sa non-comparution doivent être supportés par elle, lors même qu'en définitive elle obtient gain de cause. 237.

3. (*Femme.* — *Séparation de corps.* — *Biens paraphernaux.* — *Mari.*) La femme doit être condamnée seule et sur ses biens paraphernaux au paiement des frais faits dans une instance en séparation de corps, lorsqu'elle a succombé. 164.

V. *Appointement*, *Arrêt*, et Judicatum solvi.

DÉPÔT. V. *Cession de biens.*

DERNIER RESSORT.

1. (*Appel.* — *Demande reconventionnelle.*) Lorsqu'un individu assigné en paiement d'une somme inférieure à mille francs forme lui-même une demande inci-

dente dont l'objet réuni à celui de la demande principale excède une valeur de mille francs, le jugement qui admet cette dernière demande et qui rejette l'autre n'est pas en dernier ressort. 139.

2. (*Compte.* — *Reliquat.*) Lorsque sur une créance excédant mille francs il a été payé une certaine somme, et que le créancier ne poursuit plus son débiteur que pour être payé du reliquat de sa dette inférieur à mille francs, le jugement du tribunal de première instance qui statue sur cette contestation est rendu en dernier ressort. 24.

3. (*Demande reconventionnelle.* — *Dommages-intérêts.*) Lorsque sur une demande au-dessous de mille francs le défendeur forme une demande reconventionnelle en dommages-intérêts excédant mille francs, la compétence reste la même pour le dernier ressort. 69.

4. (*Distribution de deniers.* — *Préférence.*) Lorsque dans une distribution par contribution il s'élève une question de préférence entre deux créances dont l'une surpasse la somme de mille francs, le jugement qui intervient n'est pas rendu en dernier ressort. 279.

5. (*Dommages-intérêts.* — *Destruction du nouvel œuvre.*) On peut attaquer par la voie de l'appel le jugement d'un juge de paix qui a statué sur une action tendante à la destruction d'un nouvel œuvre, quoique le demandeur n'ait conclu qu'à cinquante francs tant pour dommages-intérêts que pour frais de destruction du nouvel œuvre. 592.

6. (*Faux incident.*) Est en dernier ressort le jugement qui statue sur une inscription de faux incident, si l'objet de la demande principale n'excède pas mille francs. 581.

7. (*Ratification.* — *Vente.* — *Choix.*) Est en dernier ressort le jugement qui statue sur une demande en ratification d'une vente consentie en minorité, lorsque le

choix est laissé au vendeur, ou de ratifier la vente, ou de rentrer dans sa propriété en restituant le prix qui était inférieur à mille francs. 67.

8. (*Saisie.* — *Jonction.*) Est en dernier ressort le jugement qui prononce sur la validité de plusieurs saisies faites sur le même individu, si chaque saisie n'excède pas séparément la somme de mille francs, quoiqu'un précédent jugement ait joint toutes les demandes en validité, et que les saisies portent sur des meubles d'une valeur superieure à mille francs. 192.

V. *Juge de paix.*

DESCENDANT. V. *Tierce-opposition.*

DÉSIGNATION. V. *Cassation, Exploit, Saisie immobilière,* et *Surenchère.*

DÉSISTEMENT.

(*Enregistrement.* — *Contrainte.*) Le désistement que fait la direction de l'enregistrement d'une contrainte n'emporte pas désistement de son action, si le redevable attaquait de nullité la contrainte, et s'il y a lieu de croire que le désistement n'a eu pour but que de renoncer à un acte qui aurait pu être déclaré nul. 186.

V. *Appel incident.*

DESTRUCTION DU NOUVEL ŒUVRE. V. *Dernier ressort.*

DISCIPLINE. V. *Avoué.*

DISTRIBUTION DE DENIERS. V. *Dernier ressort.*

DOMMAGES-INTÉRÊTS.

(*Contrainte par corps.* — *Eviction.*) En cas d'éviction, un acquéreur peut conclure à ce que le vendeur soit condamné par corps à la restitution du prix, s'il s'élève au-dessus de trois cents francs. 125.

V. *Contrainte par corps,* et *Dernier ressort.*

DOMAINE. V. *Compétence.*

DOMICILE.

(*Acte d'appel.* — *Signification.*) L'acte d'appel peut être valablement signifié au domicile élu en première instance , lorsque dans l'acte |où on a élu domicile il a été dit qu'on regarderait comme nulles toutes les significa-tions faites ailleurs , et la signification du jugement de première instance dans laquelle on a élu un nouveau domicile n'avait pas révoqué le premier. 267.

V. *Acte d'appel, Appel,* et *Appel* (acte *d'*).

DOMICILE ÉLU.

(*Domicile inconnu.* — *Signification.*) Les actes de procédure et les jugemens peuvent être valablement signifiés au domicile exclusivement élu par une partie dans tous ses exploits, sur-tout lorsque son domicile réel est inconnu. 182.

V. *Acte d'appel, Opposition,* et *Pourvoi* (*admission du*).

DOMICILE INCONNU V. *Domicile élu.*

DONATION. V. *Enregistrement.*

DROIT PERSONNEL. V. *Tierce-opposition.*

DOUANES. V. *Avoués.*

E

ECHOUEMENT. V. *Compétence.*

ECRITURE. V. *Procès-verbal.*

ECROUS. V. *Pourvoi* (*admission du*).

EFFET RÉTROACTIF. V. *Loi.*

EMPÊCHEMENT. V. *Réglement de juges.*

EMPRISONNEMENT.

1. (*Consignation d'alimens.* — *Calendrier grégorien.*) Sous le calendrier grégorien , dans lequel plusieurs mois se composent de 31 jours, la consignation des alimens en faveur du débiteur incarcéré doit être faite par chaque période de 30 jours, et non de quantième à quantième, sans distinction du nombre de jours dont chaque mois se compose. 289.

2. (*Nullité.* — *Moyens du fond.* — *Déchéance.*) Le débiteur incarcéré qui a conclu d'abord à sa mise en

liberté par des moyens tirés du fond, est néanmoins recevable
à demander ensuite la nullité de son emprisonnement,
lorsque les causes de nullité sont mentionnées dans les
premières conclusions : on ne peut pas dire alors qu'il ait
renoncé à la nullité. 364.

. . . (Procès-verbal. — Nullité.) Un procès-verbal d'emprisonnement est nul, s'il a été commencé le 21 par la mention des noms du créancier, etc', de la réquisition faite
au juge de paix, etc', et de l'ordonnance par laquelle
ce magistrat déclare qu'il accordera son assistance le
lendemain, et si, interrompu par l'huissier, il n'a été
repris le 22 que pour constater l'arrestation et les diverses
opérations y relatives auxquelles il a procédé en présence
du juge de paix, sans répéter dans cette seconde partie
les formalités insérées dans la première. Cette nullité peut
être invoquée par le détenu après une détention d'une année.
310.

(Référé. — Nullité.) L'emprisonnement est nul, si
malgré la réquisition du débiteur, l'huissier ne le conduit
pas devant le juge du référé. 364.

V. Cession de biens.

ENFANS. V. Actes respectueux, et Séparation de corps.

ENQUÊTE.

(Appel. — Première instance.) En cause d'appel, la
preuve testimoniale de certains faits qu'allègue une partie ne lui est pas permise, si elle a laissé procéder à l'enquête demandée en première instance par son adversaire,
sans protestations ni réserves. 142.

V. Autorité administrative.

ENREGISTREMENT.

1. (Cautionnement. — Délégation. — Contrainte.)
Le contribuable poursuivi en paiement d'un droit par la
direction de l'enregistrement, ne peut lui opposer une
fin de non-recevoir tirée de ce qu'elle aurait forcé en recette son receveur, et que celui-ci lui aurait délégué son

XXIII. — 1821. 30

(466)

cautionnement jusqu'à due concurrence de la somme due par celui contre lequel des poursuites sont dirigées. 186.

2. (*Licitation.* — *Donation.* — *Avancement d'hoirie.* — *Copropriétaires.*) Les licitations entre copropriétaires de biens immeubles acquis par donation en avancement d'hoirie, ne sont soumises qu'au droit de quatre pour cent. 355.

3. (*Mutation.* — *Présomption.* — *Contributions.*) Lorsqu'un individu, après avoir vendu ses immeubles ou en avoir été exproprié, reste inscrit sur les rôles et paie l'impôt, ces circonstances suffisent pour faire présumer une rétrocession secrète au profit du saisi par l'adjudicataire, et autoriser la régie à réclamer le droit de mutation. 145.

V. *Compromis, Déclaration d'arrêt commun, Désistement, Exploit, Ministère public, et Péremption.*

ENTREPRISE. V. *Conscription.*

EQUIPOLLENCE. V. *Appel* (acte d').

ERREUR. V. *Actes d'appel, Audience solennelle, et Cassation.*

ESSAI DE CONCILIATION. V. *Demande reconventionnelle.*

ESTIMATION. V. *Licitation.*

ETAT.

(*Places de guerre.* — *Indemnités.* — *Servitudes.*) Ordonnance du Roi qui fixe le mode d'exécution de la loi du 17 juillet 1819 sur les servitudes imposées à la propriété pour la défense de l'Etat. 395.

ETRANGER. V. *Judicatum solvi.*

EVALUATION. V. *Surenchères.*

EVICTION. V. *Dommages-intérêts, et Stellionat.*

EVIDENCE. V. *Inscription de faux.*

EVOCATION.

1. (*Cour. royale.* — *Incompétence.*) Lorsque le tribunal de première instance s'est mal-à-propos déclaré incompétent, la cour royale à laquelle son jugement est

soumis et qui le réforme, peut évoquer le fond. 252.

2. (*Incompétence.* — *Cour royale.*) La cour qui annulle un jugement d'un tribunal de commerce comme incompétemment rendu, peut évoquer le fond. 285.

3. (*Cour royale.* — *Police correctionnelle.* — *Incompétence.*) Lorsqu'une cour royale saisie de l'appel d'un jugement correctionnel annulle ce jugement, soit pour vice de forme, soit pour incompétence, autre que celle en raison du lieu du délit ou de la résidence du prévenu, et celle résultante de ce que le fait imputé constituerait un crime ou une simple contravention, elle doit nécessairement retenir et juger le fond, au lieu de renvoyer l'affaire devant un autre tribunal. 309.

4. (*Sentence arbitrale.* — *Incompétence.*) Lorsque des arbitres forcés, nommés conformément à l'article 51 du Code de commerce, statuent non-seulement sur des contestations entre associés, mais sur l'existence même de la société, la cour à laquelle la décision est portée peut évoquer le fond et le juger, en annulant pour cause d'incompétence le jugement arbitral. 369.

V. *Appel.*

(*Désignation.* — *Acte d'appel.* — *Noms.*) Les noms, profession et domicile du demandeur sont désignés d'une manière suffisante dans un exploit, s'ils sont désignés par relation à un autre acte, connu du défendeur et en son pouvoir. 321.

V. *Copie*, et *Cour royale*.

-Extrait. V. *Saisie immobilière*.

F

«Failli. V. *Cession de biens*.

Faillite.

1. (*Action civile*. — *Ministère public*. — *Banqueroute*. — *Suspension*.) Les créanciers qui n'ont pas fait
vérifier leurs créances, quoique légalement mis en demeure,
ne peuvent pas former opposition au concordat, quand
bien même ils voudraient l'attaquer de nullité. 223.

2. (*Créanciers*. — *Jugement*. — *Déclaration*). Dès
que la faillite est déclarée par un jugement, les créanciers
d'un failli n'ont plus le droit d'obtenir contre lui des jugemens, quoiqu'à l'époque de leur obtention la faillite n'ait
pas encore été rendue publique par affiches et par insertion
dans les journaux. 233.

V. *Compétence*, *Créancier*, et *Privilège*.

Faux. V. *Inscription de faux*.

Faux incident. V. *Dernier ressort*.

Femme. V *Appel*, *Contrainte par corps*, et *Dépens*.

Fermier. V. *Question préjudicielle*.

Fin de non-recevoir. V. *Acquiescement*, *Appel*, et *Garantie*.

Fol enchérisseur. V. *Adjudicataire*.

Folle enchère. V. *Adjudication*, et *Ordre*.

Forclusion. V. *Ordre*.

Frais.

(*Matière criminelle*. — *Commutation de peine*. —
Grâce.) Les lettres de grâce ou de commutation de
peine n'entraînent pas de plein droit la remise des frais
comme les amnisties. 251.

V. *Judicatum solvi*.

Frais de justice. V. *Compétence*, et *Privilège*.

G

Garantie. V. *Licitation ,* et *Stellionat.*
Garantie (demande en).
(*Appel.* — *Fin de non-recevoir.* — *Degrés de juri-*
diction.) La demande en garantie ne peut pas être formée
pour la première fois sur l'appel , lorsque d'ailleurs le
recours aux premiers juges est encore possible. 65.
Garde. V. *Procès-verbal.*
Garde champêtre. V. *Procès-verbal.*
Grace. V. *Frais.*

H

Héritier. V. *Copies ,* et *Légitimité.*
Héritier bénéficiaire. V. *Créancier ,* et *Mobilier.*
Hoirie. V. *Enregistrement.*
Homologation. V. *Concordat.*
Honoraires. V. *Avocat ,* et *Avoué.*
Horlogerie.
(*Poinçons.* — *Montres.*) Ordonnance du Roi relative
à l'horlogerie. 305.
Huissier.
1. (*Dommages-intérêts.* — *Emprisonnement.* — *Nul-*
lité.) En cas de nullité d'un emprisonnement . l'huissier qui
l'a commise peut, selon les circonstances , n'être pas condamné à des dommages-intérêts. 310.
2. (*Responsabilité.* — *Substitution.* — *Saisie mo-*
bilière.) Un huissier chargé de faire une saisie mobilière n'est pas responsable envers le saisi des faits de
l'huissier qu'il s'est substitué. 353.
V. *Avoué ,* et *Cautionnement.*
Hypothèque légale. V. *Saisie immobilière ,* et *Surenchère.*

I

IMMEUBLES PAR DESTINATION.

(*Ustensiles.* — *Saisie.*) Les objets et ustensiles qui ont été placés dans une manufacture par le propriétaire, ne doivent être considérés comme immeubles par destination qu'autant qu'ils sont nécessaires et indispensables à l'exploitation de cette manufacture. 111.

INCOMPÉTENCE. V. *Acquiescement*, et *Evocation.*

INCIDENT. V. *Caution judicatum solvi.*

INEXACTITUDE. V. *Témoins.*

INSCRIPTION. V. *Demande nouvelle.*

INSCRIPION DE FAUX.

(*Acte authentique.* — *Annullation.* — *Faux.* — *Evidence.*) L'inscription de faux n'est pas toujours nécessaire pour détruire dans une instance civile une pièce matériellement fausse, lorsqu'à l'aspect seul de la pièce prétendue fausse les altérations, additions ou surcharges sont tellement évidentes qu'il ne reste aucun doute sur le faux. 53.

V. *Usure.*

INSCRIPTION HYPOTHÉCAIRE.

1. (*Prescription.* — *Sommation.* — *Interruption.*) La sommation faite au tiers détenteur de l'immeuble hypothéqué n'interrompt la prescription de l'hypothèque qu'autant que le créancier n'a pas, depuis la sommation, laissé écouler trois ans sans aucune sorte de poursuites. 93.

2. (*Renouvellement.* — *Saisie immobilière.*) La saisie immobilière de l'immeuble hypothéqué ne dispense pas le créancier qui la poursuit du renouvellement décennal de son inscription ; et si ce renouvellement n'a pas eu lieu, l'inscription est périmée nonobstant la dénonciation de la saisie au saisi, la transcription et l'enregistrement au greffe et au bureau des hypothèques. 31.

(*Renouvellement.* — *Saisie immobilière.*) Le créancier hypothécaire est obligé de renouveler son inscription
dans les dix années de sa date, lors même que ce terme
n'expire qu'après la saisie de l'immeuble hypothéqué et
la notification aux créanciers inscrits des placards indicatifs de la première publication. 271.

4. (*Validité.* — *Exigibilité.* — *Mention exprésse.*)
Dans une inscription hypothécaire, il y a mention suffisante
de l'époque de l'exigibilité, lorsqu'il est dit que l'inscription est prise pour la conservation des droits dotaux d'une
femme. 294.

V. *Acquiescement.*

INSERTION. V. *Saisie immobilière.*

INSOLVABLE. V. *Surenchère.*

INSUFFISANCE. V. *Audience solennelle,* et *Surenchère.*

INTÉRÊT. V. *Amende, Cautionnement,* et *Créanciers.*

INTÉRÊT COMMUN. V. *Pourvoi.*

INTERLOCUTOIRE. V. *Jugement.*

INTERPRÉTATION. V. *Autorité administrative,* et *Compétence.*

INTERRUPTION. V. *Inscription hypothécaire.*

INTERVENTION.

(*Conflit.* — *Tribunaux.* — *Administration.*) Ordonnance du Roi ayant pour objet de faire cesser les difficultés qui se sont élevées sur l'intervention des parties
au jugement des conflits entre les tribunaux et l'administration. 379.

V. *Absent, Surenchère,* et *Tuteur.*

INTIMÉ. V. *Appel* (*acte d'*).

J.

FONCTION. V. *Dernier ressort,* et *Jugement par défaut.*

JOUR FÉRIÉ. V. *Surenchère.*

JUCES. V. *Arrêt,* et *Jugement.*

JUGE DE PAIX.

1. (*Dernier ressort. — Jugement. — Appel.*) Sous l'empire du Code de procédure les jugemens de justice de paix, quoique qualifiés en dernier ressort dans une matière où le juge ne pouvait prononcer qu'en premier ressort, sont susceptibles d'être attaqués par la voie d'appel. 392.

V. *Acquiescement*, et *Roulage.*

JUGE-SUPPLÉANT. V. *Jugement.*

JUGEMENT.

1. (*Appel. — Opposition.*) Lorsqu'un jugement statue par deux dispositions distinctes, l'une contradictoire sur la compétence, l'autre par défaut sur le fond, ce jugement peut être attaqué par appel, sans qu'il soit besoin de recourir pour la disposition par défaut à la voie de l'opposition. 300.

2. (*Audience. — Plaidoiries. — Juges. — Conclusions.*) Un jugement ne peut être annulé par le motif que l'un des juges qui y ont concouru n'aurait pas assisté à la première audience de la cause, lorsque, d'une part, l'affaire n'a point été plaidée à cette audience, où les avoués se sont bornés à prendre des conclusions et à remettre les pièces sur le bureau pour en être délibéré, et que, d'autre part, après le rapport du délibéré, les conclusions ont été prises de nouveau et les moyens des parties plaidés dans des audiences subséquentes auxquelles le magistrat absent à la première a assisté. 66.

3. (*Juge-suppléant. — Avocat.*) En matière civile, un jugement rendu par un juge, un juge-suppléant et un avocat est régulier. 9.

4. (*Moyens de forme. — Moyens sur le fond. — Nullité.*) Un tribunal peut prononcer sur la forme et sur le fond par un seul jugement, si les parties ont respectivement conclu sur l'une et sur l'autre. 33.

5. (*Préparatoire. — Interlocutoire. — Actes respectueux.*) Le jugement qui sur l'opposition à un mariage

ordonne la comparution des parties est susceptible d'appel. avant le jugement définitif, parce qu'il est plutôt interlocutoire ou définitif que préparatoire. ;4.

. V. *Actes respectueux, Acquiescement, Acte d'appel, Autorisation, Citation, Faillite, Juge de paix, Ministère public,* et *Motifs.*

JUGEMENT CORRECTIONNEL.

(*Exécution.* — *Suspension.* — *Pourvoi en cassation.*)
Celui qui ayant formé un pourvoi en cassation ne l'a pas régularisé. et n'y a pas donné suite. est non-recevable à quereller de nullité l'exécution provisoire du jugement correctionnel contre lequel il y avait eu un pourvoi suspensif de sa nature. 69.

V. *Appel.*

JUGEMENT PAR DÉFAUT.

1. (*Agréé.* — *Péremption.*) Quand le fondé de pouvoirs ou l'agréé d'une partie citée devant le tribunal de commerce se présente à l'audience pour demander la remise de la cause qu'il n'obtient point, lejugement qui intervient contre cette partie, faute de défendre, n'est point susceptible d'être périmé. 384.

2. (*Défaut-joint.* — *Nullité.* — *Matière sommaire.*) Lorsque dans une cause sommaire l'une des parties fait défaut, le juge doit, comme en matière ordinaire, prononcer défaut-joint, à peine de nullité de son jugement. 6.

3. (*Jonction.* — *Opposition.*) Lorsqu'en cas de non-comparution de quelqu'une des parties assignées, le profit du défaut est joint, le second jugement qui intervient ensuite est non-susceptible d'opposition à l'égard de toutes les parties. 571.

4. (*Opposition.* — *Cautionnement.*) Si le tribunal ordonne que le cautionnement donné par un prévenu est acquis au fisc, faute par lui de se représenter, ce jugement par défaut est, comme tout autre jugement par défaut, susceptible d'opposition. 314.

5. (*Péremption.* — *Tiers.*) Quand un jugement par défaut a été approuvé par acte sous seing privé dans les six mois de l'obtentiou, mais que l'approbation n'a été enregistrée qu'après l'expiration des six mois, le créancier dont le titre est postérieur à l'enregistrement de l'approbation n'a pas le droit de la critiquer. 246.

V. *Loi,* et *Opposition.*

JURY.

(*Déclaration.* — *Majorité.* — *Accusé.*) Loi qui modifie l'article 351 du Code d'instruction criminelle. 195.

L

LARGEUR. V. *Voitures.*

LÉGITIMITÉ.

1. (*Contestation.* — *Trouble.* — *Assignation.* — *Déchéance.* — *Héritiers.*) Les héritiers d'un mari doivent, à peine de déchéance, contester la légitimité de l'enfant né trois cents jours après le mariage, dans les deux mois du trouble apporté par l'enfant à leur possession. L'assignation de l'enfant en dépossession des biens de celui dont il se dit le père suffit pour caractériser le trouble dont parle la loi. 196.

V. *Nullité.*

2. (*Héritiers.* — *Contestation.* — *Contradiction.*) Le désaveu ou contestation de la légitimité de l'enfant ne résulte pas suffisamment de la constitution d'avoué, de la part des héritiers du mari, sur la demande en pétition d'hérédité formée par l'enfant, quoique la constitution porte : Protestant de la nullité et du rejet de ladite assignation. 196.

LIBERTÉ PROVISOIRE. V. *Cautionnement.*

LICITATION.

1. (*Garantie.* — *Majeure.* — *Cause.* — *Obligation.*) Les majeurs peuvent valablement cautionner la vente d'un

immeuble qu'ils possèdent par indivis avec des mineurs.
211.

2. (*Majeur. — Mineur. — Estimation. — Vente.*)
L'adjudication d'un bien licité entre majeurs et mineurs
peut être faite devant un notaire , à un prix inférieur à
celui de l'estimation donnée par les experts, sans qu'il
soit nécessaire de recourir à une nouvelle autorisation. 211.
V. *Enregistrement.*

LITISPENDANCE.

(*Délit forestier. — Usage. — Réintégrande.*) Un
tribunal civil peut ordonner la restitution des bestiaux
saisis en délit, quoique les tribunaux correctionnels soient
saisis de la connaissance du délit, lorsque la litispendance
n'a pas été expressément proposée. 275.

LIVRAISON. V *Tribunal de commerce.*

LOCATEUR. V. *Privilége.*

LOI.

(*Effet rétroactif. — Code de procédure. — Jugement
par défaut.*) Ce sont les lois existantes au jour où un
jugement a été rendu qui en fixent la nature, règlent les
voies et les délais pour l'attaque. 182.

LOTERIE. V. *Appel.*

LOTS. V. *Acquiescement.*

M

MAGISTRATS. V. *Opposition.*

MAGISTRATS HONORAIRES. V. *Arrêt.*

MAIRE. V. *Roulage.*

MAISON. V. *Actes respectueux.*

MAJEURE. V. *Licitation.*

MAJORITÉ. V. *Jury.*

MARI. V. *Appel,* et *Dépens.*

MARIAGE. V. *Ministère public.*

MATIÈRE CIVILE. V. *Preuve testimoniale ,* et *Suspicion.*

MATIÈRE COMMERCIALE. V. *Caution* judicatum solvi.
MATIÈRE CORRECTIONNELLE.

1. (*Appel.* — *Opposition.*.) En matière correctionnelle,
la voie de l'opposition contre un jugement par défaut n'est
qu'une faculté accordée au prévenu, qui peut ou en profiter
ou y renoncer pour recourir de suite à l'appel. En conséquence l'appel d'un jugement par défaut est recevable,
quoiqu'il ait été interjeté dans le délai de l'opposition, et
que le prévenu n'ait pas d'abord usé de cette voie 277.

2. (*Ministère public.* — *Appel.*) L'appel interjeté
par le ministère public d'un jugement correctionnel fait
revivre toute l'action soumise aux premiers juges, et investit
le tribunal d'appel du droit de statuer même sur la
partie du jugement dont le prévenu n'a point appelé. 209.

V. *Appel*, *Autorisation*, et *Citation*.

MATIÈRE SOMMAIRE. V. *Jugement par défaut.*

MENTION. V. *Ministère public.*

MENTION EXPRESSE. V. *Inscription hypothécaire.*

MEUBLES. V. *Privilége.*

MINEUR. V. *Appel*, *Licitation*, et *Surenchère.*

MINISTÈRE PUBLIC.

1. (*Conclusions.* — *Mention.* — *Enregistrement.*) En
matière d'enregistrement, comme en toute autre matière
où le ministère public doit être entendu, le jugement
doit, à peine de nullité, faire mention qu'il a été entendu
verbalement à l'audience. Il ne suffirait pas qu'il eût déposé de conclusions écrites. 87.

2. (*Délibération.* — *Nullité.* — *Jugement.*) Un jugement est-il nul par le motif que le magistrat exerçant
le ministère public a été présent à la délibération des juges
dans la chambre du conseil? 66.

3. (*Excès de pouvoir.* — *Action.* — *Appel.* — *Mariage.* — *Validité.*) Le ministère public n'est pas recevable de son chef à interjeter appel d'un jugement qui a
déclaré un mariage nul, soit pour défaut de consentement.

des père et mère, soit par le motif que le mariage aurait été célébré clandestinement et hors la maison commune. 72.

V. *Faillite*, et *Matière correctionnelle*.

MOBILIER.

(*Succession.* — *Héritier bénéficiaire.* — *Vente.* —
Officier public.) Lorsqu'il est reconnu que le mobilier
d'une succession acceptée sous bénéfice d'inventaire doit
être vendu, cette vente ne peut être faite que par le ministère d'un officier public et aux enchères; les juges ne
peuvent donner à l'héritier l'option de faire vendre le mobilier ou de le conserver en nature pour le prix de l'estimation. 52.

MONTRES. V. *Horlogerie*.

MOTIFS.

1. (*Arrêt.* — *Prescription.* — *Exception.*) Lorsqu'une
partie soutient que la prescription qu'on lui oppose a été
suspendue par des causes qu'elle développe dans des conclusions formelles, l'arrêt qui admet la prescription doit
être cassé pour défaut de motifs, s'il n'en renferme aucun
propre à montrer qu'elle n'a pas été suspendue. 18.

2. (*Arrêt.* — *Question.*) Un arrêt n'est pas suffisamment motivé, si l'une des questions posée est résolue sans
qu'aucun des motifs donnés lui soit applicable. 333.

3. (*Moyens de nullité.* — *Jugement.*) La Cour de
cassation ne peut casser pour défaut de motifs un jugement
qui a rejeté, sans en donner aucun, des moyens de nullité qui n'avaient reçu aucun développement dans les actes
de la procédure. 34.

V. *Arrêt, Chose jugée,* et *Cassation*.

MOYENS V. *Chose jugée*.

MOYENS DE DROIT. V. *Cassation*.

MOYENS DE FORME. V. *Jugement*.

MOYENS DE NULLITÉ. V. *Motifs*.

MOYENS SUR LE FOND. V. *Emprisonnement,* et *Jugement*.

Mutation. V. *Enregistrement.*

N

Nature de la cause. V. *Audience solennelle.*
Navire. V. *Compétence.*
Nombre de juges. V. *Audience solennelle.*
Noms. V. *Cassation, Exploit,* et *Témoins.*
Notaire. V. *Contrainte par corps,* et *Titre exécutoire.*
Notification. V. *Actes respectueux, Avoué, Saisie immobilière,* et *Surenchère.*
Nullité.

(*Légitimité. — Déchéance. — Ordre public.*) L'exception résultante de la tardiveté de l'action en désaveu ou contestation de la légitimité d'un enfant, peut être proposée en tout état de cause, même en cause d'appel. 196.

V. *Action, Actes respectueux, Arrêt, Avoué, Chose jugée, Citation, Communication de pièces, Conseil de famille, Emprisonnement, Jugement, Jugement par défaut, Ministère public, Ordre, Procès-verbal, Saisie immobilière,* et *Surenchère.*

O

Objets. V. *Chose jugée.*
Obligation. V. *Licitation.*
Obligation divisible. V. *Appel.*
Officiers ministériels. V. *Cautionnement.*
Officier public. V. *Mobilier.*
Offre. V. *Surenchère.*
Opposition.

1. (*Arrêt par défaut. — Section des requêtes.*) L'opposition à un arrêt rendu par défaut par la section des requêtes en matière de suspicion légitime, doit être portée devant la même section. 90.

2. (*Jugement par défaut.* — *Actes respectueux.*) Lorsque, sur l'opposition par eux formée au mariage de leurs enfans, les ascendans ont laissé rendre jugement par défaut contre eux, ils peuvent former opposition à ce jugement. 177.

3. (*Section.* — *Composition.* — *Magistrats.*) Lorsqu'un arrêt a été rendu par défaut après un partage d'opinions, il n'est pas nécessaire que la section qui l'a rendu soit constituée pour statuer sur l'opposition comme elle l'était lors de l'arrêt par défaut. 90.

4. (*Vente.* — *Régie.* — *Domicile élu.*) Lorsqu'un receveur de l'enregistrement a fait saisir les fruits d'un redevable, la vente des fruits saisis ne peut être arrêtée par une opposition du redevable signifiée au directeur, il faut que l'opposition soit signifiée au domicile élu par le receveur dans le commandement qui a précédé la saisie. 375.

V. *Concordat, Matière correctionnelle, Jugement, Jugement par défaut.*

OPPOSITION A MARIAGE. V. *Actes respectueux.*

ORDONNANCE D'EXEQUATUR. V. *Chose jugée.*

ORDRE.

1. (*Appel.* — *Griefs.* — *Nullité.*) L'acte d'appel d'un jugement d'ordre qui ne contient pas l'énonciation des griefs est néanmoins valable. 360.

2. (*Folle enchère.* — *Acquiescement.* — *Chose jugée.*) L'ordre réglé après adjudication d'un immeuble doit être maintenu après revente sur folle enchère et nouvelle adjudication, même à l'égard d'un créancier qui d'abord s'était laissé colloquer au dernier rang sans contestation (le prix de la première adjudication étant suffisant pour le payer), et qui (le prix de la seconde adjudication étant insuffisant) demande à faire valoir ses droits pour obtenir un rang utile dans l'ordre. 526.

3. (*Forclusion.* — *Déchéance.* — *Ordre public.*) Les

créanciers qui n'ont pas contesté dans le mois de la sommation l'état de collocation provisoire à eux dénoncé, sont déchus du droit de contester, lors même que l'ordre n'est pas encore clos, et cette déchéance peut être proposée en tout état de cause, même en cour d'appel, quoiqu'on n'en eût pas parlé en première instance. 299.

4. (*Succession.* — *Réglément de juges.* — *Compétence.*) C'est devant le tribunal du lieu de l'ouverture de la succession que doit être suivi l'ordre pour la distribution du prix des immeubles d'une succession ; surtout lorsque la vente a eu lieu devant lui, qu'il a été le premier saisi et que le plus grand nombre des créanciers y ont fait leur production, dans ce cas l'ordre ouvert devant le tribunal de la situation des biens doit être annulé. 245.

V. *Appel, Créancier,* et *Demande incidente.*..

ORDRE PUBLIC. V. *Colonies, Compétence, Nullité,* et *Ordre.*

ORIGINAL. V. *Acte respectueux*

P

PARENS. V. *Conseil de famille,* et *Témoins.*

PAIEMENS. V. *Adjudication, Avoué,* et *Créanciers.*

PARTAGE. V. *Acquiescement,* et *Arrêt.*

PEINE. V. *Tarif.*

PÈRE. V. *Appel.*

PÉREMPTION.

1. (*Action.* — *Extinction.* — *Indivisibilité.*) La demande en péremption d'instance est indivisible, de telle sorte qu'elle doit être rejetée, si plusieurs parties étant en cause, elle n'a été intentée qu'à l'égard de quelques-unes d'elles, quoique l'action originaire fût divisible de sa nature. 227.

2. (*Enregistrement.* — *Code de procédure.*) En matière de péremption d'instance, le Code de procédure est applicable aux instances sur la perception des droits d'en-

registrement, dans tous les cas qui n'ont pas été reglés par la législation spéciale sur cette matière. 144.

V. *Jugement par défaut.*

Plaidoiries. V. *Arrêt, Avoué, Contributions indirectes, et Jugement.*

Plaidoirie au fond. V. *Acquiescement.*

Plumitif. V. *Arrêt.*

Police. V. *Roulage.*

Police correctionnelle. V *Evocation.*

Poinçon. V. *Horlogerie.*

Possession annale. V. *Action possessoire.*

Poursuite. V. *Autorisation.*

Pourvoi.

(*Cohéritiers. — Intérêt commun.*) L'héritier qui s'est pourvu en cassation en temps utile ne relève pas de la déchéance le cohéritier qui a laissé expirer le délai du pourvoi. 321.

Pourvoi (admission du).

(*Signification. — Domicile élu. — Ecrous.*) La notification d'un arrêt d'admission de pourvoi est valablement faite par un débiteur incarcéré à ses créanciers au domicile par eux élu dans les actes d'écrous et de recommandation, pour les procédures et opérations auxquelles ces actes pourraient donner lieu. 289.

Pourvoi en cassation.

(*Déclaration d'arrêt commun. — Délai.*) Le demandeur en cassation d'un arrêt obtenu par plusieurs individus ayant un intérêt commun, qui n'a d'abord dirigé son pourvoi que contre quelques-uns d'entre eux, peut ensuite appeler les autres en déclaration d'arrêt commun, sans qu'on puisse lui opposer l'expiration des délais, lorsque ces derniers ne lui ont pas fait signifier l'arrêt attaqué. 289.

V. *Amende, Conflit,* et *Jugement.*

Préférence. V. *Dernier ressort.*

XXIII. — 1821. 31

PREMIÈRE INSTANCE. V. *Enquête.*

PRÉPARATOIRE. V. *Jugement.*

PRÉPOSÉS. V. *Délits forestiers.*

PRESCRIPTION. V. *Avocat*, *Avoué*, *Demande nouvelle* *Inscription hypothécaire*, et *Motifs.*

PRÉSOMPTION. V. *Avoué*, et *Enregistrement.*

PREUVE. V. *Compromis*, et *Exploit.*

PREUVE TESTIMONIALE.

(*Vol. — Matière civile.*) Celui qui réclame devant les tribunaux civils une somme d'argent qu'il prétend lui avoir été dérobée, peut être admis à prouver ce fait par témoins. 162.

V. *Procès-verbal*, et *Usure.*

PRINCIPAL. V. *Judicatum solvi.*

PRIVILÉGE.

1. (*Frais de justice. — Meubles. — Locateur. — Propriétaire. — Faillite.*) Le privilége du propriétaire locateur sur le prix des meubles garnissant l'immeuble loué prime le privilége des frais de justice faits pour l'administration de la faillite du locataire. 279.

2. (*Usufruitier. — Réparation. — Autorisation. — Frais de justice.*) L'usufruitier qui est obligé d'obtenir l'autorisation de la justice pour faire de grosses réparations à l'immeuble dont il a l'usufruit, a un privilége pour les frais que lui a occasionnés cette action. 58.

V. *Compétence*, et *Régie.*

PROCÉDURE. V. *Tierce-opposition.*

PROCÈS-VERBAL.

(*Garde champêtre. — Ecriture.*) Les procès-verbaux des délits forestiers ou champêtres doivent, à peine de nullité, être écrits par les gardes qui les font, ou bien par le greffier de la justice de paix du canton, ou enfin par l'un des fonctionnaires dénommés à l'article 11 du Code d'instruction criminelle. 250.

(*Garde. — Ecriture. — Nullité. — Preuve testimo-*

niale.) Le plaignant doit être admis à faire la preuve par témoins d'un délit constaté par un procès-verbal annulé pour défaut de forme. 367.

    V. *Assignation , Emprisonnement ,* et *Roulage.*

PROMESSE. V. *Tribunal de commerce.*

PROPRIÉTAIRE. V. *Privilége.*

PUISSANCE PATERNELLE. V. *Séparation de corps.*

Q

QUALIFICATION. V. *Commerçant.*

QUALITÉ. V. *Absence ,* et *Avoué.*

QUESTION. V. *Motifs.*

QUESTION D'ÉTAT. V. *Tierce-opposition.*

QUESTION PRÉJUDICIELLE.

    1. (*Commune. — Usage.*) Lorsque l'habitant d'une commune est traduit devant le tribunal de police pour avoir fait paître ses troupeaux sur un terrain que l'on prétend appartenir à une autre commune, il est recevable à exciper du droit de sa propre commune au pâturage sur ce terrain , s'il est appuyé par le maire muni d'une autorisation du conseil municipal. La question de propriété est alors une question préjudicielle. 76.

    2. (*Compétence. — Fermier.*) Lorsque sur la poursuite d'un délit forestier le prévenu n'excipe que d'un droit de jouissance mobilière, à titre de fermier, sur le fonds du plaignant , il n'y a point alors de question préjudicielle, et le renvoi au tribunal civil ne peut être ordonné. 261.

R

RATIFICATION. V. *Dernier ressort.*

RÉCEPTION. V. *Avoué.*

RECOURS. V. *Arrêts.*

syndics-d'une-faillite ont seuls qualité pour admettre avec-
l'autorisation du juge-commissaire les demandes en reven--
dication , et l'adhésion des agens de la faillite à une pareille demande est sans effet, quoiqu'elle soit donnée avant ;
la nomination des syndics. 3.

Roulage.

(Police. — Procès-verbal. — Affirmation. — Maire.
— Juge de paix.) En matière de contravention à la police
de roulage, les procès-verbaux peuvent être affirmés devant.
les maires ou leurs adjoints. 202.

Routes. V. Voitures.

S.

Saisie. V. Appel, Dernier ressort, Immeubles par desti--
nation, et Titre exécutoire.

Saisie-exécution.

(Commandement. — Saisie immobilière.) Un commandement en saisie immobilière peut tenir lieu du commandement qui doit précéder la saisie-exécution, quoiqu'il
ait plus de trois mois de date, et qu'ainsi il se trouve périmé relativement à la saisie immobilière. 111.

V. Adjudication.

Saisie immobilière.

1. (Cessionnaire. — Titres. — Commandement.) Le
cessionnaire qui a fait signifier son transport au débiteur
originaire avant de lui faire le commandement tendant à
l'expropriation de ses biens, n'est pas tenu de lui donner
dans ce commandement postérieur une nouvelle copie du
transport et de sa signification. 136.

2. (Commandement. — Tiers détenteur.) Quand la
saisie immobilière est faite sur la tête d'un tiers détenteur, c'est du commandement fait au tiers-détenteur, et
non du commandement fait au débiteur originaire, que
courent les trois mois dans lesquels la saisie doit avoir
lieu. 287.

5. (*Extrait.* — *Affiches.* — *Nullité.*) Lorsque l'extrait prescrit pour les placards et insertions dans les journaux, renferme une fausse désignation des biens saisis, cette erreur n'opère que la nullité de l'extrait. 160.

V. *Avoué, Créanciers, Huissiers, Inscription hypothécaire, Saisie-exécution, Surenchère.*

Saisie mobilière. V. *Huissier.*

Saisie-revendication. V. *Compétence.*

Scellés. V. *Acquiescement.*

Section. V. *Opposition.*

Section des requêtes. V. *Opposition.*

Sentence arbitrale. V. *Evocation.*

Séparation de corps.

(*Enfans.* — *Puissance paternelle.*) Dans le cas de séparation de corps, les enfans peuvent être confiés à la mère qui a obtenu la séparation, sans que les droits de la puissance paternelle en soient blessés. 194.

V. *Dépens, et Témoins.*

Serment. V. *Avoué.*

Signature. V. *Arrêt.*

Signification. V. *Appel, Domicile élu, Ordre, Pourvoi* (*admission du*), *Pourvoi en cassation.*

Sommation. V. *Cessionnaire,* et *Inscription hypothécaire.*

Sourd-muet. V. *Témoins.*

Stellionat.

(*Tuteur.* — *Garantie.* — *Eviction.*) Il n'y a point stellionat de la part du tuteur qui, après avoir vendu les biens du mineur sans formalités de justice, en se portant fort pour eux, laisse évincer l'acquéreur. 125.

Substitution. V. *Huissier.*

Succession V. *Créancier, Mobilier,* et *Ordre.*

Suppléans. V. *Tribunal.*

Surenchère.

1. (*Appel.* — *Délai.* — *Saisie immobilière.*) En matière de saisie immobilière, l'appel ou jugement qui

statué sur un moyen de nullité proposé contre une surenchère, est recevable pendant trois mois. 150.

2. (*Caution.* — *Acte de mise aux enchères.* — *Désignation.*) La caution que le surenchérisseur est tenu de
fournir doit, à peine de nullité, être désignée dans l'acte
de réquisition de mise aux enchères. 357.

3. (*Caution.* — *Formalités.*) Les règles générales
posées par l'article 518 C. P. C. sur les réceptions de
cautions, et particulièrement celle qui veut que la copie
de l'acte de dépôt des titres soit jointe à l'exploit de présentation, s'appliquent à la caution de la surenchère. 357.

4. (*Caution.* — *Consignation.* — *Insuffisance.* —
Offre.) Lorsqu'il y a insuffisance de la caution offerte
en immeubles par le créancier surenchérisseur, cette insuffisance ne peut être couverte que par une consignation
effective faite dans les quarante jours, et non par des
offres de consigner en écus le montant de la surenchère.
335.

5. (*Caution supplétive.* — *Nullité*) Le surenchérisseur
ne peut pas, après le délai accordé par la loi pour surenchérir, quoique le jugement n'ait pas encore été rendu,
substituer ou adjoindre une caution nouvelle à celle qu'il
a d'abord offerte. 357.

6. (*Créanciers.* — *Intervention.*) Les créanciers
d'un individu exproprié ont le droit d'intervenir dans une
contestation élevée entre l'adjudicataire et le surenchérisseur, relativement à la validité de la surenchère. 42.

7. (*Délai.*) Le jour de l'adjudication ne doit pas être
compris dans le délai de huitaine accordé par l'article 710
C. P. C. pour la surenchère. 42.

8. (*Délai.* — *Jour férié.*) La surenchère du quart ne
peut pas valablement être formée le neuvième jour, quoique le huitième soit un jour de fête légale. 62.

9. (*Insolvable.* — *Saisie immobilière.*) La surenchère
du quart, permise par l'article 710 C. P. C., peut être exercée

par toute personne, même par celle dont la solvabilité
n'est pas établie. 150.

10. (*Mineur.* — *Déchéance.*) Les déchéances en matière de surenchère sur vente volontaire sont applicables
aux mineurs. 386.

11. (*Notification.* — *Evaluation.* — *Rente.*) Lorsqu'un immeuble est vendu moyennant une somme fixe
et une rente viagère, l'acquéreur qui veut purger n'est
tenu, dans la notification du contrat aux créanciers inscrits,
qu'à indiquer le prix tel qu'il est porté dans le contrat, sans
qu'il soit nécessaire d'évaluer le capital de la rente ; et on
ne peut pas dire que cette notification n'indiquant pas
suffisamment le prix n'a pu faire courir les délais de surenchère. 39.

Surenchérisseur.

(*Adjudicataire.*) Le surenchérisseur n'a aucun droit
sur l'immeuble jusqu'à ce qu'il en soit déclaré adjudicataire ; en conséquence il ne peut demander qu'avant qu'il
soit procédé à l'adjudication sur sa surenchère, l'immeuble
qui en fait l'objet soit rétabli par l'acquéreur dans l'état où
il était avant la première vente. 123.

Suspension. V. *Avoué, Créancier, Faillite,* et *Jugement.*

Suspicion légitime.

(*Renvoi.* — *Matière civile.*) En matière civile, comme
en matière criminelle, la suspicion légitime est un motif
de renvoi d'un tribunal à un autre, par la Cour de cassation, qui peut l'ordonner sur la seule demande de l'une
des parties, et sans que l'autre ait été appelée. 89.

Syndics.

(*Dépens.*) Les syndics d'une faillite peuvent, selon
les circonstances, être condamnés personnellement aux
dépens d'une instance, lors même qu'ils l'ont suivie comme
représentant la masse des créanciers. 227.

V. *Créancier,* et *Revendication.*

T

TARIF.

(*Contravention.* — *Peine.* — *Compétence.*) Les contraventions aux dispositions du décret du 16 février 1811, portant tarif des dépens, n'entraînent qu'une peine de discipline, et ne sont point de la compétence des tribunaux correctionnels. 209.

TAXE. V. *Avocat.*

TÉMOINS.

1. (*Actes respectueux.* — *Inexactitudes.* — *Noms.*) Quelques inexactitudes dans l'énonciation des noms des témoins qui ont assisté à la notification des actes respectueux, ne peuvent motiver la nullité de ces actes, surtout si l'identité des témoins ne peut être douteuse. 177.

2. (*Reproches.* — *Certificat.*) Est reprochable, comme ayant donné un certificat sur les faits à prouver, le témoin qui, ne sachant écrire, a simplement apposé sa marque au bas du certificat, lorsqu'il reconnaît cette marque pour être la sienne. 58.

3. (*Reproches.* — *Parens.* — *Séparation de corps.*) Les parens peuvent être entendus comme témoins dans les procès en séparation de corps, comme en matière de divorce. 20.

4. (*Reproches.* — *Sourd-muet.*) Un sourd-muet de naissance peut être entendu comme témoin dans un procès civil. 282.

V. *Acquiescement, Actes respectueux, Appel,* et *Conseil.*

TIERCE-OPPOSITION.

1. (*Procédure.* — *Expertise.*) Sur la tierce-opposition à un jugement qui a prononcé la rescision d'un acte pour cause de lésion, les juges peuvent prendre pour base

de leur décision les actes de procédure, et notamment une expertise faite dans la première instance. 257.

2. (*Question d'état. — Représentation. — Descendans. — Droits personnels.*) Les enfans ou descendans peuvent former tierce-opposition aux jugemens rendus contre leur père ou aïeul, sur une question d'état qui les concerne. 168.

V. *Action.*

TIERS DÉTENTEUR. V. *Cessionnaire, et Saisie immobilière.*

TIMBRE. V. *Avoué.*

TIRAGE AU SORT. V. *Acquiescement.*

TITRES. V. *Action possessoire, Cessionnaire, Cession de biens, et Saisie immobilière.*

TITRE EXÉCUTOIRE.

(*Saisie-exécution. — Acte sous seing privé. — Notaire. — Expédition.*) On doit considérer comme titre authentique et dont il est permis à un notaire de délivrer une expédition exécutoire, un acte sous seing privé déposé par les parties elles-mêmes chez un notaire qui a été chargé d'en délivrer une grosse. 111.

TRIBUNAL.

(*Suppléans. — Avocats. — Composition.*) Un tribunal ne peut d'office se déclarer incompétent, parce que les juges qui le composent auraient essayé de concilier les parties : il doit chercher à se compléter, en appelant les suppléans et des membres du barreau. 38.

TRIBUNAL DE COMMERCE.

(*Promesse. — Livraison. — Compétence.*) Pour que l'on puisse, en matière de commerce, assigner devant le tribunal dans l'arrondissement duquel la promesse a été faite, il faut encore que ce tribunal soit celui de l'arrondissement où la marchandise a été livrée : La particule *et*, employée dans l'article 420 C P. C., n'est pas disjonctive, au contraire. 43.

V. *Appointement, et Compétence.*

Tribunal de police. V. *Appel.*
Tribunaux. V. *Intervention.*
Troubles. V. *Légitimité.*
Tuteur.

(*Intervention.* — *Délibération.* — *Conseil de famille.*)
Lorsqu'une première délibération d'un conseil de famille
est annulée, et qu'un nouveau tuteur est nommé, ce tuteur peut intervenir dans l'instance d'homologation de la
délibération , quoiqu'il n'ait pas fait partie du conseil⁴
115.
V. *Stellionat.*

U

Usage. V. *Litispendance,* et *Question préjudicielle.*
Ustensiles. V. *Immeubles par destination.*
Usufruitier. V. *Privilége.*
Usure.

(*Preuve testimoniale.* — *Inscription de faux.*) La
preuve testimoniale est admissible devant les tribunaux
civils pour établir qu'un contrat est vicié d'usure. 250.

V

Vacation. V. *Exploit.*
Validité. V. *Cour royale, Exploit, Inscription hypothé-
caire,* et *Ministère public.*
Vente. V. *Dernier ressort, Licitation, Mobilier,* et *Oppo-
sition.*
Ville. V. *Commune.*
Voitures.

(*Routes.* — *Largeur.* — *Amende.*) Ordonnance du
Roi qui statue que le chargement de toute voiture parcourant les routes sur des roues dont les jantes seraient
de largeur inégale ne pourrait être au-dessus du poids

déterminé sur la dimension des jantes les plus étroites par le tarif inséré dans le décret du 23 juin 1806 ; que l'excédant de ce poids sera réputé surcharge, et que les contrevenans seront passibles des amendes prononcées pour excès de chàrgement par la loi du 19 mai 1802 (29 floréal an 10) et par ledit décret. 225.

Voix délibérative. V. *Arrêt.*

Vol. V. *Preuve testimoniale.*

CPSIA information can be obtained
at www.ICGtesting.com
Printed in the USA
BVHW04*1106110918
527168BV00008B/68/P